Die Bedeutung der Pressefreiheit
für die Ausgestaltung der wettbewerbsrechtlichen
und urheberrechtlichen Haftung
von Suchdiensten im Internet

Europäische Hochschulschriften
Publications Universitaires Européennes
European University Studies

Reihe II
Rechtswissenschaft

Série II Series II
Droit
Law

Bd./Vol. 3751

PETER LANG
Frankfurt am Main · Berlin · Bern · Bruxelles · New York · Oxford · Wien

Claudia Ziem

Die Bedeutung der Pressefreiheit für die Ausgestaltung der wettbewerbsrechtlichen und urheberrechtlichen Haftung von Suchdiensten im Internet

PETER LANG
Europäischer Verlag der Wissenschaften

Bibliografische Information Der Deutschen Bibliothek
Die Deutsche Bibliothek verzeichnet diese Publikation in der Deutschen Nationalbibliografie; detaillierte bibliografische Daten sind im Internet über <http://dnb.ddb.de> abrufbar.

Zugl.: Hamburg, Univ., Diss., 2003

D 18
ISSN 0531-7312
ISBN 3-631-51064-0

www.peterlang.de

Vorwort

An dieser Stelle möchte ich meinen Dank all jenen aussprechen, die zum Gelingen dieser Arbeit beigetragen haben. Sie wurde vom Fachbereich Rechtswissenschaft der Universität Hamburg im Sommersemester 2003 als Dissertation angenommen. Die Arbeit wurde im November 2002 abgeschlossen, Literatur und Rechtsprechung bis zu diesem Zeitpunkt berücksichtigt.

Besonderer Dank gilt meinem Doktorvater Herrn Professor Dr. Peter Behrens für die Betreuung einer zeitweise berufsbegleitenden Dissertation und für die Übernahme des Zweitgutachtens Herrn Professor Dr. Karl-Heinz Ladeur.

Herzlich bedanken möchte ich mich bei Dr. Swantje Richters, Sabine Rudolph, Dr. Andreas Pense und Dr. Torsten Schön, die Teile der Arbeit gelesen und mir mit wichtigen Anregungen weitergeholfen haben. Doris Müller-Ziem, die unermüdlich Korrektur gelesen hat, bin ich zu ganz besonderem Dank verpflichtet, ebenso Doreen Humbert, die die Endfassung Korrektur las.

Immer bestärkt haben mich mein Mann, Dr. John R. Power und meine Familie. Gerade meine Mutter und meine Großeltern haben mich in besonderem Maße unterstützt und Anteil genommen. Ihnen widme ich diese Arbeit.

Dresden, im Mai 2003

Claudia Ziem

Inhaltsverzeichnis

Abkürzungsverzeichnis

a.A.	anderer Ansicht
Abl.	Amtsblatt der Europäischen Gemeinschaften
AcP	Archiv für die civilistische Praxis
AfP	Archiv für Presserecht
AMG	Gesetz über den Verkehr mit Arzneimitteln
BB	Betriebs-Berater
BGB	Bürgerliches Gesetzbuch
BGBl.	Bundesgesetzblatt
BGH	Bundesgerichtshof
BGHZ	Entscheidungen des Bundesgerichtshofes in Zivilsachen
BMJ	Bundesministerium der Justiz
BRDrucks.	Bundesrats-Drucksache
BTDrucks	Bundestags-Drucksache
BVerfG	Bundesverfassungsgericht
BVerfGE	Entscheidungen des Bundesverfassungsgerichts
CR	Computer und Recht
ders.	derselbe
dies.	dieselbe/n
E-Commerce-Richtlinie	Richtlinie 2000/31/EG des Europäischen Parlaments und des Rates vom 08.06.2000 über bestimmte rechtliche Aspekte der Dienste der Informationsgesellschaft, insbesondere des elektronischen Geschäftsverkehrs, im Binnenmarkt („Richtlinie über den elektronischen Geschäftsverkehr“), Abl. L 178/1 ff. vom 17.07.2000
E.I.P.R.	European Intellectual Property Review
EuZW	Europäische Zeitschrift für Wirtschaftsrecht
Fn.	Fußnote
FS	Festschrift

GG	Grundgesetz für die Bundesrepublik Deutschland
GRUR	Gewerblicher Rechtsschutz und Urheberrecht
GRUR Int.	Gewerblicher Rechtsschutz und Urheberrecht Internationaler Teil
HTML	Hyper Text Markup Language
http	Hyper Text Transfer Protocol
HWG	Heilmittelwerbegesetz
Jura	Juristische Ausbildung
JZ	Juristenzeitung
K&R	Kommunikation und Recht, Betriebsberater für Medien, Telekommunikation, Multimedia
LG	Landgericht
Lit.	Litera
MarkenG	Gesetz über den Schutz von Marken und sonstigen Kennzeichen
MMR	Multimedia und Recht, Zeitschrift für Informations-, Telekommunikations- und Medienrecht
m.w.N.	mit weiteren Nachweisen
NJW	Neue Juristische Wochenschrift
NJW-CoR	Computerreport der NJW
OLG	Oberlandesgericht
S.	Seite
UrhG	Urheberrechtsgesetz
Urheberrechtsrichtlinie	Richtlinie 2001/29/EG des Europäischen Parlaments und des Rates vom 22. Mail 2001 zur Harmonisierung bestimmter Aspekte des Urheberrechts und der verwandten Schutzrechte in der Informationsgesellschaft, Abl. L 167/10 ff. vom 22.06.2001
URL	Uniform Resource Locator
UWG	Gesetz gegen den unlauteren Wettbewerb
WIPO	World Intellectual Property Organization

WWW	World Wide Web
WRP	Wettbewerb in Recht und Praxis
z.B.	zum Beispiel
ZIP	Zeitschrift für Wirtschaftsrecht
ZRP	Zeitschrift für Rechtspolitik
ZUM	Zeitschrift für Urheber- und Medienrecht

A. Einleitung

Suchdienste ermöglichen dem Nutzer des World Wide Web (WWW), Informationen zu gewinnen. Sie weisen dem Nutzer Webseiten zu einem bestimmten Thema nach und nehmen darüber hinaus selbst zu aktuellen Themen Stellung. Auf diese Art und Weise tragen sie zur freien öffentlichen und privaten Meinungsbildung bei. Yahoo! und AltaVista sind bekannte Beispiele für Suchdienste,[1] die Gegenstand dieser Arbeit sind.

Über 800 Millionen Webseiten konnten bereits 1999 im Internet gefunden werden.[2] Diese unüberschaubare Informationsflut stellt den Nutzer, der sich informieren will, vor immens große Schwierigkeiten. Diese Schwierigkeiten, die allein in der Menge von verfügbaren Daten begründet sind, werden durch den anarchischen Charakter des Internets noch verstärkt. Es ist keine Hierarchie unter den beteiligten Netzen und Computern gegeben. Dieser Charakter wird durch Begriffe wie „Datendschungel" oder „unüberschaubares Datenmeer" treffend ausgedrückt.

Begründet ist dieser Charakter des Internets in seiner Geschichte. Das Internet ist aus einer Initiative des amerikanischen Militärs aus dem Jahr 1969 entstanden.[3] Ziel des vom Militär entwickelten APRANETs war es, die Kommunikation zwischen verschiedenen Computern auch dann aufrechtzuerhalten, wenn einzelne Computer zerstört werden bzw. aus sonstigen Gründen ausfallen. Daher ist das Internet, wie der Name schon sagt, wie ein Netz aufgebaut, nicht wie eine Pyramide. Wird einer der vielen Kommunikationswege unterbrochen, wird nicht die Kommunikation unterbrochen, da durch Vermittlungsrechner alternative Kommunikationswege gefunden werden.[4]

Der Aufbau des Internets führt also dazu, dass bei der Suche nach Informationen auf keine Ordnungsstrukturen zurückgegriffen werden kann. Bevor Suchdienste wie Suchmaschinen oder Verzeichnisse sich als Suchinstrument durchsetzten, musste man manuell das Netz durchforsten. Ein anderer Weg war in den Jahren 1992 bis 1994 der Blick in eine Liste des „National Center for Supercomputing Applications" in den USA (NCSA), die neue Webseiten als „what`s new" enthielt. Dieses System funktionierte, als das Internet in seinen Kinderschuhen steckte, war dann aber schon 1994 aufgrund des schnellen Zuwachses an neuen Webseiten und Servern untauglich geworden.[5] Anfang

---

1) Siehe http://www.yahoo.de/ der Yahoo! Deutschland GmbH, im Folgenden: Yahoo! und http://www.altavista.de/ der AltaVista Company, im Folgenden: AltaVista, je mit weiteren Nachweisen zum weltweiten Angebot.

2) Computer & Co Heft 08/1999, S. 28.

3) Sieber, JZ 1996, S. 430.

4) Federrath, ZUM 1999, S. 177.

5) Stross, S. 220.

1994 entstanden die ersten Suchdienste. Erst diese Suchdienste helfen dem Nutzer, sich im „Datendschungel“ des Internets zurechtzufinden, und dienen dazu, Informationen und Daten des Internets im Interesse der Allgemeinheit zu strukturieren.

Dabei sind grundsätzlich zwei Arten von Suchdiensten zu unterscheiden: Suchmaschinen und Verzeichnisse. Bei Suchmaschinen wie z.B. AltaVista handelt es sich um Suchdienste, deren Funktionsweise allein auf Suchsoftware gestützt ist. Diese Suchsoftware durchforstet das Internet und nimmt Inhalte der Webseiten in eine Datenbank auf. Bei einer Suchanfrage wird diese Datenbank durchsucht und passende Webseiten werden durch einen Hyperlink und eine kurze Beschreibung (dem Abstract) in einer Trefferliste nachgewiesen. Der Nachweis von Webseiten durch Verzeichnisse wie z.B. Yahoo! beruht hingegen auf einer Auswahl durch Redakteure. Diese erstellen auch den Abstract, der also im Gegensatz zu Suchmaschinen nicht durch eine Software hergestellt wird.

Mit der Tätigkeit von Suchdiensten sind jedoch auch Haftungsrisiken verbunden, über die im folgenden Abschnitt ein Überblick gegeben wird. Diese Untersuchung konzentriert sich auf die Haftung im Bereich des Urheber- und Wettbewerbsrechts, mit dem Ziel festzustellen, ob die geltende Rechtslage den Erfordernissen gerecht wird, oder ob neue Bestimmungen zur Ausgestaltung der Haftung erforderlich sind. Ein solches Erfordernis neuer Haftungsbestimmungen wird auch vom Europäischen Gesetzgeber in Art. 21 Abs. 2 E-Commerce-Richtlinie[6] für möglich gehalten. Die Bestimmungen dieser E-Commerce-Richtlinie und des Teledienstegesetzes (TDG) in seiner neuen Fassung[7] beeinflussen die Haftung nach UWG und UrhG bei den neuen Medien, so dass auch diese Bestimmungen Gegenstand der Untersuchung sind. Schließlich soll ein Ausblick auf die Umsetzung der Richtlinie zu Urheberrechten in der Informationsgesellschaft[8] gegeben werden, da sie ebenfalls Auswirkungen auf die urheberrechtliche Haftung haben wird.

Eine wettbewerbsrechtliche Betrachtung ist erforderlich, da Suchdienste zum einen für eine Reihe von neuen Werbeformen, wie z.B. das Keywordadvertising[9], kennzeichnend sind. Zum anderen sind sie ein Beispiel für neue Marktstrukturen in der Informationsgesellschaft. Das klassische Prinzip

---

6) Richtlinie 2000/31/EG vom 08.06.2000 über bestimmte rechtliche Aspekte der Dienste der Informationsgesellschaft, insbesondere des elektronischen Geschäftsverkehrs, im Binnenmarkt, ABl. L 178/1 vom 17.07.2000.

7) BGBl. Teil 1 Nr. 70 vom 20.12.2001, S. 3721.

8) Richtlinie 2001/29/EG des Europäischen Parlaments und des Rates vom 22.05.2001 zur Harmonisierung bestimmter Aspekte des Urheberrechts und der verwandten Schutzrechte in der Informationsgesellschaft, ABl. L 167/10 vom 22.06.2001.

9) Als Keywordadvertising wird die Werbeform bezeichnet, bei der der Inhalt der Werbefläche neben der Trefferliste auf das vom Nutzer eingegebene Suchwort abgestimmt wird.

des unmittelbaren Austauschs von Leistung und finanzieller Gegenleistung wird von neuartigen Modellen abgelöst. Bei diesen Modellen werden die Aufwendungen für die Leistung nicht durch ein unmittelbares Leistungsentgelt, sondern durch Dritte, die die Leistung selbst nicht in Anspruch nehmen, entgolten.[10] Diese Dritten sind in der Regel Werbetreibende. Da Suchdienste die beliebtesten Werbeträger im Internet sind,[11] finanzieren sich die meisten Suchdienste über Werbeeinnahmen. 90% des Umsatzes des Verzeichnisses Yahoo! im 2. Quartal des Jahres 2000 stammte aus dem Anzeigengeschäft.[12] Für den Nutzer sind sie auf diese Weise kostenfrei. Die Umsonstlieferung von traditionellen Presseerzeugnissen kann allerdings unter dem Gesichtspunkt der Marktstörung wettbewerbswidrig nach § 1 UWG sein.[13] Deshalb ist auch das unentgeltliche Informationsangebot von Suchdiensten bzw. die Finanzierung durch die Werbetreibenden am Wettbewerbsrecht zu messen.

Auch die urheberrechtliche Haftung ist von besonderer Relevanz. Die Tätigkeit der Suchdienste im Internet beruht, wie überhaupt die Präsentation von Inhalten im Internet, auf der Digitalisierung von Informationen. Informationen werden digitalisiert, wenn sie in Form eines binären, aus Nullen und Einsen bestehenden Codes dargestellt werden.[14] Durch dieses einheitliche Datenformat können Daten wesentlich schneller als zuvor übertragen werden.[15] Dies vereinfacht die Möglichkeit, urheberrechtlich geschützte Inhalte ohne Qualitätsverlust zu vervielfältigen. Auch Suchdienste nutzen diese Möglichkeit, um Informationen zu beschaffen und zu verbreiten. Im Hinblick auf die Bedeutung der Suchdienste ist ein Ausgleich zwischen den Interessen der Urheber, der Betreiber von Suchdiensten und der Allgemeinheit zu suchen.

Im Folgenden soll ein Überblick über die Fallkonstellationen, die wettbewerbsrechtliche und urheberrechtliche Haftungsrisiken begründen, gegeben werden. Der Überblick orientiert sich in erster Linie an den Fallkonstellationen, die Auslöser gerichtlicher Streitigkeiten waren (I).

In einer Vielzahl von Gerichtsentscheidungen wird die Haftung der Suchdienste eingeschränkt, da eine uneingeschränkte Haftung nicht dem Allgemeininteresse entsprechen würde. Auf einen konkreten verfassungsrechtlichen Schutz von Suchdiensten gehen die Entscheidungen nicht ein. Es stellt sich aber durchaus die Frage, ob nicht Suchdienste in den Schutzbereich eines

---

10) Arnold Picot, Die Transformation der Wirtschaft in der Informationsgesellschaft, FAZ vom 24.2.2000, S. 29.
11) Der Spiegel 1999, Heft 11, S. 133.
12) SZ vom 13.9.2000, "Beruhigende Analystenworte nach Kursrutsch", Börse & Finanzen, S. 32.
13) Siehe Baumbach/Hefermehl, UWG, § 1 Rdnr. 860.
14) Dreier in Becker/Dreier, S. 124.
15) Loewenheim, GRUR 1996, S. 831.

Grundrechts, insbesondere der Pressefreiheit, fallen und welche Auswirkungen damit verbunden sind (II.)

I. Die Haftungsrisiken der Suchdienste

1. Die Haftungsrisiken im Wettbewerbsrecht

Betreiber von Suchdiensten sind bereits in mehreren Verfahren vor deutschen Gerichten in Anspruch genommen worden. Als Anspruchsgrundlage waren Bestimmungen des UWG einschlägig, insbesondere §§ 1, 3 UWG, soweit die Suchdienste zu Wettbewerbszwecken handelten. Aber auch eine Haftung als Mitstörer analog § 1004 BGB spielt für Suchdienste eine besondere Rolle. Bei der Haftung analog §1004 BGB geht es um wettbewerbswidrige Handlungen Dritter, an denen zwar Suchdienste durch ihre Tätigkeit willentlich und adäquat kausal mitwirken, es aber an einem Verschulden der Suchdienste oder einem Handeln zu Zwecken des Wettbewerbs fehlt. Gerade Suchmaschinen sind anfällig für die Manipulation ihrer Suchsoftware durch Dritte, denen eigenes unlauteres Verhalten zur Last fällt. Denn die Suchmaschinen ermitteln die Webseiten, die sie in ihre Trefferliste aufnehmen, wie schon gesagt, mit Hilfe einer Suchsoftware. Die Inhaber von Webseiten können die Trefferliste manipulieren, indem sie Inhalte auf ihren Webseiten an die Vorgaben dieser Suchsoftware anpassen. Die Suchsoftware orientiert sich an verschiedenen Textelementen von Webseiten. Häufig knüpfen sie an den so genannten Meta-Tag an. Hierbei handelt es sich um eine Beschreibung des Inhalts der Webseite durch den Inhaber der Webseite. Diese Beschreibung ist nur im so genannten HTML-Text zu lesen, welcher der Darstellung der Webseite auf dem Bildschirm zugrunde liegt.[16] Greift der Nutzer nicht auf diesen verborgenen Text zurück, sondern liest nur die durch den HTML-Text dargestellte Webseite, sieht er diese Beschreibung nicht. Viele Suchmaschinen halten diese Beschreibung für besonders relevant. Findet sich in dem Meta-Tag der Suchbegriff, listen sie die Webseite in der Trefferliste auf.

Damit ist der Meta-Tag ein beliebtes Einfallstor für wettbewerbswidriges Verhalten von Mitbewerbern. Sie nennen z.B. nicht nur den Namen des eigenen Unternehmens im Meta-Tag, sondern auch den Namen des Mitbewerbers. Ihre Webseite wird also nicht nur dann aufgerufen, wenn sie selbst gesucht werden, sondern auch dann, wenn ihr Mitbewerber gesucht wird. Die Literatur geht davon aus, dass ein solches Verhalten zumindest unlauter ist.[17] Hieraus ergibt sich jedoch auch ein Haftungsrisiko der Betreiber von Suchmaschinen. Sie werden als Mitstörer auf Löschung der Einträge in Anspruch genommen.

---

16) Zum HTML-Code siehe unten, S. 30 f.

17) Siehe unten S. 197.

Auch in einem Fall vor dem LG Frankfurt a.M.[18] spielte der Text im Meta-Tag eine Rolle. Als Mitstörer analog § 1004 BGB wurde eine Suchmaschine belangt, deren Trefferliste einen Hyperlink zu einem Internet-Händler des Arzneimittels „Wobenzym N" enthielt. Apothekenpflichtige Arzneimittel dürfen in Deutschland jedoch weder im Wege des Versands verkauft werden, noch darf ein solcher Versandverkauf von Arzneimitteln beworben werden (§§ 43 Abs.1 AMG, 8 Abs. 1 HWG). Die Herstellerin des Arzneimittels wandte sich mit ihren Unterlassungsansprüchen nicht nur gegen den Internet-Händler, sondern auch gegen den Betreiber der Suchmaschine. Der Internet-Händler hatte die Aufnahme in die Trefferlisten von Suchdiensten dadurch erreicht, dass „Wobenzym" im Meta-Tag sowie im Domainnamen der Webseite des Internet-Händlers erschien.

Aber auch dann, wenn etwa der Name eines Konkurrenzproduktes nicht nur im Meta-Tag, sondern im für den Nutzer sichtbaren Textteil der Webseite erscheint, kann dies bei einigen Suchmaschinen dazu führen, dass diese Webseite unter dem Namen des Konkurrenzprodukts erscheint. Auch in diesem Fall werden die Suchmaschinen als Mitstörer, die an einer wettbewerbs- oder markenrechtswidrigen Handlung eines Dritten mitwirken, in Anspruch genommen.[19]

Vor dem Oberlandesgericht Köln[20] ist für eigenes unlauteres Verhalten gemäß § 1 UWG ein Suchdienst in Anspruch genommen worden, der Fundstellen von Zeitungsartikeln nachwies, die im WWW veröffentlicht wurden. Wenn der Nutzer einen Suchbegriff eingab, wurde ihm eine Trefferliste angezeigt, auf der neben einem Hyperlink eine kurze Beschreibung der Webseite enthalten war. Streitgegenständlich war dabei insbesondere, ob so genannte Deep Links von der Trefferliste eines Suchdienstes auf die dort aufgelisteten Webseiten zulässig sind. Deep Links sind Hyperlinks, die dem Nutzer ermöglichen, unmittelbar auf die Webseite zuzugreifen, auf der die ihn interessierende Information zu finden ist. Es ist dem Nutzer so möglich, die Homepage, d.h. die Eingangsseite des betreffenden Webseiteninhabers, zu umgehen. Finanziert sich der Inhaber der Webseite über Werbung, die ausschließlich auf der Homepage lokalisiert ist, so erfährt er durch die Technik des Deep Links wirtschaftliche Nachteile. Denn die Höhe der Werbeeinnahmen ist häufig an die Anzahl der Besuche auf der Webseite, auf der die Werbung zu sehen ist, geknüpft. So lag es auch in diesem Fall. Der klagende Verlag veröffentlichte Zeitungsartikel, die auch in der Printausgabe erschienen, im WWW. Die Veröffentlichung im WWW war für den Nutzer entgeltfrei und wurde allein über die Werbeeinnahmen auf der Homepage finanziert. Der Unterlassungs-

---

18) Siehe LG Frankfurt a.M. GRUR-RR 2002, S. 83 f. – *Wobenzym N II.*
19) Siehe z.B. LG München I MMR 2001, S. 56 f.
20) Siehe OLG Köln, CR 2001, S. 708 ff.

anspruch des klagenden Verlags wurde nicht nur auf urheberrechtliche, sondern auch auf wettbwerbsrechtliche Anspruchsgrundlagen gestützt.

Suchdienste finanzieren sich größtenteils über Werbung und nicht durch ein Entgelt ihrer Nutzer. Gegenstand einer gerichtlichen Auseinandersetzung vor dem Landgericht Hamburg[21] war eine der Werbeformen von Suchdiensten, das „Keywordadvertising". Neben oder oberhalb der Trefferliste von Suchdiensten wird ein Werbebanner eingeblendet. Dieses Werbebanner kann auf den Suchbegriff abgestimmt sein, den der Nutzer zuvor bei seiner Suche eingegeben hat. Der Suchbegriff ist also Schlüsselbegriff, Keyword, für die Werbung. Die Suchbegriffe und die darauf abgestimmte Werbung können ganz unterschiedlich sein.

Haftungsrisiken bestehen insbesondere dann, wenn der Suchbegriff eine Marke oder der Name eines Unternehmens ist, wie dies im Verfahren vor dem Landgericht Hamburg[22] der Fall war. Der Suchdienst www.excite.com hatte an einen Kosmetikhändler im Internet die Werbefläche auf den Werbebannern verkauft, die abgestimmt auf die Suchworte „Estee Lauder", „Clinique" und „Origins" neben der Trefferliste erschienen. Der Kosmetikhändler war jedoch von der Estee Lauder Companies Inc., der Herstellerin der durch vorgenannte Marken gekennzeichneten Produkte und Inhaberin der Marken und Geschäftsbezeichnungen, nicht zum Handel mit ihren Produkten autorisiert. Gab einer der Nutzer die vorgenannten Marken als Suchbegriff ein, erschien der Name des Kosmetikhändlers im Werbebanner. Teilweise wurden dabei auch die Marken bzw. Geschäftsbezeichnungen der Estee Lauder Companies Inc. hervorgehoben. Folgte der Nutzer dem Hyperlink im Werbebanner, wurde er auf die Seite des Händlers geführt. Dieser vertrieb nur Produkte von Mitbewerbern der Estee Lauder Companies Inc.. Vor dem Landgericht Hamburg war streitig, inwieweit der Betreiber dieser Suchmaschine dafür hafte, dass der Händler, obwohl nicht als Händler autorisiert, sein Unternehmen abgestimmt auf die Marke bewerben konnte.[23]

Haftungsrisiken sind also darin begründet, dass die Suchmaschinen für die Webseiten Dritter einschließlich deren Meta-Tags verantwortlich gemacht werden können. Des Weiteren sind mit verschiedenen Werbeformen wie dem „Keywordadvertising" Haftungsrisiken verbunden. Erhebliche Haftungsrisiken bestehen auch dann, wenn die Suchdienste die Einträge auf der Trefferliste gegen Entgelt vornehmen. Auch die Drittfinanzierung der Suchdienste durch Werbung kann Haftungsrisiken in sich bergen, wie dies die Auseinandersetzung in Literatur und Rechtsprechung über die Umsonstlieferung von Presseerzeugnissen verdeutlicht.[24]

---

21) Siehe LG Hamburg, CR 2000, S. 392 ff.

22) LG Hamburg, a.a.O., Fn. 21; siehe zum Sachverhalt Mann, E.I.P.R. 2000, S. 378.

23) Siehe LG Hamburg, a.a.O., Fn. 21.

24) Siehe unten S. 179 ff.

2. Die Haftungsrisiken im Urheberrecht

Suchdienste, insbesondere Suchmaschinen vervielfältigen Daten und Inhalte, die zum Teil durch Urheberrechte geschützt sind. In den USA war ein solcher Fall bereits Auslöser eines Rechtsstreits gegen einen Betreiber einer Suchmaschine.[25] Die beklagte Suchmaschine wies Fotografien im Internet nach. Hierzu fertigte sie eine Kopie an, die sie dann verkleinert auf die Größe eines Daumennagels (so genannte „thumbnail"-Version) in ihrer Datenbank speichert. Ist ein Nutzer an Fotografien zu einem bestimmten Thema interessiert, kann er diese gespeicherten, wenn auch verkleinerten Fotografien mit einer Suchanfrage abfragen. Da vor allem Suchmaschinen nicht nur diese Vervielfältigungen, sondern verschiedene andere Daten und Inhalte – zum Teil den gesamten Textinhalt von Webseiten – bei der Ausübung ihrer Tätigkeit vervielfältigen, liegt ihr Haftungsrisiko auf der Hand.

Auch im bereits geschilderten Fall vor dem OLG Köln[26] wurde wegen der in der Trefferliste wiedergegebenen Sätze oder Satzteile die Vervielfältigung von Inhalten gerügt. Zudem wurde von dem klagenden Verlag ein Eingriff in die Rechte des Datenbankinhabers geltend gemacht.

Ein Eingriff in die Rechte des Datenbankinhabers wurde auch gegenüber einer so genannten Meta-Suchmaschine geltend gemacht.[27] Diese Meta-Suchmaschine durchforstete im Internet im konkreten Suchauftrag eines Nutzers stündlich die On-line-Dienste im Internet nach passenden Inseraten. Die Datenbank eines On-line-Dienstes, der sich über Werbung finanziert, enthielt solche Inserate, die er dem Nutzer und auch der Meta-Suchmaschine auf Anfrage hin anzeigte. Durch den Gebrauch der Meta-Suchmaschine war der Besuch des Nutzers auf der Webseite des On-line-Dienstes nicht mehr notwendig.

Daneben bestehen Haftungsrisiken für Suchdienste für den Fall, dass sie in der Trefferliste Webseiten angeben, auf denen sich Urheberrechtsverletzungen finden. Ähnlich wie im Wettbewerbsrecht besteht für den Urheber bzw. den Inhaber von Verwertungsrechten ein Interesse, nicht nur den Inhaber dieser Webseiten in Anspruch zu nehmen, sondern auch den Betreiber der Suchmaschine.

II. Einschränkung der Haftung aus verfassungsrechtlichen Gründen

Wenn auch in einer Vielzahl der vorgenannten Entscheidungen die Haftung für Suchdienste durch die Gerichte eingeschränkt wurde, ist dies nicht mit verfassungsrechtlichen Erwägungen begründet worden. Unbestritten ist jedoch bei allen Entscheidungen die herausragende Bedeutung von Suchdiensten, die erst den Zugang zu der enormen Anzahl von Webseiten

---

25) *Kelly v. Arriba Soft Corp.*, 280 F.3d 934 (9th cir.2002).
26) Siehe OLG Köln CR 2001, S. 708 ff.
27) Siehe LG Berlin CR 1999, S. 388.

praktisch möglich machen. Das Landgericht Frankfurt a.M. spricht deshalb zu Recht davon, dass Suchdienste eine Schlüsselfunktion für das Funktionieren des Internets einnehmen.[28] Sie eröffnen der Allgemeinheit den Zugang zu einer Vielzahl von Webseiten, die für die Nutzer des WWW meinungsbildend wirken können. Im März 2001 haben bereits 46% der 14 bis 69-Jährigen, also etwa ein Drittel der Bevölkerung, das Internet genutzt.[29] Die Tagesreichweite allein des Verzeichnisses Yahoo! in Deutschland wird auf knapp 3 Millionen Nutzer geschätzt.[30]

Aus diesen Gründen liegt der Schutz durch ein Kommunikationsgrundrecht nahe. Damit wäre Suchdiensten auf der einen Seite ein Abwehrrecht gegen staatliche Eingriffe gewährt. Auf der anderen Seite enthält der Schutz durch ein Grundrecht, z.B. durch die Pressefreiheit nach Art. 5 Abs. 1 S. 2 GG, auch eine objektiv-rechtliche Komponente. Die Grundrechte beeinflussen auch die Rechtsbeziehungen von Privatpersonen, indem Gesetzgeber, Gerichte und andere Rechtsanwender an die Grundrechte bei der Setzung, Auslegung und Anwendung der einfachen Gesetze gebunden sind.[31] Auch die Auslegung und Anwendung der Haftungsbestimmungen für Suchdienste im Wettbewerbs- und Urheberrecht müssen daher dem grundgesetzlichen Schutz entsprechen.

Suchdienste sind als ein neues Medium im Internet nicht ohne weiteres unter traditionelle Begrifflichkeiten wie Rundfunk, Presse oder Film einzuordnen. Da sie regelmäßig die Webseiten Dritter nur in der Trefferliste auflisten, ohne diese darüber hinaus zu bewerten, äußern sie im Kern ihrer Tätigkeit keine Meinung im Sinne des Art. 5 Abs. 1 S. 1 GG. Denn von der Meinungsfreiheit werden nur Werturteile erfasst, die ein „Element der Stellungnahme, des Dafürhaltens, des Meinens im Rahmen einer geistigen Auseinandersetzung"[32] enthalten. Wie eine Vielzahl von neuen Medien scheinen Suchdienste durch das Raster des Art. 5 Abs. 1 GG zu fallen. Dieses Ergebnis stünde jedoch im Gegensatz zu ihrem Nutzen für die Allgemeinheit. Die vorliegende Untersuchung soll verdeutlichen, dass nach den Vorgaben des Grundgesetzes eine solche Schutzlücke nicht akzeptabel ist. Es soll aufgezeigt werden, dass und inwieweit Suchdienste in den Schutzbereich der Kommunikationsgrundrechte des Art. 5 Abs. 1 S. 2 GG fallen, und es soll der Einfluss des grundgesetzlichen Schutzes auf die wettbewerbs- und urheberrechtlichen Haftungsbestimmungen dargelegt werden.

---

28) LG Frankfurt a.M. GRUR-RR 2002, S. 83, 84.
29) Schulz/Held/Kops, ZUM Sonderheft 2001, S. 625.
30) Siehe Schulz/Held/Kops, a.a.O., S. 627.
31) Hesse in Hdb. des VerfR., § 5 Rdnr. 22; BVerfGE 7, S. 198, 205 – *Lüth*.
32) BVerfGE 61, S. 1, 8; BVerfGE 65, S. 1, 41.

B. Charakteristika der Tätigkeit von Suchdiensten

I. Die Funktionsweise von Suchdiensten

Haftungsrisiken von Suchdiensten sind durch deren Funktionsweise begründet. Die für diese Funktionsweise wichtigen tatsächliche Gegebenheiten und die unterschiedlichen Funktionsweisen verschiedener Suchdienste sollen deshalb als Grundlage weiterer Ausführungen im Folgenden dargestellt werden.

Suchdienste gliedern sich in Suchmaschinen wie z.B. AltaVista[33] und Verzeichnisse wie z.B. Yahoo![34]. Suchmaschinen durchsuchen mit Hilfe von Suchsoftware Webseiten im Netz und legen automatisch eine Datenbank an, die Elemente von Webseiten, zum Teil auch den gesamten Inhalt der Webseiten enthält. Verzeichnisse werden dagegen ausschließlich durch eine Redaktion hergestellt. Diese sichtet Webseiten, fasst sie in kurzen Kommentaren zusammen und legt die Kommentare ebenfalls in einer Datenbank mit Verzeichnisstruktur ab. Bei einer Suchanfrage greifen die Suchmaschinen auf die automatisch erstellte Datenbank zurück, die Verzeichnisse auf eine redaktionell erstellte und gestaltete Datenbank.

Aus Sicht des Nutzers ist das Suchergebnis von Suchmaschinen und Verzeichnissen kaum zu unterscheiden. Beide Male werden Trefferlisten von Hyperlinks mit einem kurzen Text, dem „Abstract", angezeigt (siehe z.B. Abb. 1 zur Suchmaschine AltaVista und Abb. 2 zum Verzeichnis Yahoo!). Bei Verzeichnissen handelt es sich aber bei dem angezeigten Text um einen von einem Redakteur erstellten Text. Bei Suchmaschinen ist der Text des Hyperlinks und des Abstracts ein Textauszug aus den Textelementen der durchsuchten Webseiten, die durch die Suchsoftware in die Datenbank aufgenommenen werden. Diese unterschiedliche Funktionsweise – die automatisierte Erstellung der Datenbank bei Suchmaschinen gegenüber der redaktionellen Erstellung der Datenbank bei Verzeichnissen – ist mit unterschiedlichen Haftungsfolgen verbunden. Aus diesem Grunde sollen in der Untersuchung beide Arten von Suchdiensten berücksichtigt und gegenübergestellt werden.

Bei einer Suchanfrage sind die folgenden Personen beteiligt: Aus wettbewerbsrechtlicher Sicht sind der Nutzer, also derjenige, der den Suchdienst nutzt, und der Betreiber des Suchdienstes, bei Verzeichnissen außerdem die Redaktion, von Bedeutung. Betroffen sind die Inhaber derjenigen Webseiten, die in der Trefferliste erscheinen, und deren Mitbewerber. Aus urheberrechtlicher Sicht sind wiederum der Nutzer, der Betreiber des Suchdienstes und die Redaktion von Verzeichnissen beteiligt. Zudem sind, wenn Suchdienste Inhalte aus Webseiten Dritter übernehmen, die Urheber schutzfähiger Inhalte betroffen.

---

33) http://www.altavista.de/.
34) http://www.yahoo.de/.

Suchdienste als neue Form der Berichterstattung unterscheiden sich von herkömmlichen Datenbanken und auch elektronischen Pressedatenbanken[35] dadurch, dass sie dem Nutzer in der Regel nicht den Abruf von vollständigen Dokumenten ermöglichen. Sie informieren den Nutzer nur durch einen Abstract über das Originaldokument und ermöglichen den Zugriff auf dieses mit Hilfe eines Hyperlinks. Der Nutzer eines Suchdienstes kann dann in der Geschwindigkeit eines „Mausklicks" auf die aufgelisteten Webseiten zugreifen und so zwischen den Webseiten und der Liste hin- und herblättern. Nur einzelne Suchdienste, z.B. Google, weisen ausnahmsweise eine so genannte Archivfunktion auf, durch die nicht mehr verfügbare Webseiten Dritter, von denen Kopien bei Google gespeichert sind, abgerufen werden können.[36]

Die Geschwindigkeit des Zugriffs auf die Originaldokumente mit Hilfe der Hyperlinks unterscheidet Suchdienste auch von der Funktionsweise eines Registers in einer Bibliothek und vereinfacht den Zugang zu Originaldokumenten. Durch diese Funktionsweise nutzen Suchdienste ein das WWW kennzeichnendes Element – die Hyperlinks – aus und sind auch nur so im WWW denkbar.

Neu ist schließlich auch die Mischung von Informationen. Neben Webseiten, die allein Werbung enthalten, werden zu einem bestimmten Suchbegriff auch rein informative Webseiten aufgelistet. Insofern liegt ein Vergleich mit Anzeigenblättern auf der einen und den Kurzmeldungen von Tageszeitungen auf der anderen Seite nahe. Die Mischung der Inhalte ohne eigene Kennzeichnung unterscheidet sich sowohl von Tageszeitungen, die in einen redaktionellen Teil und Anzeigen gegliedert sind und keine solche Mischung aufweisen, als auch von reinen Anzeigenblättern, die nur Anzeigen veröffentlichen.

Hinzu kommt, dass - wie bei den meisten Diensten im WWW - nicht nur wie beim Fernsehen und Radio eine einseitige Kommunikation möglich ist, sondern der Nutzer gezielt Informationen, z.B. bei Suchdiensten, abrufen kann.[37] Die vereinfachten und massenhaften Abrufmöglichkeiten, die auch die Interaktivität des WWW ausmachen, sind ebenfalls Teil einer neuen Art der Informationsvermittlung.

Suchdienste informieren also auf neue Art und Weise. Sie weisen gewisse Ähnlichkeiten mit traditionellen Presseorganen auf, unterscheiden sich jedoch in der Gestaltung und in der Vermittlung von Nachrichten erheblich.

---

35) Siehe dazu BGH GRUR 1997, S. 459 ff - *CB-Infobank I*; Loewenheim, Urheberrechtliche Grenzen der Verwendung geschützter Dokumente in Datenbanken; Kleinke, Pressedatenbanken und Urheberrecht.

36) Google zu den Google-Funktionen, http://www.google.de/intl/de_All/features.html, abgerufen am 28.04.2002; Berliner Zeitung vom 26.11.1999, "Wir werden immer schlauer", S. 20.

37) Vgl. Loewenheim, GRUR 1996, S. 831.

II. Die technischen Grundlagen

1. Das World Wide Web

a) Hyperlinks

Die Webseiten von Suchdiensten enthalten immer die Trefferliste, auf der die Treffer zu einem Suchbegriff aufgelistet werden. Außerdem ist Werbung enthalten, z.B. in so genannten Werbebannern. Einige Suchdienste wie Yahoo! erweitern ihr Angebot um redaktionelle Beiträge, deren Inhalt und Form Zeitungsartikeln entsprechen. Die Besonderheit des Angebots von Suchdiensten liegt aber gerade darin, dass sie von ihrer Trefferliste per Hyperlink auf die Webseiten verweisen, die zu einem bestimmten Suchbegriff im WWW verfügbar sind. Auf diese Art und Weise sind sie eine bequeme Navigationshilfe für den Nutzer.

Suchdienste nutzen eine der markantesten Errungenschaften des WWW aus, indem sie die Hyperlinks zu anderen Webseiten auf ihren Trefferlisten setzen. Hyperlinks sind charakteristisch für das WWW,[38] dessen Attraktivität gerade durch diese Hyperlinks begründet wird.[39] Sie verweisen auf andere Webseiten oder auf eine andere Stelle innerhalb eines Dokuments.[40] Durch einfaches Anklicken wird der Nutzer schnell von Seite zu Seite geführt.

Das WWW ist einer der Dienste des Internets, zu denen auch FTP (File Transfer Protocol), NetNews, Telnet, Email zählen.[41] Diese verschiedenen Dienste unterscheiden sich durch die Daten, die ausgetauscht werden, und dadurch, wie dieser Austausch stattfindet. Bei dem Dienst FTP werden beispielsweise Dateien von einem Rechner auf einen anderen übertragen, indem der Nutzer eines Rechners auf den Dateibestand eines anderen Rechners zugreift.[42] Bei dem Email-Dienst werden hingegen Textinhalte von einem Rechner an einen anderen Rechner verschickt. Der Nutzer findet diese Texte als elektronische Post in seinem elektronischen Briefkasten, der Mailbox. Es ist deswegen nicht richtig, die Begriffe Internet und WWW als Synonyme zu verwenden.

Das WWW ermöglicht, dass nicht nur Text, sondern auch Bild und Ton übermittelt und dargestellt werden. Diese Text-, Bild- und Tonelemente werden auf den WWW-Seiten (Pages) dargestellt. Eine Webseite (Website) besteht aus

---

38) Decker in Hoeren/ Sieber, Kap. 7.6, Rdnr.44; Bechtold, NJW-CoR 1997, S. 224; Rosenoer, S. 10.

39) Decker in Hoeren/Sieber, Kap. 7.6, Rdnr. 44.

40) Bechtold, ZUM 1997, S. 432.

41) Benn/ Gringer, Informatik-Spektrum 1998, S. 1; Hoeren, Grundzüge des Internetrechts, S. 14.

42) Hoeren, Grundzüge des Internetrechts, S. 17.

solchen WWW-Seiten eines Anbieters. Zudem sind die Darstellungen auf den WWW-Seiten durch die Hyperlinks mit anderen Seiten verknüpft.[43]

Den Weg ins WWW und den Datenaustausch im WWW eröffnet das Hyper Text Transfer Protocol (http) auf der Basis des Protokolls TCP/IP. Letzteres ermöglicht alle Kommunikation im Internet, also auch die Kommunikation aller anderen Dienste neben dem WWW. Protokolle nehmen eine Vermittlerrolle bei der Datenübertragung zwischen einer Sende- und einer Empfangsstation ein.[44]

Die Anzeige der mit Hilfe des http übermittelten Webseiten wird durch bestimmte Darstellungskommandos erreicht, die in der so genannten Hyper Text Markup Language (HTML) festgelegt sind. Dabei handelt es sich nicht um eine Sprache im herkömmlichen Sinne, sondern um ein Dateiformat. Aussehen und Inhalt der WWW-Seiten können mit Hilfe der HTML definiert werden.[45] Damit dann ein Text auf dem Bildschirm erscheint, ist ein Zusammenwirken der HTML mit der Internet-Software (Browser) des Nutzers erforderlich. Der Text erscheint dann auf dem Bildschirm des Nutzers entsprechend den durch die HTML festgelegten Formatbefehlen.[46]

Ein Hyperlink ist im HTML-Code durch die Zeichenkette „a href=" gekennzeichnet, nach der der Uniform Resource Locator (URL), die „Adresse" der Webseite, eingegeben wird.[47] Die Hyperlinks binden diese URLs ein, anhand derer alle Dokumente im WWW zu lokalisieren sind. Auf dem Bildschirm des Nutzers ist ein Hyperlink durch Unterstreichung oder sonstige Hervorhebung erkennbar. Würde zum Beispiel auf die Seite auf der Webseite der Universität Hamburg verwiesen, auf der das Vorlesungsverzeichnis der Universität abgerufen werden kann, könnte dieser Verweis im sichtbaren Text einer Webseite Vorlesungsverzeichnis der Uni Hamburg lauten. Der zugehörige Quelltext besteht hingegen aus dem Formatbefehl „a href=" und dem URL „http://www.jura.uni-hamburg.de/Dienste/vorlverz.html".

b) HTML- Dokumente

Die Codierung durch HTML ist für Suchmaschinen nicht nur für das Setzen von Hyperlinks wichtig. Der Aufbau eines HTML-Dokuments ist auch deswegen von Bedeutung, weil Suchmaschinen in ihre Datenbanken nur Inhalte aus bestimmten Teilen einer WWW-Seite übernehmen, die durch bestimmte Formatbefehle gekennzeichnet sind.

---

43) Diese Funktionen des WWW sind auf die Forschung des Physikers Tim Berners-Lee Ende der Achtziger am Kernforschungszentrum CERN in Genf zurückzuführen (siehe Hage/Hitzfeld in Loewenheim/Koch, S. 37).
44) Irlbeck, Stichwort „Übertragungsprotokoll".
45) Siehe Hage/Hitzfeld in Loewenheim/Koch, S. 37.
46) Stross, S. 10.
47) Eichler/Helmers/Schneider, DB-Beilage 18/1997, S. 23.

Ein HTML-Dokument ist aufgeteilt in einen „Head"-Bereich und einen „Body"-Bereich; ersterer beschreibt das Dokument und enthält den so genannten Meta-Tag, letzterer ist das eigentliche Dokument[48]. Auf diese beiden Bereiche greifen Suchdienste in der Regel zu: Häufig übernehmen Suchmaschinen Textelemente aus dem so genannten Meta-Tag, dem Titel einer Webseite und dem eigentlichen Textbereich.

Diese Unterteilungen eines HTML-Dokuments sind anhand verschiedener Formatierungskennzeichnungen (Tags) erkennbar, die bei Ansicht des Dokuments am Bildschirm nicht sichtbar sind. Einige Tags legen Eigenschaften des Dokuments fest, andere, die Meta-Tags, erbringen Metainformationen, d.h. Informationen für den Browser über das Dokument und seine Verbindungen zu anderen Dokumenten im WWW.[49] Der sogenannte Body-Text ist im Latin-1-codeset, also in lateinischer Schrift, abzufassen.[50] Während Einträge im Meta-Tag und auch im „Body"-Bereich fakultativ sind, ist die einzig zwingende Angabe der Titel des Dokuments.[51]

Eine Formatmaske im HTML 3 Format sieht z.B. folgendermaßen aus:

```
<HTML>
<HEAD>
<TITLE>The title of the document</TITLE>
<META name= "keywords" content „beliebige Marke ">
<!--Any other 'head' information goes here -- >
</HEAD>
<BODY>
<!-- Body of document goes here -- >
</Body>
</HTML>
```

Die Software der Suchmaschinen übernimmt also Elemente aus den mit den Tags gekennzeichneten Formatierungsbefehlen, etwa den Titel, den Text des Meta-Tags oder Text- bzw. Bildelemente aus dem so genannten Body-Bereich. Verzeichnisse fassen regelmäßig den Inhalt des Body-Bereichs zusammen.

Schließlich ist ein weiterer Formatierungsbefehl, der Befehl „robots.txt", für Suchmaschinen von besonderer Bedeutung. Mit Hilfe dieses Befehls kann der Inhaber einer Webseite Suchdiensten bzw. der Suchsoftware von Suchmaschinen mitteilen, ob seine Webseite durch die Suchdienste in ihren Trefferlisten nachgewiesen werden darf.[52] Auch im Meta-Tag kann ein solcher

---

48) Stross, S. 13 f.

49) Stross, S. 12.

50) Latin-1 wurde von CERN ausgewählt, da sowohl die englische Sprache als auch die wichtigsten europäischen Sprachen damit repräsentiert werden können (Stross, S. 14).

51) Stross, S. 13.

52) Siehe Hello Engines!, http://www.hello-engines.de/know-how/Artikel/Robots/robots.html, abgerufen am 12.10.1999; Stross, S. 226 f.; The Robots

Hinweis aufgenommen werden.[53] Durch entsprechende Programmierung der Suchsoftware kann dieser Befehl jedoch ignoriert werden.[54] Für Suchmaschinen ist von Bedeutung, ob sie an diesen Ausschluss gebunden sind oder ob sie vielmehr freien Zugang auch zu solchen Webseiten und den darin enthaltenen Informationen und Daten haben. Relevant wird diese Frage bei der urheberrechtlichen Haftung.[55]

2. Die Suchmaschinen

a) Die Suchsoftware

Wie bereits dargestellt, wird bei einer Suchanfrage durch den Nutzer von den Suchmaschinen eine Liste von Hyperlinks, die Trefferliste, angezeigt. Mit den Hyperlinks wird auf URLs verwiesen. Die unter dieser Adressierung zu findenden Seiten enthalten den Suchbegriff in ihrem HTML-Text.

Im Unterschied zu Verzeichnissen benutzen Suchmaschinen eine spezielle Software, die im WWW nach neuen Webseiten Ausschau hält. Diese Software wird als Robot, Spider oder Worm bezeichnet. Suchfocus und Suchradius unterscheiden sich je nach den Vorgaben der Suchmaschinenbetreiber, nach denen die Suchsoftware programmiert wird. Nach diesen Vorgaben nimmt die Suchsoftware Inhalte der Webseiten und deren URLs in die Datenbank auf. Gibt der Nutzer dann einen Suchbegriff ein, überprüft ein weiteres Suchprogramm, wie bei Verzeichnissen auch, die Datenbank nach Treffern für die Suchanfrage.[56] Bei einer Suchanfrage sucht die Suchmaschine also unmittelbar in ihrer eigenen Datenbank und nur mittelbar im WWW.

Nur so genannte Meta-Suchmaschinen haben keine der Nutzeranfrage zugrundeliegende Datenbank. Ihre Software durchsucht vielmehr nach jeder Anfrage eines Nutzers unmittelbar die Trefferlisten von anderen Suchdiensten und zeigt das Ergebnis ihrer Suche im Rahmen einer eigenen Trefferliste an.[57]

Exclusion Standard Page, http://info.webcrawler.com/mak/projects/Robots/exclusion.html, abgerufen am 24.03.2000.

53) Robots Exclusion Standard Page, http://info.webcrawler.com/mak/projects/Robots/exclusion.html, abgerufen am 24.03.2000.

54) Siehe Eichler/Helmers/Schneider, BB-Beilage 18/1997, S. 24.

55) Siehe unten, S. 230 f.

56) Computer & Co 08/99 S.28; die Suchsoftware wird nicht nur von Suchmaschinen eingesetzt, sondern kann auch anderen Zwecken dienen, etwa der privaten Suche eines einzelnen nach bestimmten Informationen.

57) Stefan Karzauninkat, http://www.suchfibel.de/4spez/metadeutsch.htm, abgerufen am 08.06.2002.

b) Der Eintrag in die Suchliste

aa) Die Suchobjekte

Die Suchdienste unterscheiden sich besonders deutlich durch ihre grundsätzliche Entscheidung über das Suchobjekt. Ein breites Angebot an möglichen Suchobjekten findet sich bei AltaVista. AltaVista bietet die Suche nach Webseiten an, die Textinformationen, digitalisierte Fotografien, MP3-Dateien oder Videofilme enthalten.[58] Google weist darüber hinaus PDF-Dateien nach.[59] Eine weitere Eingrenzung wird durch eine thematische Spezialisierung vorgenommen.[60] Einige Suchdienste suchen nur nach privaten Homepages oder nach Email-Adressen.[61]

bb) Der Suchradius

Dem Eintrag in die Suchliste ist weiterhin die Entscheidung über den Radius der Suche vorgeschaltet. Das WWW ist zu groß, als dass zu jedem Suchzeitpunkt auf sämtliche Dokumente zurückgegriffen werden könnte.[62] Die Eingrenzung der Daten- und Dokumentenmenge wird von den verschiedenen Suchmaschinen unterschiedlich realisiert. Entsprechend der vorgenommenen Eingrenzung setzen sich die verschiedenen Datenbanken der Suchmaschinen zusammen. Folge dieser unterschiedlichen Zusammensetzung sind unterschiedliche Suchergebnisse bei der Eingabe gleicher Suchbegriffe bei verschiedenen Suchmaschinen.

Teilweise greift die jeweilige Software der Suchmaschinen auf sehr viele WWW-Server zurück, berücksichtigt dann aber nicht alle Dokumente eines Servers, zum Teil werden aber auch umgekehrt nur wenige WWW-Server zur Suche herangezogen und sämtliche dort verfügbaren Dokumente berücksichtigt.[63]

Die Meta-Suchmaschinen greifen bei ihrer Suche nur auf die Trefferliste mehrerer anderer Suchdienste zurück und werten nicht mehr selbst die Webseiten im WWW aus. Als Ergebnis wird dann der URL der Zielseite, eine kurze Beschreibung dieser Webseite und außerdem die Suchmaschine, in deren Ergebnis die Seite aufgelistet wurde, aufgeführt.

---

58) Siehe AltaVista, http://www.de.altavista.com, abgerufen am 28.04.02
59) Google zu Google-Funktionen, http://www.google.de/intl/de_ALL/features.html, abgerufen am 28.04.02.
60) Siehe hierzu den Überblick von Stefan Karzauninkat, http://www.suchfibel.de/4spez/spezielle.htm, abgerufen am 08.06.2002.
61) Siehe z.B. Ahoy! The Homepage Finder, http://www.help4web.net/search/eMail/Ahoy.html, abgerufen am 07.06.2002; Yahoo! People Search, http://peole.yahoo.com/, abgerufen am 07.06.2002.
62) Masermann/ Vossen, Informatik Spektrum 1998, S. 10.
63) Masermann/ Vossen a.a.O.

cc) Unterschiedliche Anknüpfungspunkte der Suchsoftware

Die unterschiedlichen Softwaretypen (robots, spiders oder worms) knüpfen im HTML-Dokument unterschiedlich an. Ein Suchsoftwaretyp sucht nach dem Suchbegriff nur im Titel, ein anderer untersucht alle durch HTML formatierten Textteile, also auch die Hyperlinks, wieder ein anderer Typ knüpft an den gesamten Text (also auch an den Text im Body) an.[64]

Die meisten Suchmaschinen nehmen angesichts der benötigten Datenmenge nur einen Teil der Wörter und Informationen in den Index auf. Nur einige, wie z.B. AltaVista, nehmen den Inhalt einer gesamte Webseite in ihren Index auf (der schon 1999 etwa 250 Millionen Webseiten erfasste)[65].

dd) Die Übernahme von Inhalten der Webseiten in die Datenbank der Suchmaschine

Die Suchmaschinen übernehmen unterschiedlich große Bereiche der Webseiten. Je mehr Inhalte übernommen werden, umso größer müssen die Speicherkapazitäten und die zugrunde liegende Investition sein. Aus diesem Grunde werden regelmäßig Textinformationen in größerem Umfang übernommen als z.B. Fotografien oder Musikstücke, da letztere eine wesentlich höhere Speicherkapazität verlangen.

Den gesamten Textinhalt von Webseiten übernimmt z.B., wie bereits erwähnt, AltaVista.[66] Andere Suchmaschinen kopieren nur Teilbereiche wie den Head-Bereich oder bestimmte Worte in die den Suchanfragen zugrunde liegende Datenbank. Insoweit ist die Übernahme unterschiedlich großer Teile von Webseiten vergleichbar mit herkömmlichen Dokumentationsverfahren, dem Volltext-, dem Abstract- und dem Indexverfahren.[67] Beim Volltextverfahren wird der gesamte Text eines Dokuments archiviert. Dieses Verfahren entspricht der Übernahme des gesamten Inhalts einer Webseite in die Datenbank einer Suchmaschine. Das Abstractverfahren kann bedeuten, dass der durch den Autor eines Textes erstellte Abstract archiviert wird, aber auch, dass ein eigener Abstract erstellt wird. Das Abstractverfahren findet seine Entsprechung nur in der Funktionsweise von Verzeichnissen. Suchmaschinen erstellen im Gegensatz zu Verzeichnissen keinen eigenen Abstract, sondern übernehmen Teile des Textes einer Webseite, die regelmäßig keinen Abstract im herkömmlichen Sinne enthalten. Soweit Suchmaschinen nur Worte aus dem Meta-Tag oder dem Titel übernehmen, sind sie mit dem Indexverfahren vergleichbar, bei denen nur Stichwörter aus dem Originaldokument übernommen werden.

---

64) Masermann/ Vossen a.a.O.

65) Danny Sullivan, Search Engine Report Nr. 36 vom 02.11.1999, Teil 1, Search Engine Watch, http://www.searchenginewatch.com.

66) Seltzer/Ray, S. 86 f.

67) Siehe dazu Ulmer, Elektronische Datenbanken, S. 5 ff.; Loewenheim in Schricker, Urheberrecht, 1. Auflage, § 16 Rdnr. 10; Kleinke, S. 6 ff.

Suchmaschinen, die Fotografien nachweisen, vervielfältigen zunächst die Fotografien auf ihren Server. Dann werden diese Fotografien durch ein spezielles Programm in kleinere „thumbnail"-Versionen umgewandelt und in dieser Version auf der Datenbank der Suchmaschine gespeichert. Nachfolgend werden die zunächst vervielfältigten Fotografien in Originalgröße gelöscht.[68]

ee) Die Suchintervalle

Die Suche nach neuen Webseiten wird immer wieder in bestimmten Intervallen durchgeführt. Je spezialisierter der Zugriff der Suchmaschine ist, desto häufiger wird die Suchsoftware Webseiten durchsuchen. Bei Suchmaschinen etwa, die sich auf die Suche von Tagesmeldungen spezialisieren, wird die Suchsoftware täglich die vorgegebenen Server durchleuchten. Bei großen, ganz allgemeinen Suchmaschinen wird hingegen nur ca. zwei- bis dreimal im Jahr ein wesentlich größerer Umfang von Webseiten durchsucht.

Die Suchintervalle sind nur bedingt ein Indikator für die Aktualität der in der Trefferliste aufgeführten Webseiten. Denn auch bei kürzeren Suchintervallen kann die Suchsoftware immer wieder auf die gleiche, nicht aktualisierte Webseite treffen, auf die dann in der Trefferliste verwiesen wird.

c) Die Rangfolge der Eintragungen

Die Hyperlinks erscheinen in einer bestimmten Rangfolge. Diese Rangfolge ist für die Inhaber von Webseiten, die in der Liste erscheinen, fast genauso bedeutend wie die Tatsache, in der Suchliste zu erscheinen. Denn regelmäßig werden nur die ersten Treffer von den Nutzern zur Kenntnis genommen. Die Entscheidung über die Rangfolge treffen die Betreiber der Suchmaschinen. Ihre Entscheidung wird durch Software umgesetzt, die die Rangfolge nach bestimmten, von den Betreibern festgelegten Kriterien festlegt. Die nach diesen Kriterien als am wichtigsten eingeschätzten Webseiten werden an erster Stelle platziert, es folgen die jeweils als weniger wichtig eingeschätzten Seiten. Die Kriterien, die Bedeutung einer Webseite zu bemessen, sind von Suchmaschine zu Suchmaschine verschieden.[69]

Kriterien für die Suchsoftware sind insbesondere der Standort des Suchbegriffs vor allem zu Beginn des Dokuments, im Titel und im Meta-Tag, die Häufigkeit der Nennung des Suchbegriffs, die Popularität einer Webseite, die sich in einer Vielzahl von Hyperlinks zu dieser Webseite ausdrückt, und schließlich der Umstand, ob eine Webseite bereits von einem Verzeichnis berücksichtigt wurde.

---

68) Siehe *Kelly v. Arriba Soft Corp.*, 280 F.3d 934, 938 (9th cir. 2002).
69) Ein Überblick über die verschiedenen Methoden ist bei Danny Sullivan, SearchEngineWatch, unter http://searchenginewatch.com/webmasters/features.html, abgerufen am 08.11.1999, zu finden.

Erscheint der Suchbegriff im Titel oder in den ersten Absätzen des Textes, wird vermutet, dass die Webseite für das Thema des Suchbegriffs wichtiger ist als wenn der Begriff in einem der letzten Absätze auftauchen würde. Entsprechend gewichten die Suchmaschinen diese Webseite. Einige Suchmaschinen nehmen diejenigen Webseiten vorrangig auf, die den Suchbegriff in ihrem Meta-Tag verwenden. Viele Suchmaschinen greifen jedoch nicht auf den Text im Meta-Tag zurück oder messen ihm nur die Bedeutung eines Kriteriums unter vielen für die Aufnahme in die Suchliste zu. Lycos berücksichtigt Meta-Tags z.B. gar nicht.[70]

Wird ein Suchbegriff in einer Webseite häufiger genannt als in einer anderen, wird oft diese vorangestellt. Einige Suchmaschinen zählen allerdings nur bis zu zwei oder drei Nennungen eines Begriffs.

Suchmaschinen wie Excite gewichten eine Webseite zudem nach deren Popularität. Diese wird nach der Anzahl der Hyperlinks von anderen Webseiten auf die Webseite bemessen.[71]

Einige Suchmaschinen, die mit Verzeichnissen assoziiert sind, lassen die Webseiten, die bereits von den Verzeichnissen rezensiert wurden, in einen höheren Rang aufsteigen, da es wahrscheinlich ist, dass die rezensierten Webseiten bedeutsamer sind als die noch nicht rezensierten.

3. Verzeichnisse

a) Der Eintrag in die Trefferliste

Bei so genannten Verzeichnissen (oder Katalogen) wird keine Suchsoftware eingesetzt. Der Inhalt der Datenbank und die Verzeichnisstruktur des Verzeichnisses werden durch eine Redaktion erstellt. Eine Redaktion ordnet die Links thematisch, fasst den Inhalt kurz zusammen und gibt eine kleine Bewertung ab.[72] Bekanntestes Verzeichnis dürfte Yahoo! sein.

Die Webseiten, auf die in den Trefferlisten verwiesen werden soll, können durch Nutzer des Verzeichnisses oder durch die Inhaber der Webseiten vorgeschlagen werden. Die so vorgeschlagenen Webseiten werden nicht ohne weiteres in die Datenbank aufgenommen, sondern werden zuvor auf ihren Inhalt durch eine Redaktion des Verzeichnisses überprüft.[73] Die Redaktion entscheidet nicht nur darüber, ob eine Webseite aufgenommen wird, sondern auch darüber, an welcher Stelle in der Verzeichnisstruktur die Webseite platziert wird.

Auch bei Verzeichnissen erscheinen Abstracts auf der Trefferliste, mit denen die Treffer kommentiert werden. Diese Kommentare sind in der Regel

---

70) Danny Sullivan, a.a.O., Fn. 69.
71) Danny Sullivan, a.a.O., Fn. 69.
72) Computer & Co a.a.O., Fn. 56.
73) Siehe z.B. Yahoo! http://de.docs.yahoo.com/info/seite_vorschlagen, abgerufen am 05.11.1999.

kurz, enthalten Stichworte und werden durch die Redaktion formuliert. Die Formulierungen können auch auf Vorschläge der Inhaber von Webseiten zurückgehen. Jedoch werden diese Vorschläge nicht ungeprüft übernommen.[74]

b) Die Rangfolge der Eintragungen

Über den Rang und Platzierung einer Webseite im Verzeichnis entscheiden die Redakteure des Verzeichnisses. Verzeichnisse haben, da sie keine Suchsoftware verwenden, andere Kriterien als Suchmaschinen, um die Wichtigkeit einer Seite zu bestimmen. Sie knüpfen nicht an den Text des Meta-Tags an oder an die Nennung des Suchbegriffs in bestimmten Teilen der Webseite. Vielmehr muss sich der Nachweis der Webseite in die hierarchische Verzeichnisstruktur einfügen. Bei Yahoo! soll der Aufbau der Verzeichnisstruktur nach bestimmten Themen dazu dienen, dem Nutzer eine zielsichere Navigationsmöglichkeit anzubieten.[75] Die Platzierung der Webseite ergibt sich dann aus dem Zusammenhang mit einem bestimmten Thema.

---

74) Siehe z.B. Yahoo!, Fn. 73.
75) Siehe Yahoo! zum Vorschlag der eigenen Webseite, Abschnitt 4, http://www.de.docs.yahoo.com/info/seite_vorschlagen/abscnitt4.html, abgerufen am 05.11.1999.

C. Suchdienste als Presse

I. Einführung

In Webseiten sind z.B. Meinungen, Tatsachenberichterstattung, Produktinformationen oder Werbung enthalten; im WWW findet sich also eine Vielzahl von Informationen. Durch Suchdienste wird eine Orientierung im WWW erst möglich gemacht und auf diese Art faktisch der Zugang zu sonst unauffindbaren Informationen eröffnet. Durch die Vermittlung dieser Informationen fördern Suchdienste eine freie individuelle und öffentliche Meinungsbildung. Darüber hinaus enthalten die Webseiten von Suchdiensten eigene Informationen, die Grundlage der Meinungsbildung sein können.

Im Grundgesetz werden ausdrücklich die individuelle Meinungs- und Informationsfreiheit (Art. 5 Abs.1 S.1 GG), die Freiheit der Presse und die Freiheit der Berichterstattung durch Rundfunk und Film (Art. 5 Abs.1 S. 2 GG) gewährleistet. Allen diesen Freiheiten ist gemeinsam, dass sie eine freie individuelle und öffentliche Meinungsbildung gewährleisten.[76] Sie sind deswegen „schlechthin konstituierend für die freiheitliche demokratische Grundordnung".[77]

Die Existenz von Suchdiensten konnte 1949, bei Inkrafttreten des Grundgesetzes, noch nicht vorausgeahnt werden. Wegen ihrer Bedeutung für die Meinungsbildung ist es daher von besonderem Interesse, ob und welcher der durch Art. 5 Abs. 1 S. 2 GG geschützten Freiheiten Suchdienste zuzuordnen sind. Wären sie keiner der kommunikationsrechtlichen Freiheiten des Art. 5 Abs. 1 GG zuzuordnen, würde die Ausübung der Tätigkeit von Suchdiensten allein in den Schutzbereich der Berufsfreiheit des Art. 12 GG fallen können. Die Art und der Umfang des verfassungsrechtlichen Schutzes, die Schranken des Freiheitsschutzes und die Gesetzgebungskompetenzen für diese Schranken hängen von der Zuordnung der Tätigkeit von Suchdiensten zu einem bestimmten Schutzbereich ab.

Diese Zuordnung wird für die meisten neuen Medien erschwert durch die Interaktivität zwischen Nutzer und Dienst im WWW, insbesondere durch die Möglichkeit für eine unbestimmte Vielzahl von Nutzern, individuell Informationen abzurufen. Hieraus folgen Abgrenzungsschwierigkeiten zwischen Individual- und Massenkommunikation. Nur wenn Suchdienste ein Medium der Massenkommunikation sind, so ist der Schutzbereich des Art. 5 Abs. 1 S. 2 GG eröffnet und nur dann werden sie als Medium durch die Presse-, Rundfunk- oder Filmfreiheit geschützt. Sind Suchdienste kein Massenkommunikationsmedium,

---

76) Bethge in Sachs, GG, Art. 5 Rdnr. 18.

77) BVerfGE 35, S. 202, 221; grundlegend BVerfGE 7, S. 198, 208 - *Lüth* zur Meinungsfreiheit; BVerfGE 52, S. 283, 296 zur Presse; BVerfGE 77, S. 65, 74 zum Rundfunk.

kommt ein kommunikationsrechtlicher Schutz nur durch die Meinungsfreiheit nach Art. 5 Abs. 1 S. 2 GG in Frage. Dieser verfassungsrechtliche Schutz erstreckt sich auf die einzelnen durch Suchdienste verbreiteten Äußerungen, jedoch nicht auf die institutionell-organisatorischen Voraussetzungen und Rahmenbedingungen, die die Ausübung der Tätigkeit von Suchdiensten ermöglichen. Zunächst ist deshalb zu klären, ob Suchdienste der Massen- oder der Individualkommunikation zuzuordnen sind.

Typischerweise bieten Suchdienste als Kern ihrer Tätigkeit eine Trefferliste an, mit der auf Webseiten im Internet verwiesen wird. Gleichzeitig finden sich jedoch bei einigen Suchdiensten, z.B. bei Yahoo!, eigene redaktionelle Beiträge. Am 23.05.2002 wurde beispielsweise über den Besuch von George Bush in Berlin berichtet.[78] Aufgrund der Finanzierung der Suchdienste durch Werbung erscheinen zudem entsprechend viele Werbebanner und andere Werbeformen auf den Webseiten der Suchdienste.

Die Kerntätigkeit der Suchdienste, das Erstellen der Trefferliste, informiert den Nutzer unmittelbar durch den Inhalt der Trefferliste und mittelbar durch den Zugriff auf die dort aufgelisteten Webseiten. Die Trefferliste informiert unmittelbar, indem die Texte des Hyperlinks und der Kurzbeschreibung einen allgemeinen Überblick über den Inhalt der aufgelisteten Webseiten vermitteln und so - auch ohne Zugriff auf die in der Trefferliste angeführten Webseiten - Grundlage der Meinungsbildung sein können. Abbildung 3, die Trefferliste von AltaVista zum Suchbegriff „Joschka Fischer“[79], zeigt, dass bereits in den Abstracts Auszüge aus den zitierten Webseiten enthalten sind, die einen eigenen Informationsgehalt haben. Es finden sich in den Abstracts z.B. folgende Auszüge:

> „geb. 1948. Joschka Fischer. Politiker. 1948. 12. April: Joseph (Joschka) Martin Fischer wird in Gerabronn/Baden-Württemberg als drittes Kind eines Metzgers geboren.“ “AA-Homepage: Auswärtiges Amt: Die Leitung BM Joschka Fischer Der Bundesaußenminister. Bundesaußenminister Joschka Fischer reist in den Nahen und Mittleren“, „Joschka Fischer berichtet darüber, wie er es geschafft hat, innerhalb eines Jahres fast 40 Kilo abzunehmen und Deutschlands bekanntester Marathon-Mann zu werden.“

Anhand dieser – bruchstückhaften – Auszüge ist es dem Leser – wenn auch in eingeschränktem Maße – möglich, sich ein Bild über Joschka Fischer zu machen (Alter, Herkunft, Amt, Persönlichkeitsbildung). Dieser eigene Informationsgehalt wird auch bei dem Verzeichnis Yahoo! offenbar, welches Webseiten mit Nachrichten in einer eigenen Kategorie führt. Darüber hinaus

---

78) „Bushs 19 Stunden in Berlin“, http://de.news.yahoo.com/020521/12/2rvql.html, abgerufen am 23.05.02.
79) http://www.altavista.com/q?pg=q&q=Joschka+Fischer&kl=XX&what=de&search.x=36... abgerufen am 23.05.02, Abb. 3.

sind eigene redaktionelle Beiträge, die nicht zur Trefferliste gehören, als Schutzgegenstand zu berücksichtigen.

Kommt ein Schutz von Suchdiensten als Massenkommunikationsmedium nach Art. 5 Abs. 1 S. 2 GG in Betracht, stellt sich die Frage, wie weit dieser reichen kann. Denkbar wäre es, den verfassungsrechtlichen Schutz der Suchdienste gemäß Art. 5 Abs. 1 S. 2 GG nicht nur auf die Webseiten der Suchdienste zu erstrecken, sondern auch auf die Webseiten, auf die in der Trefferliste mit den Hyperlinks verwiesen wird. Dafür könnte sprechen, dass der Weg von der Webseite des Suchdienstes zu den aufgelisteten Webseiten durch den Einsatz von Hyperlinks extrem verkürzt wird. Der Nutzer informiert sich im Zusammenspiel der Trefferliste mit den einzelnen Webseiten, kann von der Trefferliste auf die aufgeführten Webseiten und wieder zurückblättern. Führt man diesen Gedanken jedoch weiter, könnte so das ganze WWW als Anknüpfungspunkt für verfassungsrechtlichen Schutz angesehen werden, da die aufgelisteten Webseiten regelmäßig auf weitere Webseiten mittels Hyperlink verweisen. Damit wird der Gedanke, den verfassungsrechtlichen Schutz des Art. 5 Abs. 1 S.2 GG nicht auf die Webseite des Suchdienstes zu beschränken, schließlich ad absurdum geführt. Ausgangspunkt für die Frage, ob und welcher der Freiheiten des Art. 5 Abs. 1 S.2 GG die Tätigkeit von Suchdiensten unterfällt, ist deswegen ausschließlich die Webseite des Suchdienstes und die Tätigkeit, die dieser Webseite zugrunde liegt. Unabhängig davon kann sich ein eigener verfassungsrechtlicher Schutz der in der Trefferliste zitierten Webseiten ergeben.

Diese Beurteilung wird nicht dadurch eingeschränkt, dass der besondere Informationsgehalt von Suchdiensten gerade auf den Hyperlinks beruht. Hieraus ergibt sich allerdings eine umgekehrte Fragestellung, nämlich ob ein verfassungsrechtlicher Schutz der nachgewiesenen Webseiten auch Auswirkungen auf den verfassungsrechtlichen Schutz der Suchdienste haben kann. Der Informationsgehalt der einzelnen, im Suchergebnis aufgeführten und per Hyperlink mit dem Suchdienst verbundenen Webseiten strahlt gleichsam auf die Trefferliste aus. Denn auf der Suche nach einer bestimmten Information „blättert“ der Nutzer von der Trefferliste auf die aufgelisteten Webseiten und wieder zurück, bis er schließlich die gesuchte Information auf einer der Webseiten findet. Der Informationsgehalt der Trefferliste ist aufgrund der beabsichtigten Nutzungsmöglichkeit der Hyperlinks noch größer als der Informationsgehalt der Texte des Hyperlinks und der Texte und Fotografien in den Abstracts. Der Nutzer soll sich durch das Zusammenspiel von Trefferliste und verlinkten Webseiten informieren. Dieses Zusammenspiel oder genauer gesagt, diese Funktionsweise ist schutzwürdig. Es ist deshalb auch Gegenstand der Untersuchung, ob ein möglicher kommunikationsrechtlicher Schutz der Webseiten gemäß Art. 5 Abs. 1 GG, auf die Suchdienste in der Trefferliste einen Hyperlink setzten, sich auch auf Suchdienste erstreckt.

Die weitere Untersuchung befasst sich in einem ersten Schritt mit Suchdiensten als mögliches Medium der Massenkommunikation (II.). Gegenstand eines möglichen verfassungsrechtlichen Schutzes ist der Suchdienst als solcher, d.h. der Inhalt der Webseite mit dem Kern der Trefferliste, mit redaktionellen Beiträgen und Werbung sowie die zugrundeliegende Funktionsweise, die sich die Hyperlinks zu nutze macht. Als Medium der Massenkommunikation ist der Schutzbereich des Art. 5 Abs. 1 S. 2 GG eröffnet. In einem zweiten Schritt wird untersucht, ob Suchdienste durch die Presse-, Rundfunk- oder Filmfreiheit geschützt werden (III.).

II. Suchdienste als Massenkommunikationsmedium

1. Problemstellung

Die urheberrechtlichen und wettbewerbsrechtlichen Beschränkungen, die in dieser Untersuchung am Verfassungsrecht gemessen werden sollen, knüpfen nicht an eine bestimmte Meinungsäußerung eines Suchdienstes als solcher an. Sie betreffen vielmehr die Tätigkeit des Suchdienstes an sich. Beispielsweise legen die Vorschriften des UrhG, des UWG und des TDG unabhängig vom Inhalt einer Meinung fest, inwieweit Suchdienste für Meinungsinhalte haften oder wie sie ihr Suchergebnis und die begleitende Werbung gestalten müssen. Solche Beschränkungen betreffen nicht den zulässigen oder unzulässigen Inhalt einer Meinungsäußerung an sich, sondern die institutionell-organisatorischen Voraussetzungen und Rahmenbedingungen von Suchdiensten.

Das Grundgesetz unterscheidet zwischen der Meinungsfreiheit (Art. 5 Abs. 1 S. 1 GG) und der Freiheit der Massenmedien Presse, Rundfunk und Film (Art. 5 Abs. 1 S. 2 GG). Kommt es auf die einzelne Meinungsäußerung an, die in der Webseite eines Suchdienstes enthalten ist, ist die Meinungsfreiheit nicht nur bei der Individualkommunikation, sondern auch bei der Massenkommunikation einschlägiges Grundrecht (2.). Die Kommunikationsgrundrechte der Massenmedien gemäß Art. 5 Abs. 1 S. 2 GG schützen darüber hinaus die institutionell-organisatorischen Voraussetzungen und Rahmenbedingungen, auf die es in der weiteren Untersuchung ankommt. Wäre die Trefferliste nur Teil der Individualkommunikation, wäre sie wegen der darin enthaltenen Meinungen durch die Meinungsfreiheit geschützt (Art. 5 Abs. 1 GG), die Tätigkeit des Suchdienstes allein durch die Berufsfreiheit (Art. 12 GG). Ist die Trefferliste Teil der Massenkommunikation, wird die Tätigkeit der Suchdienste und ihre institutionell-organisatorischen Voraussetzungen und Rahmenbedingungen auch von einer der Freiheiten des Art. 5 Abs. 1 S. 2 GG erfasst. Es kommt also darauf an, ob Suchdienste Medien der Massenkommunikation sind (3.).

2. Meinungsfreiheit und Freiheitsschutz der Massenmedien

Art. 5 Abs. 1 S. 1 GG knüpft an eine bestimmte Meinungsäußerung als solche an; nach neuerer Rechtsprechung des Bundesverfassungsgerichts kommt es nicht auf das Verbreitungsmedium der Meinungsäußerung an.[80] Das Bundesverfassungsgericht führte zur Abgrenzung von Meinungsfreiheit und Pressefreiheit aus:

> „Geht es um die Zulässigkeit einer bestimmten Äußerung, so beurteilt sich diese nach Art. 5 Abs. 1 S.1 GG, und zwar unabhängig davon, ob sie in einem Medium gefallen ist oder fallen soll, das den Schutz der Pressefreiheit genießt. Diese kommt vielmehr erst dann zum Zuge, wenn die über die einzelne Meinungsäußerung hinausreichende Bedeutung der Presse für die individuelle und öffentliche Meinungsbildung in Rede steht“[81].

Bei Individualkommunikation ist insoweit keine der Presse, dem Rundfunk und dem Film entsprechende Bedeutung gegeben.

Art. 5 Abs. 1 S. 2 GG knüpft also an die Erscheinungsformen der Massenkommunikation an.[82] Geschützt ist insbesondere die institutionelle Eigenständigkeit des Massenmediums, um eine freie individuelle und öffentliche Meinungsbildung zu gewährleisten. Bei der Presse ist beispielsweise der Schutzbereich des Art. 5 Abs.1 S. 2 GG berührt,

> „wenn es um die im Pressewesen tätigen Personen in Ausübung ihrer Funktion, um ein Presseerzeugnis selbst, um seine institutionell-organisatorischen Voraussetzungen und Rahmenbedingungen sowie um die Institution einer freien Presse geht“[83].

Zu diesen Voraussetzungen und Rahmenbedingungen zählen diejenigen, die die journalistische Arbeit und redaktionelle Sphäre, die Verbreitung und den Vertrieb des Presseprodukts sowie den wirtschaftlich-unternehmerischen Bereich von Presseunternehmen betreffen.[84] Rundfunk und Film genießen als Massenkommunikationsmittel die gleiche institutionelle Freiheit wie die Presse.[85]

Die Pressefreiheit ist nicht nur ein Unterfall der Meinungsfreiheit.[86] Auch die gedruckte Meinung wird durch den Begriff „Schrift“ in Satz 1 von der Meinungsfreiheit umfasst.[87] Der Schutz der einzelnen in den Medien geäußerten Meinung durch Art. 5 Abs. 1 S. 1 GG ist nicht minderwertig gegenüber einem

---

80) BVerfGE 85, S. 1,12f; 86, S. 122, 127 f. zur Pressefreiheit; ebenso Schulze-Fielitz in Dreier, GG, Art. 5 Abs. 1, 2 Rdnr. 66; Degenhart in Bonner Kommentar, Art. 5 Abs. 1, 2 Rdnr. 31; a.A. Herzog in Maunz-Dürig, Art. 5 Abs.1, 2 Rdnr. 153 f.

81) BVerfG AfP 1998, S. 386, 387.

82) Schulze-Fielitz in Dreier, GG, Art. 5 Abs.1, 2 Rdnr. 65; Bethge in Sachs, GG, Art. 5 Rdnr. 45; Bullinger AfP 1996, S.4 zur Abgrenzung zum Rundfunk; a.A. Degenhart in Bonner Kommentar, Art. 5 Abs.1 und 2 Rdnr. 41 ff.

83) BVerfGE 86, S. 122, 128; BVerfGE 85, S. 1, 13; BVerfG AfP 1998, S. 386, 387.

84) Degenhart in Bonner Kommentar, Art. 5 Abs. 1 und 2 Rdnr. 32.

85) BVerfGE 12, S. 205, 260; vgl. auch BVerfGE 34, S. 202, 222.

86) Kunig, Jura 1995, S. 591.

87) BVerfGE 85, S. 1, 12; 86, S. 122, 128.

Schutz im Rahmen der Pressefreiheit, der Rundfunk- und der Filmfreiheit. Das Grundrecht der freien Meinungsäußerung ist im Gegenteil

> „als unmittelbarster Ausdruck der menschlichen Persönlichkeit in der Gesellschaft eins der vornehmsten Menschenrechte überhaupt [...]. Für eine freiheitlich-demokratische Staatsordnung ist es schlechthin konstituierend, denn es ermöglicht erst die ständige geistige Auseinandersetzung, den Kampf der Meinungen, der ihr Lebenselement ist [...].“[88]

Eine durch die Massenmedien vermittelte Meinung ist ebenso zu schützen wie die Meinung, die durch eine Privatperson geäußert wird.

Art. 5 Abs. 1 S. 2 GG ist deswegen nicht schon dann gegenüber Art. 5 Abs. 1 S.1 GG lex specialis, wenn eine Meinung durch die Presse, den Rundfunk oder den Film geäußert wird; ein Verhältnis der Spezialität ist da gegeben, wo die Massenmedien gerade wegen ihrer publizistischen Vermittlung betroffen sind.[89] Den Massenmedien ist gemeinsam, dass ihre Meinungsäußerung durch Einsatz von Massenkommunikationsmitteln eine erhebliche Wirkungssteigerung erfährt.[90] Diese Wirkungssteigerung ist spezifisch und bedarf eines gegenüber Satz 1 besonderen Schutzes, die einzelne Meinungsäußerung fällt dagegen in den Schutzbereich des Art. 5 Abs. 1 S. 1 GG.

3. Begriff der Massenkommunikation

Der Begriff der Massenkommunikation ist kein Rechtsbegriff, der in Art. 5 Abs. 1 S. 2 GG zu finden wäre. Presse, Rundfunk und Film ist jedoch gemeinsam, dass sie als Massenkommunikationsmittel Einfluss auf die öffentliche Meinung nehmen und an der Bildung dieser öffentlichen Meinung teilnehmen.[91] Massenkommunikation ist also ein deskriptives Merkmal der Medien, deren Freiheit in Art. 5 Abs. 1 S. 2 GG gewährleistet wird.

Nicht nur die Rechtswissenschaft, sondern etwa auch die Kommunikationswissenschaft bemüht sich, die wesentlichen Elemente der Massenkommunikation zu erfassen, und beeinflusst die juristische Begriffsfindung. Bilden tatsächliche Erscheinungen den Norminhalt, kann für die Interpretation auf sozialwissenschaftliche Befunde zurückgegriffen werden. Es können deswegen viele Varianten der Definition von Massenkommunikation ausgemacht werden, entscheidend für die „richtige“ Definition ist jedoch der Benutzungszusammenhang.[92]

---

88) BVerfGE 7, S. 198, 208 - *Lüth*.
89) Hoffmann-Riem in Hdb. d. VerfR, § 7 Rdnr. 31.
90) Vgl. Hoffmann-Riem in Hdb. d. VerfR § 7 Rdnr. 30.
91) BVerfGE 12, S. 205, 260 zu Presse und Rundfunk, vgl. Schulze-Fielitz in Dreier, GG, Art. 5 Abs. 1, 2 Rdnr. 65.
92) Jarass, S. 29.

a) Kommunikationswissenschaftliche Definition

Grundlegend in der Kommunikationswissenschaft ist die Definition der Massenkommunikation von *Maletzke* aus dem Jahr 1963. Nach ihm ist Massenkommunikation

> „jene Form der Kommunikation, bei der Aussagen öffentlich (also ohne begrenzte und personell definierte Empfängerschaft) durch technische Verbreitungsmittel (Medien) indirekt (also bei räumlicher oder zeitlicher oder raumzeitlicher Distanz zwischen den Kommunikationspartnern) und einseitig (also ohne Rollenwechsel zwischen Aussagendem und Aufnehmendem) an ein disperses Publikum [...] vermittelt werden“[93].

Grundfaktoren der Massenkommunikation sind nach *Maletzke* die Kommunikatoren, die Aussage, das Medium und der Rezipient.[94] Der Kommunikator ist

> „jede Person oder Personengruppe, die an der Produktion von öffentlichen, für die Verbreitung durch ein Massenmedium bestimmten Aussagen beteiligt ist, sei es schöpferisch gestaltend oder selektiv oder kontrollierend.“[95]

Der Rezipient ist diejenige Person, die die Aussagen des Kommunikators durch das Medium vermittelt aufnimmt.

Diese Definition ist nicht nur für die Kommunikationswissenschaft von grundlegender Bedeutung, sondern beeinflusste auch juristische Begriffsfindungen.[96] Trotz dieser grundlegenden Bedeutung der Definition *Maletzkes* haben jedoch die Veränderungen der Kommunikationswege und Kommunikationsstrukturen sowohl in der Kommunikationswissenschaft als auch in der Rechtswissenschaft zu Modifikationen und neuen Definitionsansätzen geführt.

b) Neue Medien

aa) Problemstellung

Die neuen Medien, die Dienste des Internets, technische Entwicklungen wie Teletexte oder Video-on-Demand führen dazu, dass die Definition *Maletzkes* überdacht wird.[97] Denn das Internet ist durch die Interaktivität zwischen Nutzer und Inhalteanbieter geprägt, die sich regelmäßig durch Abrufleistungen des Nutzers äußert. Der Nutzer muss Informationen nicht in einer linearen Abfolge zur Kenntnis nehmen, sondern kann die von ihm angestrebten Informationen sofort heranziehen. Will der Nutzer beispielsweise den Sportteil des „Spiegels“ im WWW[98] lesen, kann er sofort den Link zum Sport anklicken.

---

93) Maletzke, S. 32.
94) Maletzke, S. 37.
95) Maletzke, S. 43.
96) Siehe z.B. Jarass, S. 29 f. und Hoffmann-Riem in Hdb. des VerfR. § 7 Rdnr. 25.
97) Vgl. etwa Burkart/Hömberg in Fünfgeld/Mast, 78 ff.
98) Siehe http://www.spiegel.de.

Er vollbringt damit schon eine Abrufleistung. Die Zusammensetzung eines Produkts und die Wahrnehmung des Gesamtprodukts ist damit in besonderem Maße von den Aktionen des Nutzers – durch einfaches Anklicken der ihn interessierenden Verweise – geprägt. Vergleichbar damit ist die Eingabe des Suchbegriffs, zu dem von dem Suchdienst aufbereitete Hyperlinks erscheinen, die aber ebenso wie der Sportteil des „Spiegels" für jedermann abrufbar sind.

Diese Form von Interaktivität widerspricht dem von *Maletzke* postulierten Kriterium der Einseitigkeit von Massenkommunikation. *Maletzke* definierte Einseitigkeit der Massenkommunikation wie folgt:

> „Immer sind die Partner der Massenkommunikation nur durch ein technisches Medium miteinander verbunden und immer ist dieses Medium so konstruiert, dass die Aussagen ständig in nur einer Richtung vermittelt werden, dass also die Partnerrollen nicht beliebig wechseln können, sondern durch die Eigenarten des Mediums von vornherein festgelegt sind."[99]

Die Dienste im Internet ermöglichen schon durch die Abrufmöglichkeit einzelner Inhalte eine Kommunikation in beide Richtungen. Der Leser einer Online-Tageszeitung kann die Anzeige von Informationen durch Anklicken von Themen bestimmen, der Nutzer eines Suchdienstes das Suchergebnis durch Eingabe eines Suchbegriffs beeinflussen. Dennoch ist ein Unterschied etwa zur Kommunikation per Email gegeben, die als „klassische" Individualkommunikation im Internet angesehen wird, weswegen über die Notwendigkeit des Kriteriums der Einseitigkeit neu diskutiert wird.

bb) Verzicht auf das Kriterium der Einseitigkeit

Die Literatur verfolgt verschiedene Ansätze, um Individual- und Massenkommunikation voneinander abzugrenzen. Nach einer Ansicht soll entscheidend darauf abgestellt werden, dass bei Massenkommunikation ein doppelter Rollenwechsel nicht möglich sein soll und dass die Kommunikation öffentlich erfolgt.[100] Ein doppelter Rollenwechsel und damit Individualkommunikation wird bejaht, wenn die Kommunikationsteilnehmer mit den Inhalten ihrer kommunikativen Äußerungen in beide Richtungen gleichermaßen aufeinander reagieren können und sich so gegenseitig beeinflussen können.[101] Der Kommunikator muss also genauso Rezipient einer Äußerung sein können, wie der Rezipient die Rolle des Kommunikators einnehmen können muss. Die Asymmetrie der Kommunikation, die z.B. beim Fernsehen offensichtlich gegeben ist, wird so aufgehoben.[102] Ein einfacher Rollenwechsel, etwa durch Abruf

---

99) Maletzke, S. 24; ähnlich Paschke, § 1 Rdnr. 16.
100) So Schulz, ZUM 1996, S. 487 ff.; zustimmend Jarren/ Donges in Fünfgeld/ Mast S.238; Öffentlichkeit ist dann gegeben, wenn ein Kommunikator nicht mehr alle Empfänger „vor Augen" hat (Schulz, ZUM 1996, S. 490).
101) Schulz, ZUM 1996, S. 489.
102) Schulz, ZUM 1996, S. 490.

von Informationen, schließt aber nach dieser Ansicht Massenkommunikation nicht aus.

Ein anderer Ansatz zur Definition von Massenkommunikation wird verfolgt, wenn zwischen „Indienstnahme“ von so genanntem Material durch den Kommunikator und „Teilhabe“ am Kommunikationsangebot unterschieden wird.[103] Der Kommunikator bedient sich des Materials (Papier, Klang, Bild, Software), um dem Rezipienten eine Aussage wahrnehmbar zu machen. Die Teilhabe des Rezipienten am Kommunikationsprozess wird nur dadurch garantiert, dass der Kommunikator zunächst dieses Material in Anspruch nimmt und so einen Kanal schafft, der dem Rezipienten die Teilhabe ermöglicht. Es gibt nach diesem Modell den Produzenten und den Konsumenten.[104] Auch in den sogenannten interaktiven Medien wie dem Internet ist danach kein Austausch dieser Rollen gegeben, soweit es sich um Massenkommunikation handelt. Denn die Entscheidung über die Inanspruchnahme von Material bzw. des jeweiligen Mediums liegt weiterhin beim Kommunikator, nicht beim Rezipienten.[105] Zu gleichen Ergebnissen kommt *König*[106], der formuliert: „Die Gestaltungsbefugnis für die Inhalte liegt beim Kommunikator.“

Schließlich wurde der Ansatz entwickelt, den Schwerpunkt auf die Charakteristika des Kommunikators zu legen. Es kommt danach nicht auf die Rezeptionsweise an, sondern Massenkommunikation wird „vor allem durch bestimmte Produktionsformen, Produktionswerte und [...] Beeinflussungsmöglichkeiten, die sich daraus ableiten“, gekennzeichnet.[107] Die Massenkommunikation erfordert also für den Kommunikator besondere finanzielle, organisatorische und personelle Möglichkeiten.[108]

Nach *Jarass*[109] wird Massenkommunikation durch drei Kriterien gekennzeichnet: Massenkommunikationsinhalte werden erstens im Rahmen komplexer formaler Organisation produziert, für die eine Vielzahl von Personen zusammenwirken muss und ein erheblicher Aufwand an Kapital erforderlich ist. Zweitens wird Massenkommunikation über ein Verbreitungsmedium vermittelt, erfolgt also indirekt an ein disperses Publikum. Drittens ist Massenkommunikation eine öffentliche Kommunikation, d.h. das Produkt ist einem breiten Querschnitt der Bevölkerung zugänglich.

---

103) So Schmutzer, Fakten, Daten, Zitate 1995, Heft 1-2, S. 6 f..
104) Burkart/Hömberg in Fünfgeld/Mast S. 82
105) Schmutzer, a.a.O., Fn. 104, S. 7.
106) König, S. 39.
107) Hoffmann-Riem/ Vesting, Media Perspektiven Heft 8/1994, S. 386.
108) Hoffmann-Riem in Hdb. d. VerfR, § 7 Rdnr. 30.
109) Jarass S. 29 f: zustimmend Hoffmann-Riem in Hdb. des VerfR, § 7 Rdnr. 25 Fn.85; Schulze-Fielitz in Dreier, GG, Art. 5 Abs.1, 2 Rdnr. 65; Rossen, S. 43; a.A. Paschke, § 1 Rdnr. 16, nach dem Massenkommunikation zudem durch eine einseitige Kommunikation gekennzeichnet ist.

Allen diesen Ansätzen, Massenkommunikation zu definieren, ist gemeinsam, dass auf das Kriterium der Einseitigkeit der Massenkommunikation i.S.d. Definition *Maletzkes* verzichtet wird. Betont wird hingegen der Gegensatz von Rezipient und Kommunikator. Der Kommunikator ist komplex formell organisiert und zeichnet sich durch seine Produzentenrolle aus, indem er z.B. das Medium aussucht, und gerade deswegen kann ein doppelter Rollentausch nicht erfolgen. Der Kommunikator ist organisatorisch überlegen und die Entscheidung über Stoffauswahl und Gestaltung liegt weiterhin bei ihm. Mit dieser Betonung der Organisation des Kommunikators wird letztlich ein Teil der Definition *Maletzkes* fortgeführt, der bereits auf den Umstand der Stoffauswahl und Gestaltung durch den Kommunikator abstellte.[110]

Jarass nimmt weitestgehend die Kriterien *Maletzkes* auf und fasst diese zusammen. Grundlegend ist für *Jarass* allerdings die Rolle des Kommunikators als komplexe formale Organisation. Dieses Kriterium hat Parallelen zu den anderen dargestellten Ansichten, die ebenfalls auf die Charakteristika des Kommunikators im Unterschied zum Rezipienten abstellen. Zudem hat *Jarass* an anderer Stelle[111] zum Rundfunkbegriff ausgeführt, dass die massenkommunikative Vermittlung durch Auswahl und Bearbeitung einer riesigen Menge von einzelnen Meinungen, Informationen und Ereignissen gekennzeichnet ist. Das Kriterium der Einseitigkeit im Sinne einer linearen Kommunikation ist indes für *Jarass* keine notwendige Bedingung für Massenkommunikation.

c) Art. 5 Abs. 1 S.2 GG

Ob ein Verzicht auf das Kriterium der Einseitigkeit möglich und sinnvoll ist, ergibt sich aus dem Benutzungszusammenhang[112], da es sich bei dem Begriff der Massenkommunikation um ein deskriptives Merkmal handelt. Die Beschreibung der Massenkommunikation kann dann je nach dem, welcher Blickwinkel eingenommen wird, unterschiedlich ausfallen. Der hier relevante „Benutzungszusammenhang" und eingenommene Blickwinkel ist das Grundgesetz, so dass für die Definition des Begriffs des Massenmediums die grundgesetzlichen Vorgaben zu berücksichtigen sind.

aa) Kriterien des Verbreitungsmediums und des beliebigen Publikums

Bei den Medienfreiheiten geht es um die über die einzelne Meinungsäußerung hinausgehende Bedeutung der Medien für die individuelle und öffentliche Meinungsbildung;[113] aus diesem Grunde wird die institutionelle Eigenständigkeit von Presse, Rundfunk und Film garantiert. Presse, Rundfunk

---

110) Burkart/Hömberg in Fünfgeld/Mast S. 83.

111) Jarass, AfP 1998, S. 135.

112) Vgl. Jarass, S. 29.

113) Vgl. BVerfGE 86, S. 122, 128; BVerfGE 85, S. 1, 13; BVerfG AfP 1998, S. 386, 387 zur Pressefreiheit.

und Film übersteigen einzelne Meinungsäußerungen in ihrer Bedeutung für die freie individuelle und öffentliche Meinungsbildung, indem sie besonders nachhaltig sind.[114] Ihre Nachhaltigkeit beziehen sie daraus, dass im Gegensatz zur einzelnen Meinungsäußerung die Meinung an eine unbestimmte Vielzahl von Adressaten gerichtet ist und so die Reichweite der Meinungsäußerung entscheidend größer ist als bei der Individualkommunikation. Das Ziel, eine unbestimmte Vielzahl von Personen anzusprechen, wird regelmäßig schon dadurch erreicht, dass der Kommunikator sich eines Verbreitungsmediums bedient. Denn auch wenn sich eine große Anzahl von Personen versammelt, ist ohne den Einsatz eines Mediums die Anzahl der Zuhörer, Zuschauer oder Leser begrenzt. Im Gegensatz zu einer solchen Versammlung wird durch die indirekte Vermittlung einer Äußerung nicht nur eine begrenzte Anzahl von Rezipienten angesprochen. Es muss also auch ein beliebiges Publikum angesprochen werden, das nicht mit dem Kommunikator durch besondere, übereinstimmende Merkmale verbunden ist.[115] Der Schutzzweck des Art. 5 Abs. 1 S. 2 GG, die Voraussetzungen für eine freie und öffentliche Meinungsbildung zu garantieren, findet deswegen in diesen beiden Kriterien – Kommunikation vermittelt durch ein Verbreitungsmedium an eine unbestimmte Vielzahl von Adressaten – seine Entsprechung.

bb) Kriterium der komplexen formalen Organisation

Gegenstand des Schutzes ist die institutionelle Eigenständigkeit von Presse, Rundfunk und Film. Diese institutionelle Eigenständigkeit bezieht sich auf die im Medienunternehmen tätigen Personen, das Medienprodukt und seine institutionell-organisatorischen Voraussetzungen und Rahmenbedingungen sowie seine Institution selbst.[116] Der Schutzgegenstand ist also der Kommunikator, gesichert wird dessen Bestand als organisatorische Einheit, als derjenige, der die Entscheidungshoheit über Stoffauswahl, Wahl des Medienprodukts und dessen Gestaltung innehat. Auch wenn Meinungsäußerungen bzw. Informationen auf Abruf vermittelt werden, liegt die Entscheidung, welche Meinungsäußerungen an den einzelnen vermittelt werden, bei dem jeweiligen Inhaltsanbieter. Es wird die Organisation, der personelle und finanzielle Aufwand des Medienunternehmens geschützt, da nur so eine nachhaltige Kommunikation gewährleistet ist. Individualkommunikation zeichnet sich hingegen dadurch aus, dass keine die Öffentlichkeit garantierende Organisation nötig ist. Aus diesem Grunde spiegelt auch das Kriterium einer komplexen formalen Organisation die grundgesetzlichen Vorgaben wieder. Erforderlich ist

114) Schulze-Fielitz in Dreier, GG, Art. 5 Abs. 1, 2 Rdnr. 65.
115) Gersdorf, Der verfassungsrechtliche Rundfunkbegriff, S. 110.
116) Siehe BVerfGE 86, S. 122, 128; BVerfGE 85, S. 1, 13; BVerfG AfP 1998, S. 386, 387 zur Pressefreiheit.

allerdings nur, dass die Organisation eine nachhaltige Kommunikation gewährleistet. Das Ausmaß des Kapital- und Personalaufwands ist nicht entscheidend.

cc) Keine Notwendigkeit einseitiger Kommunikation

Das Kriterium der Einseitigkeit der Massenkommunikation findet sich hingegen nicht in den grundgesetzlichen Vorgaben wieder. Auch Meinungsäußerungen auf Abruf übersteigen einzelne Meinungsäußerungen in ihrer Bedeutung. Denn auch wenn Meinungsäußerungen abgerufen werden oder z.B. durch einfachen Mausklick gezielt aus dem Meinungsangebot gefiltert werden, können diese besonders nachhaltig sein. Entscheidend ist, dass dieser Abruf einer unbestimmten Vielzahl von Personen möglich ist.

Zudem garantiert die Organisation von Diensten im Internet die Verbreitung von Meinungsäußerungen an eine unbestimmte Vielzahl von Personen. Der Kommunikator bedient sich eines Verbreitungsmediums und entscheidet über die Auswahl von Meinungsäußerungen bzw. Informationen, darüber, wie und anhand welchen Mediums er sie präsentieren möchte. Auch bei Kommunikationsformen, die auf dem Abruf durch eine unbestimmte Vielzahl von Personen basieren, ist eine dafür notwendige Organisation erforderlich, die die Verbreitung von Meinungsäußerungen gewährleistet.

d) Ergebnis

Die von *Jarass* aufgestellten Kriterien für die Definition der Massenkommunikation im Sinne des Art. 5 Abs. 1 S. 2 GG kommen den Vorgaben des Grundgesetzes am nächsten. Sie sind insoweit zu variieren, als schon immer dann eine komplexe formale Organisation zu bejahen ist, wenn diese Organisation die Auswahl und Gestaltung von Meinungsäußerungen und ihre Verbreitung an die Allgemeinheit garantiert. Die Allgemeinheit ist bei einem dispersen Publikum gegeben.

Massenkommunikation ist deswegen modifiziert nach *Jarass*[117] dahin zu definieren, dass Massenkommunikationsinhalte im Rahmen komplexer formaler Organisation produziert werden. Für diese ist ein gewisser personaler und finanzieller Aufwand erforderlich. Dieser wird jedoch bereits dann geleistet, wenn die Auswahl und die Gestaltung von Meinungsäußerungen und ihre Verbreitung an die Allgemeinheit garantiert werden. Zudem wird Massenkommunikation immer über ein Verbreitungsmedium vermittelt, erfolgt also indirekt an ein beliebiges Publikum. Schließlich ist Massenkommunikation eine öffentliche Kommunikation, d.h. das Produkt ist einem breiten Querschnitt der Bevölkerung zugänglich. Diese Definition wird der folgenden Untersuchung zu Grunde gelegt.

---

117) Jarass, S. 29 f.

4. Die Trefferliste als ein Medium der Massenkommunikation

a) Suchdienste als komplexe formale Institutionen

Die Organisation von Suchdiensten bedarf eines großen finanziellen Aufwands, etwa 100.000 € bis mehrere Millionen € für Personal- und Sachkosten.[118] Sachkosten großen Ausmaßes entstehen vor allem dadurch, dass zur Speicherung der Informationen immense Speicherkapazitäten in Anspruch genommen werden müssen. Die Betreiber von Suchmaschinen legen schließlich die für die Software nötigen Suchparameter fest und entscheiden über die Präsentierung der so gesammelten Daten. Hierfür benötigen sie nicht nur Personal, sondern auch entsprechende Software. Bei Verzeichnissen kommt zu den Sachkosten der personelle Aufwand einer Redaktion hinzu. Die Redaktion sucht diejenigen Webseiten aus, die in die Datenbank aufgenommen werden, und entscheidet, wie diese zusammengefasst und präsentiert werden. Für eine Suchanfrage durch einen Nutzer ist der Einsatz von Software nötig sowie Personen, die die Software bedienen und überwachen können. Schließlich sind Mitarbeiter für das elektronische Anzeigengeschäft nötig, da Suchdienste zumeist über Werbeeinnahmen finanziert werden. Die Betreiber von Suchdiensten und ihre Mitarbeiter, im Sprachgebrauch *Maletzkes* Kommunikatoren, sind somit Teil einer Organisation, die mit entsprechendem personellen und finanziellen Aufwand die Entscheidung über die Stoffauswahl, über die Gestaltung und über den Gebrauch des Mediums Internet trifft und mit diesem Aufwand eine Verbreitung der Informationen über das Internet garantiert. Der Nutzer kann diesen von Betreibern der Suchdienste organisierten Dienst nutzen und auf die vom Suchdienst bereitgestellten Informationen zurückgreifen.

Die Informationen des Suchdienstes sind wie die Informationen zum Sport des Stern-On-line vor dem Abruf gespeichert. Damit liegen die Auswahlkriterien für das Produkt Trefferliste schon vorher, unabhängig von der individuellen Anfrage, fest. Die Abrufleistung des Nutzers entspricht nicht der Organisationsleistung der Betreiber von Suchdiensten. Eine vergleichbare Abrufleistung ist auch schon bei klassischen Medienprodukten gegeben. Denn auch schon die Entscheidung eines Lesers, eine bestimmte Tageszeitung zu kaufen, ist ein Abruf von bestimmten Informationen. Ebenso ist das Anklicken oder die Eingabe eines Suchbegriffs zu bewerten, womit die Anzeige von Informationen am Bildschirm des einzelnen Nutzers erscheint. Eine komplexe formale Organisation der Suchdienste, vergleichbar z.B. mit der klassischen Presse, ist also gegeben.

---

118) Siehe Hoeren, MMR Beilage 8/2001, S. 3.

b) Einsatz eines Verbreitungsmediums durch Suchdienste

Die durch Suchdienste vermittelten Informationen, die Trefferliste mit ihren Hyperlinks, werden im Rahmen des Internets auf Webseiten verbreitet. Zwischen den Kommunikationspartnern besteht räumliche und zumeist auch zeitliche Distanz. Der Betreiber eines Suchdienstes befindet sich an einem anderen Ort als der Nutzer. Die Informationen werden zu einem der Suchanfrage vorgelagerten Zeitpunkt in die der Anfrage zugrunde liegende Datenbank eingespeist. Mit dem Internet bedienen sich Suchdienste also eines Verbreitungsmediums, um so indirekt mit dem Nutzer zu kommunizieren.

c) Öffentlichkeit der Kommunikation der Suchdienste

Die Öffentlichkeit der Kommunikation im Sinne des Begriffs der Massenkommunikation ist zu bejahen, wenn ein Medienprodukt allen oder einem breiten Querschnitt der Bevölkerung zugänglich ist.[119] Anders formuliert, Öffentlichkeit oder auch Allgemeinheit kann dann bejaht werden, wenn sich ein Medienprodukt an einen unbestimmten Personenkreis richtet.[120] Der Personenkreis ist also mit dem Kommunikator nicht durch besondere, übereinstimmende Merkmale verbunden.[121]

Suchdienste selbst wurden bislang noch nicht unter dem Gesichtspunkt der Öffentlichkeit der Kommunikation erörtert. In der Literatur wurde aber zu so genannten Abrufdiensten eine Diskussion zur Abgrenzung von Individual- und Massenkommunikation geführt. Mit Hilfe von Abrufdiensten können Daten, Texte oder Ton abgerufen werden. Suchdienste sind diesen Abrufdiensten gleichzustellen, da die Textinformationen und der jeweilige Hyperlink auf der Datenbank des jeweiligen Suchdienstes vorhanden sind und durch den Nutzer durch Eingabe eines Suchbegriffs individuell abgerufen werden. Es bietet sich deswegen an, bei der Subsumtion der Trefferliste diese Diskussion heranzuziehen.

Nach einer in der Literatur vertretenen Meinung stellen automatisierte Daten-, Text-, und Tonabrufdienste keine Massenkommunikation dar.[122] Begründet wird dies damit, dass „Antworten für jedermann gespeichert und jedem beliebigen Interessenten elektromagnetisch zugeleitet“ werden, „aber eben nur auf individuellen Wunsch und gesondert „adressiert“ an jeden individuell Anfordernden“[123]. Aus diesem Grunde sieht diese Literaturmeinung die automatisierten Abrufdienste als Weiterentwicklung der Individualkommunika-

119) Jarass, S. 29 f.
120) Schulze-Fielitz in Dreier, GG, Art. 5 Abs.1, 2 Rdnr. 70 zur Pressefreiheit; Jarass, ZDF-Schriftenreihe, S. 11.
121) Gersdorf, Der verfassungsrechtliche Rundfunkbegriff, S. 110.
122) Bullinger, AfP 1996, S. 4; a.A. Hoffmann-Riem in Hdb. des VerfR, § 7 Rdnr. 25 Fn.85.
123) Bullinger, a.a.O., Fn. 122; Kleinke, S. 62.

tion an. Zu der klassischen Individualkommunikation werden die telefonischen Ansagedienste gezählt.

Dieser Meinung kann jedoch aus verschiedenen Gründen nicht gefolgt werden. Grundsätzlich ist einzuwenden, dass die Begriffe der Massenkommunikation und Individualkommunikation nicht scharf genug abgegrenzt werden. Es wird nicht deutlich, ob der Abruf für die Vertreter dieser Meinung eine fehlende Einseitigkeit oder eine fehlende Öffentlichkeit (Allgemeinheit) der Kommunikation bedeutet. Da aber auf den individuellen Wunsch des Anfordernden abgestellt wird, spricht viel dafür, dass als Voraussetzung der Massenkommunikation eine Einseitigkeit i.S. von Maletzkes Definition angenommen wird.

Die Kommunikation durch Suchdienste ist zwar nicht einseitig i.S. Maletzkes, da der Nutzer durch Eingabe des Suchbegriffs auf das Suchergebnis einwirkt. Dieses Merkmal ist jedoch, wie bereits ausgeführt, nicht notwendig, um Presse, Rundfunk und Film i.S.d. Art. 5 Abs. 1 S. 2 GG zu beschreiben.[124]

Aber auch dann, wenn der Abruf als Einschränkung der Allgemeinheit angesehen wird, kann dem nicht gefolgt werden. Entscheidend ist, dass bei Massenkommunikation das Medienprodukt an die Allgemeinheit gerichtet ist und (fast) allen zugänglich ist. Individualkommunikation liegt hingegen vor, wenn ein Produkt nur an eine bestimmte Anzahl von Personen gerichtet und diesen zugänglich ist. Die Adressaten dieser Kommunikation sind entweder durch gegenseitige Beziehungen oder durch Beziehungen zum Kommunikator persönlich miteinander verbunden und dadurch bestimmt.[125] Die Individualisierung des Abrufs - individuelle Abrufmöglichkeiten und individuell bestimmte Adressierung - bedeutet weder eine Beschränkung der Personen, an die ein Informationsangebot gerichtet ist, noch eine Beschränkung des Personenkreises, dem ein Informationsangebot zugänglich ist.[126] Es fehlt die persönliche Verbindung untereinander oder zum Abrufdienst. Denn es werden jedem Beliebigen, der Informationen abruft, dieselben Informationen unabhängig von seiner Person zur Verfügung gestellt. Es ist deswegen allein darauf abzustellen, ob das Produkt allen oder fast allen zugänglich und es auch an alle, genauer an eine unbestimmte Anzahl von Personen, gerichtet ist. Aus diesem Grunde kann dieser Meinung schon insoweit nicht gefolgt werden, als sie automatisierte Telefonabrufdienste als klassische Individualkommunikation qualifiziert. Auch die Information eines automatisierten Telefonabrufdienstes ist an eine unbestimmte Vielzahl von Personen, also an die Öffentlichkeit gerichtet.

Individualkommunikation liegt also nur dann vor, wenn Informationen nur an einen individuell bestimmten Personenkreis adressiert sind. Beispiele

---

124) Siehe oben S. 50.
125) Siehe Libertus, ZUM 2000, S. 558.
126) Hoffmann-Riem in Hdb. des VerfR § 7 Rdnr. 25 Fn. 85; ders. AfP 1996, S. 11 und 14 f.

dafür sind Briefe, Faxsendungen oder Emails, die nur an eine bestimmte Anzahl von Personen gerichtet sind. Ein weiteres Beispiel für Individualkommunikation sind Gutachten, die genau auf die Bedürfnisse eines bestimmten Lesers zugeschnitten sind, nur an diesen adressiert sind und nicht an unbestimmte andere verbreitet werden sollen. Indiz für Individualkommunikation kann dabei der Übertragungsweg sein. Werden Informationen beispielsweise individuell per Email weitergegeben, besteht eine größere Wahrscheinlichkeit, dass Individualkommunikation vorliegt, als wenn Informationen im WWW ohne Kennwort oder sonstige Zugangsschranken von jedermann abgerufen werden können.

Die Suche mit Suchdiensten steht jedem Nutzer offen und jedem, der einen Suchbegriff eingibt, wird eine Trefferliste angezeigt. Regelmäßig kann diese Dienstleistung sogar unentgeltlich in Anspruch genommen werden. Das Informationsangebot richtet sich an eine unbestimmte Vielzahl von Personen und damit an die Allgemeinheit. Es ist jedem Nutzer des Internets zugänglich. Vergleicht man klassische Massenmedien wie die Tagespresse mit Suchdiensten, kommt bei Suchdiensten der Umstand hinzu, dass nicht nur die Information auf Abruf erfolgt, sondern auch die Informationszusammenstellung. Nur zum Suchbegriff passende Hyperlinks und Kurzbeschreibungen werden aufgelistet. Der Nutzer kann aber durch Angabe des Suchbegriffs allein das Thema der Trefferliste beeinflussen. Schon zuvor ist festgelegt, welche Webseiten und welche Informationen der Webseiten überhaupt von dem Suchdienst berücksichtigt werden. Auch die Kriterien, die die Reihenfolge der Webseiten bestimmen, werden zuvor von den Betreibern der Suchdienste festgelegt. Das Angebot eines Suchdienstes und auch jede Anzeige der Trefferliste sind deswegen an einen individuell unbestimmten Personenkreis gerichtet, und dieselbe Trefferliste wird einer beliebigen, unbestimmten Anzahl von Personen in gleicher Weise angezeigt. Nur bei einer Aktualisierung der dem Suchergebnis zugrunde liegenden Datenbank ändert sich die Trefferliste, aber ebenfalls unabhängig vom Adressaten. Auch ist das Angebot von Suchdiensten regelmäßig keinen Zugangsschranken unterworfen und ist damit allen, bzw. einem breiten Querschnitt der Bevölkerung, der einen Internet-Zugang hat, zugänglich.

Einen Grenzfall stellen die personalisierten Suchdienste dar (z.B. My Excite). Diese stellen sich auf den individuellen Informationsbedarf ein. Der Nutzer teilt zuvor seine persönlichen Interessengebiete dem jeweiligen Suchdienst mit und erhält ein Kennwort. Hier könnte Individualkommunikation vorliegen, da Nutzer vom Dienst wiedererkannt und individualisiert werden. Auch wird die Trefferliste nach den bekannten Charakteristika des Nutzers individualisiert. Dennoch ist auch dieser Fall unter die Massenkommunikation einzuordnen, da diese Individualisierung nur als eine detailliertere Suchanfrage zu qualifizieren ist. Denn auch dieses individualisierende Angebot richtet sich an eine unbestimmte Vielzahl von Nutzern, so dass aus diesem Grunde eine Verbreitung an die Allgemeinheit zu bejahen ist. Die Entscheidung, welche

Webseiten in die Datenbank aufgenommen werden, ist bereits vor der Anfrage gefallen. Die Trefferliste wird einer unbestimmten Anzahl von Nutzern übermittelt, wobei das Thema der Trefferliste nicht allein durch den Suchbegriff bestimmt wird, sondern auch durch den vom Nutzer angegebenen Beruf, die Altersgruppe und die generellen Interessen. Die Trefferliste wird zwar gleichsam maßgeschneidert, aber doch an eine unbestimmte Vielzahl von Nutzern und aus einem gleichbleibenden Informationspool vermittelt. Die Tatsache, dass das Informationsangebot an jeden Beliebigen und damit an die Öffentlichkeit gerichtet ist, wird umso deutlicher, wenn man sich vor Augen hält, dass keine der Angaben überprüft wird. Beruf, Interessen, Alter können ganz nach Belieben angegeben werden. Auch personalisierte Suchdienste nehmen deswegen an der Massenkommunikation teil.

5. Bedeutung von Suchdiensten für die freie Meinungsbildung

Suchdienste entsprechen auch hinsichtlich der freien individuellen und öffentlichen Meinungsbildung der Bedeutung eines Massenmediums. Das BVerfG führte zur Grundlage der Meinungsbildung aus:

> „[...] nur umfassende Informationen, für die durch ausreichende Informationsquellen Sorge getragen wird, ermöglichen eine freie Meinungsbildung und -äußerung für den Einzelnen wie für die Gemeinschaft.“[127]

Suchdienste sind für die Informationsgewinnung als Grundlage einer freien individuellen und öffentlichen Meinungsbildung von essentieller Bedeutung. Aufgrund der anarchischen Struktur des WWW sind sie jeder Information im Netz vorgeschaltet. Die Auswahl von Webseiten, die im Suchergebnis auftauchen, und die Rangfolge sind von großer Bedeutung für die Meinungsbildung. Regelmäßig greifen Nutzer auf die in der Trefferliste und zwar gerade auf die dort zu Beginn genannten Webseiten zu. Häufig geben auch schon die Kurzbeschreibungen einen Eindruck über die dann erhältlichen Informationen zu einem Thema. Nicht außer Acht bleiben kann bei der Bemessung der Bedeutung von Suchmaschinen, dass sie gerade mit dem Charakteristikum des WWW arbeiten, den Hyperlinks. Der Nutzer kann mit Hilfe der Hyperlinks von der Trefferliste auf die gelisteten Webseiten blättern und wieder zur Trefferliste zurückkehren. Damit unterscheidet sich die Informationswirkung erheblich von herkömmlichen Recherchediensten,[128] bei denen der Zugriff auf die Informationsquellen bedeutend langwieriger und umständlicher ist, etwa durch das Aufsuchen verschiedener Bibliotheken. Die Aufgabe und die Funktionsweise von Suchdiensten im WWW bringen es so zwangsläufig mit sich, dass die individuelle und öffentliche Meinungsbildung beeinflusst wird. Auch zahlenmäßig ist der Einfluss von Suchdiensten zu belegen. So nutzen

---

127) BVerfGE 27, S. 71, 81.

128) Ebenso für Pressedatenbanken Kleinke, S. 63 f; a.A., insbesondere für eine isolierte Betrachtung des Suchergebnisses: v. Lackum, MMR 1999, S. 698.

50,6% der Internet-Nutzer die Webseiten von Yahoo!, 48,4% die Webseiten von Lycos.[129] Im Dezember 1999 haben 18 Millionen Nutzer die lokalen Ländernetze von Yahoo! besucht.[130] Damit wird deutlich, dass sich Suchdienste trotz ihrer relativ jungen Geschichte bereits zu einem einflussreichen und mächtigen Massenmedium entwickelt haben.

6. Ergebnis

Als Ergebnis kann festgehalten werden, dass Suchdienste Medien der Massenkommunikation sind. Sie bedienen sich zur Verbreitung von Informationen des Mediums Internet, setzen eine komplexe formale Organisation voraus und richten sich an die Allgemeinheit. Sie tragen zur freien individuellen und öffentlichen Meinungsbildung bei, indem sie im Internet den Zugang zu sonst unauffindbaren Informationen eröffnen.

III. Suchdienste als Presse, Rundfunk oder Film

1. Einführung

Suchdienste sind ein Medium der Massenkommunikation. Der Schutzbereich des Art. 5 Abs. 1 S. 2 GG ist damit eröffnet. Denn Presse, Rundfunk und Film sind durch Massenkommunikation gekennzeichnet.[131] Nach der Rechtsprechung des Bundesverfassungsgerichts sind Presse und Rundfunk mindestens gleich bedeutsame, unentbehrliche moderne Massenkommunikationsmittel und Faktoren der öffentlichen Meinungsbildung, deren institutionelle Freiheit zu schützen ist.[132] Die Zuordnung von Massenmedien im Internet, also nicht nur der Suchdienste, sondern etwa auch von Mailing-Lists oder anderen kommerziellen Inhaltsanbietern wie der elektronischen Presse oder der Übertragung der Tagesschau, zur Freiheit von Rundfunk, Presse und Film oder einer eigenen Internetfreiheit ist umstritten.

Das Bundesverfassungsgericht orientiert sich bei der Auslegung des Schutzbereichs des Art. 5 Abs. 1 S. 2 GG an der dort vorgegebenen Systematik und unterscheidet wie das Grundgesetz die Pressefreiheit und die Freiheit der Berichterstattung durch Rundfunk und Film. Durch diese Unterscheidung ist innerhalb der Massenkommunikationsmedien des Art. 5 Abs. 1 S. 2 GG eine Struktur ausgebildet worden[133], nach der die Presse von privatrechtlich organisierten Presseunternehmen geprägt ist, die in geistiger und wirtschaftlicher Konkurrenz stehen. Die öffentliche Gewalt darf grundsätzlich nicht in die Tätig-

---

129) Computer & Co, 8/99, 19.
130) SZ vom 13.01.2000, Wirtschaft, S.28.
131) Schulze-Fielitz in Dreier, GG, Art. 5 Abs.1, 2 Rdnr. 65.
132) BVerfGE 12, S. 205, 260 f.
133) Bethge in Sachs, GG, Art. 5 Rdnr. 118; ebenso Kunig, Jura 1995, S. 590.

keit der Presse eingreifen.[134] Der Rundfunk ist hingegen von einer dualen Rundfunkordnung gekennzeichnet, es existieren sowohl öffentlich-rechtliche als auch privatrechtliche Veranstalter. Die Rundfunkfreiheit dient in besonderem Maße einer freien individuellen und öffentlichen Meinungsbildung durch den Rundfunk.[135] Es gibt deshalb einen gesetzlichen Rahmen, der sicherstellt, dass der Rundfunk organisatorisch wie programminhaltlich pluralistischen Anforderungen gerecht wird. Die freiheitliche Struktur der Pressefreiheit unterscheidet sich damit von der Struktur der Rundfunkfreiheit, die sich durch staatliche Vielfaltvorsorge auszeichnet. Diese Unterscheidung von Rundfunk, Presse und Film findet sich zudem in den Gesetzgebungskompetenzen wieder. Art. 75 Nr. 2 GG räumt dem Bund für den Bereich der Presse allein eine Rahmengesetzgebungskompetenz ein. Im Bereich des Rundfunks fällt lediglich die technische Infrastruktur ausschließlich in die Kompetenz des Bundes (Art. 73 Nr. 7 GG).[136] Im Übrigen liegt die Gesetzgebungskompetenz nach dem Grundsatz des Art. 70 Abs. 1 GG bei den Ländern. Auch beim Film ist die Gesetzgebungskompetenz nach Art. 70 Abs. 1 GG bei den Ländern verankert. Eine Struktur hat sich insbesondere auch bei den einfachgesetzlichen Bestimmungen herausgebildet, die auf diese unterschiedlichen Medien zugeschnitten sind, wie z.B. die Landespressegesetze.

Suchdienste sind, wie gezeigt wurde, Massenmedien. Werden sie durch die in Art. 5 Abs.1 S. 2 GG garantierten Freiheiten – die Pressefreiheit, die Rundfunkfreiheit oder die Filmfreiheit – geschützt, so wird neben der einzelnen durch Suchdienste geäußerten Meinung auch ihre institutionelle Eigenständigkeit geschützt.

2. Definitionen der Begriffe Presse, Rundfunk und Film

Die Definitionen von Presse, Rundfunk und Film spiegeln tatsächliche und damit auch technische Entwicklungen wieder. Schon lange werden z.B. unter den Pressebegriff nicht nur Produkte der Gutenbergschen Buchdruckpresse gefasst, sondern auch audiovisuelle Speichermedien wie Ton- und Videobänder.[137] In den Schutzbereich der Rundfunkfreiheit fallen Programmzeitschriften[138] und der Fernsehtext[139].

Eine Definition von Presse, Rundfunk und Film muss für neue tatsächliche Entwicklungen offen sein, darf dabei aber nicht konturlos werden. Durch verschiedene Ansätze wird versucht, diesen Anforderungen gerecht zu

---

134) BVerfGE 20, S. 162, 174 f.

135) Zur dienenden Funktion des Rundfunks siehe BVerfGE 95, S. 220, 236; BVerfGE 83, S. 238, 313; BVerfGE 74, S. 297, 323 f.

136) Hoffmann-Riem in Hdb. des VerfR., § 7 Rdnr. 36.

137) Wendt in v. Münch/Kunig, GG, Art. 5 Rdnr. 30.

138) Siehe BVerfGE 83, S. 238, 312 ff.

139) Siehe BVerfGE 74, S. 297, 350 ff.

werden. Dabei schließen sich die verschiedenen Ansätze, die Medien des Art. 5 Abs. 1 S. 2 GG begrifflich zu erfassen, zumeist nicht notwendig aus und überschneiden sich teilweise. Im Folgenden sollen die verschiedenen Ansätze nach ihrem jeweiligen Grundgedanken unterschieden und dargestellt werden.

a) Klassische Betrachtungsweise

Von einer in der Literatur vertretenen Meinung wird die Zuordnung sämtlicher Internet-Dienste zu den in Art. 5 Abs. 1 S. 2 GG genannten Medien verneint; stattdessen wird für eine grundgesetzliche Verankerung einer neuen „Internetfreiheit" plädiert.[140] Dieser Ansicht liegt ein klassisches Verständnis der in Art. 5 Abs.1 S. 2 GG enthaltenen Garantien zu Grunde; sie geht davon aus, dass die Begriffe der Presse, des Rundfunks und des Films nicht für alle neuen tatsächlichen und somit auch technischen Entwicklungen offen sind. Dies führt dazu, dass tatsächliche Entwicklungen aus dem Schutz des Art. 5 Abs. 1 S. 2 GG herausfallen können, selbst wenn Meinungen mit einer Breitenwirkung vermittelt werden, durch die die Bedeutung einer einzelnen Meinungsäußerung überschritten wird.

Nach anderer Ansicht[141], der ebenfalls das Verständnis zugrunde liegt, dass die Auslegung der Begriffe „Presse", „Rundfunk" und „Film" nicht entwicklungsoffen ist, fallen die meisten Dienste des Internets allein unter die Meinungsfreiheit (Art. 5 Abs. 1 S. 1 GG). Allein die Dienste, die eine dem Rundfunk entsprechende Manipulationskraft aufweisen, seien dem Rundfunk zuzuordnen. Eine systematische Betrachtung ergebe, dass der Gesetzgeber andere als die in Art. 5 Abs. 1 S. 2 GG genannten Medien nicht in den Schutzbereich des Satzes 2 einbeziehen wollte.[142] Auch hier fallen neue Medien mit einer großen Breitenwirkung aus dem Schutzbereich des Art. 5 Abs.1 S. 2 GG heraus.

b) Technische Betrachtungsweise

Andere[143] stellen maßgeblich und entscheidend auf die vom Massenmedium eingesetzte Verbreitungstechnologie ab. Wegen der elektronischen Übertragung sollen etwa alle Dienste des Internets als Rundfunk angesehen werden.[144]

---

140) Mecklenburg, ZUM 1996, S. 525 ff.

141) Determann, S. 455.

142) Determann, S. 427 f.

143) Insbesondere Jarass, ZDF-Schriftenreihe S. 14 f und S. 16 ff.; ders. AfP 1998, S. 136 f.; ders. in Jarass/Pieroth, GG, Art. 5 Rdnr. 25; ders. S. 195 f; Herzog in Maunz/Dürig, GG, Art. 5 Abs.1, 2 Rdnr. 129; Groß, AfP 1997, S. 504; Löffler/Ricker, Kap.1, Rdnr. 5.

144) So Pieper/Wichmann, ZUM 1995, S. 82, S. 92; Eberle, ZUM 1995, 249, 254; Schulz, ZUM 1996, S. 496.

Grenzt man die Medien nach den jeweils traditionell eingesetzten Verbreitungstechnologien ab, können Presse, Rundfunk und Film wie folgt definiert werden:[145] Die Presse ist dadurch gekennzeichnet, dass Informationen in Form von Darbietungen aller Art durch Druckwerke für die Allgemeinheit produziert und verbreitet werden. Beim Film werden diese Informationen hingegen mit Hilfe von Bilderreihen, die auf Streifen von Zelluloid oder auf funktional vergleichbar einsetzbarem Material fixiert sind, verbreitet. Der Rundfunk bedient sich fernmeldetechnischer Anlagen, wobei verschiedene Techniken der Übertragung verwendet werden können.

In der Literatur gehen jedoch auch die Meinungen darüber auseinander, was die Verbreitungstechnologie ausmacht, ob es z.B. bei der Presse eines Druckwerks bedarf. Nach einer weiten Auslegung ist etwa bei der Presse Druck dadurch gekennzeichnet, dass eine Herstellungsmethode zum visuellen Eindruck des „gedruckten Wortes" führt.[146] Wenn der visuelle Eindruck genügt, bedarf es nicht zwingend eines Druckwerks. Dann wären auch Dienste des Internets der „Presse" zuzurechnen. Diese weite Auslegung überschneidet sich mit derjenigen Ansicht, die im Folgenden dargestellt wird und die Presse, Rundfunk und Film vor dem Hintergrund einer funktionalen Betrachtung definiert.

c) Funktionale Betrachtungsweise

Die funktionale Betrachtung[147] berücksichtigt, dass die Gewährleistung des Grundrechts nicht davon abhängig gemacht werden kann, dass die technischen Leitbilder des Art. 5 Abs. 1 S. 2 GG erfüllt sind; aufgrund technischer Veränderungen soll sich die Bedeutung des Normbereichs wandeln können.[148] Das Bundesverfassungsgericht hat zur Rundfunkfreiheit ausgeführt, dass es nicht angehen könne,

> „nur an eine ältere Technik anzuknüpfen, den Schutz des Grundrechts auf diejenigen Sachverhalte zu beschränken, auf welche diese Technik bezogen ist, und auf diese Weise die Gewährleistung in Bereichen obsolet zu machen, in denen sie ihre Funktion auch angesichts der neuen technischen Möglichkeiten durchaus erfüllen könnte"[149].

Alle Erscheinungsformen der Kommunikation, die diesen drei Massenmedien eigen sind, sollen also letztlich durch Art. 5 Abs. 1 S. 2 GG geschützt

---

145) Siehe dazu Hoffmann-Riem in AK, Art. 5 Abs. 1, 2 Rdnr. 123.

146) Herzog in Maunz/Dürig, GG, Art. 5 Abs. 1, 2 Rdnr. 130.

147) BVerfGE 74, S. 297, 350; König, S. 123 f; Hoffmann-Riem in AK, Art. 5 Abs. 1, 2 Rdnr. 123; ders. in Hdb. d. VerfR, § 7 Rdnr. 26; Gersdorf, Der verfassungsrechtliche Rundfunkbegriff, S. 145 ff.

148) BVerfGE 74, S. 297, 350.

149) BVerfGE a.a.O., Fn. 148.

werden.[150] Entscheidend ist, welchem Medium ein neues Medium bei funktionaler Betrachtung am ehesten nahe kommt.[151] Anhaltspunkte sind typische Inhalte und Ausdrucksformen, typische am Kommunikationsprozess Beteiligte,[152] typische Herstellungs- und Verbreitungsmodalitäten sowie typische Rezeptionsbedingungen.[153]

Einige Autoren wollen einen weiteren Gesichtspunkt heranziehen, der als historisch charakterisiert werden kann. Danach soll entscheidend sein, welche Art der klassischen Kommunikation durch eine neue Kommunikationsform ersetzt wird.[154] Wie schon bei der Abgrenzung von Individual- und Massenkommunikation bei Abrufdiensten wird als entscheidend angesehen, ob die neue Art der Kommunikation nur eine klassische Kommunikationsform ablöst und ergänzt.[155]

d) An der Hilfsfunktion orientierte Betrachtungsweise

Für die Anwendung der Rundfunk- und der Pressefreiheit wird außerdem darauf abgestellt, ob die jeweilige Tätigkeit nur unterstützende Hilfstätigkeit für ein anderes Medium ist. Für die neuen Medien soll es darauf ankommen, ob sie eine Hilfstätigkeit für bereits anerkannte Medien wie z.B. den Rundfunk ausüben.[156]

On-line-Angebote, die sich als nachgeordnete, die programmliche Haupttätigkeit des Rundfunks unterstützende und ergänzende Hilfstätigkeiten (Annex) darstellen, sind danach ebenfalls als Rundfunk einzuordnen.[157] Das Bundesverfassungsgericht[158] hat diesen Annexgedanken herangezogen, als es um den Schutz einer Programmzeitschrift einer öffentlich-rechtlichen Rundfunkanstalt, des WDR, ging. Zwar bediene sich die Rundfunkanstalt des Mediums der Presse, sei also nach dem Verbreitungsmittel als Presse zu klassifizieren. Diese Nutzung eines bestimmten Mediums, in diesem Fall der Presse, bedeute aber nicht, dass die Nutzung nur in den Schutzbereich einer einzigen der in Art. 5 Abs. 1 S. 2 GG enthaltenen Garantien fallen könne, oder sie der Rundfunkfreiheit schon deshalb nicht zuzuordnen sei, weil diese durch ein anderes Verbreitungsmittel als das des Druckwerkes belegt sei.[159]

---

150) Hoffmann-Riem in AK Art. 5 Abs.1, 2 Rdnr 123; BVerfGE 10, S. 118, 121; S. 12, 205, 260.
151) Hoffmann-Riem in AK Art. 5 Abs.1, 2 Rdnr. 123.
152) Siehe BVerfGE 74, S. 297, 352.
153) Hoffmann-Riem in AK Art. 5 Abs. 1, 2 Rdnr. 123.
154) Bullinger, JZ 1996, S. 387; Michel ZUM 1998, S. 353.
155) Bullinger, JZ 1996, S. 387.
156) Libertus, AfP 1992, S. 231; Michel ZUM 1998, S. 353 f.
157) Michel, ZUM 1998, S. 354; ebenso Gersdorf, Der verfassungsrechtliche Rundfunkbegriff, S. 146 f., in Bezug auf Tele-, bzw. Videotexte.
158) BVerfGE 83, S. 238, 312 f.
159) Siehe BVerfGE 83, S. 238, 313.

Maßgeblich sei allein, ob und in welchem Umfang die Befugnis, Programmzeitschriften zu veröffentlichen, dazu beitrage, die Aufgaben des WDR sicherzustellen. Diese Aufgaben seien in der Funktion der Rundfunkfreiheit begründet, die einer freien individuellen und öffentlichen Meinungsbildung durch den Rundfunk dienen muss (dienende Funktion der Rundfunkfreiheit).[160] Das Bundesverfassungsgericht führte weiter aus, dass die Veröffentlichung von Programmzeitschriften von der Rundfunkfreiheit gedeckt sei,

> „wenn und soweit die Veröffentlichung von Druckwerken mit vorwiegend programmbezogenem Inhalt diesem Aufgabenkreis als eine lediglich unterstützende Randbetätigung zugeordnet werden kann“[161].

Das ist nur dann der Fall, wenn der Programmbezug die Gestaltung der Programmzeitschrift durchgängig prägt, also keine weitere vom Programm losgelöste pressemäßige Berichterstattung oder allgemeine Unterhaltungsbeiträge enthalten sind.[162] Auch eine wirtschaftliche Zielsetzung der Hilfsbetätigung schließt die Anwendung des Annexgedankens aus.[163] Der Sachzusammenhang zwischen Programmzeitschrift und Programm geht dann verloren, wenn die Randbetätigung vom Sekundär- zum Primärzweck bzw. gar zum Selbstzweck wird oder sogar wegen ihrer Eigenart die Hauptfunktion gefährdet.[164]

Auch beim Pressewesen fallen nach der Rechtsprechung des Bundesverfassungsgerichts[165] bestimmte Hilfstätigkeiten in den Schutzbereich der Pressefreiheit. Nicht nur inhaltsbezogene Hilfstätigkeiten, sondern auch inhaltsferne Hilfsfunktionen von Presseunternehmen, wie z.B. die Buchhaltung, sind von der Pressefreiheit erfasst.[166]

Presseexterne Hilfstätigkeiten können ebenfalls in den Schutzbereich der Pressefreiheit fallen. So entschied das Bundesverfassungsgericht, dass für die Tätigkeit des Presse-Grossisten die Pressefreiheit einschlägig sei.[167] Der Presse-Grossist ist in aller Regel nicht Teil eines Presseunternehmens. Er schließt für sein Vertriebsgebiet mit den Verlagen Alleinvertriebsverträge und weitere Verträge mit den Einzelhändlern, in denen Sortiment und Verkaufspreis verbindlich festgelegt werden. Die Verlage verpflichten sich gegenüber dem Presse-Grossisten, nicht verkaufte Produkte im Wege der Remission wieder

---

160) BVerfGE 83, S. 238, 313; Siehe zur dienenden Funktion der Rundfunkfreiheit BVerfGE 74, S. 297, 323 f.

161) BVerfGE 83, S. 238, 313.

162) BVerfGE 83, S. 238, 314.

163) Vgl. BVerfGE a.a.O., Fn. 162.

164) Libertus, AfP 1992, S. 231; Michel, ZUM 1998, S. 354.

165) Siehe BVerfG NJW 1988, S. 1833 – *Presse-Grosso*; BVerfGE 25, S. 296, 304 – *Buchhaltung*.

166) Siehe BVerfGE 25, S. 296, 304 – *Buchhaltung*.

167) Siehe BVerfG NJW 1988, S. 1833; zustimmend Kloepfer, S 49; ders./Kutzschbach AfP 1999, S. 3; Degenhart in Bonner Kommentar, Art. 5 Abs. 1 und 2 Rdnr. 467; Jarass in Jarass/Pieroth, GG, Art. 5 Rdnr. 28.

zurückzunehmen.[168] Der wirtschaftliche Erfolg des Grossisten ist deshalb nicht unmittelbar an die Auflagenzahlen der Verlage gebunden; im Vordergrund stehen vielmehr ein von ihm organisierter effektiver Vertrieb sowie eine effektive Remissionsabwicklung.[169] Organisatorisch und wirtschaftlich ist der Presse-Grossist durch die Vertragsgestaltung mit den Presseunternehmen verwoben und kann auf diese Art und Weise den Vertrieb von Presseprodukten gewährleisten.[170] Auch auflagenschwache Presseprodukte kann er ohne besonderes wirtschaftliches Risiko in sein Vertriebsnetz aufnehmen und so die Pressevielfalt fördern.[171]

Trotz der organisatorischen und wirtschaftlichen Verflechtung mit den Presseunternehmen stellt der Presse-Grosso eine presseexterne Hilfstätigkeit dar. Außerdem weist er keinen Inhaltsbezug auf, der grundsätzlich Voraussetzung des Grundrechtsschutzes des Art. 5 Abs. 1 GG ist, da dieser im Interesse einer freien Meinungsbildung gewährt wird.[172] Nach der Entscheidung zum Presse-Grossisten können jedoch auch solche Hilfstätigkeiten in den Schutz der Pressefreiheit fallen, die nicht von dem Presseunternehmen selbst, sondern von Dritten ausgeübt werden,

> „wenn eine selbständig ausgeübte, nicht die Herstellung von Presseerzeugnissen betreffende Hilfstätigkeit typischerweise pressebezogen ist, in enger organisatorischer Bindung an die Presse erfolgt, für das Funktionieren einer freien Presse notwendig ist und wenn sich die staatliche Regulierung dieser Tätigkeit zugleich einschränkend auf die Meinungsverbreitung auswirkt."[173]

Im Ergebnis fiel deshalb der Presse-Grosso in den Schutz der Pressefreiheit.

Für Suchdienste wäre danach darauf abzustellen, ob sie eine Hilfstätigkeit für Rundfunk, Presse oder Film ausüben. Suchdienste nützen nicht nur dem Nutzer der Suchdienste, sondern auch den von ihnen zitierten Webseiten. Wäre der Annexgedanke anwendbar, wäre mithin entscheidend, ob es sich bei den zitierten Webseiten um Rundfunk, Presse oder Film handelt.

e) Stellungnahme

Sinn und Zweck der Kommunikationsfreiheiten in Art. 5 Abs. 1 GG ist es, Grundlage für die freie individuelle und öffentliche Meinungsbildung zu sein. Erst dadurch wird Demokratie ermöglicht. Das Bundesverfassungsgericht erläutert diese Funktion folgendermaßen:

---

168) Kloepfer/Kutzschbach, AfP 1999, S. 1.
169) Vgl. Kloepfer/Kutzschbach, a.a.O.
170) Vgl. BVerfG NJW 1988, S. 1833, 1834.
171) Vgl. Kloepfer, S. 55.
172) Vgl. BVerfG NJW 1988, S. 1833 – *Presse-Grosso*.
173) BVerfG NJW 1988, S. 1833 – *Presse-Grosso*.

„Freie Meinungsbildung als Voraussetzung sowohl der Persönlichkeitsentfaltung als auch der demokratischen Ordnung vollzieht sich in einem Prozess der Kommunikation, der ohne Medien, die Informationen und Meinungen verbreiten und selbst Meinungen äußern, nicht aufrechterhalten werden könnte.“[174]

Meinungsfreiheit, Pressefreiheit, Rundfunk- und Filmfreiheit sind aus diesem Grunde schlechthin konstituierend[175] für die Demokratie. Dem Sinn und Zweck der Kommunikationsfreiheiten als Grundlage freier individueller und öffentlicher Meinungsbildung wird eine Auslegung des Art. 5 Abs. 1 S. 2 GG nur gerecht, wenn sie sich an diesem Zweck orientiert. Obwohl der Gesetzgeber in Art. 5 Abs. 1 S. 2 GG die Beschreibung eines konkreten Lebenssachverhalts - Presse, Rundfunk und Film - als abstrakt generelle Tatbestandsmerkmale der Freiheiten des Art. 5 Abs. 1 S. 2 GG übernommen hat, darf die Bedeutung dieser Beschreibung zum Zeitpunkt der Verfassungslegung nicht den Normgehalt abschließend bestimmen, da eine Grundlage für die freie individuelle und öffentliche Meinungsbildung gerade auch durch neue Medien geschaffen wird.

Eine an diesem Zweck orientierte Auslegung bringt es deshalb mit sich, dass sich durch technische Neuerungen der Normbereich und damit auch Inhalt und Tragweite der verfassungsrechtlichen Begriffe Presse, Rundfunk und Film ändern.[176] Dem Bundesverfassungsgericht ist zuzustimmen, dass die Begriffe Presse, Rundfunk und Film entwicklungsoffen sind.[177] Inhalt und Tragweite sind deswegen vor dem Hintergrund der Wirkung neuer technischer Entwicklungen nicht durch den allgemeinen Sprachgebrauch zu bestimmen, sondern nach der Ratio des Art. 5 Abs. 1 GG.[178] Eine Reduzierung des Schutzbereichs des Art. 5 Abs. 1 S. 2 GG auf ein klassisches Verständnis von Presse, Rundfunk und Film wird dieser Zwecksetzung nicht gerecht.

Orientiert sich die Begriffsfindung der Medien des Art. 5 Abs. 1 S. 2 GG an diesem Zweck, sind Presse, Rundfunk und Film als Prototypen der Massenkommunikation zu verstehen. Sie übernehmen verschiedene Rollen im Prozess der Meinungsbildung, beeinflussen und bilden die freie individuelle und öffentliche Meinung auf unterschiedliche Weise. Der Rundfunk ist u.a. durch eine höhere Suggestivkraft als die Presse geprägt, Filme werden im Gegensatz zu Rundfunk und Presse mehreren Rezipienten gleichzeitig vorgeführt.[179] Ihre Funktion als Grundlage der Meinungsbildung ist schützenswert, nicht etwa der technische Prozess des Druckens oder der Übertragung von Inhalten per Funk.

---

174) BVerfGE 90, S. 60, 87.
175) BVerfGE 7, S. 199, 208 - *Lüth*.
176) Vgl. BVerfGE 74, S. 297, 350 zur Rundfunkfreiheit.
177) So auch Schulze-Fielitz in Dreier, GG, Art. 5 Abs. 1, 2 Rdnr. 69, 77 zur Presse- und Rundfunkfreiheit; Bethge in Sachs, GG, Art. 5 Rdnr. 68 zur Pressefreiheit; Jarass in Jarass/Pieroth, GG, Art. 5 Rdnr. 26.
178) Vgl. Hoffmann-Riem in Hdb. d. VerfR § 7 Rdnr. 26.
179) Siehe unten S. 68 und S. 69.

Allein die funktionale Betrachtung wird Sinn und Zweck des Art. 5 Abs. 1 S. 2 GG gerecht. Die funktionale Betrachtung setzt voraus, dass die jeweilige Rolle von Presse, Rundfunk und Film erfasst wird. Ein erster Schritt ist deswegen die Frage nach den Charakteristika von Presse, Rundfunk und Film.

Entscheidende Charakteristika eines Mediums im Prozess der Meinungsbildung sind die typischen Inhalte und Ausdrucksformen, die am Kommunikationsprozess Beteiligten und die typischen Rezeptionsbedingungen,[180] sowie die Herstellungs- und Verbreitungsmodalitäten.[181] Wenn auf die typischen Inhalte abgestellt wird, ist dieses Kriterium allerdings formell-beschreibend, nicht als Ausgangspunkt einer Bewertung der Inhalte anzusehen. Der Schutz durch die Presse-, Rundfunk-, und Filmfreiheit wird unabhängig vom Inhalt gewährt.[182] Nach diesen Kriterien ist zu ermitteln, welchem traditionellen Medium das neue Medium entspricht. Mit den Worten des Bundesverfassungsgerichts kommt es auf „die stärkste relative Gleichheit“[183] zwischen einem neuen Medium und einem traditionellen Medium an.

Diese Frage nach typischen Charakteristika schließt allerdings eine historische Betrachtung aus, die nur solche neuen Medien als Presse, Rundfunk und Film betrachtet, welche die traditionelle Presse bzw. den traditionellen Rundfunk oder Film ablösen. Denn gerade die Ersetzung der traditionellen Medien kann bedeuten, dass im Zuge dieser Entwicklung typische Charakteristika verloren gehen. Zur Verdeutlichung eines solchen Prozesses sei hier der Film genannt. Zwar wird Film, wie für traditionellen Film typisch, auch heute noch an bestimmten Orten zu bestimmten Zeiten einer Gruppe von Menschen vorgeführt. Ein bedeutender Teil der Filme wird jedoch auch im Fernsehen, also im Rundfunk im Sinne des Art. 5 Abs. 1 S. 2 GG, gezeigt. Dann werden diese Darbietungen jedoch durch die Rundfunkfreiheit geschützt. Diese Kommunikationsform hat also die Kommunikationsform der Filmdarbietung abgelöst und ist der typischen Kommunikationsform des Rundfunks zuzuordnen, nicht mehr der des Films.

Auch die Verbreitungstechnologie ist nicht allein maßgebliches Charakteristikum. Sie kann insofern Bedeutung erlangen, als sie die Rolle des Mediums bei der freien individuellen und öffentlichen Meinungsbildung beschreibt. Auch wenn die Verbreitungstechnologie vor der Erfindung und Einführung des Internets auf bestimmte Inhalte, Ausdrucksformen und Rezeptionsweisen hingedeutet haben mag, so ist diese Indizwirkung mit der Einführung des Internets verloren

---

180) BVerfGE 74, S. 297, 352.
181) Siehe Hoffmann-Riem in AK, Art. 5 Abs. 1, 2 Rdnr. 123.
182) Schulze-Fielitz in Dreier, GG, Art. 5 Abs. 1, 2 Rdnr. 72; BVerfGE 66, 166, 134; BVerfGE 25, S. 296, 307; Wendt in v. Münch/Kunig, GG, Art. 5 Rdnr. 31; Herzog in Maunz-Dürig, GG, Art. 5 Rdnr. 128 zur Pressefreiheit, siehe unten S. 87 f.
183) BVerfGE 36, S. 321, 338.

gegangen. Elektronische Verbreitungstechnologie deutete etwa auf die Vermittlung von Ton und bewegten Bildern mit erhöhter Suggestivkraft im Rahmen von Massenkommunikation hin. Die auf die Verbreitungstechnologie reduzierte Sichtweise führt letztlich zu einer pauschalisierenden Beurteilung aller Dienste im Internet, die angesichts der elektronischen Übertragung allesamt als Rundfunk angesehen werden. Es wird nicht berücksichtigt, dass die verschiedenen Dienste unterschiedliche Rollen im Prozess der Meinungsbildung übernehmen und auch die Verbreitungstechnologie insoweit ihre Indizwirkung verloren hat. Im Internet gibt es bei elektronischer Übertragung auch stehende Schrift, die Trefferliste ist dabei neben elektronischen Pressepublikationen ein Beispiel par excellence. Die elektronische Übertragung ermöglicht darüber hinaus nicht nur Massenkommunikation, sondern dient auch der Individualkommunikation, wenn z.B. Dienste wie der Email-Dienst angeboten werden.[184]

Deutlich wird die Schwäche einer isolierten Berücksichtigung der technischen Verbreitungsweise, wenn solche technischen Entwicklungen wie die so genannten E-Books[185] in die Erwägungen mit einbezogen werden. Als E-Books werden digitale Werkausgaben, aber auch die speziellen E-Book-Lesegeräte bezeichnet. Als Lesegeräte kommen Note-Books oder Computer mit Flachbildschirmen in Betracht. Darüber hinaus wurden die speziellen E-Book-Lesegeräte entwickelt, die besonders handlich sind und die Bildschirmauflösung eines Standardmonitors um ein Vielfaches übersteigen. Die digitalen Werkausgaben, die auf diese Lesegeräte gespielt werden können, liegen zumeist als PDF-Datei vor. Die Benutzung dieser E-Book-Lesegeräte nähert sich aufgrund der besonderen Handlichkeit der Rezeptionsweise des Buchs fast vollständig an, die Inhalte sind identisch und aufgrund der hohen Auflösung ist auch die Gestaltung dem Druck auf Papier fast vollständig angenähert. Wenn auch hier die Werkausgabe zunächst mittels der Übertragung im Internet verbreitet wird, steht die Lektüre eines E-Books der traditionellen Presse wesentlich näher als dem Rundfunk.

Die Übernahme verschiedener Rollen im Meinungsbildungsprozess durch die unterschiedlichen Internet-Dienste spricht ebenfalls gegen eine undifferenzierte Betrachtung des Internets als Einheit. Die Einführung einer „Internetfreiheit" ist daher nicht geboten. Hinzu kommt, dass eine „Internetfreiheit" auch nicht benötigt wird. Denn die Definition der in Art. 5 Abs. 1 S. 2 GG genannten Medien ist entwicklungsoffen. Aus diesem Grunde führen neue technische Entwicklungen grundsätzlich nicht zu der Festlegung einer weiteren neuen Medienfreiheit. Im Hinblick auf die Offenheit des Art. 5 Abs. 1 S. 2 GG für neue Entwicklungen widerspricht es auf der anderen Seite Sinn und Zweck, die Aufzählung des Art. 5 Abs. 1 S. 2 GG als „nicht vollständig, aber ab-

184) Ebenso Flechsig in Becker, Rechtsprobleme internationaler Datennetze, S. 66 f.
185) Siehe hierzu Rehbinder/Schmaus, ZUM 2002, S. 167.

schließend"[186] aufzufassen und für das Internet nur Rundfunk- und Meinungsfreiheit als einschlägig anzusehen.

Im Rahmen der funktionalen Betrachtung ist hingegen Raum dafür, den Annexgedanken heranzuziehen. Denn auch diese Betrachtungsweise dient dazu, den Prozess der Meinungsbildung durch die verschiedenen Massenmedien zu gewährleisten. Es steht die Frage im Vordergrund, welche Rolle eine Tätigkeit im Prozess der Meinungsbildung übernehmen soll. Entscheidend ist deshalb nicht das Verbreitungsmittel, sondern es kommt darauf an, zu welchem Zweck das zu Hilfe genommene Verbreitungsmittel eingesetzt wird. Wenn nur das Hauptmedium eine Funktion im Prozess der Meinungsbildung übernehmen soll, stellt sich die Tätigkeit als reine Hilfstätigkeit dar. Erst wenn die Hilfstätigkeit zum Selbstzweck wird, steht die Funktion des Hauptmediums als Schutzgegenstand nicht mehr im Vordergrund.

Bereits bei den klassischen Medien war deshalb das Verbreitungsmittel nicht ausschlaggebend, wie der Entscheidung des Bundesverfassungsgerichts zu Programmzeitschriften zu entnehmen ist.[187] Eine Programmzeitschrift, die durch die Rundfunkanstalt herausgegeben wurde, diente der Anstalt in ihrer Funktion als Rundfunk, war also Gegenstand unterstützender Randbetätigung.

Der Presse-Grosso stellt sich ebenfalls als Tätigkeit dar, die das Funktionieren des Pressewesens gewährleistet. Obwohl der Presse-Grosso selbst keinen Inhaltsbezug aufweist und nur in Abhängigkeit von den von ihm vertriebenen Presseprodukten zur Meinungsbildung beiträgt, ist er vor dem Hintergrund von Sinn und Zweck des Art. 5 Abs. 1 GG schutzwürdig. Es ist entscheidend, dass die Tätigkeit des Presse-Grossisten für die freie Presse notwendig ist und staatliche Regulierung sich einschränkend auf die Meinungsverbreitung durch die Presse auswirken würde.[188] Der Grundrechtsschutz erstreckt sich deshalb auch auf den Presse-Grossisten, um die Rolle der Presse nicht zu schwächen.

Der Rückgriff auf den Annexgedanken steht zu der funktionalen Betrachtungsweise nicht in Widerspruch, sondern ergänzt diesen im Interesse der jeweiligen Funktionen des Hauptmediums. Anhand dieser muss entschieden werden, welcher Schutzbereich für das neue Medium einschlägig ist. Mit dem Annexgedanken können deshalb neben einer funktionalen Betrachtung zahlreiche neue Medien bewertet werden, die die Charakteristika des Rundfunks und der Presse aufweisen, zum Teil aber klassischen Medien wie dem Rundfunk oder der Presse im Netz dienen.

Die funktionale Betrachtungsweise, ergänzt durch den Annexgedanken, erlaubt eine Gesamtbetrachtung der typischen Charakteristika von Presse, Rundfunk und Film im Hinblick auf ihre Rolle im Prozess der Meinungsbildung.

---

186) Determann, S. 428.
187) Vgl. BVerfGE 83, S. 238, 313.
188) Siehe BVerfG NJW 1988, S. 1833.

2. Die Einordnung der Suchdienste

a) Einführung

Suchdienste bieten, wie bereits gezeigt wurde, in verschiedenem Umfang eigene inhaltsbezogene Leistungen an. In der Trefferliste finden sich die Abstracts neben den Hyperlinks, die auf die Webseiten Dritter verweisen. In den Abstracts sind Texte enthalten, die auch ohne Aktivierung des Hyperlinks einen eigenen Inhaltsbezug aufweisen, indem sie einen Überblick zu dem Suchbegriff geben.[189] Bei Suchdiensten, die Fotografien nachweisen, finden sich in den Abstracts die verkleinerten „thumbnail"-Versionen der Fotografien.[190] Außerdem enthalten die Webseiten einiger Suchdienste eigene redaktionelle Beiträge, wie z.B. bei Yahoo! einen Beitrag über den Berlin-Besuch des amerikanischen Präsidenten[191]. Im Hinblick auf diese inhaltsbezogene Tätigkeit liegt es nahe, dass Suchdienste einen verfassungsrechtlichen Schutz erfahren, der unabhängig von der Benutzung der Hyperlinks ist. Ob die inhaltsbezogene Tätigkeit von Suchdiensten in den Schutzbereich einer der Kommunikationsfreiheiten des Art. 5 Abs. 1 S. 2 GG fällt, ist anhand einer funktionalen Betrachtung zu ermitteln (b)).

Suchdienste werden darüber hinaus durch ihre Funktionsweise, die Verwendung von Hyperlinks, gekennzeichnet. Sie informieren durch das Zusammenspiel mit den von ihnen aufgelisteten Webseiten, auf die der Nutzer mit Hilfe der Hyperlinks in Sekundenschnelle zugreifen kann. Wird allein auf diese Funktionsweise abgestellt, werden Inhalte erst dann vermittelt, wenn der Nutzer den Hyperlink aktiviert und die Inhalte der per Hyperlink verbundenen Webseiten auf seinem Bildschirm angezeigt werden. Wenn auch nicht der verfassungsrechtliche Schutz des Suchdienstes auf alle von ihm nachgewiesenen Webseiten erstreckt werden kann,[192] so könnte sich aber die Tätigkeit von Suchdiensten als reine Hilfstätigkeit für die von ihnen aufgelisteten Webseiten darstellen, welche ihrerseits den Schutz des Art. 5 GG genießen können. Ausschlaggebend für einen Schutz der Suchdienste ist dann der verfassungsrechtliche Schutz der von ihnen aufgelisteten Webseiten, der bei der Ausübung einer Hilfstätigkeit in Anspruch genommen werden kann (c). Für eine Hilfstätigkeit spricht, dass der Nachweis von anderen Webseiten unter Bereitstellung eines Hyperlinks faktisch den alleinigen Zugang zu den vom Suchdienst aufgelisteten Webseiten eröffnet, da eine Zufallseingabe des URL nur mit hoher Fehlerquote zum Ziel führt. Für diese Funktion kommt es auf den auf der Web-

---

189) Siehe oben S. 40.

190) Siehe Abb. 4, Fotografien zum Suchbegriff „Brandenburger Tor" auf der Trefferliste bei AltaVista.

191) Siehe oben Fn. 78.

192) S.o. S. 41.

seite der Suchdienste enthaltenen zusätzlichen Inhalt nicht an. Es handelt sich insoweit bei der Anwendung dieser Funktion um eine inhaltsferne Tätigkeit.

b) Die inhaltsbezogene Tätigkeit von Suchdiensten

aa) Einordnung in die Rundfunkfreiheit

Als erster Schritt ist die Frage zu beantworten, was die typischen Charakteristika des Rundfunks sind. Nach dem BVerfG sind für den Rundfunk Breitenwirkung, Aktualität und Suggestivkraft von besonderer Bedeutung.[193] Die Breitenwirkung wird traditionell beim Rundfunk durch eine Verbreitung von Informationen sowie fremden und eigenen Meinungsäußerungen durch fernmeldetechnische Anlagen bewirkt. Diese traditionelle Verbreitung ist jedoch nur ein Charakteristikum unter mehreren. Außerdem kann festgestellt werden, dass Breitenwirkung und Aktualität bei der Presse in gleichem Maße gegeben sind; entscheidendes Charakteristikum des Rundfunks ist deswegen die dem Rundfunk immanente Suggestivkraft.[194] Diese Suggestivkraft beruht auf Ton- und Bewegtbildsendungen.[195] Sie charakterisiert die spezifische Rolle des Rundfunks im Prozess der Meinungsbildung.

Wird zunächst auf das Kriterium der Verbreitungstechnologie abgestellt, spricht diese dafür, Suchdienste unter den Rundfunkbegriff zu fassen. Denn auch Informationen der Suchdienste werden im Internet auf elektronischem Wege mittels fernmeldetechnischer Anlagen und regelmäßig über die Telefonverbindung übertragen. Einige Autoren,[196] die isoliert auf die Verbreitungsweise abstellen, ordnen wegen der Übertragung von Informationen auf elektronischem Wege sämtliche Dienste im Internet der Rundfunkfreiheit zu. Diese Zuordnung überzeugt jedoch nicht, da sie das Internet pauschalisierend betrachtet und nicht die übrigen Charakteristika im Rahmen einer funktionalen Betrachtung mit einbezieht.

Ein Teil der Dienste im Internet ist jedoch durch die Rundfunkfreiheit geschützt. Die Verbreitungstechnologie entspricht der des Rundfunks. Die Suggestivkraft ist bei einzelnen Diensten ebenfalls gleichermaßen gegeben, etwa wenn die Tagesschau im Internet übertragen wird.[197] Auch die gesellschaftliche Bedeutung ist hoch; wenn der analoge Fernsehbetrieb aufgegeben wird, wie dies für das kommende Jahrzehnt geplant ist, wird auch die Bedeutung der durch das

---

193) BVerfGE 90, S. 60, 87.

194) Gersdorf in Becker, Rechtsprobleme internationaler Datennetze, S. 91.

195) Gersdorf a.a.O., Fn. 194; ders., Der verfassungsrechtliche Rundfunkbegriff, S. 146; BVerfG AfP 1994, 213, 214; Schulz, ZUM 1996, S. 492; ähnlich Determann, S. 447 f.

196) Pieper/Wichmann, ZUM 1995, S. 82, S. 92; Eberle, ZUM 1995, 249, 254; Schulz, ZUM 1996, S. 496.

197) Siehe Schulz/Held/Kops, ZUM Sonderheft 2001, S. 639.

Internet übertragenen Dienste weiter steigen.[198] Es wird durch diese Dienste dieselbe Rolle im Prozess der Meinungsbildung erfüllt, wie sie im off-line-Bereich vom klassischen Rundfunk wahrgenommen wird.

Schwerpunkt der Tätigkeit von Suchdiensten ist es, die Trefferliste zu erstellen. Im Hinblick auf diese ist jedoch zu konstatieren, dass abgesehen von dem Einsatz der Verbindungstechnologie die Parallelen zum Rundfunk gering sind. Der Trefferliste fehlt es vor allem an der den Rundfunk kennzeichnenden Suggestivwirkung. Denn die Trefferliste besteht aus stehender Schrift, wie das typischerweise bei Presseprodukten der Fall ist. Ton- und Bewegtbildsendungen finden nicht bzw. nur völlig untergeordnet in Werbebannern auf der Webseite des Suchdienstes statt. Soweit Suchdienste eigene redaktionelle Beiträge auf ihren Webseiten präsentieren, haben diese regelmäßig Schrift- oder Bildform.[199] Bei funktionaler Betrachtung nehmen Suchdienste nicht eine dem Rundfunk vergleichbare Rolle im Meinungsbildungsprozess ein. Suchdienste fallen daher weder als Rundfunk noch als rundfunkähnliches Medium unter die Rundfunkfreiheit.

Hiergegen spricht auch nicht die Entscheidung des Bundesverfassungsgerichts zum Fernsehtext[200]. Das BVerfG hatte den Fernsehtext als rundfunkähnliches Medienprodukt der Rundfunkfreiheit zugeordnet, obwohl keine Ton- und Bewegtbilddienste angeboten werden.[201] Dieser Begründung ist angesichts der fehlenden Suggestivwirkung, die ein wesentliches Charakteristikum des Rundfunks darstellt,[202] nicht zu folgen. Der Aspekt der Suggestivwirkung ist beim Fernsehtext nicht gegeben, da wie bei der Trefferliste der Suchdienste stehende Schriftzeichen auf dem Fernsehbildschirm angezeigt werden. Wird allerdings auf den das Fernsehprogramm ergänzende Inhalt und auf die am Kommunikationsprozess Beteiligten abgestellt, so sind – wie oben ausgeführt[203] - die Voraussetzungen eines von der Rundfunkfreiheit geschützten Annexes gegeben.

bb) Einordnung in die Filmfreiheit

Filme sind zum einen durch Bilderreihen charakterisiert, die auf Zelluloid oder vergleichbaren Bildträgern fixiert sind.[204] Filme werden zum anderen typischerweise an einem bestimmten Ort[205] mehreren Rezipienten gleichzeitig

198) Siehe Schulz/Held/Kops, ZUM Sonderheft 2001, S. 628.
199) Siehe z.B. Yahoo! zum Besuch von George Bush in Berlin, Fn.78.
200) Siehe BVerfGE 83, S. 238 ff.
201) BVerfGE 74, S. 297ff.
202) Zutreffend BVerfGE 90, S. 60, 87.
203) Siehe oben S. 73 f.
204) Hoffmann-Riem in AK, Art. 5 Abs.1, 2 Rdnr. 123; Herzog in Maunz-Dürig, Art. 5 Abs.1, 2 Rdnr. 198.
205) Kunig, Jura 1995, S. 590.

vorgeführt. Der Gemeinschaftsempfang ist für den Film also typisch; der Rezipient eines Filmes muss sich dieser Rezeptionssituation aussetzen.[206] Diese Rezeptionssituation soll nach einer Ansicht[207] dann nicht ausschlaggebend sein, wenn Filme an einen unbestimmten Personenkreis adressiert sind, aber z.B. als Videokassette vertrieben werden. Filme sind aber auch nach dieser Ansicht dadurch gekennzeichnet, dass sie am Ort des Abspielens des Bild-Ton-Trägers vorgeführt werden.

Die Trefferlisten sind stehende Darstellungen, keine Bilderreihen. Sie werden am Bildschirm angezeigt, sind aber nicht auf Zelluloid oder einem vergleichbaren Bildträger fixiert. Bereits aufgrund der Verbindungs- und Verbreitungstechnologie sind deswegen keine Gemeinsamkeiten zwischen Film und Trefferliste ersichtlich.

Von entscheidender Bedeutung ist auch die Rezeptionsweise, die den Film vom Rundfunk und auch von der Presse unterscheidet. Die typische Rezeption der Trefferliste gleicht nicht der typischen Rezeptionsweise von Filmen. Eine vergleichbare Rezeptionssituation – Gemeinschaftsempfang an einem bestimmten Ort – besteht bei der Rezeption der Trefferliste am Bildschirm des einzelnen Nutzers nicht. Bei der heute überwiegenden Nutzung des Internets ist das Charakteristikum eines Gemeinschaftsempfangs nicht gegeben.[208]

Selbst wenn dem Gemeinschaftsempfang nicht entscheidende Bedeutung beigemessen wird, fehlt es an einer weiteren Voraussetzung für einen Schutz durch die Filmfreiheit. Denn die Inhalte im Internet und auch die Trefferliste werden nicht an dem Ort „abgespielt" bzw. bereitgehalten, an dem der Nutzer sie wahrnimmt.

Die Tätigkeit von Suchdiensten fällt deswegen bei einer Gesamtbetrachtung typischer technischer Gesichtspunkte, typischer Inhalte und der typischen Rezeptionsweise nicht in den Schutzbereich der Filmfreiheit.

cc) Einordnung in die Pressefreiheit

Auch die Presse wird durch die Verbreitungstechnologie, die typischen Inhalte und Ausdrucksformen, die typischen am Kommunikationsprozess Beteiligten, die typischen Herstellungs- und Rezeptionsbedingungen gekennzeichnet. Die Trefferliste als Hauptergebnis der Tätigkeit von Suchdiensten – und auch die so genannte elektronische Presse im Netz – ist mit traditioneller Presse ver-

---

206) Burkart/Hömberg in Fünfgeld/Mast, 74.
207) Siehe Jarass in Jarass/Pieroth, GG Art. 5 Rdnr. 50; Degenhardt in Bonner Kommentar, Art. 5 Abs. 1, 2 Rdnr. 903; Schulze-Fielitz in Dreier, GG Art. 5 Rdnr. 84; a.A. Starck in v. Mangoldt/Klein/Starck Art. 5 Abs. 1, 2 Rdnr. 153; Wendt in v. Münch/Kunig Art. 5 Rdnr. 61.
208) Dies könnte sich dann ändern, wenn dem Gemeinschaftsempfang eine Übermittlung der Filme per Internet vorausginge. Dann würde sich diese Übermittlung per Internet als Hilfstätigkeit der Vorführung vor mehreren Rezipienten gleichzeitig darstellen und würde dementsprechend in den Schutzbereich der Filmfreiheit fallen.

gleichbar, da ihre Inhalte wie die Inhalte der Presse durch stehende Schriftzeichen oder Fotografien dargestellt sind.

Für die Verbreitungstechnologie der Presse ist typisch die Verkörperung der geistigen Sinngehalte.[209] Klassische Presse zeichnet sich dadurch aus, dass Informationen in Form von Druckwerken für die Allgemeinheit produziert und verbreitet werden.[210] Die Trefferliste der Suchdienste liegt dem Nutzer regelmäßig nicht in Druckform vor, sondern wird nur am Bildschirm angezeigt. Sie kann aber jederzeit ausgedruckt werden. Die nicht verkörperte Anzeige kann also in einem Ausdruck verkörpert werden. Der für die Presse typische Vervielfältigungseffekt der Inhalte wird durch die Anzeige mit der damit verbundenen Ausdrucksmöglichkeit bereits erreicht.

Druck soll außerdem nach einer Ansicht immer schon dann vorliegen, wenn neben einem Vervielfältigungseffekt auch der „visuelle Eindruck des gedruckten Wortes" erzielt wird.[211] Die Trefferliste besteht aus stehender Schrift, die insoweit den Eindruck einer gedruckten Schrift vermittelt. Bei dieser weiten Auslegung des Begriffs „Drucks" entspricht also schon die Verbreitungstechnologie der Suchdienste der Verbreitungstechnologie der Presse. Nach einer engeren Ansicht[212] ist der Eindruck des gedruckten Wortes jedoch auch an die Verkörperung gebunden, die bei der Anzeige am Bildschirm fehle. Diese enge Auslegung berücksichtigt aber nicht ausreichend den Wandel des Normbereichs durch Veränderungen des der Norm zugrunde liegenden Sachverhalts. Ein solcher Wandel ist z.B. bei den E-Books denkbar. Die Werkausgaben, die ebenso wie die speziellen Lesegeräte als E-Book bezeichnet werden, werden regelmäßig als pdf-Datei durch On-line-Buchhändler oder Verlage vertrieben.[213] Bevor der Leser die Ausgabe auf seinem PC oder Lesegerät lesen kann, ist diese fernmeldetechnisch übertragen worden. Wenn nach der engen Auslegung mangels Verkörperung der Werkausgabe auf dem Bildschirm die Pressefreiheit nicht einschlägig ist, könnte die Rundfunkfreiheit Schutz gewähren. Wenn aber die Ausgabe vom traditionellen Buchhändler vor Ort bereits auf dem Lesegerät gespeichert vertrieben wird, fehlt es an einer fernmeldetechnischen Übertragung. Sowohl der Schutzbereich der Pressefreiheit als auch der Rundfunkfreiheit gemäß Art. 5 Abs. 1 S. 2 GG wäre nach dieser Ansicht nicht eröffnet. Der verfassungsrechtliche Schutz durch die Rundfunkfreiheit wäre also vom Zufall, d.h. vom jeweiligen Vertriebsweg, abhängig, der Schutz durch die Pressefreiheit würde an der Verkörperung scheitern. Gleiches gilt für die Annahme, dass die Werkausgabe auf dem Bildschirm nicht verkörpert sei. Denn nach h.M. werden

---

209) Bullinger in Löffler, Einl. Rdnr. 13.
210) Hoffmann-Riem in AK, Art. 5 Abs.1, 2 Rdnr. 123.
211) Herzog in Maunz-Dürig, Art.5 Abs.1, 2 Rdnr. 130 f.
212) Degenhart in Bonner Kommentar, Art. 5 Abs. 1, 2 Rdnr. 686.
213) Rehbinder/Schmaus, ZUM 2002, S. 167.

auch Schallplatten oder CD-Roms von der Pressefreiheit geschützt.[214] Die CD-Rom wäre also ausreichendes Speichermedium der verkörperten Werkausgabe, das Lesegerät oder der PC mit Bildschirmanzeige hingegen nicht. Auch hier würde der Schutz der Werkausgabe also davon abhängen, ob sie als CD-Rom oder direkt auf dem Lesegerät vertrieben wird.

Neben der Verbreitungstechnologie zeichnet sich die Presse jedoch auch durch ihre besonderen Rezeptionsbedingungen, die typischerweise am Kommunikationsprozess Beteiligten und die typischen Inhalte, Ausdrucksformen und Herstellungsbedingungen aus. Die Verbreitungstechnologie tritt hinter diese Charakteristika zurück.

Die Rezeptionsbedingungen machen im Vergleich zum Rundfunk die typische Rolle der Presse im Prozess der Meinungsbildung aus. Der Leser von Zeitungen, Zeitschriften und Büchern kann Teile eines Textes aus dem Leseangebot auswählen und die Reihenfolge seines Lesestoffs festlegen. Er kann z.B. die letzte Seite zuerst lesen oder ein Kapitel auslassen. Beim Rundfunk ist dies bei laufendem Programm nicht möglich. Die Rezeptionsentscheidung des Nutzers einer Trefferliste auf dem Bildschirm entspricht damit der Wahrnehmung von Buch und Zeitung. Der Nutzer legt selbst durch Eingabe des Suchbegriffs fest, welche Informationen er aus dem Informationsangebot abrufen möchte. Er kann entscheiden, wann und in welcher Reihenfolge er die Trefferliste lesen oder ausdrucken möchte.[215]

Der Inhalt „Schrift" und stehendes Bild findet sich in klassischen Presseprodukten wie auch in der Trefferliste. Dabei ist das Schriftelement bei allen Suchdiensten beherrschend, ganz gleich was ihr jeweiliges Suchobjekt ist. Sucht der Nutzer Webseiten mit Textinhalten, gibt er in Schriftform einen Begriff ein und in Schriftform wird eine Liste mit den URLs und den Abstracts angezeigt. Sucht der Nutzer Webseiten mit Fotografien, muss er die Abbildung in Schriftform beschreiben. Gesucht wird dieser Begriff im Text auf der Webseite, auf der sich die Fotografie befindet. Angezeigt werden der URL und die Fotografie. Wenn der Nutzer Musik oder Multimediawerke sucht, gibt er ebenfalls einen Suchbegriff ein und nicht etwa eine Suchmelodie. Angezeigt wird dann allein der URL in Schriftzeichen, ein Auszug des Musik- oder Multimediawerkes wird nicht gespielt.

Typisch für den Inhalt ist auch der Informationseffekt. Der Informationseffekt des Textes der Trefferliste ist, wenn er auf gewerbliche Webseiten verweist, gleichzusetzen mit dem Informationseffekt des Anzeigenteils klassischer Presseprodukte. Werden die gewerblichen Webseiten selbst vom Nutzer berücksichtigt, ist der Effekt sogar noch größer. Vergleichbarkeit besteht

---

214) Jarass in Jarass/Pieroth, GG, Art. 5 Rdnr. 25; Bethge in Sachs, GG, Art. 5 Rdnr. 68.
215) Vgl. Flechsig, AfP 1996, S. 337 und zu Informationsbrettern und Diskussionsforen: Flechsig in Becker, Rechtsprobleme internationaler Datennetze, S. 68 f.

auch zu Kurzmeldungen und kurzen Tatsachenmeldungen in Tageszeitungen, wenn elektronische Nachrichtenmedien aufgelistet werden, wie z.B. die Trefferliste zum Suchbegriff „Joschka Fischer“[216] oder zum Suchbegriff „Nitrofen“[217] zeigt. Suchdienste sind deshalb auch eine Art elektronischer Pressespiegel, da die Kurzkommentierung regelmäßig ein Kurzzitat der Nachrichtenwebseite enthält. Die Inhalte der Trefferliste sind damit den Inhalten traditioneller Presse ähnlich. Durch das Blättern von der Trefferliste zu den aufgelisteten Webseiten, also durch das Zusammenspiel von Suchdienst und gelisteten Webseiten, wird regelmäßig ein noch größerer Informationseffekt erreicht.

Außerdem werden heutige Zeitungsinhalte regelmäßig per Software gespeichert, bevor sie auf Zeitungspapier gedruckt werden. Diese Herstellungsmethode entspricht der Herstellung der Trefferliste, deren Inhalte ebenfalls per Software gespeichert sind. Der Ausdruck des Suchergebnisses direkt am Computer des Nutzers stellt damit nur eine Verkürzung des Weges des Nutzers zur Information bzw. der Information zum Nutzer dar.

Bei all diesen funktionalen Parallelen kann nicht mehr entscheidendes Abgrenzungskriterium sein, ob Inhalte tatsächlich ausgedruckt werden, sondern es reicht aus, dass der visuelle Eindruck der Webseite auf dem Bildschirm mit einem Ausdruck vergleichbar ist. Diese Vergleichbarkeit ist gerade wegen der geringeren Suggestivkraft bei stehender Schrift auf dem Bildschirm zu bejahen, so dass Pressemedien wie „Der Spiegel“, die ebenfalls im WWW verfügbar sind, von der Pressefreiheit geschützt werden. Aber auch neue Medien wie insbesondere Suchdienste, die kein Pendant in der off-line-Medienlandschaft haben, sind bei einer funktionalen Gesamtbetrachtung ein Massenmedium, welches dem Schutzbereich der Pressefreiheit unterfällt.

c) Die inhaltsferne Tätigkeit von Suchdiensten - Hyperlinks

aa) Schutz der nachgewiesenen Webseiten

Es ist denkbar, den inhaltsfernen Bereich der Tätigkeit von Suchdiensten – also den bloßen Nachweis der Webseiten mit Hilfe der Hyperlinks – als Hilfstätigkeit für die per Hyperlink nachgewiesenen Webseiten einzuordnen. Ein verfassungsrechtlicher Schutz der Suchdienste könnte sich dann vom Schutz der Webseiten ableiten, die Suchdienste durch den Nachweis per Hyperlink unterstützen. Diese Webseiten können Übertragungen von Rundfunkprogrammen im WWW, z.B. der Tagesschau, enthalten,[218] oder sie können On-line-Presse wie

---

216) Siehe oben Fn.79.
217) Siehe
http://de.altavista.com/q?pg}q&q=Nitrofen&kl=XX&what=de&search.x=23&search...,
abgerufen am 07.06.2002.
218) Siehe http://www.ard.de/; diese Webseite enthält Informationen in Schriftform. Es ist jedoch auch möglich, ein Video der letzten Tagesschau abzurufen.

beim Magazin „Der Spiegel“ enthalten.[219] Suchdienste verweisen aber ebenso auf Videoclips, Filme und schließlich auf kommerzielle Seiten, z.B. von Internet-Buchhändlern oder von On-line-Reisebüros.[220] Vorfrage eines inhaltsfernen Schutzes ist also, ob den nachgewiesenen Webseiten selbst verfassungsrechtlicher Schutz zukommt.

Wie bereits im Hinblick auf die inhaltsbezogene Tätigkeit von Suchdiensten festgestellt wurde,[221] werden durch das Internet vermittelte Inhalte regelmäßig nicht durch die Filmfreiheit gemäß Art. 5 Abs. 1 S. 2 GG geschützt. Typischerweise werden die im WWW verfügbaren Inhalte über einzelne Rechner am Bildschirm oder auch per Handy für einen einzelnen Nutzer angezeigt. Es fehlt deshalb an einem Gemeinschaftsempfang, der für den Film charakteristisch ist. Zudem enthält nur ein Teil der im WWW abrufbaren Webseiten Inhalte in Form von Bilderreihen, die für den Film typisch sind.

Hingegen kommt ein Schutz von Webseiten durch die Rundfunkfreiheit durchaus in Frage, etwa bei der Übertragung der Tagesschau im WWW.[222] Es kommt im Unterschied zur Presse auf die Suggestivkraft der Inhalte an, die durch das Internet vermittelt werden.[223]

Auch ein Schutz durch die Pressefreiheit gemäß Art. 5 Abs. 1 S. 2 GG ist möglich, insbesondere dann, wenn die Suggestivwirkung fehlt. Dies ist der Fall, wenn Webseiten hauptsächlich Schrift und stehende Bilder enthalten. Die Rezeptionsweise des Nutzers entspricht dann der Rezeptionsweise eines Lesers.[224] Elektronische Presse, wie z.B. die elektronische Ausgabe „Des Spiegels“, ist deshalb von der Pressefreiheit geschützt.

Auch Webseiten von Wirtschaftsunternehmen, im Einzelfall auch von Privatpersonen, können je nach Gestaltung der Webseite durch Rundfunk- und Pressefreiheit geschützt werden. Voraussetzung für einen Schutz durch Art. 5 Abs. 1 S. 2 GG ist allerdings, dass die Webseiten der Massenkommunikation zuzuordnen sind. Der Webseite muss also eine komplexe formale Institution zugrunde liegen, die Inhalte müssen durch Einsatz eines Verbreitungsmediums vermittelt werden und es muss sich um eine öffentliche Kommunikation handeln.[225] Wie auch Suchdienste bedienen sich alle Betreiber von Webseiten im WWW eines Verbreitungsmediums: des Internets. Die Öffentlichkeit ist allerdings zu verneinen bei Zugangsschranken zu einer Webseite, die nur von bestimmten Personen überwunden werden können. Eine Vielzahl von Webseiten steht jedoch allen Nutzern des WWW offen, so dass

219) Siehe http://www.spiegel.de.
220) Vgl. AltaVista zum Suchbegriff „Günter Grass“ Abb. 1.
221) Siehe oben S. 69 f.
222) Siehe oben S. 68.
223) Siehe oben S. 68.
224) Siehe oben S. 72.
225) Siehe oben S. 50.

häufig auch die Öffentlichkeit zu bejahen ist. Gerade bei privaten Webseiten kann es aber an einer komplexen formalen Institution fehlen, die eine nachhaltige Kommunikation gewährleisten würde. Auch dies ist jedoch Frage des Einzelfalls.

Ein Schutz durch die Meinungsfreiheit gemäß Art. 5 Abs. 1 S. 2 GG besteht für alle auf Webseiten geäußerten Meinungen, unabhängig davon, ob die Webseiten der Individual- oder Massenkommunikation zuzuordnen sind.[226] Die Zulässigkeit einzelner Meinungsäußerungen ist jedoch nicht Gegenstand der Untersuchung.

bb) Hilfsfunktion der Suchdienste

Der verfassungsrechtliche Schutz des Hauptmediums kann sich nur unter besonderen Voraussetzungen auf die Hilfstätigkeit erstrecken. Beim Rundfunk wurde eine Tätigkeit als Hilfstätigkeit angesehen, die sich als eine lediglich unterstützende Randbetätigung des Hauptmediums Rundfunk darstellte.[227] Auf diese Hilfstätigkeit erstreckte sich der Schutz durch die Rundfunkfreiheit gemäß Art. 5 Abs. 1 S. 2 GG. Eine Hilfstätigkeit für den Rundfunk ist jedoch dann nicht mehr gegeben, wenn über den Bezug zum Rundfunk und zum Programm hinaus pressemäßig Bericht erstattet wird und eine wirtschaftliche Zielsetzung des Mediums gegeben ist.[228] Der Annexgedanke kam beim Rundfunk in der Konstellation zum Tragen, dass Hilfstätigkeit und Haupttätigkeit zumindest bei wirtschaftlicher Betrachtungsweise von ein- und derselben Person ausgeübt wurden.[229]

Im Gegensatz zur eigenen Randbetätigung des Rundfunks handelt es sich aber bei den Suchdiensten regelmäßig nicht um Unternehmensteile der Inhaber der von den Suchdiensten aufgelisteten Webseiten. Es handelt sich bei den Betreibern von Suchdiensten vielmehr um eigenständige Unternehmen. Wirtschaftlich wird die Eigenständigkeit durch die Finanzierung mittels Werbung gesichert. Ihre eigene wirtschaftliche Zielsetzung schließt die Zuordnung der Suchdienste zu den von ihnen aufgelisteten Webseiten aus. Große allgemeine Suchdienste verweisen außerdem auf unterschiedliche Webseiten, die in den Schutzbereich der Presse-, Rundfunk-, oder Meinungsfreiheit fallen können.[230] Es wird nicht nur auf On-line-Presse oder Webseiten von Rundfunksendern im Netz, z.B. der ARD verwiesen, sondern zusätzlich auf Webseiten kommerzieller Anbieter oder die Homepages von Privatpersonen. Da sie ihre Tätigkeit zum Nutzen der verschiedenen Medien ausüben, fehlt es auch an einem Bezug zu nur

---

226) Siehe oben S. 42 f.
227) Siehe oben S. 60 und BVerfGE 83, S. 238, 313 f.
228) Siehe BVerfGE 83, s. 238 314 und oben S. 60.
229) Michel, ZUM 1998, S. 354; vgl. BVerfGE 83, S. 238, 312 ff.
230) Siehe hierzu unten S. 68 ff. zur Einordnung von Diensten nach der funktionalen Betrachtungsweise.

einem Hauptmedium. Regelmäßig sind Suchdienste deshalb kein Annex zu den von ihnen zitierten Webseiten.

Ein Annex sind Suchdienste bzw. ist eine Suchfunktion allerdings dann, wenn sie sich auf einer Webseite, die durch die Presse- oder Rundfunkfreiheit geschützt ist, befinden und sie lediglich der Suche innerhalb dieser Webseite dienen. Auch ein Suchdienst, der auf eine Sparte, z.B. Rundfunk im Netz, verweist, und von diesen Rundfunkunternehmen getragen wird, fällt in den Schutz der Rundfunkfreiheit. Dann würde sich die Nutzung von Hyperlinks allein als Hilfstätigkeit dieser Webseiten darstellen. In diesen Konstellationen stellen die Suchdienste einen Annex zu den Webseiten dar, mit denen sie per Hyperlink verknüpft sind und entsprechen etwa dem Fernsehtext. Durch Fernsehtext (auch Videotext genannt) werden Texte und einfache Grafiken übertragen, die über die bei jedem Fernsehbildsignal mitgesandte „vertikale Austastlücke“ übertragen werden.[231] Der Fernsehtext begleitet traditionelle Fernsehsendungen und ergänzt die Programminformationen durch aktuelle Textbeiträge. Der Fernsehtext ist Annex zum Fernsehprogramm, da er dieses ergänzen und mit diesem im Zusammenhang wahrgenommen werden soll.[232] Suchdienste und Suchfunktionen, die in einem hierzu vergleichbaren Zusammenhang mit Diensten stehen, die Schutz durch die Rundfunk- oder Pressefreiheit erfahren, können also ausnahmsweise als Annex zu den von ihnen aufgelisteten Webseiten geschützt werden.

Wenn Suchdienste grundsätzlich keine reine Randbetätigung eines Hauptmediums sind, dienen sie dennoch der Meinungs- und Nachrichtenverbreitung von Presse und Rundfunk und auch der Verbreitung individueller Meinungsäußerungen auf privaten Webseiten.[233] Eine Einschränkung ihrer Tätigkeit wirkt sich auch einschränkend auf die Verbreitung der in den aufgelisteten Webseiten enthaltenen Meinungen aus. Insoweit sind sie zwar eigenständig, also nicht nur Annex. Sie sind aber durch die Hyperlinks notwendiger und unterstützender Bestandteil der Meinungsverbreitung im Internet. Damit ist die Funktionsweise von Suchdiensten mit dem Presse-Grosso vergleichbar, der zwar keine Tätigkeit mit eigenem Inhaltsbezug ausübt, also nicht Teil eines Presseunternehmens ist, dessen Tätigkeit aber für die Meinungsverbreitung erforderlich ist.

Beim Presse-Grossisten kommt allerdings aufgrund der besonderen Vertragskonstellation[234] eine enge wirtschaftliche Verflechtung mit den Verlagen der von ihm vertriebenen Presseprodukte hinzu, die im Verhältnis der

---

231) BVerfGE 74, S. 297, 305.

232) Gersdorf in Becker, Rechtsprobleme internationaler Datennetze, S. 91 ff.

233) Ein solcher Schutz wird an dieser Stelle unterstellt, siehe zu Rundfunk und Presse im Internet die Ausführungen zur Einordnung von Suchdiensten nach der funktionalen Betrachtungsweise, S. 68 ff.

234) Siehe hierzu oben S. 60.

Suchdienste zu den von ihnen aufgelisteten Webseiten regelmäßig fehlt. Trotz fehlender wirtschaftlicher Verflechtung ist die Tätigkeit von Suchdiensten für die von ihnen aufgelisteten Webseiten unerlässlich, da diese sonst im Datenmeer ungesehen untergehen würden. Suchdienste fördern durch ihre Hyperlinks die Verbreitung der in den Webseiten enthaltenen Meinungen. Das Gewicht ihrer Tätigkeit steht der des Presse-Grossisten nicht nach. Die Funktionsweise, die Suchdienste sich per Hyperlink zunutze machen, ist deshalb ebenso schützenswert wie der Presse-Grosso, da die Meinungsverbreitung anderer Webseiten, die ihrerseits Kommunikationsfreiheiten in Anspruch nehmen können, im Netz gewährleistet wird, indem der Zugang zu den Webseiten eröffnet wird. Die hohe gesellschaftliche Bedeutung von Suchdiensten folgt also gerade aus dieser Mittlerfunktion.[235] Es kann im Hinblick auf Sinn und Zweck des Art. 5 Abs. 1 S. 2 GG, der die verschiedenen Kommunikationsformen als Grundlagen der Meinungsbildung gewährleistet, nicht darauf ankommen, dass sie nicht wie die Presse-Grossisten einen organisatorischen und wirtschaftlichen Bezug aufweisen. Entscheidend ist der funktionale Bezug,[236] d.h. die für Suchdienste elementare Nutzbarmachung der Hyperlinks, mit denen sie auf die kommunikationsrechtlich geschützten Webseiten verweisen. Wird die Tätigkeit der Suchdienste und ihre Funktionsweise eingeschränkt, hat dies auch einschränkende Wirkungen für die von ihnen zitierten und durch Presse- und Rundfunkfreiheit geschützten Webseiten. Sie sind für den Zugang zu Webseiten, deren Inhalte in den Schutzbereich der Pressefreiheit oder Rundfunkfreiheit fallen, notwendig. Für die Funktionsweise der Suchdienste ist deshalb ein Schutz geboten, der dem Schutz des Presse-Grossisten durch die Pressefreiheit entspricht: Sind Suchdienste für die Vermittlung einer Webseite notwendig, die durch die Presse- oder Rundfunkfreiheit gemäß Art. 5 Abs. 1 S. 2 GG geschützt ist, so erstreckt sich deren Schutz auch auf die Funktionsweise der Suchdienste.

Somit sind Suchdienste auch in ihrer Funktionsweise, die im Nachweis von Webseiten per Hyperlinks besteht, nach Art. 5 Abs. 1 S. 2 GG geschützt, und zwar unabhängig von sonstigen Inhalten auf ihren Webseiten. Abhängig ist dieser verfassungsrechtliche Schutz gemäß Art. 5 Abs. 1 S. 2 GG von einem entsprechenden Schutz der von ihnen zitierten Webseiten (siehe oben aa)). Erfahren die Webseiten keinen verfassungsrechtlichen Schutz, kann dieser auch nicht von den Suchdiensten für die inhaltsferne Funktionsweise in Anspruch genommen werden.

---

235) Siehe Schulz/Held/Kops, ZUM Sonderheft 2001, S. 628.
236) Ebenso, wenn auch nicht zu Suchdiensten, sondern allgemein zum Schutz von presseexternen Hilfstätigkeiten: Degenhart in Bonner Kommentar, Art. 5 Abs. 1 und 2, Rdnr. 468.

d) Verhältnis von inhaltsbezogenem und inhaltsfernen Schutz

Nach Sinn und Zweck des Art. 5 Abs. 1 S. 2 GG erfahren Suchdienste verfassungsrechtlichen Schutz sowohl im Hinblick auf ihre eigenen Inhalte als auch im Hinblick auf ihre Funktionsweise, die auf der Benutzung von Hyperlinks beruht.

Trotz des eigenen Inhalts könnten Suchdienste insgesamt als Annex anzusehen sein. Doch bereits die inhaltsferne Tätigkeit sprengt den Rahmen eines Annexes, da es sich regelmäßig nicht um die Randbetätigung eines Medienunternehmens handelt, sondern um die gewinnorientierte Tätigkeit des Betreibers des Suchdienstes. Dennoch stellt sich die Frage, ob die inhaltsferne Funktionsweise von Suchdiensten, die vergleichbar dem Presse-Grossisten zu schützen ist, maßgeblich für den Schutz der Tätigkeit von Suchdiensten insgesamt ist. Es geht also um die Frage, in welchem Verhältnis der inhaltsbezogene Schutz, der in aller Regel durch die Pressefreiheit nach Art. 5 Abs. 1 S. 2 GG gewährt wird, zu dem inhaltsfernen Schutz steht, der abhängig vom kommunikationsrechtlichen Schutz der aufgelisteten Webseiten gewährt wird.

Vorrang hätte der inhaltsferne Schutz nur dann, wenn die inhaltsbezogene Tätigkeit in ihrer Wertigkeit hinter der inhaltsfernen Tätigkeit zurücktreten würde, die Tätigkeit der Suchdienste also allein die Webseiten, auf die sie per Hyperlinks verweisen, fördern soll. Bei Suchdiensten wie z.B. Yahoo!, deren Webseite neben der Trefferliste eigene redaktionelle Beiträge enthält, ist dieser Dienst bereits ohne Zusammenspiel mit der inhaltsfernen Tätigkeit Grundlage der Meinungsbildung und würde auch ohne die Trefferliste durch die Pressefreiheit geschützt sein. Aber auch die Suchdienste, die nur durch die Abstracts einen Überblick über Meinungen Dritter sowie über die im WWW enthaltenen Webseiten und deren Inhalte vermitteln, können Grundlage der Meinungsbildung sein. Ein Beispiel für einen meinungsbildenden Überblick ist die Trefferliste zum Suchbegriff „Joschka Fischer" (siehe Abb. 3). Ein weiteres Beispiel für die eigene Berichterstattung durch die Trefferliste sind Trefferlisten, die Fotografien nachweisen (siehe Abb. 4). In den Abstracts finden sich die zum Suchbegriff passenden Fotografien in „thumbnail"-Version. Der presserechtliche inhaltsbezogene Schutz tritt angesichts einer eigenen Funktion im Prozess der Meinungsbildung nicht hinter den inhaltsfernen Schutz zurück.

Aber auch die inhaltsferne Tätigkeit, also der Verweis per Hyperlink auf die verschiedensten Webseiten, ist für die individuelle und öffentliche Meinungsbildung von Bedeutung. Beide Aspekte der Suchdienste, Inhaltsbezug und inhaltsunabhängige Lotsentätigkeit, dienen der Grundlage der Meinungsbildung.

Der Schutz der inhaltsbezogenen und der Schutz der inhaltsfernen Tätigkeit ergänzen sich deshalb. Denn Suchdienste nehmen eine Art Zwitterstellung zwischen der klassischen Presse und dem Presse-Grosso ein. Dementsprechend ist ihr Schutz in Art. 5 Abs. 1 S. 2 GG verankert. Geht es um den Schutz ihrer eigenen Inhalte, ist die Pressefreiheit einschlägig. Geht es um die Funktionsweise, ist dies Teil ihrer Tätigkeit. Da die Tätigkeit der Presse grundsätzlich umfassend geschützt wird, ist auch diese Funktionsweise vom Schutz der Suchdienste durch die Pressefreiheit nach Art. 5 Abs. 1 S. 2 GG geschützt. Sind aber im Einzelfall der Inhalt der Webseiten und der Trefferliste auf den URL und den Einsatz von Hyperlinks reduziert, steht der inhaltsferne Schutz im Vordergrund, der an die Kommunikationsfreiheit der jeweils aufgelisteten Webseite anknüpft. In einem solchen Fall richtet sich der grundrechtliche Schutz nach dem verfassungsrechtlichen Schutz der aufgelisteten Webseiten.

Auch wenn allein die Funktionsweise eingeschränkt werden soll, kann der kommunikationsrechtliche Schutz der aufgelisteten Webseite dominieren, wenn z.B. ein Verbot ausgesprochen würde, bestimmte Rundfunkmedien oder Pressemedien nicht mehr aufzulisten. Ob im Ergebnis die Pressefreiheit oder die Rundfunkfreiheit dominiert, hängt vom Einzelfall ab. Bei den Erscheinungsformen vieler heutiger Suchdienste ist jedoch die Pressefreiheit einschlägig, da durch sie der Schwerpunkt der Tätigkeit mit Inhaltsbezug, deren Ergebnis die Trefferliste mit den Abstracts ist, geschützt wird. Auf der Pressefreiheit soll deshalb der Schwerpunkt der weiteren Untersuchung liegen.

3. Ergebnis

Die Webseite eines Suchdienstes ist ein Presseprodukt, der Suchdienst ein Pressemedium, der Betreiber eines Suchdienstes ein Presseunternehmen. Entscheidend dafür, Suchdienste der Pressefreiheit zuzuordnen, ist zum einen der Umstand, dass sie Teil der Massenkommunikation sind, zum anderen, dass sie bei einer funktionalen Betrachtung der Presse zuzuordnen sind. Die Tätigkeit von Suchdiensten unterfällt damit dem Schutz der Pressefreiheit gemäß Art. 5 Abs. 1 S. 2 GG.

D. Inhalt der Pressefreiheit

Suchdienste werden, wie im vorhergehenden Abschnitt ermittelt wurde, vorrangig durch die Pressefreiheit geschützt. Für den verfassungsrechtlichen Schutz der Suchdienste steht die objektiv-rechtliche Komponente der Pressefreiheit im Vordergrund (I.), der Schutz wird den Beteiligten umfassend (II.) und unabhängig vom Inhalt der Webseite eines Suchdienstes gewährt (III.). Bestimmte Schranken begrenzen allerdings auch die Freiheit von Suchdiensten (IV.).

I. Abwehrrecht und objektiv-rechtlicher Gehalt

Die Pressefreiheit hat zwei Schutzrichtungen: Zum einen ist sie ein klassisches Abwehrrecht, zum anderen enthält sie eine objektiv-rechtliche Komponente. Das Abwehrrecht gewährt dem Einzelnen ein subjektives öffentliches Individualrecht gegen den Staat, der hoheitliche Eingriffe in den Schutzbereich der Pressefreiheit unterlassen muss.[237]

Im Vordergrund der Untersuchung steht der objektiv-rechtliche Gehalt der Pressefreiheit. Unabhängig von den subjektiven Rechten Einzelner ist der Staat verpflichtet, in seiner Rechtsordnung der Pressefreiheit Rechnung zu tragen, wenn der Geltungsbereich einer Norm die Presse berührt.[238] Denn mit den Grundrechten hat das Grundgesetz auch eine objektive Werteordnung geschaffen, die eine verfassungsrechtliche Grundentscheidung für alle Bereiche des Rechts trifft.[239] Die Grundrechte beeinflussen deshalb nicht nur die Rechtsbeziehungen des Bürgers zur öffentlichen Gewalt, sondern auch Rechtsbeziehungen von Privatpersonen, indem Gesetzgeber, Gerichte und andere Rechtsanwender an die Grundrechte bei der Setzung, Auslegung und Anwendung der einfachen Gesetze gebunden sind.[240]

Bei der wettbewerbs- und urheberrechtlichen Haftung geht es nicht um die Beziehung der Suchdienste zum Staat wegen hoheitlicher Eingriffe, sondern um die Beziehungen der Suchdienste zu anderen Privatpersonen. Hierfür ist der Schutz der Suchdienste durch die Pressefreiheit im Sinne ihrer objektiv-rechtlichen Bedeutung relevant. Alle Bestimmungen, die die Tätigkeit von Suchdiensten beschränken, sind an der Pressefreiheit als objektiver Grundsatznorm zu messen. Es geht deshalb im Folgenden um das Verhältnis der wettbewerbsrechtlichen und urheberrechtlichen Haftungstatbestände zum verfassungsrechtlichen Schutz der Suchdienste als Presseerzeugnis.

---

237) Schulze-Fielitz in Dreier GG Art. 5 Abs. 1, 2 Rdnr. 92.
238) BVerfGE 20, S. 162, 175.
239) BVerfGE 7, S. 198, 205 – *Lüth*.
240) Hesse in Hdb. des VerfR., § 5 Rdnr. 22; BVerfGE 7, S. 198, 205 – *Lüth*.

II. Umfassender Schutz der Presse

1. Gründung und Gestaltungsfreiheit

Der Geltungsbereich der Pressefreiheit ist immer dann berührt, wenn es um die institutionelle Eigenständigkeit der Presse, d.h. wenn es um die im Pressewesen tätigen Personen in Ausübung ihrer Funktion, um die Presseerzeugnisse selbst, um die institutionell-organisatorischen Voraussetzungen und Rahmenbedingungen sowie um die Institution einer freien Presse überhaupt geht.[241]

Von der Pressefreiheit wird die Pressetätigkeit also umfassend geschützt. Die Freiheit der Gründung und Gestaltung von Presseerzeugnissen steht im Mittelpunkt des Schutzes der Pressefreiheit.[242] Dabei wird die Gestaltungsfreiheit „sowohl in inhaltlicher als auch in formaler Hinsicht gewährleistet. Zur inhaltlichen Gestaltungsfreiheit gehört die Bestimmung, welche Themen behandelt und welche Beiträge in eine Ausgabe aufgenommen werden sollen. Zur formalen Gestaltungsfreiheit gehört die Entscheidung über die äußere Darbietung der Beiträge sowie ihre Platzierung innerhalb der Ausgabe."[243]

Die Pressefreiheit bezieht sich also auch auf die inhaltliche Gestaltung eines Presseprodukts. Steht allerdings die Zulässigkeit einer bestimmten einzelnen Meinungsäußerung in Frage, so ist in der Regel die Frage der Zulässigkeit nicht im Rahmen der Pressefreiheit gemäß Art. 5 Abs. 1 S. 1 GG, sondern unter dem Aspekt der Meinungsfreiheit gemäß Art. 5 Abs. 1 S. 2 GG zu beantworten.[244] Die Pressefreiheit kann hinzutreten und den Schutz durch die Meinungsfreiheit ergänzen, wenn ein Presseorgan eine Meinungsäußerung eines Dritten veröffentlicht.[245] Das Presseunternehmen kann sich dann im Rahmen einer gerichtlichen Auseinandersetzung auf die Meinungsfreiheit des Dritten berufen.[246]

Die wettbewerbsrechtlichen und urheberrechtlichen Bestimmungen können die Pressefreiheit von Suchdiensten berühren. Die Haftungsnormen des Wettbewerbs- und Urheberrechts, aufgrund derer die Betreiber von Suchdiensten gerichtlich in Anspruch genommen werden können, wirken sich auf die Inhalte, die Gestaltung und die Herstellungsbedingungen aus. Die durch die Pressefreiheit geschützten Suchdienste werden gezwungen, die Ausübung ihrer Tätigkeit einzuschränken, und die Organisation ihrer Tätigkeit auf diese Bestimmungen auszurichten, um einer etwaigen Haftung zu entgehen.

---

241) BVerfGE 85, S. 1, 12 f.; 86, S. 122, 128 und s.o. S. 42.
242) BVerfG NJW 1998, S. 1381, 1382; BVerfGE 29, S. 162, 175 f.; BVerfGE 95, S. 28, 35 f.
243) BVerfG NJW 1998, S. 1381, 1382.
244) Siehe dazu oben S. 42.
245) BVerfG WRP 2001, S. 129, 133 – *Benetton*.
246) BVerfG, a.a.O., Fn. 245.

Die Bestimmungen des UWG können sich auch gegen eine bestimmte Meinungsäußerung richten, z.B. gemäß § 1 UWG bei pauschal herabsetzenden Bemerkungen über einen Konkurrenten. Die Untersuchung hat jedoch gerade die Fallkonstellationen zum Gegenstand, in denen die Eingriffe in die Tätigkeit der Suchdienste unabhängig von einer durch sie geäußerten oder vermittelten Meinung sind. Vielmehr geht es häufig darum, inwieweit Suchdiensten im Rahmen der wettbewerbsrechtlichen Bestimmungen Prüfungspflichten auferlegt werden können, um ihre Mitwirkung an Wettbewerbsverstößen Dritter auszuschließen, unabhängig davon, ob und welche Meinungsäußerung einen Wettbewerbsverstoß begründet hat. Es geht also um die organisatorisch-institutionellen Voraussetzungen und Rahmenbedingungen für Suchdienste.

Gleiches gilt für die urheberrechtlichen Haftungsbestimmungen. Die Frage, in welchem Umfang nach den Vorgaben des Urheberrechts von Suchdiensten z.B. Textinhalte aus anderen Webseiten übernommen werden dürfen, ist von den im Rahmen des Textes geäußerten Meinungen unabhängig. Ist die Übernahme nach dem UrhG unzulässig, wirkt sich dies aber gerade auf die inhaltliche Gestaltung der Webseiten von Suchdiensten aus, die Teil der durch die Pressefreiheit geschützten Tätigkeit ist.

2. Schutz der publizistischen Vorbereitungstätigkeit

Die Pressefreiheit schützt die Tätigkeit der Presse „von der Beschaffung der Information bis zur Verbreitung der Nachricht und Meinung"[247]. Dabei ist gerade die Beschaffung von Informationen als publizistische Vorbereitungstätigkeit von besonderer Bedeutung.[248]

Soweit Informationen allgemein zugänglich sind, kann bereits das Beschaffen von Informationen in den Schutzbereich der Informationsfreiheit fallen. Wird ein Sachverhalt von der Presse- und Informationsfreiheit erfasst, verstärkt die Pressefreiheit die Informationsfreiheit.[249] Die Schutzrichtung der beiden Freiheitsrechte unterscheidet sich aber insofern, als die Informationsfreiheit allein den Empfänger einer Information schützt, die Pressefreiheit hingegen den Äußernden.[250] Im Gegensatz zur Pressefreiheit ist die Informationsfreiheit „nicht das Recht, einen anderen zu informieren, sondern das Recht, sich selbst zu informieren"[251].

Der Kommunikationsprozess der Suchdienste durchläuft von der Informationsgewinnung bis zur Inanspruchnahme der Information durch den Nutzer vier Stufen. Der Schutz der Tätigkeit von Suchdiensten durch die Pressefreiheit

---

247) BVerfGE 10, S. 118, 121; 20, S. 162, 176; 50, S. 234, 240.
248) BVerfGE 50, S. 234, 240; 91, S. 125, 134.
249) Degenhart in Bonner Kommentar, Art. 5 Abs. 1 und 2 Rdnr. 420.
250) Vgl. Degenhart in Bonner Kommentar, Art. 5 Abs. 1 und 2 Rdnr. 36; ebenso Schulze-Fielitz in Art. 5 Abs. 1, 2 Rdnr. 240.
251) Herzog in Maunz/Dürig, Art. 5 Abs. 1, 2 Rdnr. 81.

nach Art. 5 Abs. 1 S. 2 GG und durch die Informationsfreiheit nach Art. 5 Abs. 1 S. 1 GG ist deshalb für jede der vier Tätigkeitsstufen abzugrenzen.[252]

Die erste Stufe im Prozess der Informationsgewinnung und –vermittlung ist das Sichten von Webseiten durch die Suchdienste. Dabei können drei unterschiedlich zugängliche Webseiten unterschieden werden. Es gibt Webseiten, deren gesamter Inhalt von jedermann gelesen werden kann. Es gibt aber auch Webseiten mit Zugangsschranken, die nur bestimmten Nutzern etwa nach Eingabe eines Passwortes offen stehen. Dazwischen stehen Webseiten, die im Rahmen des Formatierungsbefehls „robots.txt" oder im Rahmen des Meta-Tags den Besuch der Suchsoftware von Suchmaschinen und die nachfolgende Indexierung ausschließen.[253] Der Zugang zu diesen Webseiten steht dem einzelnen Nutzer offen, aber die Aufnahme der Webseiten in die Trefferlisten und damit auch in die Datenbank von Suchdiensten wird von den Inhabern der Webseiten untersagt. Dieser Ausschluss funktioniert technisch durch eine entsprechende Programmierung der Suchsoftware, die aufgrund eines freiwilligen Verhaltenskodexes den Inhalt des Formatierungsbefehls „robots.txt" berücksichtigt; je nach Programmierung kann dieser Zusatz aber von der Suchsoftware auch ignoriert werden.[254]

Diese erste Stufe des Sichtens ist als erster Teil der Informationsbeschaffung zu klassifizieren. Der Suchdienst greift in diesem Moment auf Informationen anderer Webseiten zu. Bei allgemein zugänglichen Webseiten ist das Sichten derselben Webseiten durch den einzelnen Nutzer durch die Informationsfreiheit, das Sichten durch Suchdienste als Presseunternehmen sowohl durch die Informationsfreiheit als auch durch die Pressefreiheit geschützt.

Allgemein zugänglich sind Informationsquellen dann, wenn sie geeignet und bestimmt sind, der Allgemeinheit, also einem individuell nicht bestimmbaren Personenkreis, Informationen zu verschaffen.[255] Ob eine Informationsquelle in diesem Sinne geeignet ist, richtet sich nach den tatsächlichen Gegebenheiten.[256] Die Bestimmung einer Informationsquelle für die Allgemeinheit lässt sich an der Art der Adressierung ablesen.[257] Bei für jedermann abrufbaren Web-

---

252) Für diejenigen, die wie Bullinger, AfP 1996, S. 4, Kleinke, S.62 davon ausgehen, dass es sich bei den Abrufdiensten im Internet oder bei den Diensten im Internet, so Determann, nicht um eine Form der Massenkommunikation, sondern der Individualkommunikation handelt, stellt sich diese Frage i.d.R. nicht, da die Pressefreiheit als Massenkommunikationsfreiheit nicht in Betracht kommt; im Ergebnis anders allerdings Kleinke, S. 64.

253) Siehe zu den Ausschlussmöglichkeiten: The Robots Exclusion Standard Page, http://info.webcrawler.com/mak/projects/robots/exclusion.html/ , abgerufen am 24.03.00; Stross, S. 226f.

254) Seltzer/Ray, S.98.

255) BVerfGE 90, S. 27, 32; ebenso BVerfGE 27, S. 71, 83; 33, S. 52, 32.

256) BVerfGE 90, S. 27, 32; ebenso Schulze-Fielitz in Dreier, GG, Art. 5 Abs.1, 2 Rdnr. 58.

257) Lerche, Jura 1995, S. 565.

seiten ohne Zugangsschranken im Internet handelt es sich deswegen um allgemein zugängliche Informationsquellen.[258]

Webseiten mit Zugangsschranken sind hingegen faktisch nicht geeignet, einem individuell unbestimmbaren Personenkreis Informationen zu verschaffen. Nur bestimmte Personen, denen z.B. ein Passwort genannt wurde, können die Webseite besuchen. Bei diesen Webseiten handelt es sich nicht um allgemein zugängliche Informationsquellen; die Informationsfreiheit ist daher nicht einschlägig. Auch die Pressefreiheit gewährt keinen Schutz, wenn – nicht allgemein zugängliche – Informationen rechtswidrig bzw. gegen den Willen des Informationsinhabers beschafft werden.[259] Webseiten mit dem Formatierungsbefehl „robots.txt", in dem der Besuch der Suchsoftware ausgeschlossen wird, sind allerdings für einen individuell unbestimmbaren Personenkreis zugänglich. Dieser individuelle Ausschluss der Suchsoftware hebt nicht ihre im Übrigen gegebene Allgemeinzugänglichkeit auf. Relevant ist dieser Ausschluss insbesondere für die urheberrechtliche Haftung, auf die im Einzelnen im Kapitel H eingegangen wird. Hier kann es relevant sein, ob Suchdienste den Ausschluss der Suchsoftware im Formatierungsbefehl „robots.txt" aus Gründen der Informations- und Pressefreiheit ignorieren dürfen.[260]

Die zweite Stufe des Kommunikationsprozesses ist dann die Übernahme von Informationen bzw. Daten in die Datenbank. Sie ist ebenfalls Teil der Informationsbeschaffung und ist der Verbreitung von Nachrichten und Meinungen unmittelbar vorgelagert.

Das Zusammenstellen und Übermitteln der Trefferliste an den Nutzer dient der Verbreitung von Informationen und bildet die dritte Stufe. Diese Tätigkeiten sind allein der Pressefreiheit zuzuordnen, da hier die Information anderer durch den Suchdienst im Vordergrund steht.

Auf der vierten Stufe steht das Lesen von Informationen durch den Nutzer. Hier ist wiederum die Informationsfreiheit und nicht die Pressefreiheit einschlägig, da es nicht um die Freiheit des Betreibers eines Suchdienstes geht, andere zu informieren, sondern um die Freiheit des Nutzers, *sich* zu informieren. Dieser Blickwinkel ist in der Literatur bereits eingenommen, um urheberrechtliche Problemstellungen zu beurteilen.[261] Auch ist untersucht worden, ob die Informationsfreiheit der Nutzer auf die zweite und dritte Stufe bei der Information durch elektronische Datenbanken durchschlägt.[262] Dieser Ansatz wird hier ausdrücklich nicht verfolgt. Gegenstand dieser Untersuchung ist allein die

---

258) Vgl. Degenhart in Bonner Kommentar Art. 5 Abs. 1, 2 Rdnr. 324; Mecklenburg, ZUM 1997, S. 525, 536.

259) BVerfGE 66, S. 116, 137 f.; Jarass in Jarass/Pieroth, Art. 5 Rdnr. 27.

260) Siehe dazu unten S. 230 ff.

261) Grundlegend Löffler, NJW 1980, S. 201 ff.

262) Siehe Kleinke, dort insbesondere S. 52 ff; Leßmann, Datenbanken-Zugang zu urheberrechtlich geschütztem Material in der Informationsgesellschaft.

Beurteilung des Wettbewerbsrechts und des Urheberrechts vor dem Hintergrund der Pressefreiheit in den für die Pressefreiheit relevanten Sachverhalten.

3. Träger des Grundrechts der Pressefreiheit

Sobald Personen und Unternehmen in enger organisatorischer Bindung zu den durch die Pressefreiheit geschützten Tätigkeiten stehen, sind sie Träger des Grundrechts.[263] Die Betreiber und die Mitarbeiter von Suchdiensten sowie die Programmierer der Suchsoftware bei Suchmaschinen oder die Redakteure bei Verzeichnissen sind von der Pressefreiheit geschützt.

4. Suchdienste auf ausländischen Servern

Suchdienste, die in Deutschland genutzt werden, sind wie viele andere On-line-Dienste häufig auf Servern gespeichert, die im Ausland lokalisiert sind. Es stellt sich deswegen die Frage, ob solche Suchdienste ebenfalls von der Pressefreiheit erfasst sind. Für die Beantwortung dieser Frage ist auf den der Pressefreiheit eigenen Maßstab und den spezifischen Sinngehalt abzustellen.[264] Der spezifische Sinngehalt der Presse ist wie der des Rundfunks und des Films in ihrer Rolle im Prozess der freien individuellen und öffentlichen Meinungsbildung begründet.[265] Ob Suchdienste mit Lokalisierung im Ausland der Pressefreiheit unterfallen, ist deswegen ebenfalls im Rahmen einer funktionalen Betrachtungsweise zu beurteilen.

Sind Suchdienste auf ausländischen Servern gespeichert, sind sie in Deutschland ebenso leicht abrufbar wie überall auf der Welt. Das unterscheidet Suchdienste etwa vom reinen Auslandsfunk, der nur der Versorgung des Auslands dient.[266] Deswegen können diese auf ausländischen Servern vorgehaltenen Suchdienste ebenso wie auf deutschen Servern gespeicherte Suchdienste Bestandteile des freien individuellen und öffentlichen Meinungsbildungsprozesses sein. Suchdienste fallen deswegen in den Schutzbereich der Pressefreiheit unabhängig von ihrer Lokalisierung.

Man könnte allenfalls an einen Ausschluss von solchen Suchdiensten denken, die nicht in europäischen Sprachen verfasst sind. Ein in japanischer Schrift verfasster Suchdienst wird nur von einer verschwindend kleinen Minderheit in Deutschland verstanden. Dennoch kann auch dieser Suchdienst zur Meinungsbildung beitragen. Auch bei inländischer Presse kommt es nur darauf an, dass sie an eine unbestimmte Vielzahl von Personen gerichtet ist, auf die tat-

---

263) BVerfGE 77, S. 346, 354; Jarass in Jarass/Pieroth, GG, Art. 5 Rdnr. 28.

264) Vgl. Gersdorf in Becker, Rechtsprobleme internationaler Datennetze, S. 95; BVerfGE 31, S. 58, 77; BVerfGE 6, S. 32, 44; Cremer, ZUM 1995, S. 678; allgemein Schröder in FS für Schlochauer, S. 144, 146.

265) Vgl. Gersdorf in Becker, Rechtsprobleme internationaler Datennetze, S. 95 zur Rundfunkfreiheit.

266) Vgl. Gersdorf in Becker, Rechtsprobleme internationaler Datennetze, S. 95 f.

sächliche Verbreitung kommt es nicht an. Deswegen ist auch in solchen Ausnahmefällen ein Schutz durch die Pressefreiheit zu bejahen.

III. Inhaltsneutraler Schutz der Presseprodukte

Von der Pressefreiheit werden alle Erscheinungsformen von Verlautbarungen geschützt, unabhängig von der Wertigkeit, Seriosität und Vernünftigkeit des Presseprodukts.[267] In den Schutzbereich fällt das Verbreiten von Nachrichten ebenso wie das Verbreiten von Meinungen.[268] Denn nicht nur Meinungen, sondern auch Nachrichten bilden die Grundlage der Meinungsbildung. Neben der Meinungsverbreitung ist deshalb auch die reine Tatsacheninformation Teil der durch die Pressefreiheit geschützten Berichterstattung.[269]

Auf den Webseiten von Suchdiensten finden sich eigene redaktionelle Beiträge zu aktuellen Themen, die Trefferliste mit Hyperlinks und Abstracts zu Webseiten Dritter sowie elektronische Werbeanzeigen, z.B. Werbebanner. Wenn Suchdienste eigene redaktionelle Beiträge auf ihren Webseiten veröffentlichen, entsprechen diese Beiträge Zeitungsartikeln. Als klassische Verbreitung von Meinung und Tatsacheninformationen sind diese Inhalte von der Pressefreiheit geschützt. In der Trefferliste verbreiten Suchdienste keine eigenen Meinungen. Eine Bewertung der Webseiten wird allein durch die Auswahlkriterien vorgenommen. Bei Suchmaschinen wird diese Bewertung bei der Programmierung der Suchsoftware vorgenommen. So werden etwa nur bestimmte Server berücksichtigt. Nur die dort gespeicherten Webseiten werden dann zitiert.

Die Inhalte der aufgelisteten Webseiten und damit auch die Inhalte der Kurzkommentare und der URL-Verweise im Rahmen einer Suchliste sind sehr unterschiedlich und vielfältig. Neben Webseiten, die allein Werbung enthalten, werden zu einem bestimmten Suchbegriff auch rein informative Webseiten aufgelistet. Häufig geben schon die Kurzkommentare einen Eindruck über die auf Webseiten erhältlichen Informationen und Meinungen zu einem Thema. Die Kurzkommentare haben so je nach dem Inhalt der aufgelisteten Webseite einen werbenden Charakter oder sie informieren, wenn etwa Webseiten mit Nachrichteninhalten zitiert werden, durch den Kurzkommentar grob über aktuelle oder weniger aktuelle Geschehnisse. Der Informationsgehalt der Trefferliste ist größer, wenn bei der Suche nach Textinhalten eine Kurzinformation anhand eines Abstracts gegeben wird oder bei der Suche nach Fotografien diese abgebildet werden. Er ist kleiner, wenn Musik oder Multimediaprodukte gesucht werden, da dann grundsätzlich nur der URL genannt wird.

---

267) Bethge in Sachs, GG, Art. 5 Rdnr. 69; Wendt in v. Münch/Kunig, GG, Art.5 Rdnr. 31.
268) Siehe BVerfGE 21, S. 229, 278 f.;
269) Schulze-Fielitz in Dreier, GG, Art. 5 Rdnr. 72.

Werden Webseiten mit aktuellen Tagesmeldungen aufgelistet, entspricht der Informationsgehalt dem Gehalt von Tatsacheninformationen. Es wird über aktuelle Entwicklungen informiert, ohne dass der Suchdienst selbst Stellung nimmt. Diese Information ist auch mit Kurzmeldungen von Tageszeitungen vergleichbar. Dieser Inhalt von Webseiten ist Teil der durch Art. 5 Abs. 1 S. 2 GG geschützten Berichterstattung.

Wird auf kommerzielle Webseiten verwiesen, hat der Eintrag in die Trefferliste einen Anzeigen vergleichbaren Informations- und Werbeeffekt, indem der Eintrag in der Trefferliste dem eingetragenen Webseiteninhaber einen größeren Bekanntheitsgrad verschafft. Internettypische Werbeformen wie Werbebanner haben nicht nur einen vergleichbaren Informations- und Werbeeffekt, sondern entsprechen den Werbeanzeigen in klassischen Presseprodukten. Wenn auch darüber Einigkeit besteht, dass der Schutz von Presseprodukten unabhängig vom Inhalt ist, wird bei reinen Anzeigenblättern ein alleiniger Schutz durch Art. 12 Abs. 1 GG für möglich gehalten.[270] Bei Suchdiensten, die nur auf kommerzielle Webseiten verweisen, könnte deshalb ein Schutz durch die Pressefreiheit fraglich sein.

Nach richtiger und überwiegender Ansicht[271] sind jedoch reine Anzeigenblätter ebenfalls von der Pressefreiheit geschützt. Selbst die Suchdienste, die in ihrer Trefferliste ausschließlich kommerzielle Webseiten auflisten, fallen also in den Schutzbereich der Pressefreiheit. Anzeigen als Teil eines Presseorgans fallen in den Schutz der Pressefreiheit, wenn sie einen wertenden meinungsbildenden Inhalt haben.[272] Außerdem wird durch den Anzeigenteil eine Kommunikationsaufgabe der Pressefreiheit erfüllt.[273] Schließlich dient der Anzeigenteil zur Erhaltung der wirtschaftlichen Grundlage von Presseunternehmen und garantiert auf diese Art die Unabhängigkeit der Presse.[274] Ohne das Anzeigengeschäft wäre eine freie unabhängige Presse nicht möglich.[275]

Der Schutz von reinen Anzeigenblättern beruht allerdings nicht darauf, dass mit Hilfe der Anzeigen ein redaktioneller Teil finanziert wird. An diesem fehlt es ja gerade bei einem reinen Anzeigenblatt. Aber der Anzeigenteil eines Presseprodukts ist nicht nur wegen der Finanzierung eines redaktionellen Teils schützenswert, sondern eben gerade als Medium, um Meinungsäußerungen Dritter und Tatsacheninformationen zu verbreiten. Denn wenn auch in den

---

270) Bethge in Sachs, GG, Art. 5 Rdnr. 85.

271) Wendt in v. Münch/Kunig, GG, Art. 5 Rdnr. 32; Schulze-Fielitz in Dreier, GG, Art. 5 Abs.1, 2 Rdnr. 72; BGHZ 116, S. 47, 54; OLG Köln NJW 1984, S. 1121; Jarass in Jarass/Pieroth, GG, Art. 5 Rdnr.26; Bullinger in Löffler, § 142 Rdnr.16; Ahrens in Gloy, § 58 Rdnr. 20; Kloepfer, S. 47.

272) BVerfG WRP 2001, S. 129, 133 – *Benetton*; BVerfGE 21, S. 229, 279.

273) BVerfGE 64, S. 108, 114 – *Anzeigenaufnahme.*

274) BVerfGE 64, S. 108, 114 – *Anzeigenaufnahme.*

275) Siehe Löffler in Löffler, Presserecht, Anz BT Rdnr. 6.

Anzeigen keine Meinung geäußert wird, können die Anzeigen Grundlage der Meinungsbildung sein. Die Presse berichtet auch über Tatsachen und Nachrichten ohne eigene Stellungnahme; auch Anzeigen sind solche Nachrichten.[276] Aus diesem Grunde sieht das Bundesverfassungsgericht Anzeigen vom Schutzbereich der Pressefreiheit erfasst und führt aus:

> „Außerdem ist der Anzeigenteil allgemein geeignet, die Anliegen der inserierenden Stellen zu offenbaren, und lässt daher einen gewissen Schluss auf die kulturelle, politische und wirtschaftliche Lage im Bereich des Verbreitungsgebietes der Zeitung zu. Diese Möglichkeit sucht gerade ein der Pressefreiheit abgeneigter Staat zu behindern, indem er auch den Anzeigenteil kontrolliert."[277]

Anzeigen in einem reinen Anzeigenblatt können in gleicher Weise wie die Anzeigen im Anzeigenteil einer Tageszeitung Grundlage der Meinungsbildung sein, so dass auch diese unter den Schutz der Pressefreiheit fallen.

Häufig enthalten Anzeigen darüber hinaus eine Stellungnahme und sind nicht nur Grundlage einer Beurteilung der kulturellen, politischen und wirtschaftlichen Lage. Denn Wirtschaftswerbung vermittelt häufig ein bestimmtes Lebensgefühl; ein zwingender Zusammenhang mit dem Produkt besteht dabei häufig nicht. Beim Rundfunk mag diese Botschaft noch deutlicher zum Vorschein kommen. Wirtschaftswerbung stellt sich deshalb beim Rundfunk als Bestandteil eines auf Vielfalt aller kulturellen, wirtschaftlichen und ökonomischen Erscheinungsformen angelegten Programms dar.[278]

Gerade in den letzten Jahren zeigte jedoch die Benetton-Werbung, dass auch mit Inseraten in Presseorganen durch ein Wirtschaftsunternehmen nicht nur ein Lebensgefühl vermittelt wird, sondern explizit Stellung zu sozialen, kulturellen und politischen Themen bezogen werden kann. Kommerzielle Meinungsäußerungen fallen in den Schutzbereich der Meinungsfreiheit, soweit in der Werbung – bei der Benetton-Werbung auf einem Bild – eine Ansicht, ein Werturteil oder eine besondere Weltanschauung zum Ausdruck kommt.[279] Werden diese Meinungsäußerungen der Wirtschaftsunternehmen in einem Presseorgan veröffentlicht, wird diese Veröffentlichung durch die Pressefreiheit geschützt.[280] Auch aus diesem Grunde fallen auch reine Anzeigenblätter in den Schutz der Pressefreiheit.

Werden in den Abstracts von Suchdiensten Meinungsäußerungen der aufgelisteten Webseite übernommen, ergibt sich der Schutz aus diesem Transport der Meinung. Aber auch, wenn nicht Meinungen, sondern nur ein kurzer, keine Wertung enthaltender Auszug aus einer Webseite übernommen wird, gibt die

---

276) BVerfGE 21, S. 229, 278 f.; vgl. Wendt in v. Münch/Kunig, GG, Art. 5 Rdnr. 31 f.; Löffler in Löffler, Presserecht, Anz BT Rdnr. 5.
277) BVerfGE 21, 229, 279.
278) Ladeur, ZUM 1987, S. 494.
279) Vgl. BVerfG WRP 2001, S. 129, 133 – *Benetton.*
280) Siehe BVerfG a.a.O., Fn. 279.

Trefferliste Aufschluss über die kulturelle, soziale und wirtschaftliche Lage im Bereich der vom Suchdienst berücksichtigten Webseiten. Zum Teil entsprechen die Einträge in der Trefferliste in ihrem Informationsgehalt Kurzmeldungen oder unkommentierten Informationen, z.B. über Aktienkurse. Trotz des werbenden Effekts sind sie von der Pressefreiheit geschützte Nachrichten. Bei den „elektronischen Anzeigen“ wie z.B. Werbebannern kommt außerdem die Finanzierung hinzu, die eine unabhängige und durch große Speicherkapazitäten möglichst umfassende Berücksichtigung der Webseiten im WWW garantiert.

Es kommt deshalb nicht darauf an, ob durch die zitierten Webseiten Meinungen vertreten werden und diese im Abstract zu sehen sind. Vielmehr genügt es, wenn dem Abstract eine irgendwie geartete Nachricht und Tatsacheninformation zu entnehmen ist bzw. eine solche in der Gesamtschau der Trefferliste gegeben wird. Ein Schutz ist unabhängig von den Inhalten auch dann gegeben, wenn sich auf den Webseiten des Suchdienstes redaktionelle Beiträge finden; denn der Schutz der Pressefreiheit erstreckt sich regelmäßig auf das gesamte Presseprodukt.

Der verfassungsrechtliche Schutz durch die Pressefreiheit, der unmittelbar an die Webseiten des Suchdienstes anknüpft, kann danach nur entfallen, wenn der Inhalt nicht Grundlage der Meinungsbildung sein kann, insbesondere wenn, wie bei reinen Musiksuchdiensten, nur der URL genannt wird. Dann kann der Schutz allein aus dem Maklergedanken des Presse-Grossos folgen, da in den Musikstücken meinungsbildende Elemente enthalten sein können. Ein Schutz durch die Pressefreiheit ist jedoch bei solchen Musiksuchdiensten nicht gegeben; in Frage kommt aber ein Schutz durch die Rundfunkfreiheit, auf die in dieser Untersuchung jedoch nicht näher eingegangen werden soll.

IV. Schranken

Die Pressefreiheit gilt nicht unbeschränkt, sondern wird durch die in Art. 5 Abs. 2 GG genannten allgemeinen Gesetze und die gesetzlichen Bestimmungen zum Schutze der Jugend und der persönlichen Ehre begrenzt. Zudem können verfassungsimmanente Schranken die Kommunikationsgrundrechte des Art. 5 Abs. 1 GG begrenzen.

UrhG und UWG sind allgemeine die Pressefreiheit beschränkende Gesetze,[281] die hier von besonderer Bedeutung sind. Denn wie bereits eingangs dargestellt, ist die Ausübung der Tätigkeit von Suchdiensten mit Haftungsrisiken aufgrund des Urheberrechts und des Wettbewerbsrechts konfrontiert, die bereits zu einer Vielzahl von Rechtsstreitigkeiten geführt haben. Nach der ständigen Rechtsprechung des Bundesverfassungsgerichts sind allgemeine Gesetze solche,

> „„die nicht eine Meinung als solche verbieten, die sich nicht gegen die Äußerung der Meinung als solche richten“, die vielmehr „dem Schutze eines schlechthin, ohne

---

281) BVerfG WRP 2001, S. 129, 134 - *Benetton*; BVerfGE 62, S. 230, 245; 85, S. 248, 263.

Rücksicht auf eine bestimmte Meinung, zu schützenden Rechtsgutes dienen", dem Schutze eines Gemeinschaftswerts, der gegenüber der Betätigung der Meinungsfreiheit den Vorrang hat"[282].

Die Suchdienste als neue Pressemedien geben daher Anlass, die Verfassungsmäßigkeit der genannten einfachgesetzlichen Haftungsvorschriften zu überprüfen.

V. Schranken-Schranken

Allgemeine Gesetze können die Pressefreiheit nicht unbegrenzt einschränken. Verschiedene Grundsätze (Schranken-Schranken) schränken die Möglichkeit, die Pressefreiheit durch allgemeine Gesetze zu begrenzen, wieder ein.

1. Wechselwirkungstheorie

Die gewichtigste Schranken-Schranke ist die Wechselwirkung der allgemeinen Gesetze mit der Pressefreiheit. Die Wechselwirkungstheorie wurde zunächst mit dem *Lüth-Urteil*[283] zur Meinungsfreiheit entwickelt und erstreckt sich gleichermaßen auf die Schranken der Pressefreiheit.[284]

Das Bundesverfassungsgericht führte aus:

> „Die gegenseitige Beziehung zwischen Grundrecht und „allgemeinem Gesetz" ist also nicht als einseitige Beschränkung der Geltungskraft des Grundrechts durch die „allgemeinen Gesetze" aufzufassen; es findet vielmehr eine Wechselwirkung in dem Sinne statt, dass die „allgemeinen Gesetze" zwar dem Wortlaut nach dem Grundrecht Schranken setzen, ihrerseits aber aus der Erkenntnis der wertsetzenden Bedeutung dieses Grundrechts im freiheitlichen demokratischen Staat ausgelegt und so in ihrer das Grundrecht begrenzenden Wirkung selbst wieder eingeschränkt werden müssen."[285]

Für die Pressefreiheit gilt diese Wechselwirkung in besonderem Maße,

> „da Äußerungen in der Presse in der Regel zur Bildung der öffentlichen Meinung beitragen wollen, also zunächst die Vermutung der Zulässigkeit haben, auch wenn sie die Rechtssphäre anderer berühren"[286].

Aufgrund der objektiv-rechtlichen Schutzrichtung der Pressefreiheit werden allgemeine Gesetze ihrerseits immer im Lichte der Pressefreiheit verfassungskonform ausgelegt. Fallbezogen muss eine Güterabwägung zwischen dem Kommunikationsgrundrecht Pressefreiheit und den Interessen, die mit den allgemeinen Gesetzen verfolgt werden, vorgenommen werden.[287] Zu

---

282) BVerfGE 7, S. 198, 209 f - *Lüth*; BVerfGE 62, S. 230, 243 f; 71, S. 162, 175; Schulze-Fielitz in Dreier, GG, Art. 5 Abs.1, 2 Rdnr. 112.
283) BVerfGE 7, S. 198, 209.
284) BVerfGE 20, S. 162, 177; 50, S. 234, 240 f.
285) BVerfGE 7, S. 198, 208 f - *Lüth*.
286) BVerfGE 20, S. 162, 177.
287) Jarass in Jarass/Pieroth, GG, Art. 5 Rdnr. 57.

diesen allgemeinen und auslegungsfähigen Gesetzen gehören auch Vorschriften des Zivil- und Wirtschaftsrechts,[288] also auch das Urheberrecht und das Wettbewerbsrecht.[289]

2. Differenzierte Verhältnismäßigkeitsprüfung

Bei der Abwägung der verschiedenen Interessen im Rahmen der Verhältnismäßigkeitsprüfung werden vom Bundesverfassungsgericht und von der Literatur die Kommunikationsgrundrechte und damit auch die Pressefreiheit in den verschiedenen Sachzusammenhängen unterschiedlich gewichtet.[290] Es kann darauf ankommen, dass mit einer Äußerung „ein Beitrag zum geistigen Meinungskampf in einer die Öffentlichkeit wesentlich berührenden Frage"[291] geleistet werden soll.

In dieser Weise wurde die Gewichtung der Pressefreiheit vom Bundesverfassungsgericht auch gerade bei Anzeigen vorgenommen. Zwar erkannte das Bundesverfassungsgericht das Chiffregeheimnis an.[292] Eine Beschränkung des Aussagezwangs nach § 70 Abs. 1 StPO sei jedoch beim redaktionellen Teil grundsätzlich anzunehmen, bei Anzeigen nur in Sonderfällen.[293] Denn die Begrenzung des Aussagezwangs beruhe auf der Kontroll- und der meinungsbildenden Funktion der Presse, die grundsätzlich im redaktionellen Teil ausgeübt werde.[294] Wenn jedoch kritische Meinungen zu wirtschaftlichen, politischen, sozialen und kulturellen Problemen geäußert werden, bedürfen Einschränkungen grundsätzlich einer Rechtfertigung durch hinreichend gewichtige Gemeinwohlbelange oder schutzwürdige Rechte und Interessen Dritter.[295]

Bei dieser Abwägung darf jedoch nicht der umfassende Charakter der Pressefreiheit außer Acht gelassen werden. Von der Pressefreiheit geschützt sind nicht nur Meinungen, sondern auch die Verbreitung von Nachrichten.[296] Sind diese Nachrichten ebenfalls für die freie individuelle und öffentliche Meinungsbildung in der Demokratie von Relevanz, so ist eine besondere Rechtfertigung der Einschränkung geboten. Auch eine qualitative Bewertung von Presseäußerungen steht im Widerspruch zur Pressefreiheit.[297]

---

288) Vgl. BVerfGE 7, S. 198, 205 - *Lüth* zur Auslegung des bürgerlichen Rechts.
289) BVerfG WRP 2001, S. 129, 134 – *Benetton*; BVerfGE 62, S. 230, 245; 85, S. 248, 263.
290) Siehe dazu Schulze-Fielitz in Dreier, GG, Art. 5 Abs. 1, 2 Rdnr. 129; vgl. Jarass in Jarass/Pieroth GG Art. 5 Rdnr. 58 f.
291) BVerfGE 7, S. 198, 212 – *Lüth*.
292) BVerfGE 64, S. 108, 115 – *Anzeigenaufnahme*.
293) BVerfGE a.a.O., Fn. 292, 118.
294) BVerfGE a.a.O., Fn. 293.
295) Siehe BVerfG WRP 2001, S. 129, 135 - *Benetton*.
296) Schulze-Fielitz in Dreier, GG, Art. 5 Abs. 1, 2 Rdnr. 72.
297) Siehe Bethge in Sachs, GG, Art. 5 Rdnr. 69; Wendt in v. Münch/Kunig, GG, Art.5 Rdnr. 31

3. Zensurverbot

In Art. 5 Abs. 1 S. 3 GG ist das Zensurverbot normiert. Zensur bedeutet Vorzensur und würde die Verpflichtung mit sich bringen, vor Veröffentlichung eines Presseprodukts dieses zu einer vorherigen Genehmigung einer staatlichen Stelle vorzulegen.[298] Das Zensurverbot ist nur an staatliche Stellen adressiert, nicht an Privatpersonen.[299] Eine Verletzung des Zensurverbots bei Suchdiensten ist nicht bekannt, so dass diese Schranken-Schranke für die Untersuchung von untergeordneter Bedeutung ist.

---

298) Schulze-Fielitz in Dreier, GG, Art. 5 Abs. 1, 2 Rdnr. 139.

299) Schulze-Fielitz in Dreier, GG, Art. 5 Abs. 1, 2 Rdnr. 141

E Die Bedeutung der Pressefreiheit für die Ausgestaltung der wettbewerbs- und urheberrechtlichen Haftung der traditionellen Presse

I. Die wettbewerbsrechtliche Haftung

1. Einführung

Die Pressehaftung im Wettbewerbsrecht richtet sich nach den Bestimmungen, die den Wettbewerb im geschäftlichen Verkehr regeln, insbesondere nach dem UWG. Die Haftung der traditionellen Presse, also der Presse in off-line-Sachverhalten, wird durch rechtswidrige und unrichtige Mitteilungen im redaktionellen Teil und im Anzeigenteil ausgelöst.[300] Auch für Suchdienste wird die Haftung durch Mitteilungen auf ihren Webseiten begründet. Die Haftung für den redaktionellen Teil ist deshalb für die Suchdienste relevant, die eigene Beiträge auf ihren Webseiten veröffentlichen, sowie für die Abstracts von Verzeichnissen, die durch die Redaktion der Verzeichnisse verfasst werden. Die Rechtsprechung zur Haftung für den Anzeigenteil in off-line-Sachverhalten ist hingegen für Suchmaschinen interessant, die in den Abstracts Auszüge aus Webseiten Dritter übernehmen, und für die Werbung von Suchdiensten, die den klassischen Werbeanzeigen entspricht. Die Haftung für den redaktionellen und den Anzeigenteil in klassischen Presseorganen wird deshalb im Folgenden als Ausgangspunkt einer vergleichenden Betrachtung der Haftungssituation von Suchdiensten dargestellt.

2. Rechtsgrundlagen

Zu den praktisch relevantesten Bestimmungen, die den Wettbewerb im geschäftlichen Verkehr regeln, gehören § 1 UWG, der sich gegen den unlauteren Wettbewerb richtet, und § 3 UWG, der sich gegen irreführende Werbung richtet. Daneben treten die Sondertatbestände des Wettbewerbsrechts. Das Hauptaugenmerk der Untersuchung liegt jedoch auf den §§ 1, 3 UWG, da schon anhand dieser Bestimmungen die Grundsätze zur Pressehaftung im Wettbewerbsrecht aufgezeigt werden können. § 1 UWG gewährt einen Anspruch auf Unterlassung und auf Schadensersatz. § 3 UWG gewährt einen Unterlassungsanspruch, im Zusammenhang mit § 13 Abs. 6 Nr. 1 UWG auch einen Schadensersatzanspruch. Ein Verschulden gemäß § 276 BGB ist auch bei den wettbewerbsrechtlichen Schadensersatzansprüchen erforderlich. Für die Presse ist die besondere Haftung für irreführende Werbeangaben gemäß § 13 Abs. 6 Nr. 1 UWG allerdings auf Vorsatz beschränkt.[301]

Voraussetzung der wettbewerbsrechtlichen Haftung ist gemäß §§ 1, 3 UWG zum einen ein Handeln im geschäftlichen Verkehr. In aller Regel nimmt

---

300) Vgl. Baumbach/Hefermehl UWG Einl. Rdnr. 331.
301) Baumbach/Hefermehl, UWG, Einl. Rdnr. 331.

die Presse durch ihre Tätigkeit am geschäftlichen Verkehr teil. Geschäftlicher Verkehr ist „jede Tätigkeit, die irgendwie der Förderung eines beliebigen Geschäftszweckes dient, der auch ein fremder sein kann“[302]. Der Begriff ist weit zu verstehen. Auch freiberufliche, künstlerische und wissenschaftliche Tätigkeiten werden vom Begriff des geschäftlichen Verkehrs erfasst. Es kommt nicht auf den Gewinn oder die Gewinnabsicht der Tätigkeit an, nur rein private oder rein amtliche Tätigkeiten sind kein geschäftlicher Verkehr.[303] Wenn Presseunternehmen ihre Produkte veröffentlichen und vertreiben, fördern sie damit ihren Geschäftszweck. Der geschäftliche Verkehr kann allerdings für bestimmte Inhalte verneint werden, insbesondere wenn eine Privatperson in einem Presseorgan eigene Meinungen äußert. Äußerungen Einzelner, die sich als persönliche Einschätzung und Bewertung darstellen, können dann nicht dem geschäftlichen Verkehr zuzurechnen sein.[304] Des Weiteren handelt der Kaufmann, der in einem Presseorgan wirbt, im geschäftlichen Verkehr, ebenso das Presseunternehmen welches diese Werbung akquiriert und in seinem Presseorgan verbreitet.[305] Keine Handlung im geschäftlichen Verkehr ist hingegen der Verkauf von Privatbesitz des Kaufmanns mit Hilfe einer Anzeige.[306]

Zum anderen ist für die wettbewerbsrechtliche Haftung nach den §§ 1, 3 UWG ein Handeln zu Zwecken des Wettbewerbs erforderlich. Das „Handeln zu Zwecken des Wettbewerbs“ ist der „Zentralbegriff“[307] des Wettbewerbsrechts (siehe §§ 1, 3, 6b, 12, 14, 17, 18, 20 UWG). Fehlt es an einem Handeln zu Zwecken des Wettbewerbs, ist das UWG nicht anzuwenden.[308] Ein Handeln zu Zwecken des Wettbewerbs ist jedes Verhalten, durch welches der Absatz oder der Bezug einer Person zum Nachteil einer anderen Person gefördert wird.[309] Zwischen dem geförderten und dem benachteiligten Unternehmen muss ein konkretes Wettbewerbsverhältnis bestehen.[310] Ein solches liegt vor, wenn zwischen den Vorteilen für das eigene Unternehmen, auf die die Maßnahme zielt, und den Nachteilen, die ein anderer dadurch erleidet, eine Wechselbeziehung besteht: Der eigene Wettbewerb wird gefördert und der des

302) Baumbach/ Hefermehl, UWG, Einl. Rdnr. 208.
303) Baumbach/ Hefermehl a.a.O., Fn. 302.
304) OLG Düsseldorf NJW-RR 1999, S. 770.
305) Siehe Piper in FS Vieregge, S. 717.
306) Piper, a.a.O., Fn. 305.
307) Baumbach/ Hefermehl, UWG, Einl. Rdnr.214.
308) BGH GRUR 1986, S. 898, 899 - *Frank der Tat*; Piper in FS Vieregge, S. 717.
309) BGHZ 3, S. 270, 277 - *Constanze I*; Baumbach/ Hefermehl, UWG, Einl. Rdnr. 215.
310) St. Rspr. BGH GRUR 1951, S. 283 - *Möbelbezugsstoffe*; BGH GRUR 1986, S. 898, 899 - *Frank der Tat*; BGH GRUR 1989, S. 430 - *Krankentransportbestellung*; BGH GRUR 1990, S. 375, 376; BGH GRUR 1997, S. 907, 908 - *Emil-Grünbär-Klub*; BGH GRUR 1997, S. 909, 910 - *Branchenbuch-Nomenklatur*; Teplitzky, Kap. 13 Rdnr. 4; Baumbach/Hefermehl, UWG, Einl. Rdnr. 216.

Mitbewerbers kann dadurch beeinträchtigt werden.[311] Wird nicht eigener, sondern fremder Wettbewerb gefördert, muss das beanstandete Verhalten geeignet sein, den Wettbewerb des Dritten zum Nachteil eines Mitbewerbers dieses Dritten zu fördern.[312] Die für den Dritten angestrebten Vorteile müssen in Wechselbeziehung zu den Nachteilen des Mitbewerbers des Dritten stehen. Ein konkretes Wettbewerbsverhältnis muss also auch zwischen dem geförderten Dritten und seinem Mitbewerber bestehen.[313] Neben dieses objektive Element muss außerdem die Absicht treten, eigenen oder fremden Wettbewerb zum Nachteil des Konkurrenten zu fördern.[314] Dabei ist es nicht nötig, dass die Absicht, Wettbewerb zu fördern, die einzige oder wesentliche Zielsetzung ist; allerdings darf sie auch nicht ganz nebensächlich zu anderen Zielsetzungen sein.[315] Wenn der werbende Effekt nur eine notwendige Begleiterscheinung der Handlung ist, ist die Wettbewerbsabsicht zu verneinen.[316] Bei der Presse wird ein Handeln zu Zwecken des Wettbewerbs nach diesen Kriterien nur für bestimmte Fallkonstellationen bejaht. Während die Rechtsprechung beim Anzeigenteil grundsätzlich ein Handeln zu Zwecken des Wettbewerbs annimmt, geht sie in der Regel davon aus, dass der redaktionelle Teil nicht den Zwecken des Wettbewerbs dient.

Auch wenn die Presse nicht zu Zwecken des Wettbewerbs handelt, kann wegen eines Wettbewerbsverstoßes eines Dritten dennoch ein Unterlassungsanspruch gegenüber der Presse gegeben sein. Dieser beruht dann auf der entsprechenden Anwendung von § 1004 BGB. Da dieser Anspruch im Rahmen der Pressehaftung ebenfalls häufig geltend gemacht wird, ist § 1004 BGB analog ebenso wie die §§ 1, 3 UWG Gegenstand der weiteren Untersuchung.

3. Die Rechtsprechung zur Wettbewerbswidrigkeit redaktioneller Beiträge

a) Haftung gemäß § 1 UWG

aa) Wettbewerbshandlung

(1) Beeinflussung der Wettbewerbsverhältnisse

Der Bundesgerichtshof nimmt in ständiger Rechtsprechung an, dass die Presseberichterstattung objektiv geeignet sein kann, den Absatz oder den Bezug

311) Baumbach/Hefermehl, UWG, Einl. Rdnr. 216.
312) BGH GRUR 1997, S. 907, 908 - *Emil-Grünbär-Klub*.
313) BGH a.a.O., Fn. 312; BGH GRUR 1997, S. 909, 910 - *Branchenbuch-Nomenklatur*.
314) St. Rspr. BGHZ 3, S. 270, 277 - *Constanze I*; Baumbach/ Hefermehl, UWG, Einl. Rdnr. 232 m.w.N.
315) BGHZ 3, S. 270, 277 - *Constanze I*.
316) Siehe BGH GRUR 1997, S. 909, 910- *Branchenbuch-Nomenklatur*.

einer Person zum Nachteil einer anderen zu begünstigen.[317] Er weist darauf hin, dass

> „jede redaktionelle funktionsgerechte und erlaubte Berichterstattung eines Presseorgans objektiv auch die Wirkung haben kann, die eigene Wettbewerbslage im Verhältnis zu anderen Presseunternehmen zu verbessern oder zu behaupten, …“.[318]

Insbesondere kann die positive oder negative Berichterstattung über gewerbliche Verhältnisse einer Person geeignet sein, den Absatz oder den Bezug dieser Person zum Nachteil einer anderen Person oder aber andere Personen zum Nachteil dieser Person zu begünstigen.[319]

(2) Wettbewerbsabsicht

Von dieser objektiven Eignung kann jedoch nach der Rechsprechung des Bundesgerichtshofs nicht auf die subjektive Komponente, die Wettbewerbsabsicht geschlossen werden.

> „Denn ungeachtet der objektiven Eignung zur Wettbewerbsförderung liegt in der Regel der Grund für die gewählte Berichtsform in der durch Art. 5 Abs. 1 S. 2 GG geschützten Aufgabe der Presse, die Öffentlichkeit über eine Angelegenheit von allgemeiner Bedeutung zu unterrichten.“[320]

Die Wettbewerbsabsicht wird deshalb trotz der objektiven Eignung nicht vermutet. Sie kann nur dann vorliegen, wenn besondere Umstände gegeben sind, die erkennen lassen, dass neben der Absicht, den Leser über das Tagesgeschehen zu unterrichten, auch die Absicht, fremden oder eigenen Wettbewerb zu fördern, eine größere als nur eine notwendigerweise begleitende Rolle gespielt hat.[321] Das ist nicht schon dann der Fall, wenn sich der Gegenstand der Berichterstattung der objektiven Beurteilung entzieht und die Bewertung von persönlichen Eindrücken und Empfindungen abhängt.[322]

---

317) Siehe BGH GRUR 1990, S. 373, 374 – *Schönheitschirurgie*; BGH GRUR 1986, S. 812, 813 – *Gastrokritiker*; BGH NJW-RR 1994, S. 872 – *Kosmetikstudio*; BGH WRP 1997, S. 1048, 1049 – *Die Besten I*; BGH WRP 1997, S. 1051, 1053 – *Die Besten II*; BGH GRUR 1997, S. 907, 908 – *Emil-Grünbär-Klub*.

318) BGH GRUR 1990, S. 373, 374 – *Schönheits-Chirurgie*; BGH GRUR 1997, S. 907, 908 – *Emil-Grünbär-Klub*.

319) Vgl. BGH WRP 1997, S. 1051, 1053 – *Die Besten II*; BGH WRP 1997, S. 1048, 1049 – *Die Besten I*; BGH GRUR 1990, S. 373, 374 – *Schönheits-Chirurgie*; BGH GRUR 1997, S. 473, 474 – *Versierter Ansprechpartner*; BGH GRUR 1986, S. 812, 813 – *Gastrokritiker*; BGH GRUR 1986, S. 898, 899 - *Frank der Tat*.

320) BGH WRP 1997, S. 1048, 1049 – *Die Besten I*; BGH WRP 1997, S. 1051, 1053 – *Die Besten II*; BGH GRUR 1990, S. 373, 374 – *Schönheits-Chirurgie*; BGH GRUR 1997, S. 907, 908 – *Emil-Grünbär-Klub*; GRUR 1997, S. 473, 475 – *Versierter Ansprechpartner*; BGH NJW-RR 1994, S. 872 - *Kosmetikstudio*.

321) Siehe BGH NJW-RR 1994, S. 872, 873 – *Kosmetikstudio*; BGH GRUR 1990, S. 373, 374 – *Schönheits-Chirurgie*; BGH GRUR 1986, S. 812, 814 – *Gastrokritiker*.

322) BGH GRUR 1986, S. 812, 814 – *Gastrokritiker*.

In verschiedenen Fällen lagen Umstände vor, die die Annahme der Wettbewerbsabsicht begründeten. Solche Umstände sind gegeben, wenn ein Mitbewerber durch einen Artikel vor der Öffentlichkeit ohne nähere Begründung und sachliche Grundlage als unseriös hingestellt wird, da eine solche Berichterstattung nicht für eine sachbezogene Information und Aufklärung der Verbraucher typisch ist.[323] Aber auch bei Berichten, die bestimmte Personen über den Rahmen einer sachlich veranlassten Information hinaus anpreisen, ist die Absicht, den Wettbewerb der betroffenen Personen zu fördern, nicht nur eine mit der journalistischen Berichterstattung einhergehende Begleiterscheinung.[324] So lagen in den Entscheidungen *Die Besten I* und *Die Besten II* Fälle zugrunde, in denen über die angeblich besten Ärzte und Anwälte berichtet wurde; der Auswahl lagen jedoch keine aussagekräftigen, sachlichen und überprüfbaren Kriterien zugrunde.[325] Eine solche Werbung unter dem Deckmantel eines redaktionellen Beitrages lag auch der Entscheidung des Bundesgerichtshofs zur Werbung eines Kosmetikstudios[326] zugrunde. Auf die Wettbewerbsabsicht wiesen die Umstände hin, dass der redaktionelle Beitrag auf einem Textvorschlag der Inhaberin des Kosmetikstudios beruhte und auch auf ihren Vorschlag die Anzeige des Kosmetikstudios direkt neben dem vermeintlich redaktionellen Beitrag platziert wurde.[327]

bb) Wettbewerbsverstoß

In solchen Fällen, in denen für den redaktionellen Teil wegen getarnter Werbung ein Handeln zu Zwecken des Wettbewerbes gegeben ist, folgt die Wettbewerbswidrigkeit regelmäßig aus § 1 UWG.[328] Der Verstoß gegen die guten Sitten ist dadurch begründet, dass das Publikum darüber getäuscht wird, dass die Presse journalistisch recherchiert hat, obwohl sie beispielsweise lediglich die anpreisende Information des Werbenden oder positive Äußerungen eines Dritten ohne kritische Distanz in das Gewand eines redaktionellen Beitrags gekleidet hat.[329] Eine solche Werbung wird weder dem das Wettbewerbsrecht beherrschenden Wahrheitsgrundsatz noch dem Gebot der Achtung des Persönlichkeitsrechts gerecht. Die letztere wird nur dann nicht in unzulässiger Weise angetastet, wenn der Umworbene erkennt, dass es sich um eine Werbe-

---

323) Siehe BGH GRUR 1986, S. 812, 814 – *Gastrokritiker.*

324) Siehe BGH WRP 1997, S. 1048, 1050 – *Die Besten I*; BGH WRP 1997, S. 1051, 1053 – *Die Besten II.*

325) Siehe BGH WRP 1997, S. 1048, 1050 – *Die Besten I*; BGH WRP 1997, S. 1051, 1053 f. – *Die Besten II.*

326) BGH NJW-RR 1994, S. 872 f. – *Kosmetikstudio.*

327) Siehe BGH NJW-RR 1994, S. 872, 873.

328) Siehe BGH WRP 1997, S. 1048 ff. – *Die Besten I*; BGH WRP 1997, S. 1051 ff. – *Die Besten II*; BGH NJW-RR 1994, S. 872 f. – *Kosmetikstudio.*

329) BGH WRP 1997, S. 1048, 1050 – *Die Besten I*; BGH WRP 1997, S. 1051, 1053 – *Die Besten II.*

maßnahme handelt, und er seine Entscheidung bewusst auf der Grundlage dieser Kenntnis treffen kann.[330]

b) Haftung gemäß § 1004 BGB

Selbst wenn keine besonderen, die Wettbewerbsabsicht für den redaktionellen Teil begründenden Umstände vorliegen, können Presseunternehmen als Störer in entsprechender Anwendung des § 1004 BGB in Anspruch genommen werden. Die Störerhaftung (nicht nur der Presse) aufgrund des Wettbewerbsverstoßes eines anderen ist nach ständiger Rechtsprechung dann begründet, wenn der Störer – auch ohne Wettbewerbsförderungsabsicht und ohne Verschulden – an dem Wettbewerbsverstoß eines Dritten in der Weise beteiligt ist, dass er in irgendeiner Weise willentlich und adäquat kausal an der Herbeiführung der wettbewerbswidrigen Beeinträchtigung mitwirkt.[331]

Bei der Presse wurde diese Haftung anlässlich der Beilage eines Kirchenblatts relevant. Die Beilage wurde von einem anderen Verlag als dem beklagten Verlag des Kirchenblatts herausgegeben. Die Beilage wurde jedoch mit Wissen und Billigung des beklagten Verlags dem Kirchenblatt beigefügt, welches der beklagte Verlag einschließlich der Beilage vertrieb. In der Beilage wurden – von Wettbewerbsabsicht getragene – herabsetzende Äußerungen gegen die Frauenzeitschrift „Constanze“ vorgenommen. Der Bundesgerichtshof sah die Passivlegitimation des beklagten Verlages des Kirchenblatts für gegeben an, da

> „auch derjenige, der die unzulässige Wettbewerbshandlung eines aus eigenem Antrieb und selbstverantwortlich handelnden Dritten – sei es auch guten Glaubens – durch die sachlichen und persönlichen Mittel seines Betriebes unterstützt und die rechtliche Möglichkeit hat, den Dritten an der Störungshandlung zu hindern“,

Störer im Sinne des § 1004 ist.[332]

Auch in den Entscheidungen *Schönheits-Chirurgie*[333] und *Versierter Ansprechpartner*[334] wurde eine Haftung der Presse als Störer nach § 1004 BGB in Betracht gezogen. Die Haftung scheiterte jedoch daran, dass es in beiden Fällen an einer wettbewerbswidrigen Beeinträchtigung durch die Presse oder einen Dritten fehlte. Im Fall *Schönheits-Chirurgie* berichtete ein Presseorgan über Schönheitsoperationen und nannte mehrfach den Namen eines bestimmten Arztes. Der Arzt kannte den Bericht nicht. Aus diesem Grunde konnte ihm kein Verstoß gegen Standesrecht, insbesondere gegen ein Werbeverbot, zur Last ge-

---

330) BGH GRUR 1995, S. 744, 747 – *Feuer, Eis & Dynamit I*, zur getarnten Werbung in einem Kinospielfilm.

331) BGH GRUR 1997, S. 313, 315 - *Architektenwettbewerb*; BGH GRUR 1997, S. 909, 911 - *Branchenbuch-Nomenklatur*; BGH GRUR 1990, S. 373, 374 – *Schönheits-Chirurgie*.

332) BGHZ 14, S. 163, 174 – *Constanze II*.

333) BGH GRUR 1990, S. 373, 374 – *Schönheits-Chirurgie*.

334) BGH GRUR 1997, S. 473, 475 – *Versierter Ansprechpartner*.

legt werden.[335] Insoweit konnte das Presseunternehmen nicht an einem Verstoß eines Dritten mitwirken. Es konnte auch nicht gegen das Standesrecht der Ärzte verstoßen, da die Presse diesem nicht unterworfen ist. Im Fall *Versierter Ansprechpartner* hatte eine Verlegerin in einem Informationsblatt angeboten, für die Ausarbeitung eines steuerlich vorteilhaften Vertrages versierte Ansprechpartner benennen zu können. Das Presseunternehmen hatte mangels Wettbewerbsabsicht nicht zu Zwecken des Wettbewerbs im Sinne des § 1 UWG gehandelt. Die „versierten Ansprechpartner" selbst, Rechtsanwälte und Steuerberater, die auf Anfrage benannt wurden, hatten nicht gegen Berufsrecht verstoßen.[336] Es fehlte also am Wettbewerbsverstoß eines Dritten, so dass das Presseunternehmen in seinem Bericht nicht an einem solchen mitwirken konnte.

Im Fall *Branchenbuch-Nomenklatur*[337] griff der Bundesgerichtshof ebenfalls auf die Rechtsprechung zur Pressehaftung zurück. Ein Wettbewerbsverstoß nach § 1 UWG war gegeben, da einige Personen sich fälschlich im Branchenbuch „Gelbe Seiten" unter dem Begriff „Lohnsteuerhilfe" hatten eintragen lassen. Die Klage richtete sich gegen die Herausgeberin der „Gelben Seiten" wegen der unentgeltlichen Einträge dieser Personen unter dem Suchbegriff „Lohnsteuerhilfe". Die Personen waren zur Hilfeleistung in Steuersachen nicht befugt und hätten sich deshalb nicht eintragen lassen dürfen. Der BGH unterschied die entgeltlichen Zusatzeinträge von der kostenlosen Übernahme von Grundeinträgen in die „Gelben Seiten".[338] Obwohl die kostenlosen Einträge in den „Gelben Seiten" objektiv geeignet seien, den Wettbewerb zu fördern, wurde die Wettbewerbsabsicht der Herausgeberin der „Gelben Seiten" verneint. Bei der kostenlosen Übernahme von Grundeinträgen stehe die Informationsvermittlung im Vordergrund. Die Werbewirkung stelle deshalb nur eine notwendige Begleiterscheinung dar, die allein nicht die Wettbewerbsabsicht belege.[339] Wie beim redaktionellen Teil in der Tagespresse kam deshalb allein die Störerhaftung nach § 1004 BGB in Betracht. Der Bundesgerichtshof ließ jedoch offen, ob die Herausgeberin der „Gelben Seiten" für diese Einträge als Störer haftet, und er verwies die Sache zurück an das Berufungsgericht.[340] Grund dafür war, dass zwar auch nach dieser Entscheidung grundsätzlich jeder haftet, der ohne Wettbewerbsabsicht und ohne Verschulden an dem Wettbewerbsverstoß insofern beteiligt ist, als er in irgendeiner Weise willentlich und adäquat kausal an der Herbeiführung der rechtswidrigen Beeinträchtigung mitwirkt.[341] Es

---

335) BGH GRUR 1990, S. 373, 374.
336) BGH GRUR 1997, S. 473, 475.
337) BGH GRUR 1997, S. 909 ff.
338) Siehe BGH GRUR 1997, S. 909, 910.
339) BGH GRUR 1997, S. 909, 910.
340) BGH GRUR 1997, S. 909, 911 – *Branchenbuch- Nomenklatur.*
341) BGH GRUR 1997, S. 909, 911.

darf jedoch nach der weiteren Rechtsprechung des Bundesgerichtshofs[342] nicht mit Hilfe der Störerhaftung die Pflicht aus § 1 UWG über Gebühr auf unbeteiligte Dritte erstreckt werden. Bei der Störerhaftung werden zwangsläufig Prüfungspflichten vorausgesetzt, deren Einhaltung zur Vermeidung der Inanspruchnahme geboten ist.[343] Dem als Störer in Anspruch Genommenen muss deshalb der Einwand offen stehen, dass ihm im konkreten Fall eine Prüfungspflicht – etwa weil der Störungszustand für ihn nicht ohne weiteres oder nur mit unverhältnismäßigem Aufwand erkennbar war – entweder überhaupt nicht oder jedenfalls nur sehr eingeschränkt zuzumuten sei.[344] Insoweit hielt der Bundesgerichtshof für möglich, dass die Prüfungspflicht des Verlegers einzuschränken sei, und überließ es dem Berufungsgericht zu prüfen, ob die Herausgeberin die Wettbewerbsverstöße in zumutbarer Weise hätte verhindern können.

In der Entscheidung *Architektenwettbewerb*[345] ging es nicht um die Haftung eines Presseunternehmens, sondern um die Haftung eines Unternehmens, welches Architekten aufforderte, unter Verstoß gegen die HOAI Leistungen anzubieten. In Frage kam hier die Haftung analog § 1004 BGB. Der Bundesgerichtshof machte jedoch in dieser Entscheidung geltend, dass mit Hilfe der Störerhaftung eine den Normadressaten, im vorliegenden Fall die Architekten, treffende Pflicht nicht über Gebühr auf unbeteiligte Dritte erstreckt werden dürfe.[346] Als ein Beispiel der Einschränkung von Prüfungspflichten, die auch in diesem Fall geboten war, nennt der Bundesgerichtshof die für das Anzeigengeschäft des Zeitungs- und Zeitschriftengewerbes entwickelten Grundsätze: da die tägliche Arbeit von Presseunternehmen nicht über Gebühr erschwert und die Verantwortlichen nicht überfordert werden dürften, bestehe nur eine Prüfungspflicht auf grobe, unschwer zu erkennende Verstöße.[347]

4. Rechtsprechung zur Wettbewerbswidrigkeit des Anzeigenteils

a) Wettbewerbshandlung im Sinne der §§1, 3 UWG

Die Haftung der Presse für den Anzeigenteil unterscheidet sich insofern von der Haftung für den redaktionellen Teil, als der Text der Anzeigen nicht von dem Presseunternehmen selbst erstellt wird, sondern der Text von einem Dritten übernommen wird. Dieser Vorgang ist mit der Übernahme von Text und Bildern aus den Webseiten, die durch Suchmaschinen aufgelistet werden, in den Abstract von Suchmaschinen vergleichbar. Gegenüber Presseunternehmen sind

342) Siehe BGH GRUR 1997, S. 313, 316 – *Architektenwettbewerb.*
343) BGH a.a.O., Fn. 342.
344) BGH GRUR 1997, S. 909, 911 – *Branchenbuch- Nomenklatur*; BGH GRUR 1997, S. 313, 316 – *Architektenwettbewerb.*
345) BGH GRUR 1997, S. 313 ff – *Architektenwettbewerb.*
346) BGH GRUR 1997, S. 313, 316 – *Architektenwettbewerb.*
347) BGH a.a.O., Fn. 346.

Abwehransprüche und Schadensersatzansprüche wegen der Veröffentlichung wettbewerbswidriger Anzeigen geltend gemacht worden.

Beim Anzeigengeschäft handelt die Presse nach der Rechtsprechung des Bundesgerichtshofs grundsätzlich zu Zwecken des Wettbewerbs. Das Anzeigengeschäft dient neben der Förderung des eigenen Wettbewerbs stets auch dem Zweck der Unterstützung des Anzeigenkunden.[348] Die Wettbewerbsabsicht ist in aller Regel zu bejahen, denn beim Anzeigensgeschäft handelt es sich nach der Rechtsprechung des Bundesgerichtshofs

> „um eine typische wettbewerbsfördernde Maßnahme außerhalb des meinungsbildenden und informierenden Funktionsbereichs, bei der auf die Vermutung vom Bestehen einer Wettbewerbsabsicht zurückgegriffen werden kann."[349]

b) Abwehransprüche gegen die Presse gemäß §§ 1, 3 UWG

In dem Fall, der der Entscheidung *Badische Rundschau*[350] des Bundesgerichtshofs zugrunde lag, sah sich die Herausgeberin der „Badischen Rundschau" wegen einer Anzeige Unterlassungsansprüchen gemäß § 1 UWG seitens eines ihrer Wettbewerber und eines Einzelhandelsverbandes ausgesetzt, der die Interessen von Wettbewerbern des durch die Anzeige geförderten Kaufhauses vertrat. Die Anzeige dieses Kaufhauses verstieß gegen § 3 SchlussverkaufsVO. Obwohl sich § 3 SchlussverkaufsVO nicht gegen die Presse richtete, hielt der Bundesgerichtshof künftige Veröffentlichungen von der Art der streitigen Anzeige durch die „Badische Rundschau" für wettbewerbswidrig nach § 1 UWG.

Die Wettbewerbshandlung der „Badischen Rundschau" war nach Ansicht des Bundesgerichtshofs sowohl von der Absicht getragen, im Anzeigengeschäft den eigenen Wettbewerb gegenüber dem Konkurrenten zu fördern, als auch von der Absicht, den Wettbewerb des Kaufhauses gegenüber dessen Konkurrenten zu fördern.[351]

Der Bundesgerichtshof sah die Wettbewerbswidrigkeit der Handlung darin begründet, dass sich die Herausgeberin und der verantwortliche Redakteur

> „einen Vorteil im Wettbewerb um die Anzeigenkundschaft verschaffen, der allein darauf beruht, dass sie den Eindruck hervorrufen, sie seien bereit, eine Anzeigenwerbung zu unterstützen, die zum Vorteil der Inserenten die gesetzliche Wettbewerbsregelung außer Acht lässt. Mit einem solchen Mittel darf aber der Wettbewerb um die Anzeigenkundschaft nicht geführt werden."[352]

---

348) BGH GRUR 1993, S. 53, 54 – *Ausländischer Inserent*; BGH GRUR 1990, S. 1012, 1013 – *Pressehaftung*.

349) BGH GRUR 1990, S. 1012, 1013 – *Pressehaftung*; BGH GRUR 1993, S. 43, 54 – *Ausländischer Inserent*.

350) BGH GRUR 1973, S. 203 ff.

351) BGH GRUR 1973, S. 203, 204 – *Badische Rundschau*.

352) BGH a.a.O., Fn. 351.

Für Verleger und Redakteur sind insoweit nach der Rechtsprechung des Bundesgerichtshofs Prüfungspflichten begründet:

> „Verleger und Redakteur sind auch bei der Entgegennahme von Anzeigenaufträgen grundsätzlich zur Prüfung verpflichtet, ob die Veröffentlichung der Anzeige gegen gesetzliche Vorschriften verstößt, und sie sind gehalten, Anzeigen mit gesetzeswidrigem Inhalt abzulehnen“[353].

Der Bundesgerichtshof wies bereits in dieser Entscheidung darauf hin, dass die Prüfungspflichten der Presse nicht überspannt werden dürften und sich die Prüfung deshalb auf grobe Verstöße beschränken müsse.[354] Er nahm im Fall *Badische Rundschau* dennoch für zukünftige Verstöße gegen § 3 SchlussverkaufsVO eine Verletzung der Prüfungspflicht an, da sich die Herausgeberin der „Badischen Rundschau“ im Prozess weigerte, dieser Prüfungspflicht zu genügen. Die Unterlassungsklage hatte Erfolg.

In der Entscheidung *Ausländischer Inserent*[355] war ein Unterlassungsanspruch gemäß § 3 UWG gegenüber einem Verleger streitig. Auslöser war eine Anzeige eines Inserenten mit Sitz im Ausland. Der Bundesgerichtshof ging in diesem Fall ebenfalls davon aus, dass das Anzeigengeschäft des Verlegers einer Zeitschrift von einer Wettbewerbsabsicht nicht nur zur Förderung des eigenen Anzeigengeschäfts, sondern auch zur Förderung des Wettbewerbs zugunsten der Anzeigenkunden getragen sei. Dafür spreche insbesondere das grundlegende Ziel des Anzeigengeschäfts, durch weite Streuung des Presseerzeugnisses, hohe Auflage, Erreichen der Adressaten u.ä. den Erfolg ihrer Anzeigenkunden im Wettbewerb zu fördern.[356] Der Bundesgerichtshof ging weiter davon aus, dass die streitige Anzeige wegen unrichtigen Blickfangs gegen § 3 UWG verstoße. Das Presseunternehmen sei jedoch nicht in Anspruch zu nehmen. Zwar seien die Verleger bei Entgegennahme von Anzeigenaufträgen grundsätzlich zur Prüfung verpflichtet, ob die Veröffentlichung gegen gesetzliche Vorschriften verstößt. Diese Prüfungspflicht erstrecke sich jedoch lediglich auf grobe und eindeutige Wettbewerbsverstöße, die ein Redakteur auch ohne einschlägige Kenntnisse des Wettbewerbsrechts erkennen könne.[357] Ein solcher Verstoß sei im konkreten Fall nicht gegeben. Weitergehende Anforderungen an die Prüfungspflicht würden sich zudem nicht aus dem Umstand ergeben, dass es sich um einen ausländischen Inserenten handele.[358] Das Unterlassungsbegehren war deshalb erfolglos.

Eine andere Anzeige war Auslöser einer Unterlassungsklage im Fall *Schlankheitswerbung*, die auf § 3 UWG und § 17 Abs. 1 Nr. 5 LMBG gestützt

---

353) BGH a.a.O., Fn. 351.
354) BGH a.a.O., Fn. 351.
355) BGH GRUR 1993, S. 53 f.
356) BGH GRUR 1993, S. 53, 54.
357) BGH a.a.O., Fn. 356.
358) BGH GRUR 1993, S. 53, 55.

wurde.[359] Ein Wettbewerbsverstoß wurde bejaht, da die Anzeige den Leser irreführte. Dem Leser wurde vorgespiegelt, er könne mit dem beworbenen Produkt abnehmen, ohne seine Essgewohnheiten ändern zu müssen. Tatsächlich sollte das Produkt seine Tagesration ersetzen. Das Presseunternehmen war jedoch nicht zur Unterlassung verpflichtet, da es die Prüfungspflicht auf grobe und eindeutige Wettbewerbsverstöße nicht verletzt hatte.[360] Der Bundesgerichtshof wies darauf hin, dass die Prüfung der Veröffentlichung von Inseraten unter dem Gebot einer raschen Entscheidung steht.[361] Gegen einen groben und eindeutigen Verstoß sprachen in dem konkreten Fall, dass für dessen Beurteilung eine genaue inhaltliche Analyse des Anzeigentextes erforderlich war, darüber hinaus nähere wettbewerbsrechtliche Kenntnisse und aufgrund des Gegenstands der Anzeige ernährungswissenschaftliche Kenntnisse notwendig waren.[362] Diese Erfordernisse übersteigen die Erfordernisse einer Prüfungspflicht auf grobe und eindeutige Verstöße. Wie der Bundesgerichtshof ausführt, sind die Gründe für eine solche Begrenzung der Prüfungspflichten im Zeitdruck begründet, unter dem die Presse steht, und darin, dass eine umgehende Überprüfung sämtlicher Anzeigen auf Gesetzesverstöße die Arbeit der Presse unzumutbar erschweren würde.[363]

Auch in der Entscheidung *WSV-Werbung für Möbel*[364] war das Unterlassungsbegehren gegen ein Presseunternehmen erfolglos, da dieses den beschränkten Prüfungspflichten vor Veröffentlichung der Anzeige genügt hatte.

Weis allerdings ein Presseunternehmen, dass eine bestimmte Anzeige wettbewerbswidrig ist, kann es sich für die Zukunft nicht auf eingeschränkte Prüfungspflichten berufen.[365] In der Entscheidung *Pressehaftung II* haftete ein Presseunternehmen auf Unterlassung, da es im Prozess nicht deutlich gemacht hatte, Anzeigen vergleichbarer Art künftig nicht mehr zu veröffentlichen, obwohl die Wettbewerbswidrigkeit der Anzeige dem Presseunternehmen bekannt war.[366]

Schließlich waren die „Gelben Seiten" Ausgangspunkt eines weiteren Rechtsstreits. Es ging in dieser Entscheidung *Suchwort*[367] nicht, wie im Fall *Branchenbuch-Nomenklatur*[368], um die kostenfreie Übernahme der Grundeinträge, sondern um zusätzliche entgeltliche Einträge. Die Anschluss-

359) BGH GRUR 1994, S. 454 ff.
360) BGH GRUR 1994, S. 454, 455.
361) BGH a.a.O., Fn. 360.
362) BGH a.a.O., Fn. 360
363) BGH GRUR 1994, S. 454, 456.
364) BGH GRUR 1995, S. 751 f.
365) Siehe BGH GRUR 1992, S. 618, 619 – *Pressehaftung II.*
366) BGH GRUR 1992, S. 618, 617 ff.
367) BGH WRP 1994, S. 793 ff. – *Suchwort.*
368) BGH GRUR 1997, S. 909 ff. – *Branchenbuch-Nomenklatur.*

inhaber konnten bestimmte „Suchworte“ benennen, die der Adressenangabe vorangestellt wurden. Als Suchwort wurde von verschiedenen Anschluss-inhabern „Bosch“ gewählt, obwohl es sich bei diesen Anschlussinhabern nicht um hierzu vom Firmeninhaber autorisierte Vertragsgroßhändler oder Franchise-Nehmer handelte. Hiergegen wandte sich der Firmeninhaber. Der Bundesgerichtshof ging davon aus, dass es sich bei der firmenmäßigen Verwendung des Namens „Bosch“ ohne Berechtigung um eine Verletzung des Firmenrechts nach § 16 Abs. 1 UWG und eine Irreführung nach § 3 UWG handle.[369] Aufgrund des zusätzlichen entgeltlichen Eintrags sei ein Handeln zu Zwecken des Wettbewerbs gegeben. Der Telefonbucheintrag erhalte den Charakter einer Werbeanzeige, da der Zusatzeintrag dem Anschlussinhaber eine weitere Bekanntheit verschaffen solle. Wie beim Anzeigengeschäft sei deshalb die Wettbewerbsabsicht zu vermuten.[370] Als Presseunternehmen unterliege die Herausgeberin der „Gelben Seiten“ jedoch nur einer eingeschränkten Prüfungspflicht auf grobe und eindeutige Verstöße.[371] Dieser Prüfungspflicht war die Herausgeberin der „Gelben Seiten“ nicht vollumfänglich nachgekommen, so dass dem Unterlassungsbegehren des Firmeninhabers teilweise stattgegeben wurde.

c) Schadensersatzanspruch gegen die Presse gemäß § 1 UWG

In der Entscheidung *Pressehaftung I*[372] wurden gegen ein Presseunternehmen wegen der Veröffentlichung einer gemäß § 1 UWG wettbewerbswidrigen Anzeige erfolgreich Schadensersatzansprüche geltend gemacht. Ein Handeln zu Zwecken des Wettbewerbs wurde bejaht. Der Bundesgerichtshof griff wieder auf die Vermutung der Wettbewerbsabsicht im Anzeigengeschäft zurück.[373] Ein Wettbewerbsverstoß nach § 1 UWG wurde durch die von der Beklagten veröffentlichte Anzeige verwirklicht, da diese den Konkurrenten des Anzeigenkunden herabsetzte. Im Rahmen des für den Schadensersatzanspruch erforderlichen Verschuldens stellte der Bundesgerichtshof – wie zuvor in der Entscheidung *Badische Rundschau* – fest, dass Verleger und Redakteur bei der Entgegennahme von Anzeigenaufträgen grundsätzlich verpflichtet seien, zu prüfen, ob die Veröffentlichung der Anzeige gegen gesetzliche Vorschriften verstößt. Der Bundesgerichtshof führte weiter aus:

> „Bei der Frage nach den Anforderungen an die Prüfungspflicht ist zu beachten, dass die Gewährleistung der Pressefreiheit durch Art. 5 Abs. 1 GG auch den Anzeigenteil einer Druckschrift einschließt, weil auch in der Veröffentlichung von Anzeigen die

---

369) BGH WRP 1994, S. 793, 741- *Suchwort.*
370) BGH a.a.O., Fn. 369.
371) BGH a.a.O., Fn. 369.
372) BGH GRUR 1990, S. 1012 ff.
373) BGH GRUR 1990, S. 1012, 1013.

Verbreitung von Nachrichten liegt [...] Die danach gebotene verfassungskonforme Auslegung hat [...] zu berücksichtigen, dass die Presse unter Zeitdruck steht und dass eine umgehende Überprüfung sämtlicher Anzeigen auf Gesetzesverstöße die Arbeit der Presse unzumutbar erschweren würde. Die Anforderungen an das Ausmaß der Prüfung dürfen deshalb entsprechend den praktischen Notwendigkeiten des Pressewesens nicht überspannt werden. Andererseits findet die Pressefreiheit aber ihre Schranken in den Vorschriften der allgemeinen Gesetze (Art. 5 Abs. 2 GG); die Presse hat daher grundsätzlich auch die wettbewerbsrechtlichen Regelungen zu beachten. Bei der Anzeigenwerbung ist es der Presse in der Regel zumutbar, ihre Prüfungspflicht zumindest auf grobe Verstöße zu erstrecken; die Verantwortlichen wären überfordert, wenn sie jeweils eine eingehende wettbewerbsrechtliche Überprüfung vornehmen müssten [...]"[374].

Dieser Prüfungspflicht hatte das Presseunternehmen nicht genügt. Das Presseprivileg des § 13 Abs. 6 Nr. 1, der das Verschulden auf Vorsatz beschränkt, ist nach Ansicht des BGH nur auf die Fälle irreführender Werbung nach § 3 UWG anwendbar,[375] nicht jedoch auf nach § 1 UWG als sittenwidrig zu beurteilende Anzeigen.[376] Das Verschulden und im Ergebnis der Schadensersatzanspruch wurden deshalb bejaht.[377]

5. Verfassungsrechtliche Rechtfertigung der Haftungsbeschränkungen

a) Grundlagen

Wenn Haftungsansprüche gegen die Presse geltend gemacht werden, verweist der Bundesgerichtshof regelmäßig auf die Pressefreiheit nach Art. 5 Abs. 1 S. 2 GG. Beim redaktionellen Teil nimmt der Bundesgerichtshof nicht ohne weiteres die Wettbewerbsabsicht an, selbst wenn die Veröffentlichung objektiv geeignet ist, den eigenen oder fremden Wettbewerb zu fördern. Übernimmt die Presse in ihren redaktionellen Teil ohne Wettbewerbsabsicht die Inhalte Dritter, kann sie allein analog § 1004 BGB haftbar gemacht werden. Nach der wettbewerbsrechtlichen Rechtsprechung zu § 1004 BGB werden Prüfungspflichten vorausgesetzt, die auf das Zumutbare zu beschränken sind. Die Presse kann außerdem für den Anzeigenteil haftbar gemacht werden; der Bundesgerichtshof beschränkt aber sowohl bei den Unterlassungsansprüchen als auch bei den Schadensersatzansprüchen die Haftung. Die Haftung für die Inhalte Dritter im Anzeigenteil setzt Prüfungspflichten voraus, die vor dem Hintergrund der Pressefreiheit auf grobe und unschwer erkennbare Verstöße zu begrenzen sind. Solche unschwer erkennbaren Verstöße liegen nur dann vor, wenn keine

---

374) BGH GRUR 1990, S. 1012, 1014.
375) BGH GRUR 1990, S. 1012, 1014.
376) A.A. Henning-Bodewig, GRUR 1985, S. 261; Baumbach/Hefermehl, UWG, § 13 Rdnr. 58.
377) BGH a.a.O., Fn. 375.

näheren wettbewerbsrechtlichen Kenntnisse erforderlich sind, um die Wettbewerbswidrigkeit erkennen zu können.

Die Pressefreiheit gewährt einen umfassenden Schutz des Presseorgans, der neben dem redaktionellen Teil auch den Anzeigenteil umfasst. Auch reine Anzeigenblätter werden durch die Pressefreiheit geschützt.[378] Dieser Schutz ist nicht nur darin begründet, dass Anzeigen den redaktionellen Teil (mit)finanzieren. Aufgrund dessen, dass Anzeigen ebenfalls Grundlage der Meinungsbildung sein können, fallen sie wie der redaktionelle Teil in den Schutzbereich der Pressefreiheit.[379]

Der Schutz der Pressefreiheit ist berührt, soweit es um die im Pressewesen tätigen Personen in Ausübung ihrer Funktion, um die Presseerzeugnisse selbst, um die institutionell-organisatorischen Voraussetzungen und Rahmenbedingungen sowie um die Institution einer freien Presse selbst geht.[380] Grundsätzlich werden bei einem Verhalten zu Zwecken des Wettbewerbs Prüfungspflichten vorausgesetzt. Hat ein Werbender eine irreführende Werbung verursacht, kann er sich regelmäßig nicht darauf berufen, dass er diese nicht geprüft habe, als er sie erstellt oder an einen Dritten zur Veröffentlichung weitergegeben hat. Auch die Presse muss den wettbewerbsrechtlichen Bestimmungen entsprechen.[381] Die Presse unterliegt den Schranken der allgemeinen Gesetze des Art. 5 Abs. 2 GG und das UWG ist ein allgemeines Gesetz im Sinne des Art. 5 Abs. 2 GG.[382] Die Einschränkung von Prüfungspflichten der Presse, nicht die Prüfungspflicht an sich, bedarf deswegen einer besonderen Begründung.

Der Staat ist verpflichtet, der Pressefreiheit in seiner Rechtsordnung Rechnung zu tragen.[383] Gesetzgeber, Gerichte und andere Rechtsanwender sind bei der Setzung, Auslegung und Anwendung der einfachen Gesetze an die Grundrechte gebunden.[384] Für eine verfassungskonforme Auslegung von Normen, hier der Normen des Wettbewerbsrechts ist entscheidend, ob „unter Berücksichtigung von Wortlaut, Entstehungsgeschichte, Gesamtzusammenhang und Zweck mehrere Deutungen möglich sind"[385]. Grenzen der verfassungskonformen Auslegung sind Wortlaut und Gesetzeszweck des einfachen Gesetzes.[386] Vor diesem Hintergrund soll im Folgenden die Frage beantwortet werden, ob und wie sich die Einschränkung der Haftung der Presse in den

---

378) Siehe oben S. 87.
379) Siehe oben S. 87.
380) BVerfGE 85, S. 1, 12 f.; BVerfGE 86, S. 122, 128; siehe oben S. 81.
381) Siehe BGH GRUR 1990, S. 1012, 1014 – *Pressehaftung I.*
382) Siehe zu § 1 UWG, BVerfG WRP 2001, S. 129, 134 - *Benetton.*
383) BVerfGE 20, S. 162, 175.
384) BVerfGE 7, S. 198, 205 – *Lüth*; Hesse in Hdb. des VerfR, § 5 Rdnr. 22.
385) Siehe BVerfGE 95, S. 64, 93 m.w.N.
386) BVerfGE 95, S. 64, 93.

Wortlaut, die Entstehungsgeschichte, den Gesamtzusammenhang und Zweck der wettbewerbsrechtlichen Vorschriften einfügt.

Die Ziele des UWG stehen mit der Werteordnung des Grundgesetzes in Einklang.[387] Schutzzweck des Wettbewerbsrechts ist der freie Leistungswettbewerb.[388] Es besteht ein individualrechtlicher Deliktsschutz der Mitbewerber; aber auch die Allgemeinheit soll vor Auswüchsen des Wettbewerbs geschützt werden.[389] Das Bundesverfassungsrecht führt aus:

> „Die herrschende Auffassung lässt sich wie folgt zusammenfassen: Der vom deutschen Recht gewährte Schutz ist ein Schutz gegen Unlauterkeit und gegen Irreführung des Verkehrs; er ist seinem Schwerpunkt nach wettbewerbsrechtlich ausgestaltet. [...] Im Vordergrund steht der Schutz des redlichen Mitbewerbers und der Allgemeinheit, insbesondere des Verbrauchers gegen unlauteres Verhalten und Schädigung durch irreführende Angaben. Schutzgut ist die Lauterkeit des geschäftlichen Verkehrs; die Institution des Wettbewerbs wird geschützt [...].“[390]

Auch in der Entscheidung *Benetton* wird auf den Schutz der Konkurrenten, der Verbraucher und sonstigen Marktbeteiligten sowie der Allgemeinheit hingewiesen.[391] Das Bundesverfassungsgericht stellte in dieser Entscheidung außerdem fest, dass die Freiheit der wirtschaftlichen Betätigung nicht dazu führen dürfe, dass Einzelne sich durch unzulässige Praktiken Vorteile im Wettbewerb verschaffen dürften.[392] Diese Ziele sind deshalb auch bei einer verfassungskonformen Auslegung im Lichte der Pressefreiheit nicht außer Acht zu lassen.

b) Haftungsbeschränkungen für den redaktionellen Teil

aa) Haftung gemäß §§ 1, 3 UWG

(1) Wettbewerbshandlung

Durch den Bundesgerichtshof wird die wettbewerbsrechtliche Haftung der Presse für den redaktionellen Teil dadurch erleichtert, dass trotz objektiver Eignung der Berichterstattung zur Förderung eigenen oder fremden Wettbewerbs die Wettbewerbsabsicht nicht vermutet wird, sondern besondere Umstände hinzutreten müssen, um die Annahme auch der Wettbewerbsabsicht begründen zu können.[393]

Diese Auslegung des Tatbestandsmerkmals „Handeln zu Zwecken des Wettbewerbs“ widerspricht nicht dem Zweck, Gesamtzusammenhang und

---

387) BVerfGE a.a.O., Fn. 386; BVerfGE 32, S. 311, 316.
388) Siehe Baumbach/ Hefermehl, UWG, Einl. Rdnr. 96 ff.
389) V.Gamm, Wettbewerbsrecht, Kap. 4 Rdnr. 13.
390) BVerfGE 51, S. 193, 215.
391) Siehe BVerfGE a.a.O. Fn. 382.
392) BVerfGE a.a.O..
393) Siehe oben S. 97.

Wortlaut der Bestimmungen des UWG. Denn: ist die Beeinflussung des Wettbewerbs nur notwendige Begleiterscheinung der Berichterstattung, wird diese Beeinflussung nicht bezweckt. Würde die Presse in der Berichterstattung immer auch den Verhaltenspflichten des lauteren Wettbewerbs ausgesetzt werden, wäre der Gegenstand und auch die Art und Weise der meinungsbildenden Berichterstattung – z.B. durch polemisierende Stellungnahmen – stark eingeschränkt. Selbst wenn die Auseinandersetzung mit dem Gegenstand der Berichterstattung mit unsachlicher Schärfe geführt wird, ist deshalb keine Wettbewerbsabsicht anzunehmen.[394] Ebenso ist die Wettbewerbsabsicht nicht schon dann zu bejahen, wenn über Gegenstände berichtet wird, die lediglich nach persönlichen Eindrücken und Empfindungen bewertet werden können.[395]

Die Durchsetzung der Pressefreiheit steht zudem nicht im Widerspruch zu der Zielsetzung des Wettbewerbsrechts, einen lauteren Wettbewerb zu gewährleisten. Denn handelt es sich bei der Stellungnahme zu bestimmten wirtschaftlichen Verhältnissen um eine unabhängige und nach sachlichen Kriterien begründbare Stellungnahme, so ist diese zudem geeignet, dem Verbraucher eine Stimme zu geben und als Dritter den Wettbewerb zwischen Unternehmen zu fördern. Wahrt die Presse ihre Unabhängigkeit, ist von dem Bestehen einer Wettbewerbsabsicht nicht auszugehen.

In den Landespressegesetzen findet sich das Trennungsgebot zwischen redaktionellem Teil und Anzeigenteil wieder. Als Beispiel für die Regelung in den Landespressegesetzen wird in dieser Untersuchung § 10 des Hamburger Landespressegesetzes (im Folgenden: LPG) herangezogen, der sich mit dem gleichen oder annähernd gleichen Wortlaut in den meisten Landespressegesetzen wiederfindet. Diese Bestimmung bezweckt, die Unabhängigkeit der Presseunternehmen zu gewährleisten.[396] § 10 LPG lautet:

> „§ 10 Kennzeichnung entgeltlicher Veröffentlichungen
>
> Hat der Verleger eines periodischen Druckwerks für eine Veröffentlichung ein Entgelt erhalten, gefordert oder sich versprechen lassen, so hat er diese Veröffentlichung deutlich mit dem Wort „Anzeige“ zu bezeichnen, soweit sie nicht schon durch Anordnung und Gestaltung allgemein als Anzeige zu erkennen ist.“

Wahrt die Presse ihre Unabhängigkeit nicht, indem sie insbesondere gegen dieses Trennungsgebot verstößt, ist bei Äußerungen, die objektiv den Wettbewerb Dritter fördern, auch von der Wettbewerbsabsicht auszugehen. Dieses Ergebnis ist vor allem auch deshalb gerechtfertigt, weil die Funktion der Presse in einer freien, nicht manipulierten individuellen und öffentlichen Meinungsbildung begründet ist.[397] In diesem Interesse liegt eine

---

394) Siehe Löffler/Ricker, Kap. 16 Rdnr. 9.
395) Vgl. BGH GRUR 1986, S. 812, 814 – *Gastrokritiker*.
396) Sedelmeier in Löffler, § 10 LPG Rdnr. 5 m.w.N.
397) Sedelmeier in Löffler, § 10 Rdnr. 8.

wahrheitsgetreue Darstellung.[398] Das Bundesverfassungsgericht führt in der Entscheidung Schmid aus:

> „Wenn die Presse von ihrem Recht, die Öffentlichkeit zu unterrichten, Gebrauch macht, ist sie zur wahrheitsgemäßen Berichterstattung verpflichtet. [...] Sie ist zugleich in der Bedeutung der öffentlichen Meinungsbildung im Gesamtorganismus einer freiheitlichen Demokratie begründet. Nur dann, wenn der Leser – im Rahmen des Möglichen – zutreffend unterrichtet wird, kann sich die öffentliche Meinung richtig bilden.“[399]

Verstößt ein Presseunternehmen gegen die Wahrheitspflicht durch bewusst unwahre Tatsachenbehauptung und Behauptung solcher Tatsachen, deren Unwahrheit bereits im Zeitpunkt der Äußerung unzweifelhaft feststeht, soll dies deshalb nach einer Ansicht dazu führen, dass diese Stellungnahme von vornherein nicht durch die Pressefreiheit geschützt wird.[400] Nach anderer Ansicht soll in diesen Fällen nur ein Eingriff leichter möglich sein, da die kollidierenden Rechte Dritter und die sonstigen verfassungsrechtlich geschützten Güter Vorrang vor unwahren Presseinhalten haben.[401] Denn eine bewusst wahrheitswidrige Berichterstattung kommt der Funktion der Presse, Grundlage der freien individuellen und öffentlichen Meinungsbildung zu sein, nicht nach. Hierzu gehört auch die Täuschung über die vermeintliche Objektivität eines Berichts. Nach beiden Meinungen ist ein besonderer Schutz der Adressaten beim Verstoß gegen das Trennungsgebot erforderlich; denn der Verstoß gegen das Trennungsgebot führt dazu, dass die Persönlichkeitsrechte der Adressaten in unzulässiger Weise angetastet werden.[402] Die Verhaltenspflichten, die sich an ein Handeln zu Zwecken des Wettbewerbs an den Handelnden richten, sind deshalb in diesem Fall von der Presse zu beachten. Die Wettbewerbsabsicht ist anzunehmen.

(2) Wettbewerbsverstoß

Die wettbewerbsrechtliche Haftung ist dann anzuwenden, wenn besondere Umstände dafür sprechen, dass nicht die zutreffende Unterrichtung, sondern die Förderung eigenen oder fremden Wettbewerbs im Vordergrund der Berichterstattung steht. Für den Fall, dass die Berichterstattung zur Wettbewerbshandlung wird, sieht sich die Presse den Verhaltenspflichten des Wettbewerbsrechts ausgesetzt. Denn – wie in der Entscheidung

398) Sedelmeier a.a.O.

399) BVerfGE 12, S. 113, 130 - *Schmid.*

400) St. Rspr., zuletzt BVerfGE 99, S. 185, 197; Herzog in Maunz/Dürig, GG, Art. 5 Abs. 1, 2 Rdnr. 146; Hoffmann-Riem in AK, Art. 5 Abs. 1, 2 Rdnr. 21 zur Meinungsfreiheit.

401) Schmidt-Jorzig in HdbStR Bd. VI, § 141 Rdnr. 20; Wendt in v. Münch, GG, Art. 5 Rdnr. 10.

402) Vgl. BGH GRUR 1995, S. 744, 747 – *Feuer, Eis & Dynamit I.*

Pressehaftung I[403] formuliert – findet die Pressefreiheit ihre Schranken in den Vorschriften der allgemeinen Gesetze (Art. 5 Abs. 2 GG) und hat daher grundsätzlich auch die wettbewerbsrechtlichen Regelungen zu beachten.

Eine für die Presse wesentliche Verhaltenspflicht ist das Trennungsgebot, dessen Missachtung die Wettbewerbswidrigkeit nach § 1 UWG und nach überwiegender Ansicht[404] auch nach § 3 UWG begründet. Durch die Beachtung dieser Verhaltenspflicht wird die Tätigkeit der Presse nicht unzulässig eingeschränkt, da Inhalt, Form und Vorarbeiten der Berichterstattung im redaktionellen Teil nicht eingeschränkt werden, sondern das Trennungsgebot lediglich eine Kennzeichnung der kommerziellen Inhalte Dritter als Anzeige verlangt. Damit wird nicht nur dem Wahrheitsgrundsatz des Wettbewerbsrechts entsprochen, sondern auch der Wahrheitspflicht der Presse. Wie auch bei der Annahme der Wettbewerbsabsicht in diesem Fall, ist eine besondere Haftungsprivilegierung für die Presse nicht geboten.

bb) Haftung gemäß § 1004 BGB analog

(1) Einführung

Mit der Störerhaftung werden auch diejenigen in die Haftung einbezogen, die weder über die Verbotstatbestände des UWG noch die Zurechnungsvorschriften wie z.B. § 13 Abs. 4 UWG, §§ 31, 831 BGB haftbar gemacht werden können, insbesondere weil sie nicht zu Zwecken des Wettbewerbs gehandelt haben.[405] Ausdrücklich zieht der BGH die Haftung nach § 1004 BGB heran, wenn es an der Wettbewerbsabsicht fehlt. In den Entscheidungen *Constanze II* war § 1004 BGB Haftungsgrundlage; auch bei den Entscheidungen *Schönheits-Chirurgie* und *Versierter Ansprechpartner* zog der Bundesgerichtshof eine Haftung analog § 1004 BGB in Betracht.[406]

(2) Zur entsprechenden Anwendung des § 1004 BGB

Nach einer Ansicht in der Literatur[407] sollte auf eine analoge Anwendung des § 1004 BGB jedoch ganz verzichtet werden. Es kommt dann nur die Haftung nach den Vorschriften des UWG in Frage, insbesondere nach § 1 UWG. Presseunternehmen könnten nach dieser Ansicht dann nicht in Anspruch genommen werden, wenn sie nicht zu Zwecken des Wettbewerbs gehandelt haben. Dagegen spricht aber das Ziel des UWG, einen lauteren Wettbewerb zu gewährleisten.[408] Daraus folgt die Notwendigkeit, auch denjenigen in Anspruch

---

403) BGH GRUR 1990, S. 1012, 1014.
404) Siehe Henning-Bodewig GRUR Int. 1991, S. 863 m.w.N.
405) V. Gierke, WRP 1997, S. 892.
406) Siehe oben S. 100.
407) Glockshuber, S. 134 ff.
408) Siehe Baumbach/Hefermehl, UWG, Einl. Rdnr. 50.

nehmen zu können, der nicht zu Zwecken des Wettbewerbs gehandelt hat.[409] Auf die analoge Anwendung des § 1004 BGB zu verzichten, überzeugt dahrer nicht.

Eine andere Ansicht zieht einer analogen Anwendung des § 1004 BGB die Anwendung des § 830 Abs. 2 BGB vor.[410] Grund dafür sei, dass durch das Wettbewerbsrecht Verhaltenspflichten begründet würden und keine erfolgsbezogenen Haftungstatbestände vorlägen. Nur die vorsätzliche Verursachung von Wettbewerbsverstößen – einschließlich Anstiftung oder Beihilfe – könne deswegen zur Haftung führen. Grundsätzlich müssten also Presseunternehmen vorsätzlich gehandelt haben, um in Anspruch genommen werden zu können. Eine Haftung über den Vorsatz hinaus kann nach dieser Ansicht nur durch besondere Umstände gerechtfertigt werden, z.B. durch die Verletzung von Prüfungspflichten, die aus der Prüfungsmöglichkeit des Verlegers erwachsen.[411]

Diese Ansicht, die auf § 830 Abs. 2 BGB zurückgreifen will, bietet eine in sich schlüssige Alternativkonzeption zur analogen Anwendung des § 1004 BGB. Sie setzt jedoch voraus, dass im Gegensatz zur h.M. § 830 Abs. 2 BGB sich nicht mehr an einer strafrechtlichen Auslegung orientiert. Bislang geht die h.M. davon aus, dass beim Haupttäter ein vorsätzlicher Wettbewerbsverstoß vorliegen müsse, so dass eine Anwendung dieser Konzeption auch eine Änderung dieser Annahme voraussetzt.[412]

Maßgeblicher Einwand gegen diese Konzeption ist aber, dass auch das Wettbewerbsrecht auf die Verhinderung rechtswidriger Erfolge gerichtet ist.[413] Die Lauterkeit des Wettbewerbs soll geschützt werden, so dass eine Inanspruchnahme nicht nur wegen des Verhaltensunrechts, sondern auch wegen eines lauterkeitsrechtlich zu missbilligenden Erfolges in Frage kommt.[414] Einer Anwendung des § 1004 BGB steht deswegen nicht die Verhaltensbezogenheit des Wettbewerbsrechts entgegen, so dass auch weiterhin auf die analoge Anwendung des § 1004 BGB zurückgegriffen werden sollte.

(3) Zur Einschränkung der Prüfungspflichten der Presse

Vorzugswürdig ist also die Ansicht, die für eine Inanspruchnahme des Störers, der nicht zu Zwecken des Wettbewerbs und ohne Verschulden gehandelt hat, auf die analoge Anwendung des § 1004 BGB zurückgreift. Dabei stellt sich die Frage, welche Grenzen der Störerhaftung durch eine verfassungskonforme Auslegung im Lichte der Pressefreiheit gezogen werden.

---

409) Vgl. Haedicke, GRUR 1999, S. 400; v. Gierke, WRP 1997, S. 896; Köhler, WRP 1997, S. 898; anders nur Glockshuber, S. 135.
410) Köhler, WRP 1997, S. 897 ff.
411) Köhler, WRP 1997, S. 902.
412) Siehe Freytag, S. 71.
413) Haedicke, GRUR 1999, S. 400; vgl. auch Freytag, S. 70.
414) Vgl. Haedicke, GRUR 1999, S. 400.

Bei der Haftung analog § 1004 BGB handelt es sich um die Fälle mittelbarer Haftung, bei denen das Rechtswidrigkeitsurteil besonderer Begründung bedarf.[415] Denn anders als bei der unmittelbaren Haftung, bei der der Verletzende zu Zwecken des Wettbewerbs handelt, kann bei der mittelbaren Haftung nicht vom Erfolg – einem Verstoß gegen den lauteren Wettbewerb – auf das Handlungsunrecht geschlossen werden. Vielmehr begründen Prüfungspflichten den Handlungsunwert mittelbarer Handlungen im Wettbewerb.[416] Dies ist das Einfallstor für eine verfassungskonforme Auslegung: Kommt es hinsichtlich des Rechtswidrigkeitsurteils auf Prüfungspflichten an, sind diese im Lichte der Pressefreiheit für Presseangehörige zu beschränken.

Auch bei anderen als Presseangehörigen können Prüfungspflichten beschränkt sein. Denn die Beschränkung der Prüfungspflichten im Rahmen der analogen Anwendung des § 1004 BGB folgt aus der Zumutbarkeit von Prüfungspflichten im Einzelfall. In der Entscheidung *Architektenwettbewerb* führt der BGH deshalb aus: „Dem als Störer Inanspruchgenommenen muss daher ausnahmsweise der Einwand offen stehen, dass ihm im konkreten Fall eine Prüfungspflicht – etwa weil der Störungszustand für ihn nicht ohne weiteres erkennbar war – entweder überhaupt nicht oder jedenfalls nur eingeschränkt zuzumuten sei.“[417] Dieser Einwand steht also jedem offen, nicht nur den Angehörigen der Presse; die Möglichkeit, sich auf eingeschränkte Prüfungspflichten zu berufen, ist also beim Anspruch analog § 1004 BGB nicht pressespezifisch.

Pressespezifisch ist aber die Ausprägung, die die Einschränkung von Prüfungspflichten erfährt. Bei Anzeigen, für die die Presse nach den §§ 1, 3 UWG haftet, ist die Beschränkung der Prüfungspflicht auf grobe, unschwer zu erkennende Verstöße vertretbar (dazu unten b)). Im redaktionellen Teil ist die Notwendigkeit der Prüfungspflichten den Bedürfnissen der Presse anzupassen. Dabei können sich für einzelne Beiträge Prüfungspflichten in größerem Umfang ergeben, wenn es der Presse zumutbar ist zu recherchieren. Dies dürfte insbesondere bei Zeitungsartikeln entsprechenden Beiträgen der Fall sein. Auch bei der Beilage im Fall *Constanze II* zog der Bundesgerichtshof keine Einschränkung von Prüfungspflichten in Betracht.[418]

Bei anderen Meldungen wie zum Beispiel Aktienkursen würde die Recherche einen unzumutbaren personellen und zeitlichen Aufwand erfordern. Hier sind die Prüfungspflichten einzuschränken, damit eine aktuelle Berichterstattung garantiert werden kann. Die aufgrund des Aktualitätserfordernisses vorhandene Zeitnot spricht gegen die umfassende Überprüfung solcher Inhalte. Verlassen kann sich die Presse bei derartigen Meldungen insbesondere auf amt-

---

415) Grundlegend Baur, AcP 160 (1961), S. 472 ff.
416) Siehe Haedicke, GRUR 1999, S. 402.
417) BGH GRUR 1997, S. 313, 316- *Architektenwettbewerb*.
418) Vgl. BGHZ 14, S. 163, 174 ff.

liche Mitteilungen der Behörden und Informationen von als zuverlässig bekannten Nachrichtenagenturen.[419]

Auch die Entscheidung *Branchenbuch-Nomenklatur*[420] lässt einen Schluss auf die Anforderungen an die Prüfungspflicht der Presse für den redaktionellen Teil zu. Danach sind Funktion und Aufgabenstellung der Verlegerin der „Gelben Seiten" zu berücksichtigen. Stehen diese einer eingehenden Prüfung entgegen, etwa wenn eine Veröffentlichung von Inhalten Dritter in Umfang und Vielfalt dem Anzeigengeschäft entspricht, ist eine Prüfungspflicht nur im Hinblick auf grobe, unschwer zu erkennende Verstöße bei Inhalten Dritter zu bejahen. Grobe und unschwer zu erkennende Verstöße liegen dann nicht mehr vor, wenn nähere wettbewerbsrechtliche Kenntnisse oder andere besondere Kenntnisse erforderlich sind, um den Wettbewerbsverstoß erkennen zu können, wie z.B. in der Entscheidung *Schlankheitswerbung*[421] ernährungswissenschaftliche Kenntnisse.

c) Haftungsbeschränkungen für den Anzeigenteil

aa) Einschränkung von Prüfungspflichten

Dem Bundesgerichtshof ist beizupflichten, dass Presseunternehmen eine uneingeschränkte Prüfungspflicht der Anzeigeninhalte nicht zuzumuten wäre. Denn der personelle und zeitliche Aufwand einer eingehenden Prüfung würde die Veröffentlichung von Anzeigen an sich in Frage stellen. Diese Einschränkung der Pressetätigkeit wäre sowohl im Hinblick auf den Schutz der Anzeigen selbst (durch Art. 5 Abs. 1 S. 2 GG) nicht verhältnismäßig als auch im Hinblick auf den reflexartigen Schutz von Anzeigen als Instrument der Finanzierung von Presseunternehmen. Zu berücksichtigen ist bei der Beurteilung des Aufwandes die große Anzahl von Anzeigen und die Vielfalt der Anzeigeninhalte.[422] Zudem gibt es neben dem Presseunternehmen einen Hauptverantwortlichen für die Anzeige, den Inserenten, der von den nach § 13 Abs. 2 UWG befugten Personen auf Unterlassung und von Mitbewerbern zudem nach den einschlägigen Wettbewerbsbestimmungen auf Schadensersatz in Anspruch genommen werden kann (häufig § 1 UWG oder auch § 3 UWG i.V.m. § 13 Abs. 6 Nr. 1 S. 2 UWG). Eine Verteidigung des lauteren Wettbewerbs ist auf diesem Wege möglich, so dass das Interesse am lauteren Wettbewerb nicht so schwerwiegend ist, um eine Beschränkung der Pressefreiheit durch die Auferlegung unbeschränkter Prüfungspflichten zu rechtfertigen. Eine eingeschränkte Prüfungspflicht ist also geboten, um nicht die Presse in ihrer Tätigkeit in unverhältnismäßiger Art und

419) Siehe Löffler/Ricker, 39. Kap. Rdnr. 15 m.w.N.
420) BGH GRUR 1997, S. 909, 911 – *Branchenbuch-Nomenklatur.*
421) BGH GRUR 1994, S. 454, 455.
422) Löffler in Löffler, Presserecht, Anz.BT, Rdnr. 106; BVerfG WRP 2001, S. 129, 134 – *Benetton.*

Weise einzuschränken. Eine verfassungskonforme Auslegung der einschlägigen Haftungsbestimmungen führt zu einer solchen Einschränkung.

bb) Haftung nach §§ 1, 3 UWG

(1) Wettbewerbshandlung

Beim Anzeigengeschäft handelt die Presse nach Ansicht des Bundesgerichtshofs grundsätzlich zu Zwecken des Wettbewerbs, da die Wettbewerbsabsicht zu vermuten ist. Dem Bundesgerichtshof ist allerdings nicht darin zuzustimmen, dass es sich bei dem Anzeigengeschäft um eine typische wettbewerbsfördernde Maßnahme außerhalb des meinungsbildenden und informierenden Funktionsbereichs handelt.[423] Denn auch der Inhalt von Anzeigen hat eine meinungsbildende und informierende Funktion; reine Anzeigenblätter werden ebenfalls von der Pressefreiheit geschützt.[424] Zutreffend ist allerdings, dass grundlegendes Ziel des Anzeigengeschäfts die Förderung des Erfolges der Anzeigenkunden im Wettbewerb ist.[425] Damit ist die objektive Eignung der Wettbewerbsförderung nicht nur eine notwendige Begleiterscheinung, sondern eine zur Berichterstattung zumindest gleichwertige Zielsetzung, die die Annahme der Wettbewerbsabsicht rechtfertigt.

(2) Haftung auf Schadensersatz gemäß §§ 1, 3 UWG

Beim Anzeigengeschäft können die Presseunternehmen auf Schadensersatz gemäß §§ 1 und 3, 13 Nr. 1 S. 2 UWG in Anspruch genommen werden. Eine Orientierung der Schadensersatzhaftung gemäß § 1 UWG an den Bedürfnissen der Presse ist ohne weiteres bei der Bestimmung des Sorgfaltsmaßstabes möglich. Fahrlässig handelt, wer nicht die im Verkehr erforderliche Sorgfalt beachtet (§ 276 Abs. 1 BGB). Das bedeutet, dass der einzelne derjenigen Sorgfalt entsprechen muss, die von ihm als Angehöriger einer bestimmten Berufs- und Menschengruppe zu verlangen ist.[426] Der Presse und dem durch die Pressefreiheit geschützten Personenkreis sind Prüfungspflichten bei der Annahme der Anzeigen auferlegt; zumutbar und mit der Pressefreiheit nach Art. 5 Abs. 1 S. 2 GG vereinbar ist jedoch nur die Prüfung auf grobe und offensichtliche Verstöße gegen den lauteren Wettbewerb.

Die Schadensersatzhaftung für irreführende Werbeangaben in Anzeigen setzt gemäß §§ 3, 13 Abs. 6 Nr. 1 S. 2 UWG Vorsatz der Presse und ihrer Angehörigen voraus (so genanntes Presseprivileg). Vorsatz ist nicht schon dann zu bejahen, wenn die Presse Prüfungspflichten verletzt hat, sondern wenn sie

---

423) So BGH GRUR 1990, S. 1012, 1013 – *Pressehaftung*; BGH GRUR 1993, S. 43, 54 – *Ausländischer Inserent*.

424) Siehe oben S. 87 ff.

425) So BGH GRUR 1993, S. 53, 54 – *Ausländischer Inserent*.

426) Baumbach/Hefermehl, UWG, Einl. Rdnr. 370.

Kenntnis davon hat, dass sie irreführende Angaben macht. Dieses Privileg wird vom Bundesgerichtshof nicht analog auf § 1 UWG angewendet,[427] obwohl Stimmen in der Literatur[428] eine solche Anwendung für sinnvoll erachten. Für die neuen Medien ist außerdem zu beachten, dass es um Anzeigen in periodischen Druckschriften geht (§ 13 Abs. 6 Nr. 1 S. 2 UWG). Der Wortlaut „Druckschriften" steht einer direkten Anwendung auf die neuen Formen der Presse entgegen; es kommt allenfalls eine analoge Anwendung in Betracht.[429]

(3) Haftung auf Unterlassung gemäß §§ 1, 3 UWG

(a) Berücksichtigung eingeschränkter Prüfungspflichten im Rechtswidrigkeitsurteil

Eine Einschränkung der Prüfungspflichten im Rahmen verfassungskonformer Auslegung ist im Hinblick auf die Pressefreiheit auch für die Unterlassungsansprüche nach §§ 1, 3 UWG geboten. Die Anwendung des Unterlassungsanspruchs analog § 1004 BGB ohne Berücksichtigung besonderer Rechtswidrigkeitskriterien würde zu einer uferlosen Haftung führen. Bei diesem Anspruch fügen sich beschränkte Prüfungspflichten der Presse als besonderes Rechtswidrigkeitskriterium zwanglos ein.[430] §§ 1, 3 UWG enthalten hingegen selbst eine Begrenzung der Haftung, indem ein Handeln zu Wettbewerbszwecken vorausgesetzt wird. Die Notwendigkeit, die Haftung von Presseunternehmen einzuschränken, folgt hier nicht schon aus dem Bedürfnis, einen sonst uferlosen Haftungstatbestand einschränken zu müssen.

Eine Meinung in der Literatur möchte deswegen im Hinblick auf den Charakter der Unterlassungsansprüche auf die Überprüfung von Prüfungspflichten ganz verzichten.[431] Der wettbewerbsrechtliche Unterlassungsanspruch sei verschuldensunabhängig. Dieser Argumentation liegt die Annahme zu Grunde, dass die Berücksichtigung eingeschränkter Prüfungspflichten ein Element des Verschuldens sei. Würden diese eingeschränkten Prüfungspflichten berücksichtigt, würden folglich Verschuldensgesichtspunkte in einem verschuldensunabhängigen Haftungstatbestand berücksichtigt.[432] Ein solches Vorgehen sei dogmatisch nicht erklärbar. Auch verfassungsrechtliche Erwägungen seien nicht beachtlich, da kein schützenswertes Interesse der Presse am Abdruck wett-

---

427) BGH GRUR 1990, S. 1012, 1014 – *Pressehaftung*.
428) Baumbach/Hefermehl, UWG, § 13 Rdnr. 58; Henning-Bodewig, GRUR 1985, S. 261.
429) So zu Bildschirmtexten: Lachmann WRP 83, S. 594; Baumbach/Hefermehl, UWG, § 13 Rdnr. 58; differenzierend Henning-Bodewig, GRUR 1985, S. 267.
430) Siehe oben S. 113.
431) So Henning-Bodewig, GRUR 1981, S. 871.
432) Vgl. Henning-Bodewig, GRUR 1981, S. 871.

bewerbswidriger Anzeigen bestehe. Mit dem Anzeigengeschäft würden schließlich keine publizistischen, sondern ökonomische Interessen verfolgt.[433]

Dieser Beurteilung kann nicht gefolgt werden. Zunächst sei dahingestellt, ob die Einschränkung von Prüfungspflichten allein dem Verschulden zuzuordnen ist. Entscheidend ist der Schutz des Anzeigengeschäfts durch die Pressefreiheit.[434] Auch die Anzeige ist eine von der Pressefreiheit geschützte Nachricht.[435] Wenn auch das Wettbewerbsrecht der Pressefreiheit eine Schranke zieht, ist es trotzdem im Lichte der Pressefreiheit auszulegen. Eine eingeschränkte Prüfungspflicht ist im Hinblick auf die Veröffentlichung selbst dann geboten, wenn das Presseunternehmen zu Wettbewerbszwecken handelt. Zwar können die Presseunternehmen Unterwerfungserklärungen abgeben und so einer Unterlassungsklage entgegenwirken. Diese in der Unterwerfungserklärung enthaltenen Verpflichtungen sind aber nur mit hohem organisatorischem Aufwand einzuhalten. Würde mangelndes Verschulden einen Schadensersatzanspruch ausschließen und auf diese Weise den organisatorischen Aufwand nicht erfordern, müsste der Aufwand im Hinblick auf den Unterlassungsanspruch doch betrieben werden.[436]

Ein Bedürfnis zur verfassungskonformen Auslegung besteht also auch bei den Ansprüchen nach §§ 1, 3 UWG. Dieses Bedürfnis tritt auch in der Rechtsprechung des BGH zu Tage, wenn er in der Entscheidung *Badische Rundschau* zwar zunächst die grundsätzliche Verpflichtung auch von Presseunternehmen zur Prüfung der von ihnen veröffentlichten Anzeigen feststellt, dann aber die Prüfungspflicht auf grobe Verstöße beschränkt.[437]

Fraglich ist allerdings, ob die §§ 1, 3 UWG einer verfassungskonformen Auslegung Raum lassen. Von der erwähnten Literaturmeinung wird diese Möglichkeit verneint, da sie eine solche Auslegung nur durch Einbeziehung von Verschuldensgesichtspunkten in die verschuldensunabhängigen Unterlassungsansprüche des UWG für möglich hält. Zunächst ist dieser Literaturmeinung zuzugeben, dass dem Unterlassungsanspruch eine Verschuldensprüfung fremd ist. Es ist deswegen zu fragen, ob die Einschränkung von Prüfungspflichten auf der Ebene des Tatbestands von §§ 1, 3 UWG oder auf der Ebene der Rechtswidrigkeit berücksichtigt werden kann.

Eine Ansicht will die Anforderungen an die Prüfungspflicht nicht nur beim Verschulden, sondern auch bei der Rechtswidrigkeit der wettbewerbs-

---

433) Henning-Bodewig GRUR 1981, S. 871.
434) Siehe oben S. 87.
435) BVerfGE 21, S. 271, 278 f; BVerfGE 64, S. 108, 114; BVerfG WRP 2001, S. 129, 133 - *Benetton*.
436) Ahrens in FS Traub, S. 16.
437) BGH GRUR 1973, S. 204.

rechtlichen Ansprüche berücksichtigen.[438] Nur bei Verletzung von zusätzlichen und inhaltlich begrenzten Prüfungspflichten, so genannten pressebezogenen Verkehrspflichten, sei deswegen Sittenwidrigkeit bzw. die Rechtswidrigkeit anderer Wettbewerbstatbestände zu bejahen. Diesem Ansatz ist im Wesentlichen zu folgen, da gerade die Rechtswidrigkeit der Unterlassungsansprüche ein Tor zur verfassungskonformen Auslegung eröffnet. Voraussetzung der Unterlassungsansprüche ist auch die Rechtswidrigkeit der konkreten Verletzungshandlung.[439] Diese ist zwar regelmäßig bei der Verwirklichung der wettbewerbsrechtlichen Tatbestände zu bejahen und muss nicht wie bei der mittelbaren Haftung analog § 1004 BGB eigens begründet werden. Die Beurteilung des Handlungsunrechts bedarf aber im Hinblick auf die besondere Bedeutung der Pressefreiheit einer Modifikation.

Wie bereits oben erläutert[440] werden Prüfungspflichten ganz allgemein vorausgesetzt. Diese sind jedoch im Rahmen der verfassungskonformen Auslegung für Presseorgane einzuschränken. Das Handlungsunrecht bei der Presse kann deshalb nur dann bejaht werden, wenn Presseunternehmen einen wettbewerbsrechtlichen Tatbestand verwirklicht haben und zudem gegen die für sie als Presse eingeschränkte Prüfungspflicht verstoßen haben. Es handelt sich also nicht um zusätzliche,[441] sondern um aufgrund der Pressefreiheit eingeschränkte Prüfungspflichten.

Diese Modifikation folgt nicht, wie bei der mittelbaren Haftung analog § 1004 BGB, schon unabhängig von der Presse aus den Bedürfnissen des Haftungstatbestandes, sondern allein aus der Pressefreiheit und der Notwendigkeit verfassungskonformer Auslegung. Die Modifikation der Rechtswidrigkeit besteht darin, dass zwar grundsätzlich bei der unmittelbaren Haftung Prüfungspflichten uneingeschränkt vorauszusetzen sind, bei der Haftung der Presse aber nur eine Verletzung von eingeschränkten Prüfungspflichten die Rechtswidrigkeit begründet.

Exemplarisch für die wettbewerbsrechtlichen Tatbestände soll hier aufgezeigt werden, auf welche Weise die Einschränkung der Prüfungspflichten auf das Sittenwidrigkeitsurteil des § 1 UWG einwirkt und wie sie innerhalb des Irreführungstatbestandes nach § 3 UWG berücksichtigt werden kann.

(b) Eingeschränkte Prüfungspflichten bei § 1 UWG

Mit dem Sittenwidrigkeitsurteil des § 1 UWG ist auch das Rechtswidrigkeitsurteil begründet.[442] Bei der Formulierung des § 1 UWG, „Verstoß gegen die

---

438) Ahrens in Gloy, § 58 Rdnr. 67; ders. in FS Traub, S. 16; ebenso Lindacher, WRP 1987, S. 586.
439) Teplitzky, Kap. 5, Rdnr. 12.
440) Siehe oben S. 108.
441) Insoweit kann der vorgenannten Ansicht, Fn. 438, nicht gefolgt werden.
442) Baumbach/Hefermehl, UWG, Einl. Rdnr. 349.

guten Sitten“, handelt es sich allerdings um eine Generalklausel, die offen für die verfassungskonforme Auslegung ist.[443] Sie eröffnet den gleichen Auslegungsspielraum, den das Bundesverfassungsgericht in der Entscheidung *Lüth* für das bürgerliche Recht, dort insbesondere bei der Anspruchsgrundlage § 826 BGB eröffnet sah.[444] Es sind sämtliche Umstände des Einzelfalls zu berücksichtigen. In die Systematik des § 1 UWG, die von der Rechtsprechung zur Konkretisierung der Generalklausel entwickelt wurde, hat die Einschränkung von Prüfungspflichten der Presse am ehesten die Qualität des Abwehreinwands.[445] Nach dem Abwehreinwand – der nur selten zugelassen wird – kann zu berücksichtigen sein, ob der Täter seinerseits zuvor von anderer Seite in rechtswidriger Weise angegriffen worden ist. Die unlautere Wettbewerbshandlung stellt sich dann nur als Abwehr dieses Angriffs dar.[446] Auf diese Weise fließt das Rechtswidrigkeitsurteil in das Sittenwidrigkeitsurteil ein. Bei Presseveröffentlichungen wird das Handlungsunrecht durch die Tätigkeit als grundrechtlich geschütztes Presseunternehmen vermindert. Eingeschränkte Prüfungspflichten sind geboten, um die Tätigkeit der Presse einschließlich der Veröffentlichung von Anzeigen zu gewährleisten. Selbst wenn eine Anzeige einen Wettbewerbsverstoß eines Dritten enthält, entfällt die Rechtswidrigkeit für die Veröffentlichung der Anzeige, wenn das Presseunternehmen den eingeschränkten Prüfungspflichten entsprochen hat

In Konstellationen wie dem Fall der *Badischen Rundschau*[447] ist die Berücksichtigung der Einschränkung von Prüfungspflichten deswegen als Teil der Sittenwidrigkeitsprüfung des § 1 UWG zu verstehen, strukturell vergleichbar mit dem wettbewerbsrechtlichen Abwehreinwand.

(c) Eingeschränkte Prüfungspflichten bei § 3 UWG

Im Gegensatz zu § 1 UWG, der mit der Generalklausel des Verstoßes gegen die guten Sitten einen offensichtlichen Ansatzpunkt für die verfassungskonforme Auslegung bietet, eröffnet § 3 UWG auf den ersten Blick keine Möglichkeit verfassungskonformer Auslegung im Lichte der Pressefreiheit. Der Unterlassungsanspruch aufgrund § 3 UWG enthält keine Generalklausel wie § 1 UWG. Bei der Irreführung spielen die Umstände des Einzelfalls regelmäßig keine Rolle.

Eine verfassungskonforme Auslegung könnte in Bezug auf das „Angaben Machen“ in Betracht gezogen werden. „Angaben Machen“ könnte nur dann bejaht werden, wenn Presseunternehmen bei Verletzung ihrer eingeschränkten Prüfungspflicht Anzeigen veröffentlichen. Aber auch hier werden der

---

443) Vgl. BVerfGE WRP 2001, S. 129, 134f. - *Benetton.*
444) BVerfGE 7, S. 198, 206.
445) Ebenso Glockshuber, Fn. 903.
446) Emmerich, § 21 Nr. 10 m.w.N..
447) GRUR 1973, S. 203 ff. – *Badische Rundschau*; siehe oben S. 103.

verfassungskonformen Auslegung durch Wortlaut und Gesetzeszweck Grenzen gezogen. Der systematische Zusammenhang mit § 13 Abs. 6 Nr. 1 UWG verdeutlicht, dass das „Angaben Machen" sich gerade auch auf die Veröffentlichung von Anzeigen unter Verletzung von Prüfungspflichten durch ein Presseunternehmen bezieht. Dieser systematische Zusammenhang schließt eine einschränkende Auslegung des „Angaben Machens" aus.

Bei § 3 UWG kann die Einschränkung der Prüfungspflichten deswegen nur bei der Rechtswidrigkeit berücksichtigt werden.[448] Die Rechtswidrigkeit der Irreführung nach § 3 UWG ist regelmäßig zu bejahen. Denn regelmäßig liegen die Rechtfertigungsgründe in inter-partes-Beziehungen begründet. Solche Rechtfertigungsgründe genügen nicht, um die Rechtswidrigkeit bei einem Tatbestand wie § 3 UWG aufzuheben, da dieser auch Belange der Allgemeinheit schützt.[449] Dennoch ist es möglich, die Pressefreiheit auch bei der Rechtswidrigkeit des § 3 UWG ausreichend zu berücksichtigen. Denn die Pressefreiheit berührt nicht nur einzelne, sondern gerade auch die Allgemeinheit. Die Pressefreiheit ist ein für die Allgemeinheit bedeutsames Gut. Sie ist für die Demokratie schlechthin konstituierend. Schon begrenzte Prüfungspflichten gewährleisten die Pressetätigkeit, da der hierfür erforderliche Aufwand an Zeit und Personal eine Veröffentlichung der Anzeigen nicht ausschließt. Die Begrenzung der Prüfungspflichten stellt eine elementare institutionell-organisatorische Voraussetzung dar und rechtfertigt deshalb auch die Gefahr der Irreführung der Allgemeinheit durch das Presseunternehmen. Die Allgemeinheit muss deshalb eine Irreführung in Kauf nehmen, wenn Presseunternehmen ihrer Prüfungspflicht nachgekommen sind. Diese Gefahr der Irreführung wird insoweit gemindert, als typischerweise der Auftraggeber der Anzeige ebenso an der Irreführung beteiligt ist und ihn eine uneingeschränkte Prüfungspflicht trifft. Der lautere Wettbewerb wird so durch die Inanspruchnahme von Presseunternehmen bei Verletzung von eingeschränkten Prüfungspflichten und durch die Inanspruchnahme des Auftraggebers bei Verletzung von uneingeschränkten Prüfungspflichten geschützt. Die Pressefreiheit rechtfertigt deswegen für das Presseunternehmen inter-alia eine Irreführung durch Veröffentlichung einer Anzeige, soweit die Presse nicht gegen ihre eingeschränkten Prüfungspflichten verstoßen hat.

Damit ist auch die Entscheidung *Ausländischer Inserent* dogmatisch begründbar. Es wurden dort bei einem Anspruch nach § 3 UWG zunächst eingeschränkte Prüfungspflichten vorausgesetzt; einer Inanspruchnahme des Presseunternehmens stand es aber entgegen, dass das Presseunternehmen seiner – eingeschränkten – Prüfungspflicht nachgekommen war.[450]

---

448) Ebenso Lindacher, WRP 1987, S. 586; Ahrens in Gloy, § 58 Rdnr. 67.
449) Teplitzky, Kap. 5, Rdnr. 18; ebenso Emmerich, § 21 Nr. 10.
450) BGH GRUR 1993, S. 53, 54 - *Ausländischer Inserent*; ebenso BGH GRUR 1994, S. 454, 455 f. - *Schlankheitswerbung*.

6. Ergebnis

Das Wettbewerbsrecht als allgemeines Gesetz ist geeignet, die Pressefreiheit einzuschränken. Die Verhaltenspflichten des lauteren Wettbewerbs treffen deshalb auch die Presse. Das Wettbewerbsrecht ist aber im Lichte der Pressefreiheit auszulegen, was zu einer Beschränkung der Haftung von Presseunternehmen führen kann.

Die Presse handelt grundsätzlich im geschäftlichen Verkehr. Zu Zwecken des Wettbewerbs handelt die Presse nur, wenn besondere Umstände für die Wettbewerbsabsicht sprechen. Die Umstände müssen erkennen lassen, dass neben der Absicht, Bericht zu erstatten, auch die Absicht, fremden oder eigenen Wettbewerb zu fördern, eine mehr als nur notwendigerweise begleitende Rolle gespielt hat.

Im redaktionellen Teil liegen diese besonderen Umstände nur im Ausnahmefall vor. Liegen sie vor, handelt es sich in aller Regel um einen Verstoß gegen das Gebot der Trennung von Werbung und redaktionellem Teil. Eine Privilegierung der Presse für die Haftung nach §§ 1, 3 UWG für diesen Verstoß ist durch die Pressefreiheit nach Art. 5 Abs. 1 S. 2 GG nicht geboten. Denn weder wird in einem solchen Fall die Unabhängigkeit der Berichterstattung gewahrt noch kommt die Presse ihrer Wahrheitspflicht nach, die einer nicht manipulierten freien öffentlichen und individuellen Meinungsbildung dient.

Handelt die Presse jedoch nicht zu Zwecken des Wettbewerbs oder übernimmt sie erkennbar wie im Anzeigenteil Inhalte Dritter, so ist eine Einschränkung der Haftung geboten. Überzogene Prüfungspflichten würden eine Veröffentlichung dieser Inhalte unmöglich machen bzw. über Gebühr einschränken. Diese Einschränkung der Prüfungspflichten findet in sämtliche Haftungsgrundlagen des Wettbewerbsrechts Eingang (hier insbesondere §§ 1, 3 UWG und § 1004 BGB analog). Bei den Abwehransprüchen nach §§ 1, 3 UWG und § 1004 BGB analog eröffnen Wortlaut und Systematik des Gesetzes die Möglichkeit zur Auslegung im Lichte der Pressefreiheit. Auch die Schadensersatzansprüche gemäß §§ 1, 3 UWG sind offen für eine verfassungskonforme Auslegung.

Im redaktionellen Teil können diese Prüfungspflichten der Presse auf Wettbewerbsverstöße dann eingeschränkt werden, wenn eine Prüfung den Presseunternehmen im Einzelfall nicht zuzumuten ist, da der organisatorische und zeitliche Aufwand die Veröffentlichung verhindern oder stark einschränken würde. Im Regelfall dürften Prüfungspflichten hier jedoch zumutbar sein.

Auch im Anzeigenteil, bei dem ein Handeln zu Zwecken des Wettbewerbs vorliegt, sind die Prüfungspflichten grundsätzlich einzuschränken. Nur eine Prüfung auf grobe und offensichtliche Verstöße gegen das Wettbewerbsrecht steht in Einklang mit der Pressefreiheit. Eine eingehende Prüfung der

Anzeigentexte würde einen so großen finanziellen, organisatorischen und zeitlichen Aufwand erfordern, dass eine Veröffentlichung zu aktueller Zeit unmöglich bzw. nur in Einzelfällen möglich wäre. Die Pressefreiheit wäre dann unverhältnismäßig beschränkt.

II. Die urheberrechtliche Haftung

1. Einführung

Die Haftung nach dem UrhG ist auch für Suchdienste relevant. Sie sehen sich Unterlassungs- und Schadensersatzansprüchen ausgesetzt, die auf § 97 UrhG gestützt werden. Zum einem kann es vorkommen, dass Suchdienste auf Webseiten verweisen, in denen Urheberrechtsverletzungen enthalten sind. Zum anderen übernehmen Suchmaschinen Inhalte von Webseiten Dritter in ihre Datenbanken und Auszüge davon auf die Trefferliste.[451]

Die verfassungskonforme Auslegung im Lichte der Pressefreiheit gemäß Art. 5 Abs. 1 S. 2 GG wird vom Bundesgerichthof bei der urheberrechtlichen Haftung weitaus seltener problematisiert als bei der wettbewerbsrechtlichen Haftung. Wie außerdem der Überblick über die Rechtsprechung des Bundesgerichtshofs zeigen wird, werden die urheberrechtlichen Haftungsbestände und insbesondere damit verbundene Prüfungspflichten von der Rechtsprechung in wesentlich geringerem Maße eingeschränkt. Auch die Unterscheidung von redaktionellem Teil und Anzeigenteil spielt für das Urheberrecht eine wesentlich geringere Rolle. Unterschieden werden vielmehr die unmittelbare Haftung, bei der das Presseunternehmen die Urheberrechtsverletzung selbst begeht, und die mittelbare Haftung, bei der das Presseunternehmen nur einen adäquat kausalen Beitrag leistet.

2. Die Rechtsprechung des Bundesgerichtshofs

a) Haftung für unmittelbare Urheberrechtsverletzungen

Die Haftung eines Presseunternehmens für eine eigene Urheberrechtsverletzung im redaktionellen Teil war in der Entscheidung *Liedtextwiedergabe I*[452] streitig. Ein Zeitungsverlag veröffentlichte den Text des Liedes „Lili Marleen", als es über einen Film berichtete, der von einer Interpretin dieses Liedes, Lale Andersen, handelte. Die Inhaberin der Verlagsrechte an dem Lied machte Unterlassungs- und Schadensersatzansprüche geltend. Der Bundesgerichtshof verneinte die Befugnis der Presse zum Abdruck des Liedtextes ohne vorherige Genehmigung auch unter Berücksichtigung der in Art. 5 Abs. 1 S. 2 GG gewährleisteten Pressefreiheit und verwies auf deren Schranken nach Art. 5 Abs. 2 GG. Er führte aus:

---

451) Siehe oben S. 34 f.
452) BGH GRUR 1987, S. 34 f.

„Nach Art. 5 Abs. 2 GG wird vielmehr die Pressefreiheit durch die allgemeinen Gesetze, zu denen auch das Urheberrecht gehört, eingeschränkt. Das Urheberrechtsgesetz hat auch den Konflikt zwischen dem Interesse der Presse an freier Berichterstattung über urheberrechtlich geschützte Werke und dem Interesse des Urhebers über die Verbreitung seines Werkes selbst zu bestimmen, geregelt [...]. So enthält insbesondere der § 50 UrhG eine Einschränkung des Urheberrechts zugunsten der freien Berichterstattung über urheberrechtlich geschützte Werke.“[453]

Der Zeitungsverlag berief sich ohne Erfolg auf ein Zitatrecht nach § 50 UrhG, da es nach Einschätzung des Bundesgerichtshofs am Zitatzweck fehlte. Der Liedtext diene nicht als Belegstelle oder Erörterungsgrundlage für selbständige Ausführungen in dem Artikel. Auch lägen keine ungewöhnlich dringenden Informationsbedürfnisse vor, die über die ausdrücklichen gesetzlichen Einschränkungen der Urheberrechte hinausgehende Beschränkungen rechtfertigten.[454]

b) Haftung für Urheberrechtsverletzungen Dritter

Wie bei der wettbewerbsrechtlichen Rechtsprechung zu Anzeigen ging der Bundesgerichtshof in der Entscheidung *Möbelklassiker*[455] davon aus, dass für die Presse Prüfungspflichten auch im urheberrechtlichen Zusammenhang einzuschränken waren. Das Presseunternehmen wurde auf Unterlassung in Anspruch genommen. Dieser Entscheidung lag folgender Sachverhalt zugrunde: In einer Anzeige warb ein Unternehmen für Le Corbusier-Möbel. Da diesem Unternehmen keine Nutzungsrechte eingeräumt worden waren, verletzte das Unternehmen das Verbreitungsrecht nach § 17 Abs. 1 UrhG. Der Inhaber der ausschließlichen Nutzungsrechte wandte sich gegen das Presseunternehmen, in dessen Presseorgan die betreffende Werbeanzeige veröffentlicht worden war, und klagte auf Unterlassung. Beihilfe zur Urheberrechtsverletzung war dem Presseunternehmen jedoch nicht vorzuwerfen.[456] Wie bei der analogen Haftung gemäß § 1004 BGB kann jedoch auch im Urheberrecht derjenige als Störer zur Unterlassung verpflichtet sein, der in irgendeiner Weise – sei es auch ohne Verschulden – willentlich und adäquat kausal zu einer Urheberrechtsverletzung beigetragen hat.[457] Der Bundesgerichtshof führte aus:

„Ebenso wie die wettbewerbsrechtliche Störerhaftung nicht über Gebühr auf Dritte, die dem fraglichen Verbot nicht selbst unterworfen sind, erstreckt werden darf [...], dürfen auch in die – nicht von einem Verschulden abhängige – Störerhaftung nach § 97 Abs.1 S. 1 UrhG nicht über Gebühr Personen, die nicht selbst die rechtswidrige Nutzungshandlung vorgenommen haben, einbezogen werden. Die Bejahung der Störer-

453) BGH GRUR 1987, S. 34, 35.
454) BGH a.a.O., Fn. 453.
455) BGH GRUR 1999, S. 418 ff.
456) BGH GRUR 1999, S. 418, 419 – *Möbelklassiker*.
457) BGH a.a.O., Fn. 456.

haftung Dritter nach § 97 UrhG setzt deshalb wie die wettbewerbsrechtliche Störerhaftung Dritter die Verletzung von Prüfungspflichten voraus. Wer nur durch Einsatz organisatorischer oder technischer Mittel an der von einem anderen vorgenommenen urheberrechtlichen Nutzungshandlung beteiligt war, muss demgemäß, wenn er als Störer in Anspruch genommen wird, ausnahmsweise einwenden können, dass er im konkreten Fall nicht gegen eine Pflicht zur Prüfung auf mögliche Rechtsverletzungen verstoßen hat."[458]

Eine Einschränkung der Prüfungspflichten auch für die Störerhaftung mit dem Abdruck von Anzeigen mit urheberrechtsverletzendem Inhalt sei für die Presse geboten,

> „um die tägliche Arbeit von Presseunternehmen nicht über Gebühr zu erschweren und die Verantwortlichen nicht zu überfordern".[459]

Die Prüfungspflicht wird deshalb auch im Urheberrecht vom Bundesgerichtshof auf die Prüfung von Anzeigen auf grobe, unschwer zu erkennende Verstöße begrenzt.[460] Die Unterlassungsklage hatte keinen Erfolg, da das Presseunternehmen Prüfungspflichten nicht verletzt hatte.

3. Verfassungsrechtliche Grundlage einer Haftungsbeschränkung

a) Keine Haftungseinschränkung bei der unmittelbaren Haftung

Bei der unmittelbaren Haftung wird der Tatbestand des § 97 UrhG vom Bundesgerichtshof nicht wie bei der unmittelbaren Haftung im Wettbewerbsrecht, bei der das Presseunternehmen selbst zu Zwecken des Wettbewerbs handelt, verfassungskonform ausgelegt. Prüfungspflichten der Presse wegen möglicher Urheberrechtsverletzungen werden uneingeschränkt vorausgesetzt.

Durch eine uneingeschränkte Prüfungspflicht wird die Tätigkeit der Presse deutlich beschränkt, insbesondere dann, wenn sie Inhalte Dritter in Anzeigen in ihre Zeitung oder sonstige Veröffentlichung aufnimmt. Sind dort Werke oder Werkteile enthalten, nimmt die Presse durch den Abdruck eine Vervielfältigung vor. Um die Tätigkeit nicht unverhältnismäßig zu beschränken, scheint eine verfassungskonforme Auslegung des Tatbestandes des § 97 UrhG im Lichte der Pressefreiheit gemäß Art. 5 Abs. 1 S. 2 GG auch bei der unmittelbaren Haftung geboten. Eine solche verfassungskonforme Auslegung ist jedoch dann nicht möglich, wenn Wortlaut, Gesamtzusammenhang und Zweck des Urheberrechts die Berücksichtigung von eingeschränkten Prüfungspflichten als Ausdruck verfassungskonformer Auslegung verhindern.[461]

Bei den urheberrechtlichen Schadensersatzansprüchen könnte daran gedacht werden, den Sorgfaltsmaßstab wie bei den wettbewerbsrechtlichen

---

458) BGH GRUR 1999, S. 418, 419 f.
459) BGH GRUR 1999, 418, 420.
460) BGH a.a.O., Fn. 459.
461) Vgl. BVerfGE 95, S. 64, 93.

Ansprüchen zu begrenzen. Die Presse würde dann bereits bei der Beachtung eingeschränkter Prüfungspflichten dem Sorgfaltsmaßstab genügen. Hiergegen wird jedoch eingewendet, dass Werknutzer sich regelmäßig über die Verwendungsbefugnisse vergewissern können, wohingegen die Rechte der Rechtsinhaber ungefragt und regelmäßig ohne Kenntnis verletzt werden.[462] Aber auch im Wettbewerbsrecht haben die Presseunternehmen die Möglichkeit, Verstöße gegen das Wettbewerbsrecht durch uneingeschränkte Prüfung von Anzeigen zu verhindern, während die Allgemeinheit, die Mitbewerber und die Verbraucher keinen Einfluss darauf haben. Dieser Umstand allein kann die unterschiedliche Beurteilung in UWG und UrhG nicht begründen, um eine Beschränkung der Prüfungspflichten generell im Urheberrecht auszuschließen.

Das entscheidende Argument dafür, die Beschränkung von Prüfungspflichten nicht bei unmittelbaren Verletzungen zu berücksichtigen, folgt aus der Konzeption des UrhG. Im Gegensatz zum UWG bietet das UrhG einen differenzierten Katalog von urheberrechtlichen Schranken (§§ 45 – 63 UrhG). Dieser Gesamtzusammenhang macht deutlich, dass die Rechte des Urhebers nicht auf der Ebene der Anspruchsgrundlage des § 97 Abs. 1 UrhG eingeschränkt werden können, sondern schon im Rahmen der urheberrechtlichen Schranken. Eine verfassungskonforme Auslegung ist nach der Systematik des Gesetzes deshalb nur bei den Schranken des Urheberrechts denkbar; diese sind gegebenenfalls zu ändern, um den Anforderungen der Pressefreiheit zu genügen.

Die Systematik des UrhG spricht auch dagegen, den Fahrlässigkeitsmaßstab wie im Wettbewerbsrecht im Lichte der Pressefreiheit zu modifizieren. Beim Schadensersatzanspruch können die urheberrechtlichen Schranken die Haftung von Presseunternehmen ebenfalls ausschließen, z.B. durch das Zitatrecht nach § 51 Nr. 2 UrhG. Eine Einschränkung der Haftung durch einschränkende Auslegung des Verschuldens, auf das es beim urheberrechtlichen Schadensersatzanspruch ankommt (§ 97 Abs. 1 S. 1 UrhG), ist deshalb nicht möglich. Fahrlässig handelt nach § 276 Abs. 1 S. 2 BGB, wer die erforderliche Sorgfalt außer Acht lässt, was im Urheberrecht dann der Fall ist, wenn der Verletzer hätte wissen können und müssen, dass er eine Rechtsverletzung begeht. Der Werknutzer muss sich der Legitimation der Nutzung fremden Geistesgutes vergewissern,[463] womit ein strenger Sorgfaltsmaßstab mit weitreichenden Prüfungspflichten begründet ist. Umfassende Prüfungspflichten der Presse im redaktionellen Teil werden ebenso wie bei der Veröffentlichung von Anzeigen vorausgesetzt, so dass Fahrlässigkeit in der Regel zu bejahen

---

462) Schulze, GRUR 1994, S. 703.

463) Siehe BGH GRUR 1959, S. 331, 334 – *Dreigroschenroman II*; BGH GRUR 1993, S. 34, 36 - *Bedienungsanweisung*; Nordemann in Fromm/Nordemann, § 97 Rdnr. 33; Wild in Schricker, Urheberrecht, § 97 Rdnr. 52.

ist.[464] Es gibt dementsprechend keine gefestigte obergerichtliche Rechtsprechung, die diese Prüfungspflichten bei unmittelbarer Haftung des Presseunternehmens im Hinblick auf die Pressefreiheit einschränkt, soweit das Werk durch das Presseunternehmen selbst genutzt wird.

Die Haftung nach § 97 UrhG – auf Beseitigung, Unterlassung und Schadensersatz – kann deshalb nicht durch eine verfassungskonforme Auslegung beschränkt werden, wenn das Presseunternehmen selbst die Verletzungshandlung verwirklicht hat, z.B. durch Veröffentlichung eines Gedichtes mit Werkqualität. Prüfungspflichten bestehen in diesem Fall uneingeschränkt. Allein die urheberrechtlichen Schranken wie z.B. das Zitatrecht nach § 51 Nr. 2 UrhG stehen einer verfassungskonformen Auslegung offen.[465] Irrelevant ist auch, ob der Abdruck eines durch das UrhG geschützten Werks im redaktionellen Teil oder im Anzeigenteil erscheint.

b) Haftungsbeschränkung bei der mittelbaren Haftung

Hingegen spielen bei der Rechtsprechung des Bundesgerichtshofs eingeschränkte Prüfungspflichten eine Rolle, wenn, wie in der Entscheidung *Möbelklassiker*[466], das Presseunternehmen die Verletzungshandlung nicht selbst verwirklicht, sondern nur einen adäquat kausalen Beitrag zu einer von einem anderen verwirklichten Nutzungshandlung geleistet hat.

Im Bereich der mittelbaren Haftung ist eine verfassungskonforme Auslegung im Tatbestand des § 97 UrhG möglich und widerspricht nicht der Systematik des UrhG. Im Gegensatz zur unmittelbaren Haftung[467] sprechen die urheberrechtlichen Schranken (§§ 45 ff UrhG) nicht gegen eine Beschränkung der Haftung im Tatbestand des § 97 UrhG. Denn die urheberrechtlichen Schranken sind auf unmittelbare Verletzungshandlungen, also auf die eigene Nutzung des Verletzers zugeschnitten. Im UrhG werden jeweils bestimmte unmittelbare Nutzungshandlungen ausdrücklich erlaubt, etwa die Vervielfältigung und Verbreitung in § 49 Abs. 1 UrhG oder die Vervielfältigung, Verbreitung und öffentliche Wiedergabe in § 51 UrhG. Solche Erlaubnisvorschriften beschränken also nicht die mittelbare Haftung für einen kausalen Beitrag zu einer Vervielfältigung oder Verbreitung durch einen Dritten. Die urheberrechtlichen Schranken ziehen deshalb auch der verfassungskonformen Auslegung der mittelbaren Haftung keine Grenzen.

Da es bei § 97 Abs. 1 UrhG verschuldensunabhängig allein auf den Erfolg – auf die Verletzung von urheberrechtlich geschützten Rechten – ankommt,

---

464) Kritisch zu dieser uneingeschränkten Prüfungspflicht, Wild in Schricker, Urheberrecht, § 97 Rdnr. 52.

465) Vgl. BVerfG GRUR 2001, S. 149, 151 zur verfassungskonformen Auslegung im Lichte der Kunstfreiheit.

466) BGH GRUR 1999, S. 418 ff.

467) Siehe dazu unten S. 123 f.

könnte dies im Bereich der mittelbaren Haftung zu einer uferlosen Haftung führen.[468] Jedes Verhalten, das in einem adäquaten Kausalzusammenhang zur Urheberrechtsverletzung steht, begründet die Voraussetzungen der Inanspruchnahme nach § 97 UrhG. Nur bei unmittelbaren Urheberrechtsverletzungen folgt das Handlungsunrecht bereits aus dem rechtswidrigen Erfolg.[469] Im Gegensatz zu Handlungen, die unmittelbar zu einer Urheberrechtsverletzung führen, sind Handlungen, die zwar kausal, aber nur mittelbar zu einer Urheberrechtsverletzung beitragen, nicht schon aufgrund ihres Erfolgsunwertes rechtswidrig. Auch im Urheberrecht muss – wie im Deliktsrecht – Handlungsunrecht des mittelbar Verletzenden gegeben sein.[470] Da bei der mittelbaren Urheberrechtsverletzung sich das Handlungsunrecht nicht zwingend aus dem Erfolg ergibt, ist dieses gesondert festzustellen. War die Handlung des Störers rechtmäßig, fehlt es an einem Grund, ihn in Anspruch zu nehmen. Zur Bestimmung des Handlungsunrechts ist deshalb auf spezifische Verhaltenspflichten abzustellen.[471] Die Verhaltenspflicht bei einem kausalen Beitrag an einer Urheberrechtsverletzung eines Dritten besteht als Prüfungspflicht. Will der Störer eine Inanspruchnahme vermeiden, muss er diesen Prüfungspflichten genügen. Auch Presseunternehmen trifft die Pflicht, Inhalte Dritter auf Verstöße gegen das UrhG zu prüfen. Hierbei sind aber wie im Wettbewerbsrecht die Prüfungspflichten im Rahmen einer verfassungskonformen Auslegung zu beschränken. Redaktioneller Teil wie Anzeigenteil sind von der Pressefreiheit geschützt. Wenn die Prüfungspflichten für den Anzeigenteil bei Urheberrechtsverletzungen Dritter nicht eingeschränkt würden, würde der hohe zeitliche und organisatorische Aufwand die Veröffentlichung von Anzeigen an sich in Frage stellen. Die Prüfungspflicht ist deshalb bei den Anzeigen nur auf grobe, unschwer zu erkennende Verstöße Dritter gegen das UrhG zu beschränken, die keiner näheren Kenntnisse des Urheberrechts bedürfen.

Auch im redaktionellen Teil kann bei der mittelbaren Haftung eine Einschränkung geboten sein, wenn den Presseunternehmen eine Prüfung nicht oder nur eingeschränkt zumutbar ist. Dies ist je nach Umfang und Art des redaktionellen Beitrags im Einzelfall zu beurteilen. Im Vergleich zur Prüfungspflicht bei Anzeigen ist regelmäßig von höheren Anforderungen im redaktionellen Teil auszugehen. Die Presseunternehmen können nur bei einer Verletzung dieser Prüfungspflichten in Anspruch genommen werden.

---

468) Siehe Haedicke, GRUR 1999, S. 402; Freytag, S. 66; Schwarz, 3-2.2, S. 47.
469) Siehe Haedicke GRUR 1999, S. 402; vgl. Baur AcP 160 (1961), S. 474 zu § 1004 BGB.
470) Siehe Haedicke, GRUR 1999, S. 401 f; zum einheitlichen Rechtswidrigkeitsbegriff für den deliktischen und den negatorischen Anspruch siehe grundlegend Baur AcP 160(1961), S. 470 ff., 482.
471) Siehe Haedicke, GRUR 1999, S. 402.

4. Ergebnis

Bei der unmittelbaren Haftung für Urheberrechtsverletzungen kann die Pressefreiheit allein bei Auslegung der urheberrechtlichen Schranken berücksichtigt werden. Ist der Haftungstatbestand des § 97 UrhG erfüllt, entzieht sich diese Haftungsbestimmung aufgrund der Systematik des UrhG einer verfassungskonformen, die Haftung der Presse beschränkenden Auslegung.

Bei der mittelbaren Haftung, die der wettbewerbsrechtlichen Haftung analog § 1004 BGB entspricht, ist hingegen eine verfassungskonforme Auslegung des § 97 UrhG möglich. Die den Presseunternehmen obliegenden Prüfungspflichten sind in diesem Fall bei Anzeigen auf grobe, unschwer zu erkennende Verstöße begrenzt, da sonst der hohe zeitliche und organisatorische Aufwand die Veröffentlichung von Anzeigen in Frage stellen würde. Auch im redaktionellen Teil können im Einzelfall bei mittelbarer Haftung Prüfungspflichten eingeschränkt sein, wenn der Aufwand die Veröffentlichung des Beitrages in Frage stellen würde.

F. Die Anwendbarkeit der neuen Haftungsbestimmungen für das Internet und zum Schutz digitalisierter Inhalte auf Suchdienste

I. Einführung

Die Besonderheiten des Internets haben zum einem die Notwendigkeit aufgezeigt, die Haftung einiger Beteiligter zu begrenzen. Inhaber technischer Einrichtungen, die das Funktionieren des Internets ermöglichen, sollen ebenso wenig wie Telekommunikationsunternehmen für die von ihnen vermittelten – möglicherweise rechtswidrigen – Inhalte Dritter haften. Denn weder sollen rechtliche Hürden eine neue Kommunikationsform und damit verbundene wirtschaftliche und kulturelle Entwicklungen verhindern, noch soll durch eine ständige Überwachung von Inhalten unter Verstoß gegen das Fernmeldegeheimnis in das allgemeine Persönlichkeits- und Selbstbestimmungsrecht der Einzelnen eingegriffen werden.

Zum anderen sollen keine rechtsfreien Räume entstehen, die einseitig die Rechte Einzelner beschränken. Die Digitalisierung von Inhalten, die den Austausch von Informationen per Internet erst möglich macht, führt zu der Möglichkeit, Inhalte ohne Qualitätsverlust zu kopieren. Urheber und Rechtsinhaber sind damit in wesentlich größerem Maße der Gefahr ausgesetzt, dass ihre Werke ohne Vergütung von Dritten genutzt werden.

Vor diese Herausforderungen sah sich sowohl der deutsche als auch der europäische Gesetzgeber gestellt. Mit dem Mediendienstestaatsvertrag (MDStV) der Länder[472] und dem Teledienstegesetz (TDG) in alter Fassung[473], beide am 22.7.1997 in Kraft getreten, sollten nicht nur Regelungslücken im Verbraucherschutz geschlossen werden, sondern auch die Verantwortlichkeiten von Diensteanbietern klargestellt werden.[474] Auch die E-Commerce-Richtlinie[475], die inzwischen mit dem TDG n.F.[476] umgesetzt wurde, enthält Haftungsbeschränkungen.

Einige Bestimmungen des TDG n.F., der E-Commerce-Richtlinie und des MDStV können zu einer Verschärfung der wettbewerbsrechtlichen Haftung für Dienste im Internet führen. Die §§ 6, 7 TDG n.F., Art. 5, 6 E-Commerce-Richtlinie und die §§ 6, 9 Abs. 2 MDStV legen Informationspflichten und bestimmte Kennzeichnungspflichten fest. Verstößt ein Diensteanbieter gegen diese Pflich-

---

472) Z.B, HbgGVBl. 1997, S. 253.

473) BGBl. I S. 1870.

474) BT-Drs. 13/7385, S. 16.

475) Richtlinie 2000/31/EG des Europäischen Parlaments und des Rates vom 08.06.2000 über bestimmte rechtliche Aspekte der Dienste der Informationsgesellschaft, insbesondere des elektronischen Geschäftsverkehrs, im Binnenmarkt(„Richtlinie über den elektronischen Geschäftsverkehr"), ABl. L 178/1 vom 17.07.2000.

476) Art. 1 des Elektronischen Geschäftsverkehrsgesetzes (EEG) vom 21.12.2001, BGBl. I, S. 3721ff.

ten, kommt die wettbewerbsrechtliche Haftung nach § 1 UWG wegen Rechtsbruchs in Frage.

Mit der Datenbankrichtlinie[477], die sich inzwischen in den §§ 87a bis 87e UrhG niedergeschlagen hat, und der Richtlinie zu Urheberrechten in der Informationsgesellschaft (im Folgenden: Urheberrechtsrichtlinie)[478], wird nicht primär das Ziel verfolgt, die Haftung von Diensteanbietern zu beschränken. Vielmehr soll ein Ausgleich zwischen den Interessen der Urheber, der Rechteinhaber und den Interessen der Allgemeinheit und Dritter gefunden werden.[479]

Im Folgenden geht es darum, welche dieser Bestimmungen Einfluss auf die wettbewerbs- und urheberrechtliche Haftung von Suchdiensten haben. Zuallererst wird die Anwendbarkeit der Bestimmungen des TDG a.F., des MDStV, der E-Commerce-Richtlinie und des TDG n.F. untersucht, die einer Haftungsbeschränkung dienen (II.), dann die Anwendbarkeit derjenigen, die zu einer Haftungsverschärfung führen können (III.). Schließlich wird die Anwendbarkeit der Bestimmungen der Urheberrechtsrichtlinie auf Suchdienste thematisiert (IV).

II. Haftungsbeschränkungen im elektronischen Geschäftsverkehr

1. Das TDG a.F.

Das Teledienstegesetz in seiner alten Fassung[480] war von dem Gedanken geprägt, die Haftung von Diensteanbietern querschnittartig sowohl im Strafrecht als auch im Zivilrecht zu beschränken. Ersichtlich wird dies insbesondere in der Gesetzesbegründung zu § 5 Abs. 2 TDG a.F..[481] Auch im Wortlaut des § 5 TDG a.F. wird diese Ausrichtung deutlich:

> (1) Diensteanbieter sind für eigene Inhalte, die sie zur Nutzung bereithalten, nach den allgemeinen Gesetzen verantwortlich.
>
> (2) Diensteanbieter sind für fremde Inhalte, die sie zur Nutzung bereithalten, nur dann verantwortlich, wenn sie von diesen Inhalten Kenntnis haben und es ihnen technisch möglich und zumutbar ist, deren Nutzung zu verhindern.
>
> (3) Diensteanbieter sind für fremde Inhalte, zu denen sie lediglich den Zugang zur Nutzung vermitteln, nicht verantwortlich. Eine automatische und kurzzeitige Vorhaltung fremder Inhalte auf Grund Nutzerabfrage gilt als Zugangsvermittlung.

---

477) Richtlinie 96/9/EG des Europäischen Parlaments und des Rates vom 11.03.1996 über den rechtlichen Schutz von Datenbanken, ABl. Nr. L 77 S. 20 ff.

478) Richtlinie 2001/29/EG des Europäischen Parlaments und des Rates vom 22. Mai 2001 zur Harmonisierung bestimmter Aspekte des Urheberrechts und der verwandten Schutzrechte in der Informationsgesellschaft, ABl. Nr. L 167 S. 10 ff., abgedruckt in GRUR Int. 2001, S. 745 ff.

479) Siehe Gründe Nr. 3 und 31 der Richtlinie zu Urheberrechten in der Informationsgesellschaft.

480) Am 01.01.2002 ist die Neufassung in Kraft getreten.

481) Siehe BT-Drs. 13/7385, S. 20.

(4) Verpflichtungen zur Sperrung der Nutzung rechtswidriger Inhalte nach den allgemeinen Gesetzen bleiben unberührt, wenn der Diensteanbieter unter Wahrung des Fernmeldegeheimnisses gemäß § 85 des Telekommunikationsgesetzes von diesen Inhalten Kenntnis erlangt und eine Sperrung technisch möglich und zumutbar ist.

§ 5 TFG a.F. formuliert ganz allgemein, dass Diensteanbieter unter bestimmten Umständen *verantwortlich* für Inhalte sind.[482] Diese Ausrichtung, treffend Querschnittscharakter[483] des TDG genannt, ist maßgeblicher Inhalt des TDG a.F.. Umstritten war allerdings, ob dieser Querschnittscharakter sich auch auf die urheberrechtliche Haftung erstreckte.[484]

Zentral für die Haftungsprivilegierung war außerdem die Unterscheidung von eigenen und fremden Inhalten. Nach § 5 Abs. 1 TDG a.F. hafteten die Teledienste für eigene Inhalte unbeschränkt. Die Auslegung der Tatbestandsmerkmale „eigen“ und „fremd“ hatte aufgrund der Haftungsprivilegierung bei fremden Inhalten besondere Bedeutung und war entsprechend umstritten. Es fanden sich Vertreter einer technischen Betrachtungsweise[485], andere wollten auf presserechtliche Grundsätze zurückgreifen,[486] wieder andere auf die Grundsätze der urheberrechtlichen Veranstalterhaftung[487] oder auf tele- und medienspezifische Abgrenzungskriterien[488].

Nach der h.M. wird durch das TDG a.F. auch die Haftung von Suchdiensten für Hyperlinks auf rechtswidrige Inhalte beschränkt. Umstritten war lediglich, ob die Beschränkung aus § 5 Abs. 2 oder Abs. 3 TDG a.F. folgte.[489] Findet auf Suchdienste § 5 Abs. 3 TDG a.F. Anwendung, entfällt die Verantwortlichkeit für den Verweis per Hyperlink ganz, auch wenn die Sperrungsverpflichtung nach § 5 Abs. 4 TDG a.F. bestehen bleibt. Selbst wenn lediglich § 5 Abs. 2 TDG a.F. analog einschlägig wäre, würden Suchdienste nur bei Kenntnis von den rechtswidrigen Inhalten haften. Insbesondere für Suchmaschinen bedeutete dies eine entscheidende, gesetzlich festgelegte Haftungserleichterung, da diese aufgrund der automatischen Generierung ihrer

---

482) Müller-Terpitz in Kröger/Gimmy, S. 172.

483) Engel-Flechsig/Maennel/Tettenborn, S. 15 f.; Müller-Terpitz in Kröger/Gimmy, S. 172.

484) Siehe dazu Lehmann, CR 1998, S. 232 ff.; Spindler in Hoeren/Sieber, Kap. 29, Rdnr. 27; OLG München CR 2001, S. 333, 334 ff.

485) Pankoke, S. 105.

486) Spindler, NJW 1997, S. 3196; ders. in Hoeren/Sieber, Kap. 28, Rdnr. 95; Müller-Terpitz in Kröger/Gimmy, S. 193; Bleisteiner, S. 163; vgl. Koch, CR 1997, S. 197; Hoeren/Pichler in Loewenheim/Koch, Kap. 9.5.3.3; Vassilaki, MMR 1998, S. 633; Engel-Flechsig/Maennel/Tettenborn, S. 17.

487) Siehe Freytag, S. 173; Bettinger/Freytag, CR 1998, S. 550.

488) Sieber, Rdnr. 299 ff

489) § 5 Abs. 2 TDG analog: Waldenberger, MMR 1998, S. 128 f.
§ 5 Abs. 3 TDG: Koch CR 1997, S. 200; Vassilaki, MMR 1998, 636; Spindler in Hoeren/Sieber, Kap. 29, Rdrn. 340; ders. in Roßnagel, § 5 TDG Rdnr. 128.

Datenbank gewöhnlich keine Kenntnis von den dort aufgenommenen Inhalten haben.

2. Der MDStV

§ 5 MDStV weicht vom Wortlaut des § 5 TDG a.F. nur unwesentlich ab und stimmt inhaltlich – bis auf die Bestimmung des § 5 Abs. 4 TDG a.F. – mit dem TDG a.F. überein. In diesen gleichlautenden Bestimmungen spiegelt sich das Bemühen der Länder und des Bundes wider, trotz der verteilten Gesetzgebungskompetenzen einheitliche Bedingungen der Dienste im Internet zu schaffen.

Aufgrund der ausschließlichen Kompetenz des Bundesgesetzgebers nach Art. 73 Nr. 9 GG kann der MDStV jedoch nicht die Haftung im Urheberrecht und gewerblichen Rechtsschutz (das Patent-, Gebrauchsmuster-, Warenzeichen- und Wettbewerbsrecht)[490] begrenzen.[491] Ebenso wenig kann der MDStV die zivilrechtliche Haftung beschränken, auf die bei Urheberrechtsverletzungen und bei Ansprüchen des gewerblichen Rechtsschutzes zurückgegriffen wird.[492] Eine Beschränkung der wettbewerbsrechtlichen und urheberrechtlichen Haftung von Suchdiensten durch den MDStV ist deshalb nicht möglich.

Dieses Kompetenzgefüge kann auch nicht dadurch ausgehebelt werden, dass Annexkompetenzen der Länder geltend gemacht werden.[493] Annexkompetenzen sind nur für solche Sachbereiche gegeben, die der Vorbereitung und Durchführung eines Sachgegenstandes dienen, für den die Kompetenz des Landes oder des Bundes bejaht wird.[494] Gegen eine Annexkompetenz der Länder spricht aber, dass es sich bei § 5 MDStV um eine zentrale haftungsbegrenzende Vorschrift handelt, die vielfältige Haftungsmaßstäbe modifizieren soll.[495] Dieser beabsichtigte, weitreichende Wirkungsgrad des § 5 MDStV sprengt den Rahmen einer Annexkompetenz.

Für die Regelung der zivilrechtlichen Haftung, so auch im Bereich des Internets, besitzen die Länder keine Kompetenz.[496] Das Zivilrecht liegt gemäß Art. 74 Abs. 1 Nr. 1 GG im Bereich der konkurrierenden Gesetzgebung. Von dieser hat der Bund vor Erlass des MDStV erschöpfend Gebrauch gemacht.[497] Die Länder sind nur insoweit zur Regelung befugt, als dass der Bund einen

---

490) Kunig in v.Münch/Kunig GG Art. 73 Rdnr. 35.

491) H.M. Spindler in Hoeren/Sieber, Kap. 29, Rdnr. 21; ders. NJW 1997, S. 3194; anders Freytag S. 31 ff.

492) So aber Freytag, S. 33 f.

493) Pichler, MMR 1998, S. 81.

494) Vgl. Stettner in Dreier, GG, Art. 70 Rdnr. 64.

495) Schwerdtfeger in Schwarz 6-2.2, S. 61.

496) Vgl. Schwerdtfeger in Schwarz, 6-2.2, S. 59, 61; Pichler, MMR 1998, S. 80.

497) Schwerdtfeger in Schwarz, 6-2.2, S. 59, 61; Pichler, MMR 1998, S. 80; a.A. Freytag, S. 35 f.

Sachbereich überhaupt nicht oder nicht erschöpfend geregelt hat.[498] Deswegen kann nicht dem Argument gefolgt werden, dass eine Kompetenz für die Regelung urheberrechtlicher oder wettbewerbsrechtlicher Haftungstatbestände bestünde, die auf das allgemeine Zivilrecht zurückgreifen. Neue Sachverhalte im Internet können zwar neue Rechtsentwicklungen auch im Zivilrecht einleiten; einen neuen Sachbereich eröffnet das Internet jedoch nicht.[499]

Raum für Landesgesetzgebung könnte allenfalls durch einen ausdrücklichen Regelungsvorbehalt geschaffen werden.[500] Ein solcher existiert jedoch nicht und ist auch nicht in § 2 Abs. 4 Nr. 3 TDG a.F. zu erkennen, der die Anwendbarkeit des TDG a.F. auf Dienste ausschließt, bei denen die redaktionelle Meinungsbildung für die Allgemeinheit im Vordergrund steht.[501] Diese Bestimmung belegt im Gegenteil, dass Kompetenzen für die Länder in einem vom Bund geregelten Sachbereich nicht eröffnet werden. Diese Bestimmung zielt nur darauf hin, den Anwendungsbereich des TDG a.F. vom MDStV abzugrenzen.

3. Die E-Commerce-Richtlinie

a) Allgemeines

Die haftungsrechtlich relevanten Art. 12 bis 14 der E-Commerce-Richtlinie haben das Ziel, Rechtssicherheit für Diensteanbieter im Binnenmarkt zu schaffen. Sie beschränken die Haftung für bestimmte Diensteanbieter, allerdings nicht die Haftung auf Beseitigung und Unterlassung rechtswidriger Zustände.[502] In den Gründen wird darauf abgestellt, dass bestehende und sich entwickelnde Unterschiede in den Rechtsvorschriften und in der Rechtsprechung der Mitgliedstaaten hinsichtlich der Verantwortlichkeit von Diensteanbietern, die als Vermittler handeln, das reibungslose Funktionieren des Binnenmarktes erschweren.[503] In der Begründung des Vorschlags einer E-Commerce-Richtlinie stellte die Kommission darauf ab, dass die Hauptfrage der Haftungsregeln darin bestünde, wie die Verantwortlichkeit zwischen den Diensteanbietern abgegrenzt werden soll, die unerlaubte Informationen übertragen und speichern, und denen, die diese Informationen ursprünglich ins Netz gestellt haben.[504]

---

498) Maunz in Maunz/Dürig Art. 72. Rdnr. 5
499) A.A. Freytag, S. 37, der von einer Kompetenzenklave spricht.
500) BVerfGE 20, S. 238, 251; 35, S. 65, 73 f.
501) Schwerdtfeger in Schwarz, 6-2.2., Rdnr. 62.
502) Siehe Art. 12 Abs. 13, 13 Abs. 2, 14 Abs. 3 E-Commerce-Richtlinie.
503) Siehe Richtlinie 2000/31/EG des Europäischen Parlaments und des Rates vom 08.06.2000 über bestimmte rechtliche Aspekte der Dienste der Informationsgesellschaft, insbesondere des elektronischen Geschäftsverkehrs, im Binnenmarkt („Richtlinie über den elektronischen Geschäftsverkehr"), ABl. L 178 S. 1 ff. vom 17.7.2000, Gründe Nr. 40.
504) KOM(1998) 685 endg. vom 18.11.1998, S. 13.

Beim Host-Provider sind Speicherkapazitäten für Dateninhalte vorhanden, z.B. für die Homepage eines Unternehmens. Host-Provider ermöglichen also anderen Personen, Inhalte ins Netz zu stellen. Bevor diese Homepage vom Nutzer an seinem Bildschirm gelesen werden kann, wird ihr digitalisierbarer Informationsgehalt über verschiedene Rechner (Server) an den Nutzer übermittelt. Dazu zählt der jeweilige Server des Access-Providers und auch Server an den verschiedenen Knotenpunkten (Router-Rechner) im Netz (siehe Abb. 5).

Es stellt sich deswegen für den jeweiligen Diensteanbieter die Frage, inwieweit er für Inhalte haftet, die er nur übermittelt hat oder im Auftrag eines Nutzers auf seinem Server bereithält. Für den Mitbewerber und den Verbraucher stellt sich hingegen die Frage, wen er auf Unterlassung, Beseitigung oder Schadensersatz in Anspruch nehmen kann, wenn die Inhalte wettbewerbswidrig sind. Für die Urheber stellt sich ebenfalls die Frage, gegen wen sie bei unzulässigen Nutzungshandlungen ihrer Werke Ansprüche auf Unterlassung, Beseitigung und Schadensersatz geltend machen können. Das eine Extrem wäre, nur denjenigen verantwortlich machen zu können, der Informationen ins Netz stellt, das andere, uneingeschränkt auch jeden verantwortlich machen zu können, der Informationen überträgt oder vermittelt.

Die E-Commerce-Richtlinie knüpft in ihrer Begründung ausdrücklich an die Funktion von Diensteanbietern als Vermittler von Informationen an (Gründe Nr. 40 E-Commerce-Richtlinie). Diese Vermittler werden im Folgenden konkretisiert: Die Ausnahmen der Verantwortlichkeit sollen für solche Diensteanbieter Anwendung finden, die auf den technischen Vorgang beschränkt sind, ein Kommunikationsnetz zu betreiben und den Zugang dazu zu vermitteln (Gründe Nr. 42 E-Commerce-Richtlinie). Auch für einen Diensteanbieter, dessen Dienst in der Speicherung von Informationen besteht, kann die Beschränkung der Verantwortlichkeit möglich sein (Gründe Nr. 46 E-Commerce-Richtlinie). Aber auch hier ist die Funktion als Vermittler von Informationen maßgeblich, da in den Gründen Nr. 40 und 45 auch auf den Host-Provider als Vermittler von Informationen Bezug genommen wird. Dies folgt im Umkehrschluss aus den Gründen Nr. 43 und 44, die sich ausdrücklich nur auf die „reine Durchleitung“ und das „Caching“ beziehen. Gründe und Systematik der E-Commerce-Richtlinie machen also deutlich, dass es in erster Linie um die Haftungsbeschränkung bestimmter Diensteanbieter, die Informationen vermitteln, geht. Nur wenn ein Diensteanbieter eine nach den Art. 12 bis 14 E-Commerce-Richtlinie privilegierte Tätigkeit ausübt, kommt es für die Haftungsbeschränkung auf die weitere Voraussetzung an, dass „durch einen Nutzer eingegebene Informationen“ vermittelt werden. Die Unterscheidung von fremden und eigenen Informationen ist hier deshalb eine zweitrangige Frage, der nicht mehr die Bedeutung wie im TDG a.F. zukommt.

b) Reine Durchleitung - Art.12 E-Commerce-Richtlinie

Art. 12 Abs. 1 E-Commerce-Richtlinie beschränkt die Haftung für Diensteanbieter, die von einem Nutzer eingegebene Informationen in einem Kommunikationsnetz oder den Zugang zu einem Kommunikationsnetz vermitteln. Diensteanbieter sind für die übermittelten Informationen nicht verantwortlich, wenn sie die Übermittlung nicht veranlassen (Art. 12 Abs.1 lit. a)), wenn sie die Adressaten der übermittelten Informationen nicht auswählen (Art.12 Abs.1 lit. b)) und keine Auswahl hinsichtlich der übermittelten Informationen treffen bzw. diese nicht verändern (Art. 12 Abs. 1 lit. c)). Wie in § 5 Abs. 3 S. 2 TDG a.F. wird von der Übermittlung auch die automatische kurzzeitige Zwischenspeicherung zur Übermittlung erfasst (Art. 12 Abs. 2 E-Commerce-Richtlinie).

Freigestellt von der Haftung werden nach diesem Wortlaut vor allem die Access Provider und die Service-Provider mit E-Mail Servern. Auch das Routing ist freigestellt, wie sich aus Erwägungsgrund Nr. 43 ergibt, der Eingriffe technischer Art im Verlauf der Übermittlung nicht als Veränderung von Informationen ansieht.[505] Suchdienste werden nach dem Kommentar der Kommission zum Entwurf der Richtlinie und nach den Erwägungsgründen nicht ausdrücklich in den Anwendungsbereich des Art. 12 E-Commerce-Richtlinie einbezogen.

Aber auch bei den so genannten Mailing-Lists ist die Einbeziehung in den Anwendungsbereich des Art. 12 E-Commerce-Richtlinie weniger deutlich als z.B. beim Access Provider. Nicht moderierten Mailing-Lists kommt die Haftungsbeschränkung jedoch zugute,[506] weshalb ihre Beurteilung auch Rückschlüsse zulässt auf eine mögliche Haftungsprivilegierung der Suchdienste durch Art. 12 E-Commerce-Richtlinie. Mailing-Lists entstehen, indem die Teilnehmer eines Diskussionsforums sich in eine Liste eintragen und dadurch die Email-Beiträge der anderen Teilnehmer abonnieren. Ihre eigenen Emails werden den anderen Teilnehmern zugesandt; sie selbst erhalten sämtliche Emails der anderen Teilnehmer. Bei nicht moderierten Mailing-Lists werden die Beiträge unzensiert und automatisch an alle Teilnehmer versandt, die sich auf der Liste eingetragen haben. Nur bei moderierten Mailing-Lists kann ein Moderator in die Diskussion eingreifen und hat die Möglichkeit, die eingehenden Emails vor der Versendung an die Teilnehmer inhaltlich zu kontrollieren.

Die nicht moderierten Mailing-Lists fallen unter Art. 12, obwohl die Verantwortlichkeit von Diensteanbietern nur dann eingeschränkt wird, wenn der Diensteanbieter die Adressaten nicht auswählt oder die übermittelten Informationen nicht auswählt oder verändert (Art. 12 Abs. 1 lit. b) und c) E-Commerce-Richtlinie). Dass mit der Auswahl nach Art. 12 b) E-Commerce-Richtlinie nicht die automa-

505) Spindler, MMR-Beilage 7/2000, S. 17.

506) Ebenso Spindler, MMR-Beilage 7/2000, S. 17; Holznagel/ Holznagel, K&R 1999, 104.

tische Auswahl – begründet durch den Eintrag des Nutzers auf der Liste – gemeint ist, kann aus Erwägungsgrund Nr. 42 geschlossen werden, der Tätigkeiten rein technischer, automatischer und passiver Art qualifiziert.[507] Der systematische Zusammenhang lässt ebenfalls darauf schließen, dass bei einem automatisierten Verfahren die Auswahl durch Mailing-Lists noch nicht zum Verlust der Privilegierung führt. Die automatische Auswahl, die dadurch erfolgt, dass sich Adressaten auf der Liste eintragen, ist in ihrer Eingriffsintensität weder der Veranlassung der Übermittlung von Informationen noch der Veränderung oder Auswahl von Informationen gleichzusetzen. Des Weiteren spricht der Kommentar der Kommission zum ersten Richtlinienentwurf dafür, dass die Haftungsprivilegierung des Art. 12 E-Commerce-Richtlinie auf die Betreiber von Mailing-Lists Anwendung findet, da eine Auswahl von Adressaten im Sinne von Art. 12 lit. b) E-Commerce-Richtlinie ausdrücklich für Betreiber von Mailing-Lists verneint wird.[508] Anders sind jedoch die moderierten Mailing-Lists zu beurteilen, da hier durch die Kontrolle des Moderators eine Auswahl der Informationen stattfindet.[509]

Vergleicht man die Funktionsweise von Suchdiensten mit diesen nicht moderierten Mailing-Lists, verbietet sich eine Subsumtion der Suchdienste unter Art. 12 E-Commerce-Richtlinie. Zum einen handelt es sich bei Verzeichnissen nicht um vom Nutzer eingegebene Informationen, die übermittelt werden. Verzeichnisse nehmen in ihre Datenbanken entweder von ihnen selbst eingegeben Abstracts auf oder entscheiden, ob ein vorgeschlagener Abstract in ihr Verzeichnis aufgenommen wird. Auf ihren Webseiten finden sich redaktionelle Beiträge und andere von ihnen selbst eingegebene Inhalte wie z.B. Werbung wieder. Sie treffen also eine Auswahl der Informationen, die sie an die Nutzer übermitteln.

Zum anderen ist auch die Tätigkeit von Suchmaschinen nicht nur rein technischer, automatischer und passiver Art. Suchmaschinen übernehmen zwar die von anderen Nutzern eingegebenen Inhalte. Sie treffen aber durch die Programmierung ihrer Suchsoftware eine mehr oder weniger differenzierte Auswahl der Webseiten, die durch ihre Suchsoftware berücksichtigt werden. Sie legen dann eine eigene Datenbank an. In der Trefferliste nehmen sie diese oder Teile dieser Inhalte aus ihrer eigenen Datenbank auf, nicht die der aktuellen Webseiten. Die Abstracts weisen deshalb einen Inhaltsbezug auf und gehen über eine reine Vermittlung hinaus. Inhaltsfern ist die Aufrufmöglichkeit der aufgelisteten Webseiten; nur durch diese Funktionsweise wird eine reine Mittlerrolle ausgeübt. Die aktuelle Seite wird dann aber letztlich mit Hilfe des Access-Providers vermittelt; allein die Auswahlmöglichkeit anhand des

---

507) Siehe Spindler, MMR-Beilage 7/2000, S. 17.

508) KOM(1998) 685 endg. vom 18.11.1998, S. 31, Kommentar zu Art. 12 Abs.1; Spindler, MMR-Beilage 7/2000 S. 17.

509) Spindler, MMR-Beilage 7/2000, S. 17.

Abstracts und die Zielangabe des URL im Hyperlink werden durch die Suchmaschine gestellt. Die Dienstleistung von Suchmaschinen insgesamt gesehen beschränkt sich damit nicht auf die Übermittlung der von Nutzern eingegebenen Inhalte, wie sie vergleichbar der Access-Provider oder der E-Mail-Provider vermittelt, sondern geht bereits durch den Abstract, erst recht aber durch weitere Inhalte wie z.B. Werbebanner, darüber hinaus.

Damit sind auch im Vergleich zu nicht moderierten Mailing-Lists die Eingriffe von Verzeichnissen und Suchmaschinen größer. Sie wählen zwar ebenfalls die Adressaten ihrer Informationen nicht aus. Ihre Tätigkeit geht jedoch durch eigene inhaltliche Vorgaben in der Suchsoftware, durch die Abstracts, das Ranking innerhalb der Abstracts und weitere Inhalte wie z.B. Werbebanner oder eigene redaktionelle Beiträge über reine Vermittlung von Nutzern eingegebener Inhalte hinaus. Nach Wortlaut, Sinn und Zweck der Bestimmungen über die Verantwortlichkeit sind deshalb Suchdienste nicht unter Art. 12 E-Commerce-Richtlinie zu subsumieren, da ihre Tätigkeit keine reine Vermittlertätigkeit darstellt.

Hinzu kommt der Wortlaut des Art. 21 E-Commerce-Richtlinie, der das entscheidende Argument gegen eine Anwendung des gesamten 4. Abschnitts der E-Commerce-Richtlinie und damit auch des Art. 12 E-Commerce-Richtlinie enthält. Der systematische Zusammenhang der Bestimmungen über die Verantwortlichkeit mit Art. 21 E-Commerce-Richtlinie, der die Suchdienste ausdrücklich zum Inhalt hat, spricht dagegen, Art. 12 E-Commerce-Richtlinie auf Suchdienste anzuwenden. Die Kommission ist nach Art. 21 Abs. 1 E-Commerce-Richtlinie verpflichtet, einen Bericht über die Anwendung der Richtlinie vorzulegen. Dieser erstreckt sich nach Art. 21 Abs. 2 E-Commerce-Richtlinie auch auf eine mögliche Anpassung der Bestimmungen auf Hyperlinks und Suchmaschinen. Es heißt wörtlich:

> „Im Hinblick auf das etwaige Erfordernis einer Anpassung dieser Richtlinie wird in dem Bereich insbesondere untersucht, ob Vorschläge in bezug auf die Haftung der Anbieter von Hyperlinks und von Instrumenten zur Lokalisierung von Informationen, Verfahren zur Meldung und Entfernung rechtswidriger Inhalte („notice and take down"-Verfahren) und eine Haftbarmachung im Anschluss an die Entfernung von Inhalten erforderlich sind."

Bereits nach dieser Bestimmung ist davon auszugehen, dass Hyperlinks und Suchdienste nicht in den Anwendungsbereich der Richtlinie fallen und insoweit bewusst eine Lücke gelassen wurde.

c) Caching - Art. 13 E-Commerce-Richtlinie

Art. 13 E-Commerce-Richtlinie beschränkt unter bestimmten Voraussetzungen die Haftung für das so genannte Caching von Inhalten. Caching dient dazu, die Effizienz der Datenübermittlung im Internet zu steigern und das Internet zu entlasten. Vor allem Access Provider speichern dazu vielfach Daten temporär in einem lokalen Arbeitsspeicher (cache).[510] Vom Nutzer angeforderte Webseiten werden dann nicht erst aus dem WWW, sondern aus dem Cache des Access-Providers an den Nutzer vermittelt.[511]

Access-Provider und andere Diensteanbieter haften aber nur dann nicht für die Inhalte aus ihrem Cache, wenn die Speicherung im Cache die Zielsetzung hat, die Datenübermittlung effizienter zu gestalten (Art. 13 Abs.1 E-Commerce-Richtlinie). Denn die Effizienz der Datenübermittlung im Internet ist die Grundlage dieser Privilegierung. Eine automatische, zeitlich begrenzte Zwischenspeicherung kann – im Gegensatz zum Willen des deutschen Gesetzgebers des TDG a.F. – auch einige Stunden überschreiten.[512]

Suchdienste können die Haftungsprivilegierung des Art. 13 E-Commerce-Richtlinie nicht in Anspruch nehmen. Wie oben ausgeführt, spricht bereits Art. 21 Abs. 2 E-Commerce-Richtlinie gegen die Anwendung aller Bestimmungen des Abschnitts 4 auf Suchdienste. Der Wortlaut von Art. 13 E-Commerce-Richtlinie bestätigt dieses Ergebnis, da diese Bestimmung nur auf solche Diensteanbieter Anwendung findet, die von einem Nutzer eingegebene Informationen in einem Kommunikationsnetz übermitteln (Art. 13 Abs. 1 E-Commerce-Richtlinie). Bei Suchdiensten handelt es sich nicht um solche Diensteanbieter, deren Tätigkeit als Vermittler auch durch Art. 12 E-Commerce-Richtlinie privilegiert wird. Zudem dient die Speicherung von Informationen durch Suchdienste nicht der Effizienz der Datenübermittlung, sondern vielmehr der Effizienz der Datenauswahl.

d) Hosting - Art. 14 E-Commerce-Richtlinie

Art. 14 E-Commerce-Richtlinie befreit diejenigen Diensteanbieter von der Verantwortlichkeit, deren Dienste in der Speicherung von durch Nutzer eingegebene Informationen bestehen, soweit sie keine tatsächliche Kenntnis von der Tätigkeit oder Information hatten, bei Schadenseratzansprüchen sich keiner Tatsachen oder Umstände bewusst waren, aus denen die rechtswidrige Tätigkeit oder Information offensichtlich wird (Art. 14 Abs. 1 lit. a) E-Commerce-Richtlinie). Haftungsbefreiend ist außerdem der Umstand, dass der Diensteanbieter unverzüglich, nachdem er Kenntnis oder Bewusstsein erlangt hat, die betreffenden Informationen oder den Zugang zu ihnen sperrt (Art. 14 Abs. 1 lit. b) E-Commerce-Richtlinie).

Die Tätigkeit der durch Art. 14 E-Commerce-Richtlinie privilegierten Dienste wird als Hosting bezeichnet. Hierzu zählt z.B. das Speichern einer Homepage eines Unternehmens auf dem Server eines Service-Providers.[513]

---

510) Federrath, ZUM 1999, S. 177, 179; Hage/Hitzfeld in Loewenheim/Koch, S. 16.
511) Hage/Hitzfeld in Loewenheim/Koch, S. 16.
512) Spindler, MMR 1999, S. 202.
513) KOM (1998) 685 endg. vom 18.11.1998, S. 32, Kommentar zu Art.14 Abs. 1.

Informationen sind in einem weiten Sinne zu verstehen:[514] Es müssen jedoch digitalisierbare Informationen sein[515] und die Speicherung von Informationen muss elektronisch tatsächlich erfolgen. So fällt ein on-line-Reisebüro, welches Tickets auf Rechnung einer Fluggesellschaft verkauft, nicht in den Anwendungsbereich der Art. 12 bis 15 E-Commerce-Richtlinie, wenn es nicht die Information der Fluggesellschaft als Datensatz speichert oder bereithält, sondern nur den Informationsgehalt in eigenen Worten in seine Webseite aufnimmt.[516]

Ausgangspunkt der Haftungsprivilegierung gemäß Art. 14 Abs. 1 S. 1 E-Commerce-Richtlinie ist es, dass der Diensteanbieter die durch den Nutzer eingegebenen Informationen in dessen Auftrag speichert. Suchdienste speichern die Informationen nicht im Auftrag von Nutzern, sondern um eine eigene Dienstleistung anbieten zu können, so dass diese Grundvoraussetzung des Art. 14 Abs. 1 S. 1 E-Commerce-Richtlinie nicht gegeben ist. Wie schon aufgrund der Fassung des Art. 21 Abs. 2 E-Commerce-Richtlinie ist auch bei Art. 14 E-Commerce-Richtlinie davon auszugehen, dass dieser nach Wortlaut und Sinn und Zweck der Privilegierung keine Anwendung findet.

e) Ausschluss der Überwachungspflicht - Art. 15 E-Commerce-Richtlinie

In Entsprechung zur Haftungsbeschränkung wird gemäß Art. 15 Abs. 1 E-Commerce-Richtlinie eine Überwachungspflicht für die nach den Art. 12 bis 14 E-Commerce-Richtlinie privilegierten Diensteanbieter ausgeschlossen. Überwachungsmaßnahmen, die durch die nationalen Justizbehörden angeordnet werden, sind nur zeitweilig durchzusetzen (Art. 15 Abs. 2 E-Commerce-Richtlinie). Da Suchdienste keine der durch die Art. 12 bis 14 E-Commerce-Richtlinie privilegierten Diensteanbieter darstellen, kommt ihnen auch nicht die durch Art. 15 E-Commerce-Richtlinie gewährte Beschränkung der Überwachung zugute.

f) Keine analoge Anwendung der Haftungsbestimmungen auf Suchmaschinen

Einer analogen Anwendung der dargestellten Haftungsbestimmungen steht entgegen, dass es sich nicht um eine planwidrige Lücke handelt. Wie aus Art. 21 Abs. 2 E-Commerce-Richtlinie folgt, war dem Europäischen Gesetzgeber die Problematik von Hyperlinks und Suchdiensten bekannt. Es sollte jedoch zunächst abgewartet werden, ob eine Anpassung der Haftungsbestimmungen auf Hyperlinks und Suchdienste erforderlich ist. Es handelte sich also um eine planmäßige Lücke, die dann tatsächlich nur durch eine Anpassung der Bestimmungen zu schließen ist.

Insoweit kommt es für Suchmaschinen und Hyperlinks weiterhin auf die Haftungsbestimmungen der Mitgliedstaaten an. Denn über den Anwendungs-

514) KOM (1998) 685 endg. vom 18.11.1998, S. 29, Kommentar zu Abschnitt 4.
515) Spindler, MMR 1999, 201.
516) KOM (1998) 685 endg. vom 18.11.1998, S. 30, Kommentar zu Abschnitt 4.

bereich der E-Commerce-Richtlinie hinaus ist keine Sperrwirkung gegeben.[517] Nur im Anwendungsbereich der E-Commerce-Richtlinie müssen die Dienste in der Informationsgesellschaft der Richtlinie entsprechen (Art. 3 Abs. 1 E-Commerce-Richtlinie) und nur in diesem Anwendungsbereich dürfen die Mitgliedstaaten den freien Verkehr von Diensten der Informationsgesellschaft nicht einschränken (Art. 3 Abs. 2 E-Commerce-Richtlinie). Die nationalen Haftungsbestimmungen zu Hyperlinks und Suchdiensten können dann nur durch andere Bestimmungen des europäischen Gesetzgebers beeinflusst werden, z.B. durch die Urheberrechtsrichtlinie.

4. Die Haftungsprivilegierung nach dem TDG n. F.

a) Allgemeines

Mit dem TDG n.F. wurde die E-Commerce-Richtlinie umgesetzt, was nach der Begründung zum Gesetzesentwurf vorrangiges Ziel war.[518] Das TDG n.F. stimmt mit der E-Commerce-Richtlinie fast wörtlich überein und legt seinen Schwerpunkt damit wie die E-Commerce-Richtlinie auf die Privilegierung bestimmter Diensteanbieter. Die Unterscheidung von fremden und eigenen Inhalten, die noch beim TDG a.F. entscheidend war, ist deshalb zweitrangig. Denn nur wenn es sich um einen nach §§ 9-11 TDG n.F. privilegierten Diensteanbieter handelt, ist dessen Haftung für fremde Inhalte eingeschränkt. Schon die fast wortgetreue Übernahme der E-Commerce-Richtlinie in das TDG n.F. legt nahe, dass keine Haftungsbeschränkung für andere als die durch die E-Commerce-Richtlinie privilegierten Diensteanbieter beabsichtigt ist. Auch die Analyse der einzelnen Bestimmungen zeigt, dass eine Regelung zur Haftung von Suchdiensten nicht getroffen wurde.

b) Durchleitung von Informationen - § 9 TDG n.F.

Der Wortlaut von § 9 TDG n.F. stimmt weitgehend mit dem Wortlaut von Art. 12 E-Commerce-Richtlinie überein. Privilegiert werden Diensteanbieter, die Informationen in einem Kommunikationsnetz übermitteln oder zu diesen den Zugang zur Nutzung vermitteln. Da die Tätigkeit von Suchdiensten über die Übermittlung von fremden Informationen und über die Vermittlung eines Zugangs zu fremden Informationen hinausgeht,[519] ist § 9 TDG n.F. nicht auf Suchdienste anwendbar.

---

517) Spindler, ZRP 2001, S. 206.
518) Gesetzesentwurf Drs. 14/6098 S.1.
519) Siehe oben S. 137 ff.

c) Zwischenspeicherung zur beschleunigten Übermittlung von Informationen - § 10 TDG n.F.

Wie auch Art. 13 E-Commerce-Richtlinie privilegiert § 10 TDG n.F. die automatische, zeitlich begrenzte Zwischenspeicherung von Informationen. Auch diese muss jedoch dem Zweck dienen, die Übermittlung der fremden Informationen an andere Nutzer auf deren Anfrage effizienter zu gestalten. Die Speicherung der Informationen in den Datenbanken von Suchdiensten dient jedoch dazu, die *Auswahl* der übermittelbaren Informationen effizienter zu gestalten; es handelt sich jedoch nicht um eine Zwischenspeicherung, um die *Übermittlung* von Daten effizienter zu gestalten.[520] Suchdienste fallen deshalb nicht in den Anwendungsbereich des § 10 TDG n.F.[521]

d) Speicherung von Informationen - § 11 TDG n.F.

Im Unterschied zu Art. 14 E-Commerce-Richtlinie sieht § 11 TDG eine Privilegierung von Diensteanbietern vor, die Informationen *für* einen Nutzer speichern. Art. 14 E-Commerce-Richtlinie stellt darauf ab, dass der Diensteanbieter „im Auftrag“ der Nutzer die Informationen speichert. Bei richtlinienkonformer Auslegung ist unter einer Speicherung für den Nutzer eine Speicherung im Auftrag des Nutzers zu verstehen.[522] Da Suchdienste die auf ihren Seiten verfügbaren Informationen und die Informationen in ihren Datenbanken nicht im Auftrag von Nutzern speichern, findet die Haftungsprivilegierung des § 11 TDG n.F. keine Anwendung.[523]

e) Keine analoge Anwendung der Haftungsbestimmungen auf Suchdienste

Die Tätigkeit von Suchdiensten gliedert sich in einen inhaltsfernen Bereich, in dem sich Suchdienste die Funktionsweise der Hyperlinks zunutze machen, und in eine inhaltsbezogene Tätigkeit, die den Inhalt der Trefferliste einschließlich der Abstracts in Text- und Bildform, der Werbung und der redaktionellen Beiträge auf den Webseiten von Suchdiensten erfasst. Sowohl inhaltsferne als auch inhaltsbezogene Tätigkeiten erfahren kommunikationsrechtlichen Schutz, wobei mit Hinblick auf die inhaltsbezogene Tätigkeit die Pressefreiheit im Vordergrund steht.[524]

Der deutsche Gesetzgeber hat, wie bereits die E-Commerce-Richtlinie,[525] die Frage der Hyperlinks im Allgemeinen und der Hyperlinks von Suchmaschinen im Besonderen, also deren inhaltsferne Tätigkeit, bewusst offen gelassen. Eine planwidrige Lücke, die Voraussetzung für eine analoge Anwen-

---

520) Siehe oben S. 140 f.
521) Ebenso Koch, K&R 2002, S. 126.
522) Ebenso Koch, K&R 2002, S. 123.
523) Ebenso Härting, CR 2001, S. 275; Koch, K&R 2002, S.123.
524) Siehe oben S. 67 ff.
525) Siehe oben S. 141.

dung auf die Hyperlinks von Suchdiensten wäre, liegt auch beim TDG n.F. nicht vor.[526] In der Gegenäußerung der Bundesregierung auf die Stellungnahme des Bundesrates zum Gesetzesentwurf führt die Bundesregierung aus:

> „Daher hat auch die Bundesregierung davon abgesehen, im Rahmen der Vollharmonisierung der Vorschriften über die Verantwortlichkeitsbeschränkungen (Art. 12 bis 15 der Richtlinie) Regelungen für Hyperlinks mit aufzunehmen. Im Hinblick auf die Komplexität der damit zusammenhängenden Fragen, die sich insbesondere aus den unterschiedlichen Verfahren und Handlungsformen (interne willentlich gesetzte oder externe programmgesteuerte Links wie Suchmaschinen) und den vielfältigen Fallgestaltungen ergeben, ist zunächst die weitere Entwicklung in Wissenschaft und Rechtsprechung zu verfolgen und eine generelle Regelung möglichst auf europäischer Ebene anzustreben. Ohne spezielle Beschränkungen der zivil- oder strafrechtlichen Verantwortlichkeit bleibt es bei Hyperlinks bei der Haftung nach den allgemeinen Vorschriften.“[527]

Der deutsche Gesetzgeber nimmt ausdrücklich nur die Hyperlinks von Suchmaschinen aus dem Anwendungsbereich heraus, so dass Raum für eine analoge Anwendung im Hinblick auf die inhaltsbezogene Tätigkeit von Suchdiensten bestehen könnte. Im Hinblick auf Sinn und Zweck der Haftungsprivilegierung der E-Commerce-Richtlinie und auch des TDG n.F. kommt eine analoge Anwendung der Haftungsbestimmungen für die Inhalte über die Hyperlinks hinaus jedoch nicht in Frage. Denn die Privilegierung der Vermittler durch E-Commerce-Richtlinie und TDG n.F. beruht darauf, dass die Verantwortlichkeit derjenigen, die unerlaubte Informationen übertragen und speichern, von der Verantwortlichkeit derjenigen abgegrenzt werden soll, die diese Informationen ursprünglich ins Netz gestellt haben. Es besteht ein Bedürfnis, die Vermittler zu privilegieren, da rechtliche Hindernisse wie das Fernmeldegeheimnis gemäß Art. 10 Abs. 1 GG und der Schutz der Privatsphäre einer Kontrolle der Inhalte durch die Vermittler entgegenstehen, technische Hindernisse die Kontrolle praktisch unmöglich machen bzw. Kontrollen den Diensteanbietern nicht zuzumuten sind.[528] Die Tätigkeit der Vermittler zeichnet sich weiterhin dadurch aus, dass es sich um eine rein technische, automatische und passive Art der Tätigkeit handelt.[529]

Verzeichnisse und Suchmaschinen bieten eine eigene inhaltsbezogene Dienstleistung an. Eine rein technische, automatische und passive Tätigkeit üben Verzeichnisse beim Betrieb ihres Suchdienstes nicht aus. Denn sie generieren ihre Datenbank durch eine Redaktion. Die Abstracts beruhen auf durch sie verfassten Beiträgen. Hinzu kommen bei einigen Verzeichnissen wie z.B. Yahoo! eigene redaktionelle Beiträge. Die Inhalte ihrer Webseiten sind Infor-

---

526) Ebenso Spindler, NJW 2002, S. 924; Nickels, CR 2002, S. 308.
527) BTDrs. 14/6098, S. 37.
528) Koch, K&R 2002, S. 124; vgl. Sieber, Rdnr. 6.
529) Erwägungsgrund 42 E-Commerce-Richtlinie.

mationen, die sie selbst ins Netz stellen. Ihre Tätigkeit geht über die Vermittlertätigkeit hinaus.

Aber auch bei Suchmaschinen, deren Datenbank und Trefferliste automatisch durch die Suchsoftware erstellt werden, entspricht der Anwendungsbereich der Haftungsbestimmungen nicht dem der E-Commerce-Richtlinie und des TDG n.F..[530] Nach § 2 Abs. 2 Nr. 3 TDG n.F. sind Teledienste im Anwendungsbereich des TDG n.F. Angebote zur Nutzung des Internets oder weiterer Netze. Suchdienste können zwar unter diese Norm subsumiert werden.[531] Dies gibt aber keinen Aufschluss darüber, ob Suchdienste in den Anwendungsbereich der Haftungsprivilegierung fallen könnten.[532] Alle Diensteanbieter, wie z.B. die Telebanking-Diensteanbieter (§ 2 Abs. 2 Nr. 1 TDG n.F.), müssen zwar den allgemeinen Informationspflichten des § 6 TDG n.F. entsprechen. Aber nicht alle werden gemäß den Haftungsbestimmungen privilegiert, sondern nur die Vermittler von Informationen Dritter.

Die Tätigkeit von Suchmaschinen ist nicht nur rein technischer, automatischer und passiver Art.[533] Wenn auch Suchdienste faktisch den Zugang zu vielen Webseiten eröffnen, handelt es sich dabei um eine Zugangseröffnung durch Auswahl der richtigen Webseite. Um eine Vermittlung von Inhalten im technischen Sinne handelt es sich allein bei der Nutzbarmachung der Funktionsweise der Hyperlinks. Diese Funktionsweise ist aber – wie gesagt – vom Gesetzgeber ausdrücklich aus dem Anwendungsbereich der Haftungsbestimmungen ausgenommen.[534]

Auch ein Vergleich von Suchmaschinen mit Anzeigenblättern zeigt, dass die Automatisierung allein keine Haftungsprivilegierung rechtfertigt. Denn für Anzeigenblätter wäre es ebenfalls ohne weiteres möglich, die Anzeigen on-line durch den Nutzer eintragen zu lassen und ohne Prüfung zu drucken. Eine Flucht in die Automatisierung wäre also möglich. Aber auch wenn das Anzeigenblatt diese Inhalte ungeprüft veröffentlichte, würden es Inhalte sein, die der eigenen Dienstleistung zugrunde liegen. Beim Host-Provider besteht die Dienstleistung hingegen darin, Speicherkapazität für Inhalte Dritter zu schaffen und aufrechtzuerhalten. Selbst wenn die Speicherkapazität nicht genutzt wird, erbringt der Host-Provider seine Dienstleistung. Die Privilegierung der Vermittler liegt also gerade in ihrer Mittlerfunktion und nicht in der Automatisierung ihrer Funktionsweise als solcher.

---

530) Siehe oben S. 134 ff.; S. 142 ff.; a.A. Koch, K&R 2002, S. 126.
531) Siehe unten S. 147.
532) A.A. Koch, K&R 2002, S. 126, Fn. 69.
533) Siehe oben S. 137 ff.
534) BT-Drs. 14/6098, S. 37.

5. Ergebnis

Suchdienste können weder die Haftungsbeschränkung der E-Commerce-Richtlinie noch des diese umsetzende TDG n.F. in Anspruch nehmen. Da jedoch die E-Commerce-Richtlinie außerhalb ihres Anwendungsbereichs keine Sperrwirkung entfaltet, kommt es darauf an, inwieweit die Anwendung der allgemeinen Grundsätze zur Pressehaftung bei off-line-Sachverhalten auf die Haftung von Suchdiensten möglich ist.

III. Haftungsverschärfung im elektronischen Geschäftsverkehr

1. Haftung gemäß § 1 UWG wegen Rechtsbruchs

a) Einführung

§ 6 MDStV, Art. 6 E-Commerce-Richtlinie und § 6 TDG n.F. sehen bestimmte Informationspflichten vor, z.B. die Pflicht, Name und Anschrift des Webseiteninhabers auf seiner Webseite zu nennen. § 9 Abs. 2 MDStV, § 6 E-Commerce-Richtlinie und § 7 TDG n.F sehen bestimmte Kennzeichnungspflichten vor. Nach § 9 Abs. 2 MDStV muss Werbung als solche klar erkennbar und vom übrigen Inhalt getrennt sein. Nach § 6 E-Commerce-Richtlinie und § 7 TDG n.F ist kommerzielle Kommunikation zu kennzeichnen. Kommerziell ist die Kommunikation eines Unternehmens, welche der Förderung des Absatzes von Waren, Dienstleistungen oder dem eigenen Erscheinungsbild dient (Art. 2 lit. f) E-Commerce-Richtlinie, § 3 Nr. 5 TDG n.F.).

Diese Informations- und Kennzeichnungspflichten können mittelbar zu einer Verschärfung der wettbewerbsrechtlichen Haftung von Anbietern im Internet führen, da ein Verstoß gegen Rechtsvorschriften zu einer Haftung nach § 1 UWG unter dem Gesichtspunkt des Rechtsbruchs führen kann. Allerdings begründet nicht jedes gesetzeswidrige Verhalten einen Wettbewerbsverstoß. Nur bei den so genannten wertbezogenen Normen kann von einem Verstoß gegen die Norm auf einen Wettbewerbsverstoß geschlossen werden. Wertbezogen sind solche Normen, „denen eine dem Schutzzweck des UWG entsprechende sittlich-rechtliche Wertung zugrunde liegt“[535] oder die dem Schutz gewichtiger Güter und Interessen dienen.[536] Bei so genannten wertneutralen Normen ist die Sittenwidrigkeit nach § 1 UWG nur durch weitere besondere Umstände begründet. Sie ist dann zu bejahen, wenn sich der Wettbewerber durch das gesetzeswidrige Verhalten einen ungerechtfertigten Vorsprung vor seinen gesetzestreuen Mitbewerbern verschafft oder zu verschaffen sucht.[537]

In einem ersten Schritt ist deshalb zu klären, ob für Suchdienste durch die genannten Bestimmungen Informations- und Kennzeichnungspflichten begrün-

535) BGH WRP 1990, S. 250, 253.
536) Baumbach/Hefermehl, UWG, § 1 Rdnr. 611.
537) Baumbach/Hefermehl, UWG, § 1 Rdnr. 611.

det werden, in einem zweiten Schritt ist zu klären, ob es sich bei diesen Bestimmungen um wertbezogene Normen handelt, durch die die Haftung der Suchdienste verschärft wird.

b) Informations- und Kennzeichnungspflichten für Suchdienste

In den Anwendungsbereich des TDG a.F. sollten nach dem Gesetzgeber[538] auch Suchdienste fallen, insbesondere unter § 2 Abs. 2 Nr. 3 TDG a.F..[539] § 2 Abs. 2 Nr. 3 TDG, nach dem zu den Teledienste Angebote zur Nutzung des Internets oder weiterer Netze gehören, wurde auch nicht durch die Neufassung des TDG geändert. Auch die E-Commerce-Richtlinie, die durch das TDG n.F. umgesetzt werden sollte,[540] geht in Erwägungsgrund 18 davon aus, dass Suchdienste grundsätzlich in den Anwendungsbereich der Richtlinie fallen. Allerdings wurde Suchdiensten bislang kein Schutz durch die Pressefreiheit zugebilligt, so dass dieses Ergebnis in Hinblick auf die Gesetzgebungskompetenzen für die Presse fraglich sein könnte.

Trotz des presserechtlichen Schutzes der Suchdienste sind jedoch die §§ 6 und 7 TDG n.F., die durch den Bundesgesetzgeber erlassen wurden, einschlägig. Der Bund hat nach Art. 75 Abs. 1 Nr. 2 GG für die Presse nur eine Rahmengesetzgebungskompetenz. § 2 Abs. 4 TDG n.F. stellt klar, dass presserechtliche Vorschriften unberührt bleiben sollen, der Bundesgesetzgeber also nicht von seiner Rahmengesetzgebungskompetenz Gebrauch machen wollte.[541]

Die Gesetzgebungskompetenz ist jedoch nach § 74 Nr. 11 GG begründet, nach dem sich die konkurrierende Gesetzgebungskompetenz des Bundes auf das Recht der Wirtschaft erstreckt. Zum Recht der Wirtschaft gehören alle das wirtschaftliche Leben und die wirtschaftliche Betätigung als solche regelnde Normen.[542] Im Sachbereich des Pressrechts steht dem Bund nur die Rahmengesetzgebungskompetenz nach Art. 5 Abs. 2 GG zu.[543] Die Kompetenztitel sind deshalb voneinander abzugrenzen. Hierzu werden die Normen, die nur presserechtliche Auswirkungen haben, von den Normen unterschieden, die einen spezifischen Bezug zum Pressewesen aufweisen.[544] Die Gesetzgebungskompetenz des Bundes erstreckt sich nach Art. 74 Nr. 11 GG nicht auf Normen, die diesen spezifischen Bezug zum Pressewesen aufweisen. Für die Annahme eines solchen Bezuges könnte eine historische Betrachtung

538) BT-Drs. 13/7385, S. 19.
539) Spindler in Roßnagel, § 2 Rdnr. 84; 86.
540) Siehe BT-Drs. 14/6098 vom 17.05.2001, S. 1.
541) Spindler in Roßnagel, § 2 TDG Rdnr. 101 zum TDG a.F..
542) BVerfGE 68, S. 319, 330.
543) BVerfGE 7, S. 29, 40 f.
544) Siehe BGH NJW 1978, S. 1867; Kunig in v. Münch/Kunig, GG, Art. 75 Rdnr. 26; Degenhart in Sachs, GG, Art. 74, Rdnr. 43a; Rozek in v. Mangoldt/Starck/Klein Art. 75 Rdnr. 43.

sprechen.[545] Denn die Informations- und Kennzeichnungspflichten des TDG entsprechen der Impressumspflicht der Länder (z.B. § 8 Hamburger LPG) und dem Gebot der Trennung von Werbung und redaktionellen Teil (z.B. § 10 Hamburger LPG). Beide Pflichten werden traditionell in den Landespressegesetzen geregelt.

Für die Annahme der Kompetenz nach Art. 74 Nr. 11 GG spricht aber, dass §§ 6 und 7 TDG n.F. Informationspflichten und Kennzeichnungspflichten für jeden Anbieter im Internet regeln. Nach Auffassung des Bundesgerichtshofs spricht es nicht gegen die Annahme des Art. 74 Nr. 11 GG, dass eine Norm, im zu entscheidenden Fall § 55 GewO, presserechtliche Auswirkungen hat, wenn sie darüber hinaus alle Gewerbetreibenden in der gesamten Wirtschaft erfasst.[546] §§ 6 und 7 TDG n.F. richten sich an alle Diensteanbieter und zielen nicht speziell auf die Presse im Netz. Auch wenn §§ 6 und 7 TDG n.F. auf Presseunternehmen als Anbieter im Netz Auswirkungen haben, handelt es sich nicht um pressespezifische Regeln, die die Anwendung des Kompetenztitels Art. 74 Nr. 11 GG ausschließen würden.

Das Kompetenzgefüge des Grundgesetzes spricht deshalb nicht dagegen, Suchdienste unter den Anwendungsbereich des TDG, insbesondere § 2 Nr. 3 TDG zu subsumieren. Die Informations- und Kennzeichnungspflichten gemäß §§ 6 und 7 TDG n.F. sind deshalb für die Suchdienste maßgeblich.

Soweit der Inhalt von §§ 6, 9 Abs. 2 MDStV mit den §§ 6 und 7 TDG n.F., übereinstimmt, können die §§ 6, 9 Abs. 2 MDStV weiter Anwendung finden. Denn inhaltsgleiches Landesrecht wird nicht durch Bundesrecht gemäß Art. 31 GG gebrochen, da bei inhaltsgleichem Recht keine Kollision vorliegt.[547] Die Informations- und Kennzeichnungspflichten des TDG sind aber weiter gefasst als die des MDStV. § 6 Nr. 1 TDG n.F. sieht z.B. vor, dass Angaben verfügbar gehalten werden müssen, die eine schnelle elektronische Kontaktaufnahme ermöglichen. Wegen der umfassenderen Regelung werden deshalb im Folgenden allein die Regelungen des TDG herangezogen.

c) Wertbezogene und wertneutrale Normen

Bei § 6 TDG n.F., mit dem bestimmte Informationspflichten festgelegt werden, handelt es sich um eine wertneutrale Norm. Zu den Erwägungsgründen der E-Commerce-Richtlinie finden sich keine Ausführungen zu diesen Pflichten. Sinn und Zweck dürfte aber wie auch bei den Impressumspflichten der traditionellen Presse (siehe z.B. § 8 Hamburger LPG) sein, die Durchsetzung zivilrechtlicher Individualansprüche zu ermöglichen und zu erleichtern. Die Informationspflichten dienen damit, wie die Gegenäußerung der

---

545) Vgl. BVerfGE 7, S. 29, 40.
546) Siehe BGH NJW 1978, S. 1867.
547) Siehe Jarass in Jarass/Pieroth, GG, Art. 31 Rdnr. 5.

Bundesregierung[548] zu Recht feststellt, dem Verbraucherschutz und der Transparenz von Diensten.

Bei der Impressumspflicht wurde aber bei einer vergleichbaren Zielsetzung der Wertbezug verneint. Die Impressumspflicht dient nicht nur der Durchsetzung zivilrechtlicher Ansprüche, sondern auch dazu, die strafrechtliche Verfolgung von Pressedelikten zu sichern.[549] Der Bundesgerichtshof ging von einer wertneutralen Norm aus, da die Impressumspflicht nur Ausdruck ordnender Zweckmäßigkeit sei. Ihr liege weder eine Wertentscheidung zugrunde noch bezwecke sie die Ordnung des Wettbewerbs.[550] § 6 TDG n.F., dessen Zielsetzung der Impressumspflicht entspricht, ist deshalb ebenfalls nicht als wertbezogene Norm einzuordnen.

Hingegen ist das Kennzeichnungsgebot nach § 7 TDG n.F. wertbezogen. Mit dem TDG n.F. wurde die E-Commerce-Richtlinie umgesetzt. Nach deren Erwägungsgrund Nr. 29 liegt die Kennzeichnung kommerzieller Kommunikation im Interesse des Verbraucherschutzes und der Lauterkeit des Geschäftsverkehrs. Bei einer richtlinienkonformen Auslegung ist deshalb davon auszugehen, dass § 7 TDG n.F. eine Wertung zugrunde liegt, die dem Schutzzweck des UWG entspricht. Es handelt sich um eine wertbezogene Norm, so dass bei einem Verstoß gegen § 7 TDG n.F. ein Verstoß nach § 1 UWG ohne weiteres anzunehmen ist.

2. Ergebnis

§ 7 TDG n.F. führt zu einer Haftungsverschärfung, da eine Kennzeichnungspflicht für Dienste im Internet und damit auch für Suchdienste ausdrücklich festgelegt wird. Bei Verstoß gegen diese Pflichten haften die Suchdienste gemäß § 1 UWG wegen Rechtsbruchs.

IV. Die Haftung für Urheberrechtsverletzungen im Internet und bei Digitalisierungen

1. Die Urheberrechtsrichtlinie (Richtlinie zu Urheberrechten in der Informationsgesellschaft)

Die Urheberrechtsrichtlinie verfolgt zum einen das Ziel, die Verpflichtungen aus den völkerrechtlichen Übereinkommen, die unter der Schirmherrschaft der Weltorganisation für geistiges Eigentum von 1996 abgeschlossen wurden, d.h. den WIPO-Urheberrechtsvertrag und den WIPO-Vertrag über Darbietungen und Tonträger, in europäisches Recht umzusetzen.[551] Zum

---

548) BT-Drs. 14/6098, S. 21 zu § 6.

549) BGH WRP 1990. S. 250, 253 – *Impressumspflicht.*

550) BGH WRP 1990, S. 250, 253 – *Impressumspflicht.*

551) Siehe Erwägungsgrund Nr. 15 der Richtlinie für Urheberrechte in der Informationsgesellschaft.

anderen soll, wie aus Erwägungsgrund Nr. 31 und Nr. 3 Urheberrechtsrichtlinie hervorgeht, ein Ausgleich zwischen den Interessen der Urheber, der Rechteinhaber und den Interessen der Allgemeinheit und Dritter gefunden werden. Ausdrücklich wird in Erwägungsgrund Nr. 17 Urheberrechtsrichtlinie festgelegt, dass die Haftungsbestimmungen der E-Commerce-Richtlinie nicht berührt werden sollen. Die Umsetzungsfrist der Richtlinie endet am 22.12.2002.

Die Richtlinie enthält keine der E-Commerce-Richtlinie entsprechende Haftungsprivilegierung. Vielmehr werden für den digitalen Bereich die Rechte der Urheber und anderer Rechtsinhaber (Art. 2 bis 4 Urheberrechtsrichtlinie) sowie die Beschränkung dieser Rechte (Art.5 Urheberrechtsrichtlinie) festgelegt. Außerdem sichert die Richtlinie einen Schutz von technischen Maßnahmen, die Nutzungshandlungen ausschließen sollen, die nicht vom Urheber bzw. anderen Rechtsinhabern genehmigt worden sind (Art. 6 Urheberrechtsrichtlinie). Auch zu einem Schutz der Kennzeichnung von geschützten Informationen, z.B. durch digitale Wasserzeichen, sind die Mitgliedstaaten gemäß Art. 7 Urheberrechtsrichtlinie verpflichtet.

Die Urheberrechtsrichtlinie gewährt den Urhebern das Vervielfältigungsrecht, das Recht der öffentlichen Wiedergabe und der Zugänglichmachung sowie das Verbreitungsrecht (Art. 2 bis 4 Urheberrechtsrichtlinie). In Art. 2 Urheberrechtsrichtlinie wird ein weites Verständnis der Vervielfältigung vorausgesetzt. Sie umfasst die unmittelbare, mittelbare, vorübergehende oder dauerhafte Vervielfältigung jeder Art und Weise und in jeder Form. Auch die temporäre Kopie in einem Arbeits- oder Bildschirmspeicher, sowie die Vervielfältigung im Cache oder durch den Browser fallen damit unter diesen Begriff der Vervielfältigung.[552] Auch das Recht der öffentlichen Wiedergabe ist gemäß Erwägungsgrund Nr. 23 weit zu verstehen: Jegliche Wiedergabe an die Öffentlichkeit ist umfasst, die an dem Ort, an dem die Wiedergabe ihren Ursprung nimmt, nicht anwesend ist. Entsprechend weit ist das Recht der Zugänglichmachung zu verstehen. Alle Handlungen der Zugänglichmachung für Mitglieder der Öffentlichkeit sind gemeint, die an dem Ort, an dem die Zugänglichmachung ihren Ursprung nimmt, nicht anwesend sind (Erwägungsgrund Nr. 24). Allein die bloße Bereitstellung der Einrichtungen, die eine Wiedergabe ermöglichen oder bewirken, stellt selbst keine Wiedergabe im Sinne der Urheberrechtsrichtlinie dar (siehe Erwägungsgrund 27).

Im Hinblick auf Suchdienste könnte daran gedacht werden, dass es sich um solche Einrichtungen gemäß Erwägungsgrund 27 handelt. Denn: sind Nutzer an einer aufgelisteten Webseite interessiert, werden sie per Hyperlink auf diese Webseite geführt. Faktisch ermöglichen sie den Zugang und damit auch die Wiedergabe dieser Webseite. Die Tätigkeit beschränkt sich aber nicht nur auf eine bloße Bereitstellung von Einrichtungen. Suchdienste übernehmen Inhalte in

---

552) Spindler, GRUR 2002, S. 107; vgl. Erwägungsgrund Nr. 33 Urheberrechtsrichtlinie.

ihre Datenbanken, stellen diese zusammen und bieten eigene Inhalte an. Sie sind deshalb keine Einrichtungen im Sinne des Erwägungsgrunds Nr. 27, der eine Haftung für Hersteller z.B. von Personalcomputern, von Telekommunikationsunternehmen und Access-Providern bezweckt.[553]

Schließlich ist es gemäß Art. 4 Urheberrechtsrichtlinie das Recht der Urheber, das Original oder Vervielfältigungsstücke ihrer Werke in beliebiger Form durch Verkauf oder auf sonstige Weise zu verbreiten.

In Art. 5 Urheberrechtsrichtlinie sind Ausnahmen und Beschränkungen geregelt, die nach Umsetzung der Richtlinie gegen eine Verletzung von Urheberrechten durch Suchdienste sprechen könnten (siehe hierzu unten Abschnitt H). Wie das UrhG ist die Urheberrechtsrichtlinie so konzipiert, dass die Haftung für Nutzungshandlungen durch die Schranke des Art. 5 Urheberrechtsrichtlinie begrenzt wird und bei der unmittelbaren Haftung über diese Schranken hinaus keine Einschränkung möglich ist. Erwägungsgrund Nr. 32 Urheberrechtsrichtlinie bestimmt ausdrücklich, dass die Ausnahmen und Beschränkungen in Bezug auf das Vervielfältigungsrecht und das Recht der öffentlichen Wiedergabe in der Richtlinie erschöpfend aufgeführt sind.

Im Hinblick auf die mittelbare Haftung weist die Urheberrechtsrichtlinie die Mitgliedstaaten an, dass die Rechtsinhaber gerichtliche Anordnungen gegen Vermittler beantragen können, deren Dienste von einem Dritten zur Verletzung des Urheberrechts oder verwandter Schutzrechte genutzt werden (Art. 8 Abs. 3 Urheberrechtsrichtlinie). Denn die Vermittler sind, wie Erwägungsgrund 59 ausführt, am besten in der Lage, diesen Verstößen ein Ende zu setzen. Die Bedingungen und Modalitäten dieser gerichtlichen Anordnung sind jedoch durch das nationale Recht der Mitgliedstaaten zu regeln.[554] Für die Ausgestaltung der mittelbaren Haftung ist deshalb die Rechtslage in den Mitgliedstaaten relevant. Auch die mittelbare Haftung von Suchdiensten richtet sich deshalb nach den für die Presse einschlägigen Haftungsbestimmungen (§ 97 Abs. 1 UrhG).

2. Der Regierungsentwurf

Mit dem Regierungsentwurf für ein Gesetz zur Regelung des Urheberrechts in der Informationsgesellschaft soll die Urheberrechtsrichtlinie umgesetzt werden.[555] Der Regierungsentwurf übernimmt in der Neufassung des § 16 Abs. 1 UrhG die weite Definition des Begriffs der Vervielfältigung, so dass zweifelsfrei auch vorübergehende Vervielfältigungen einbezogen werden.[556] Weiterhin wird

553) Siehe Spindler, GRUR 2002, S. 107; Flechsig ZUM 2002, S. 8.

554) Siehe Erwägungsgrund Nr. 59 a.E. Urheberrechtsrichtlinie.

555) Regierungsentwurf vom 31.07.2002 für ein Gesetz zur Regelung des Urheberrechts in der Informationsgesellschaft, S. 1, 3, Fn. 1

556) Regierungsentwurf vom 31.07.2002 für ein Gesetz zur Regelung des Urheberrechts in der Informationsgesellschaft, S. 4.

das Recht der öffentlichen Wiedergabe in einen neu gefassten § 15 Abs. 2 UrhG umgesetzt. Auch ein Teil der Schrankenregelungen des Art. 5 Urheberrechtsrichtlinie soll nach dem Regierungsentwurf umgesetzt werden. Hierzu gehört die zwingende Ausnahme des Art. 5 Abs. 1 Urheberrechtsrichtlinie, der in §§ 44a UrhG n.F. umgesetzt werden soll. Nach diesen Schranken ist die Zulässigkeit von Nutzungshandlungen der Suchdienste zu bemessen.[557] Besondere Aussagen zur mittelbaren Haftung werden nicht getroffen.

3. Ergebnis

Durch die Urheberrechtsrichtlinie werden unmittelbare Urheberrechtsverletzungen im digitalen Bereich definiert. Allein die Schranken der Urheberrechtsrichtlinie können Basis einer Einschränkung der Haftung von Suchdiensten sein. Für die mittelbare Haftung wird in der Urheberrechtsrichtlinie keine Aussage getroffen.

Der Haftungsrahmen für Suchdienste wird bis zur Umsetzung der Urheberrechtsrichtlinie allein durch die geltende Fassung des UrhG gebildet, danach durch das aufgrund der Umsetzung geänderte UrhG. Ob die Tätigkeit von Suchdiensten zulässig ist, kann nur anhand der urheberrechtlichen Schranken beantwortet werden (siehe unten Kapitel H. III. 4.)

Für die mittelbare Haftung sind keine Änderungen gegenüber der bestehenden Rechtslage zu erwarten, so dass es für Suchdienste auf eine Übertragung der Grundsätze zur Pressehaftung ankommt (siehe unten Abschnitt H. IV.).

557) Siehe unten S. 290 f.

G. Die Bedeutung der Pressefreiheit für die Ausgestaltung der wettbewerbsrechtlichen Haftung von Suchdiensten

I. Übertragung der Grundsätze zur Haftung der traditionellen Presse auf Suchdienste

1. Einführung

Obwohl Suchdienste eine herausragende Rolle im Internet spielen, ist auf sie die Haftungsprivilegierung des TDG n.F. nicht anwendbar. Wie bei der traditionellen Presse kann die Pressefreiheit der Suchdienste allein durch eine verfassungskonforme Auslegung der wettbewerbsrechtlichen Haftungsbestimmungen gewährleistet werden. Die zur traditionellen Presse entwickelten Grundsätze bieten deshalb eine Orientierung für die Ausgestaltung der Haftung von Suchdiensten.

2. Grundsätze der Haftung der traditionellen Presse

a) Einschränkung von Prüfungspflichten

Die Pressefreiheit gemäß Art. 5 Abs. 1 S. 2 GG schützt redaktionelle Beiträge ebenso wie den Anzeigenteil. Auch reine Anzeigenblätter werden durch die Pressefreiheit geschützt.[558] Die Pressefreiheit wird berührt, soweit es um die im Pressewesen tätigen Personen in Ausübung ihrer Funktion, um die Presseerzeugnisse selbst, um die institutionell-organisatorischen Voraussetzungen und Rahmenbedingungen sowie um die Institution der freien Presse geht.[559] Werden Presseunternehmen zur Vermeidung von Wettbewerbsverstößen Prüfungspflichten auferlegt, so betrifft dies die im Pressewesen tätigen Personen in Ausübung ihrer Funktion und aufgrund des für die Prüfung erforderlichen zeitlichen und personellen Aufwands auch die Einrichtung und Organisation der Presseunternehmen, also deren institutionell-organisatorische Voraussetzungen. Führen die Prüfungspflichten dazu, dass einem Presseunternehmen die Ausübung seiner Tätigkeit nicht oder nur deutlich eingeschränkt möglich ist, so spricht dies gegen die Verhältnismäßigkeit der Prüfungspflichten. Eine verfassungskonforme Auslegung der wettbewerbsrechtlichen Haftungsbestimmungen muss sich deshalb auf das Ausmaß der Prüfungspflicht auswirken.

---

558) Siehe oben S. 88.

559) BVerfGE 85, S. 1, 12f; 86, S. 122, 128.

b) §§ 1, 3 UWG

aa) Geschäftlicher Verkehr

Die Tätigkeit der Presse ist geschäftliche Tätigkeit im Sinne des UWG. Lediglich die Inhalte können gelegentlich private Äußerungen oder Tätigkeiten darstellen.[560]

bb) Handeln zu Zwecken des Wettbewerbs

(1) Objektive Beeinflussung

Die Berichterstattung im redaktionellen Teil über gewerbliche Verhältnisse kann im Sinne des UWG den Wettbewerb beeinflussen.[561] Anzeigen sind regelmäßig geeignet, den Wettbewerb zu beeinflussen.

(2) Wettbewerbsabsicht

(a) Beim redaktionellen Teil ist bei der traditionellen Presse davon auszugehen, dass keine Wettbewerbsabsicht vorliegt, da die Beeinflussung des Wettbewerbs nur notwendige Begleiterscheinung der Berichterstattung ist.[562] Die Annahme einer Wettbewerbsabsicht würde zu einer ständigen wettbewerbsrechtlichen Kontrolle sämtlicher Tätigkeiten der Presse führen. Weder wäre der Presse dann eine aktuelle Berichterstattung möglich, noch könnte sie durch eigene pointierte Stellungnahmen ihre Rolle in der öffentlichen Auseinandersetzung für eine freie Meinungsbildung wahrnehmen. Zudem ist eine solche Einschränkung für den Leistungswettbewerb, der durch das Wettbewerbsrecht geschützt wird,[563] auch nicht erforderlich. Eine unabhängige Berichterstattung steht im Einklang mit dem Wettbewerb, da auf diese Art und Weise die Stellungnahmen Dritter zur Qualität eines Produkts oder einer Dienstleistung eines Unternehmens, nicht nur der Unternehmen selbst möglich sind. Durch eine unabhängige Information der Verbraucher wird der Leistungswettbewerb gefördert.[564]

In Frage kommt deshalb beim redaktionellen Teil, soweit das Presseunternehmen ohne Wettbewerbsabsicht handelt, die Störerhaftung analog § 1004 BGB. Nur wenn die Presse ausnahmsweise mit Wettbewerbsabsicht handelt, etwa wenn ein Verstoß gegen das Trennungsgebot von redaktionellem Teil und Anzeigenteil vorliegt, sind die §§ 1, 3 UWG einschlägige Anspruchsgrundlagen.

560) Siehe oben S. 96.
561) Siehe oben S. 98.
562) Siehe oben S. 109.
563) Vgl. Baumbach/Hefermehl, UWG, Einl. Rdnr. 96, 98.
564) Siehe oben S. 110.

Eine Einschränkung der Haftung vor dem Hintergrund der Pressefreiheit ist dann regelmäßig nicht geboten.[565]

(b) Bei Anzeigen ist die Wettbewerbsabsicht zu vermuten, da grundlegendes Ziel des Anzeigengeschäfts die Förderung des Erfolgs der Anzeigenkunden im Wettbewerb ist, die objektive Eignung der Wettbewerbsabsicht also nicht nur notwendige Begleiterscheinung der Anzeige ist.[566]

cc) Wettbewerbsverstoß

(1) Redaktionelle Beiträge

Haftet ein Presseunternehmen für einen redaktionellen Beitrag nach §§ 1, 3 UWG, so handelt es sich zumeist um ein Verstoß gegen das Gebot der Trennung von Werbung und redaktionellem Teil. In diesen Fällen führt auch eine verfassungskonforme Auslegung im Lichte der Pressefreiheit nicht zu einer Einschränkung der Haftung. Denn ein Presseunternehmen, welches seine Unabhängigkeit nicht wahrt und gegen seine Wahrheitspflicht verstößt, ist nicht schutzwürdig. Der Leser hingegen, dessen Persönlichkeitsrechte durch eine bewusst wahrheitswidrige Berichterstattung verletzt werden, bedarf besonderen Schutzes.[567]

(2) Anzeigen

Beim Anzeigenteil ist ein Handeln zu Zwecken des Wettbewerbs gegeben; die Presseunternehmen unterliegen daher den Verhaltenspflichten des Wettbewerbsrechts. Da jedoch eine eingehende Prüfung der Anzeigeninhalte die Veröffentlichung von Anzeigen in Frage stellt, sind Presseunternehmen nur gehalten, die Anzeigen auf grobe und unschwer zu erkennende Verstöße zu prüfen.[568] Ein grober und unschwer erkennbarer Verstoß liegt nur dann vor, wenn Redakteure und Verleger keine näheren Kenntnisse des Wettbewerbsrechts benötigen. Diese Einschränkung wirkt sich als Verschuldensmaßstab auf die Schadensersatzhaftung nach den §§ 1, 3 UWG aus.[569] Bei Unterlassungsansprüchen sind begrenzte Prüfungspflichten im Rahmen des Rechtswidrigkeitsurteils der §§ 1, 3 UWG zu berücksichtigen.[570]

c) § 1004 BGB analog

§ 1004 BGB findet entsprechende Anwendung auf die Haftung für Inhalte im redaktionellen Teil, deren Urheber Dritte sind. Es kommt auf die Aufgabe

565) Siehe oben S. 110.
566) Siehe oben S. 115.
567) Siehe oben S. 111.
568) Siehe oben S. 115.
569) Siehe oben S. 116.
570) Siehe oben S. 117 ff.

und Funktion der redaktionellen Berichterstattung an, so dass z.B. bei der Tagespresse die Aktualitätserfordernisse und die damit verbundene Zeitnot zu berücksichtigen sind. Der Umfang der Prüfungspflicht kann davon beeinflusst werden, in welchem Umfang und in welcher Vielfalt Inhalte Dritter in den redaktionellen Teil übernommen werden.[571]

3. Die Übertragung der Grundsätze auf Suchdienste

a) Einschränkung von Prüfungspflichten

aa) Schutz der Suchdienste durch Art. 5 Abs. 1 S. 2 GG

Suchdienste sind in zwei Richtungen von der Pressefreiheit gemäß Art. 5 Abs. 1 S. 2 GG geschützt. Zum einem ist ihre inhaltsferne Funktionsweise geschützt, mit der sie durch die Nutzbarmachung der Hyperlinks eine Mittlerfunktion vergleichbar dem Presse-Grosso einnehmen.[572] Für diesen Schutz der Funktionsweise kann auch die Rundfunkfreiheit zum Schutz durch die Pressefreiheit hinzutreten. Zum anderen ist auch die inhaltsbezogene Tätigkeit der Suchdienste geschützt.[573] Die Inhalte auf den Webseiten der Suchdienste sind die Trefferlisten mit dem Abstract, der Text oder – bei Fotografiesuchmaschinen – verkleinerte Fotografien enthält. Ferner handelt es sich um Werbung und zum Teil redaktionelle Beiträge, die traditionellen Zeitungsartikeln entsprechen. Der Informationsgehalt kann je nach Gestaltung der Webseiten einem reinen Anzeigenblatt oder einem Anzeigenblatt mit redaktionellem Teil gleichen. Denkbar ist auch, dass die Trefferliste, die auf kommerzielle Webseiten verweist, neben anderen redaktionellen Beiträgen den Raum des Anzeigenteils einnimmt und der Dienst insgesamt der traditionellen Tagespresse entspricht.

Die objektiv-rechtliche Komponente der Pressefreiheit beeinflusst die Setzung, Auslegung und Anwendung des einfachen Rechts.[574] Insbesondere eine verfassungskonforme Auslegung der Bestimmungen des Wettbewerbsrechts ist geboten. Das gilt auch für die von der Pressefreiheit geschützten Suchdienste.

Wenn es um die Haftung für Inhalte geht, die von Dritten stammen, ist wie bei der traditionellen Presse zu fragen, ob die Prüfungspflichten der Suchdienste im Einklang mit dem Schutz der Suchdienste durch die Pressefreiheit gemäß Art. 5 Abs. 1 S. 2 GG stehen. Hier kommt es wieder auf die Unterscheidung der beiden Arten von Suchdiensten an:

Die Funktionsweise der Suchmaschinen ist, wie bereits an anderer Stelle gezeigt, durch Suchsoftware automatisiert. Es gibt im Gegensatz zu den

571) Siehe oben S. 113 f.

572) Siehe oben S. 73.

573) Siehe oben S. 70 ff.

574) Vgl. oben S. 81.

Verzeichnissen keine Redaktion, die die Webseiten betrachtet oder auswählt. Dadurch ist es den Suchmaschinen möglich, eine wesentlich größere Anzahl von Webseiten für den Nutzer nachzuweisen als die Mitarbeiter von Verzeichnissen bewältigen könnten. Daher ist ihre Bedeutung als Vermittler von Presseprodukten, Rundfunkveranstaltungen und den dort geäußerten Meinungen erheblich.

Werden die Webseiten durch die Suchmaschinen und die Verzeichnisse berücksichtigt, so werden nicht automatisch auch die Aktualisierungen der Webseiten berücksichtigt. Selbst bei Verzeichnissen ist es deshalb möglich, dass die Redaktion die Webseite in der aktuellen Version nicht kennt, obwohl der Hyperlink in der Trefferliste auf die inzwischen aktualisierte Version verweist. Ein Verweis auf eine zuvor rechtlich unbedenkliche Webseite kann sich durch die Aktualisierung in einen Verweis auf eine wettbewerbswidrige Webseite verwandeln.

Werden Suchmaschinen und Verzeichnissen gleiche Prüfungspflichten auferlegt, so schränkt dies deren Tätigkeit wegen ihrer je besonderen Funktionsweise in unterschiedlichem Maße ein. Vor dem Hintergrund der Pressefreiheit sind die Prüfungspflichten dementsprechend unterschiedlich zu begrenzen, so dass Suchmaschinen und Verzeichnisse ihren unterschiedlichen Funktionen im Prozess der Meinungsbildung gerecht werden können.

bb) Suchmaschinen

Für Suchmaschinen sind Prüfungspflichten für Wettbewerbsverstöße auf den Webseiten Dritter auszuschließen. Auch wenn Webseiten nach der Aufnahme in die Datenbank aktualisiert werden, ist keine Prüfungspflicht der Suchmaschinen begründet. Denn würden Prüfungspflichten gleich welchen Umfangs von Suchmaschinen verlangt, müssten sie ihre Organisation grundlegend ändern. Eine Art Redaktion müsste über die Aufnahme von Webseiten in die Datenbank entscheiden. Damit würden auch Suchmaschinen letztlich denselben Aufwand wie Verzeichnisse betreiben müssen und sich insoweit in ihrer Organisation den Verzeichnissen angleichen.

Eine solche Angleichung würde jedoch zu einer unverhältnismäßigen Einschränkung der Tätigkeit von Suchdiensten führen. Mit der Tätigkeit von Suchmaschinen sind Vorteile verbunden, die einen besonderen Einfluss auf den Prozess der Meinungsbildung haben. Da die Datenbank und die Trefferliste automatisch erstellt werden, sind Suchmaschinen in der Lage, in kurzer Zeit eine wesentlich größere Auswahl und Menge von Webseiten als Verzeichnisse nachzuweisen. Damit wird den Nutzern mit größtmöglicher Aktualität der Zugang zu einer Vielzahl von Informationen auf einer riesigen Menge von Webseiten im WWW eröffnet. Ihrer Rolle im Prozess der Meinungsbildung werden die nach Art. 5 Abs. 1 S. 2 GG geschützten Suchmaschinen nur gerecht, wenn die automatische Auswahl aufrechterhalten werden kann.

Freilich wird die Tätigkeit von Suchmaschinen nicht unzumutbar eingeschränkt, wenn sie den Hyperlink zu Webseiten entfernen müssen, deren Wettbewerbswidrigkeit den Suchmaschinen bekannt ist. Der wettbewerbsrechtliche Beseitigungsanspruch kann unabhängig vom Unterlassungsanspruch geltend gemacht werden.[575] Er ist auf die Beseitigung eines bereits bestehenden Störungszustandes gerichtet.[576] Auch hier können den Suchmaschinen keine Prüfungspflichten auferlegt werden. Vielmehr kommt es darauf an, ob der Betreiber eines Suchdienstes weiß, dass ein Hyperlink oder ein übernommener Inhalt wettbewerbswidrig ist. Bei der traditionellen Presse wurde ein Unterlassungsanspruch bejaht, wenn das Presseunternehmen wusste oder davon ausgehen musste, dass die streitigen Anzeigen wettbewerbswidrig sind.[577] Der Bundesgerichtshof ging davon aus, dass das Presseunternehmen von der Wettbewerbswidrigkeit wusste, wenn eine einstweilige Verfügung durch ein Hauptsacheurteil bestätigt wird.[578] Liegt ein Hauptsacheurteil vor, welches die Wettbewerbswidrigkeit bestätigt, muss das Presseunternehmen die Wettbewerbswidrigkeit einer Anzeige nicht mehr überprüfen. Ebenso muss der Betreiber einer Suchmaschine nicht mehr die in Webseite prüfen, deren Abbild in der Datenbank gespeichert ist, wenn in einem Hauptsacheurteil die Wettbewerbswidrigkeit der Webseite festgestellt ist. Die Tätigkeit der Suchmaschine wird nicht unverhältnismäßig eingeschränkt, wenn der Betreiber bei einem solchen gerichtlichen Nachweis der Wettbewerbswidrigkeit der Webseite gezwungen ist, das Abbild der Webseite aus seiner Datenbank und damit auch den Hyperlink zu löschen. Denn die Löschung eines eindeutigen, genau bezeichneten Hyperlinks ist ohne besondere technische Schwierigkeiten möglich.[579]

Doch bereits die Prüfung von Webseiten ähnlicher Art ist unzumutbar, etwa bei möglichen Markenrechtsverletzungen. Das Ziel von Suchmaschinen ist es, möglichst viele im Netz erhältlichen Webseiten nachzuweisen. Wäre neben der Aufnahme einer bestimmten Webseite in einer bestimmten Form auch die Aufnahme von ähnlichen Webseiten unzulässig, wären die Suchmaschinen z.B. gezwungen, bei einem unzulässigen Begriff zu prüfen, ob er in einer anderen Webseite zulässig verwendet wird oder ob die Neugestaltung der Webseite rechtlich unangreifbar ist.[580] Auch solche Prüfungspflichten würden dazu führen, dass der Nachweis von Webseiten unverhältnismäßigen Einschränkungen durch überhöhte Prüfungspflichten unterliegen würde.

---

575) Siehe Teplitzky, 22. Kap. Rdnr. 13.
576) Teplitzky, 22. Kap. Rdnr. 14.
577) Vgl. BGH GRUR 1992, S. 618, 619 – *Pressehaftung II.*
578) BGH, a.a.O. Fn. 577.
579) Sieber, Rdnr. 333.
580) Siehe LG Frankfurt a.M. GRUR-RR 2002, S. 83, 84 –*Wobenzym II.*

cc) Verzeichnisse

Die redaktionellen Mitarbeiter von Verzeichnissen fassen die Inhalte von Webseiten, die später in der Trefferliste angezeigt werden, zusammen. Die Rolle, die Verzeichnisse im Prozess der Meinungsbildung einnehmen, ist ebenso wie die von Suchmaschinen herausragend. Die Auswahl der Webseiten, die durch eine Redaktion erfolgt, führt sogar zu einem größeren Potential der Meinungsbildung, da auch und gerade die Auswahl von Informationen aus dem Datenmeer meinungsbildend wirkt. Die Tätigkeit von Verzeichnissen muss deswegen in gleichem Umfang wie die der Suchmaschinen ermöglicht und gewährleistet werden.

Bei der traditionellen Presse ändert das gesteigerte Aktualitätserfordernis den Prüfungsmaßstab für die Haftung für die Verbreitung von Anzeigen; eine umgehende Überprüfung sämtlicher Anzeigen auf Gesetzesverstöße würde die Arbeit von Presseunternehmen unzumutbar erschweren.[581] Dieser Grundsatz ist auch auf Verzeichnisse anzuwenden: Sie weisen möglichst viele Webseiten im Internet nach. Eine aktuelle, umfassende Berichterstattung über die Webseiten Dritter setzt voraus, dass die Prüfungspflichten der Verzeichnisse begrenzt werden. Beschränkte Prüfungspflichten bei Verzeichnissen sind deswegen ebenso wie die der traditionellen Presse für den Anzeigenteil gerechtfertigt. Sie müssen die Webseiten auf grobe und eindeutige Verstöße gegen das Wettbewerbsrecht prüfen, bevor sie dieselben in ihr Verzeichnis aufnehmen. Haben sie dieser Prüfungspflicht Genüge getan, haften sie nicht. Für Verzeichnisse ist deshalb wie für den Anzeigenteil traditioneller Presseprodukte nur eine Prüfung auf grobe und offensichtliche Wettbewerbsverstöße zumutbar.

Schließlich würde es die Arbeit von Verzeichnissen unzumutbar erschweren, wenn sie die von ihnen in den Trefferlisten aufgeführten Webseiten ständig auf mögliche Aktualisierungen prüfen müssten. Da Webseiten jederzeit, also viertelstündlich, stündlich, täglich aktualisiert werden können, wäre wegen des personellen Aufwandes eine solche Kontrolle den Verzeichnissen praktisch unmöglich und würde somit die Ausübung ihrer Tätigkeit verhindern. Eine Prüfungspflicht wegen möglicher Aktualisierungen ist deshalb abzulehnen.

Eine Beseitigungspflicht trifft die Verzeichnisse neben der gegenüber Suchmaschinen erweiterten Prüfungspflicht ebenfalls, da ihnen die Entfernung eines konkreten Hyperlinks ebenso wie den Suchmaschinen möglich ist.

b) §§ 1, 3 UWG

aa) Handeln im geschäftlichen Verkehr

Suchdienste handeln grundsätzlich im geschäftlichen Verkehr. Geschäftlicher Verkehr ist „jede Tätigkeit, die irgendwie der Förderung eines beliebigen

---

581) BGH GRUR 1990, S. 1012, 1013 - *Pressehaftung*.

Geschäftszweckes dient, der auch ein fremder sein kann"[582]. Im Internet spricht eine Vermutung dafür, dass Daten von Gewerbetreibenden im geschäftlichen Verkehr angeboten werden.[583] Die Tätigkeit der meisten Suchdienste ist danach ein Handeln im geschäftlichen Verkehr.[584] Zwar erhält der Nutzer regelmäßig Informationen, ohne dass er ein Entgelt entrichten müsste. Die Suchdienste refinanzieren ihre Tätigkeit jedoch über Werbeeinnahmen.

Nur bei Suchdiensten universitärer Einrichtungen, die allein wissenschaftlichen Zwecken dienen, ist es denkbar, dass kein Handeln im geschäftlichen Verkehr vorliegt.[585] Dies gilt aber auf jeden Fall dann nicht mehr, wenn mit dem Suchdienst ein Geschäftszweck verfolgt wird, wie z.B. das Sponsoring der Universität durch Werbetreibende auf der Webseite des Suchdienstes. Im Vordergrund der Untersuchung stehen jedoch die Suchdienste, die sich über die Werbeeinnahmen oder Nutzungsentgelte finanzieren, mithin einen eigenen Geschäftszweck verfolgen.

bb) Handeln zu Zwecken des Wettbewerbs

(1) Objektive Beeinflussung

Der Nachweis einer Webseite per Abstract und Hyperlink ist objektiv geeignet, fremden Wettbewerb zum Nachteil einer anderen Person zu fördern. Als objektive Komponente setzt das Handeln zu Zwecken des Wettbewerbs voraus, dass der Absatz oder der Bezug einer Person zum Nachteil einer anderen Person gefördert wird.[586] Indem Suchdienste Webseiten Dritter nachweisen, können sie deren Wettbewerbsposition beeinflussen. Der Nutzer findet mit Hilfe der Abstracts in der Trefferliste die Webseite und wird durch den Hyperlink auf die ihn interessierende Webseite geführt. Der Absatz des Betreibers dieser Webseite wird auf diese Art und Weise gefördert, der eines nicht berücksichtigten Betreibers hingegen geschmälert.

Auf den Webseiten der Suchdienste finden sich außerdem Werbebanner, die traditionellen Anzeigen gleichen und ebenso wie traditionelle Anzeigen geeignet sind, den Wettbewerb des beworbenen Unternehmens zu fördern. Schließlich finden sich auf den Webseiten einiger Suchdienste redaktionelle Beiträge, die traditionellen Zeitungsartikeln entsprechen. Auch hier kann die Berichterstattung über gewerbliche Verhältnisse geeignet sein, den Absatz oder Bezug einer Person zum Nachteil einer anderen Person zu begünstigen.

---

582) Baumbach/ Hefermehl, UWG, Einl. Rdnr. 208.
583) Baumbach/ Hefermehl, UWG, Einl. Rdnr. 209; Körner/ Lehment in Hoeren/ Sieber, Kap. 11.1, Rdnr.4.
584) Ebenso Körner/Lehment in Hoeren/Sieber, Kap. 11.1, Rdnr. 4.
585) So Körner/ Lehment in Hoeren/ Sieber, Kap. 11.1, Rdnr.4; a.A. Hoeren, MMR Beilage 8/2001, S. 6.
586) Baumbach/Hefermehl, UWG, Einl. Rdnr. 215.

Das Angebot an Werbekunden, mit Hilfe von Werbebannern zu werben, eignet sich außerdem dazu, die eigene Wettbewerbsposition der Suchdienste im Anzeigengeschäft zu verbessern. Auch das unentgeltliche Angebot der Dienstleistung ist geeignet, höhere Nutzerzahlen und damit höhere Werbeeinnahmen zu erzielen, mithin die eigene Wettbewerbsposition zu verbessern.

(2) Wettbewerbsabsicht

Bei der traditionellen Presse ist bei redaktionellen Beiträgen die Wettbewerbsabsicht nicht zu vermuten. Es müssen für den redaktionellen Teil weitere Umstände hinzutreten, wohingegen im Anzeigenteil die Wettbewerbsabsicht grundsätzlich zu bejahen ist. Auf Suchdienste ist diese Aufteilung der traditionellen Presse in redaktionellen Teil und Anzeigenteil nicht ohne weiteres übertragbar.

So gleicht zwar auf der einen Seite die Trefferliste mit den Abstracts und den Hyperlinks in ihrem Informationswert dem Anzeigenteil, wenn Suchdienste auf kommerzielle Webseiten verweisen. Dies ist aber auch beim Branchenbuch „Gelbe Seiten" der Fall. Für unentgeltliche Einträge im Branchenbuch wurde die Wettbewerbsabsicht aber dennoch verneint. Denn obwohl die Absicht, den Wettbewerb zu fördern, nicht die einzige oder wesentliche Zielsetzung sein muss, darf sie auch nicht ganz nebensächlich zu anderen Zielsetzungen sein.[587] Beim Branchenbuch steht das Interesse im Vordergrund, den Benutzer der „Gelben Seiten" anhand von Suchwörtern vollständig über alle in den amtlichen Telefonbüchern eingetragenen Anbieter von Waren und Leistungen zu informieren.[588] Die damit verbundene Werbewirkung stellt gegenüber diesem Interesse der Öffentlichkeit lediglich eine notwendige Begleiterscheinung dar.[589] Trotz objektiver Eignung der Einträge in den „Gelben Seiten" fehlt es deshalb bei der kostenlosen Übernahme von Grundeinträgen an der Wettbewerbsabsicht. Bei der kostenlosen Aufnahme von Webseiten in die Trefferliste ist ebenfalls die Wettbewerbsabsicht zu verneinen. Denn Suchdienste bezwecken in der Regel, den Nutzer über eine möglichst große Anzahl unterschiedlicher Webseiten zu informieren und jede Webseite, die den Kriterien ihrer Suchsoftware entspricht, wird in gleicher Weise auf der Trefferliste und durch die Verknüpfung per Hyperlink berücksichtigt. Die Werbewirkung ist deshalb nur notwendige Begleiterscheinung der besonderen Form der Berichterstattung von Suchdiensten.

Auf der anderen Seite bieten Suchdienste den Werbetreibenden verschiedene entgeltliche Werbeformen an, z.B. Werbebanner. Ziel dieser Werbeformen ist die Förderung des Erfolges des Werbekunden und die Verbesserung der eigenen Wettbewerbsposition im Anzeigengeschäft; die

587) BGHZ 3, S. 270, 277 - *Constanze I.*
588) BGH GRUR 1997, S. 909, 910 – *Branchenbuch-Nomenklatur.*
589) BGH a.a.O., Fn. 588.

Wettbewerbsabsicht ist zu bejahen. Diese Werbeformen entsprechen traditionellen Anzeigen. Auch mit dem unentgeltlichen Angebot der Dienstleistung zielen Suchdienste auf eine Verbesserung der eigenen Wettbewerbsposition ab, weil damit höhere Nutzerzahlen und damit auch Werbeeinnahmen zu erzielen sind.

Bei den Inhalten auf den Webseiten von Suchdiensten ist deshalb für jeden Inhalt gesondert zu prüfen, ob die objektive Eignung der Inhalte, den Wettbewerb zu beeinflussen, nur notwendige Begleiterscheinung der Berichterstattung ist, die Suchdienste eigen ist, oder ob sie von einer Wettbewerbsabsicht getragen ist. Je nach dem können für die Haftung die Grundsätze anzuwenden sein, die für den redaktionellen Teil der traditionellen Presse oder für deren Anzeigenteil entwickelt worden sind.

cc) Wettbewerbsverstoß

Wie bei der traditionellen Presse kann ein Wettbewerbsverstoß durch Inhalte Dritter in den elektronischen Anzeigen ausgelöst werden. In Frage kommen auch eigene Verstöße, z.B. gegen das Trennungsgebot von Werbung und redaktionellem Teil. Die einzelnen Wettbewerbsverstöße und die Haftung der Suchdienste für diese werden im folgenden Abschnitt (II.) anhand verschiedener Fallkonstellationen dargestellt.

c) § 1004 BGB

Auch eine Haftung für Inhalte Dritter analog § 1004 BGB ist bei Suchdiensten denkbar, wenn es an einer Wettbewerbsabsicht fehlt. Auch die Haftung aufgrund dieser Anspruchsgrundlage soll im folgenden Abschnitt anhand typischer Fallkonstellationen aufgezeigt werden.

II. Anwendung der Grundsätze der Haftungsprivilegierung auf einzelne Fallgruppen

1. Hyperlinks

a) Fallkonstellation

Mit Hyperlinks wird im WWW von einem Dokument auf ein anderes Dokument verwiesen. Suchdienste weisen Webseiten Dritter in ihren Trefferlisten nach. Zu diesem Nachweis gehört jeweils ein Hyperlink. Wird dieser vom Nutzer durch Anklicken aktiviert, so wird er automatisch auf die in der Trefferliste nachgewiesene Webseite geführt.

Die Haftung von Suchdiensten für diese Hyperlinks kann in Frage kommen, wenn die in der Trefferliste aufgeführten Webseiten Wettbewerbsverstöße wie zum Beispiel irreführende Angaben im Sinne von § 3 UWG enthalten. Durch den Hyperlink wird dann der Nutzer auf eine solche wettbewerbswidrige Webseite geführt. Da die aufgelisteten Webseiten auf einem Server irgendwo, vielfach nicht im Inland, bereitgehalten werden und es vielfach schwierig ist, die Inhaber der Webseiten zu ermitteln, gibt es ein besonderes Interesse der Konkurrenten, der Verbraucher und der sonstigen Marktbeteiligten sowie der Allgemeinheit, die Störung durch den Suchdienst zu beenden. Wegen Hyperlinks oder bestimmten Formen von Hyperlinks, z.B. Deep Links, die auf „tieferliegende“ Seiten einer Webseite, nicht auf die Homepage, verweisen, wurden bereits Unterlassungsansprüche geltend gemacht.

b) Rechtsprechung

aa) Wettbewerbswidrigkeit von Hyperlinks

Vor dem Kammergericht Berlin ging es in einem Fall um ein Presseunternehmen, welches einen Artikel über eine Internetunternehmerin in traditioneller Papierform und auch auf der eigenen Webseite veröffentlichte.[590] Über die Unternehmerin, die ein Glücksspielunternehmen betreibt, wurde positiv berichtet. Seitlich und am Ende des Artikels war die Adresse der Webseite der Internetunternehmerin angegeben worden. In der Internetversion des Artikels war dieser Verweis auf die Internetadresse als Hyperlink gestaltet. Ein Anbieter von Sportwetten machte Unterlassungsansprüche nach § 1 UWG geltend.

Das Kammergericht hielt die Berufung, mit der die Unterlassungsansprüche durchgesetzt werden sollten, für unbegründet. Zur Wettbewerbsabsicht führte es aus, dass bei Pressepublikationen konkrete Umstände vorliegen müssten, die erkennen ließen, dass neben der Absicht, das Publikum zu unterrichten, auch der Zweck der Förderung fremden Wettbewerbs mehr als eine untergeordnete, weil notwendigerweise begleitende Rolle gespielt habe.[591] Nach der Beurteilung des Kammergerichts enthielt der Artikel keinerlei „werblichen Überschuss“, so dass die Veröffentlichung nicht als sittenwidrig zu qualifizieren sei. Auch beim Hyperlink verneinte das Kammergericht einen „werblichen Überschuss“. Das Kammergericht wies darauf hin, dass die Anlockwirkung eines Hyperlinks nicht darin bestehe, dass der Besucher der Webseite verführt würde, auf den Link zu klicken. Es führte aus:

> „Angesichts der weiten Verbreitung nimmt der Verbraucher einen Link nicht als außergewöhnlich, als etwas Besonderes wahr, sondern vielmehr als zusätzliches Serviceangebot des Betreibers der Internetseite... Wollte man in solchen Situationen die Setzung eines einfachen Links, ohne Werbebanner oder große anpreisende Überschrift, untersagen, so wäre Verbotsgrund letztlich die Tatsache, dass der Leser die im Artikel genannte Unternehmensadresse nicht mehr selber eintippen muss, sondern die Anwahl durch einen Klick erledigen kann.“[592]

---

590) Siehe KG MMR 2002, S. 119 f. – *Schöner Wetten.*
591) Siehe KG MMR 2002, S. 119, 120 – *Schöner Wetten.*
592) KG a.a.O., Fn. 591.

In einem weiteren Fall vor dem Oberlandesgericht Köln[593] gaben so genannte Deep Links auf einer Trefferliste den Anlass für einen Rechtsstreit. Ein Suchdienst wies Nutzern Presseartikel nach. An den Nutzer wurde die Trefferliste übermittelt, die neben einem kurzen Abstract die Deep Links enthielt. Mit der Hilfe eines Deep Links gelangt der Nutzer direkt auf die Seite, die die von ihm gewünschte Information enthält und übergeht so die Homepage, d.h. die Eingangsseite des Anbieters der Information. Streitig war, ob gegen das Setzen der Deep Links auf der Trefferliste urheber- oder wettbewerbsrechtliche Ansprüche bestanden.

Ein Eingriff in das Vervielfältigungsrecht gemäß § 16 Abs. 1 UrhG wie auch ein Eingriff in die Rechte des Datenbankherstellers gemäß § 87b UrhG wurde im Ergebnis vom Oberlandesgericht Köln verneint.[594] Allerdings wurde eine mögliche Vervielfältigung gemäß § 16 Abs. 1 UrhG vom Oberlandesgericht Köln nur in Hinblick auf die Vervielfältigung von Schlagwörtern und einzelnen Sätzen in der Trefferliste auf dem Bildschirm des Nutzers diskutiert. Eine weitere Vervielfältigung in einer Datenbank des Suchdienstes wurde nicht erwähnt. Möglicherweise basierte die Trefferliste dieses Suchdienstes auf einer Suche der Presseartikel im Netz in Echtzeit und nicht auf einer Datenbank des Suchdienstes, in die Presseartikel zuvor aufgenommen wurden.

Aus wettbewerbsrechtlicher Sicht kam ein Verstoß nach § 1 UWG in Frage. Angesichts des bestehenden Sonderrechtsschutzes aus dem Urheberrecht ging das Oberlandesgericht Köln davon aus, dass ein wettbewerbsrechtlicher Anspruch nur bestehen könne, wenn zusätzliche Umstände vorlägen, die dem Verhalten der Beklagten, obwohl es nicht gegen das Urheberrecht verstoße, ein unlauteres Gepräge gäben.[595] Solche zusätzlichen, die Unlauterkeit begründenden Umstände verneinte das Oberlandesgericht. Im Streit war bei der Beurteilung der Unlauterkeit der Deep Links der Umstand, dass die Nutzer durch Aktivierung des Deep Links an der Homepage und der darin enthaltenen Werbung vorbeigeführt werden und direkten Zugriff auf die Seite haben, die den Presseartikel enthalten. Für die Nutzer ist diese Suche und der Zugriff per Deep Link mit einer Zeitersparnis und bei zeitabhängiger Abrechnung der Verbindung auch mit einer Kostenersparnis verbunden.[596] Enthält diese Seite nicht die Werbung der Homepage, kann sich diese Praxis der Deep Links allerdings mindernd auf die Werbeeinnahmen, die für die Werbung auf der Homepage erzielt werden, auswirken. Denn die Werbeeinnahmen bemessen sich nach der Anzahl der Zugriffe auf die Seite, die die Werbung enthält.[597] Der Inhaber einer Webseite kann dieser Verringerung der Werbeeinnahmen dadurch entgehen, dass er

593) OLG Köln CR 2001, 708 ff.
594) Siehe OLG Köln CR 2001, S. 709 ff.
595) Siehe OLG Köln CR 2001, S. 708, 712.
596) OLG Köln CR 2001, a.a.O., Fn. 595.
597) OLG Köln a.a.O., Fn. 595.

die Werbung nicht nur auf der Homepage platziert, sondern auch auf den Seiten, die die Presseartikel enthalten. Diese Beeinträchtigung für den Inhaber der Webseite erachtete das Oberlandesgericht Köln gegenüber den Vorteilen für den Nutzer als gering, so dass es die Unlauterkeit der Deep Links verneinte.[598]

Schließlich war vor dem Landgericht München I[599] ein Hyperlink streitig. Ein Telekommunikationsunternehmen hatte Software zum Download angeboten. Es stellte verschiedene Programme vor, unter anderem auch das Programm FTP-Explorer, und ermöglichte das Herunterladen der FTP-Software durch einen Hyperlink auf die Webseite eines Dritten, von der der FTP-Explorer heruntergeladen werden konnte.[600] Die Inhaberin der Marke „Explorer“ nahm das Unternehmen auf Unterlassung in Anspruch. Der Unterlassungsanspruch wurde im einstweiligen Verfügungsverfahren vom Landgericht München I gemäß §§ 4 Nr. 1, 14 Abs. 2 Nr. 2 und Abs. 5 MarkenG bejaht.[601] In diesem Fall, in dem das Telekommunikationsunternehmen in Anspruch genommen wurde, standen markenrechtliche Fragen im Vordergrund. Der geschilderte Sachverhalt war jedoch auch Auslöser eines weiteren Rechtsstreits gegenüber einer Suchmaschine, in der das Gericht Stellung zu wettbewerbsrechtlichen Fragen nahm (siehe bb)).

bb) Hyperlinks auf wettbewerbswidrige Webseiten

Der Hyperlink, der die Markenrechte der Inhaberin der Marke „Explorer“ verletzte, führte zu einem weiteren Rechtsstreit vor dem Landgericht München I[602], in dem eine Betreiberin einer Suchmaschine als Mitstörerin der Markenrechtsverletzung in Anspruch genommen wurde. Sie hatte angezeigte Inhalte in ein Verzeichnis eingestellt und Angebote Dritter durch Hyperlinks nachgewiesen.[603] Das Landgericht München I wies darauf hin, dass der Mitstörer einer Markenrechtsverletzung nach den gleichen Grundsätzen wie der Mitstörer einer Wettbewerbsverletzung hafte, also dann, wenn er an der wettbewerbswidrigen Handlung eines eigenverantwortlichen Dritten willentlich und adäquat kausal mitwirkt, vorausgesetzt, dass der als Mitstörer in Anspruch Genommene die rechtliche Möglichkeit besaß, die Handlung zu verhindern.[604] Für diesen Anspruch werden wie im Wettbewerbsrecht Prüfungspflichten vorausgesetzt; eine Verletzung dieser Prüfungspflichten verneinte das Landgericht München I mit den folgenden Ausführungen:

---

598) Vgl. OLG Köln CR 2001, S. 708, 713.
599) LG München I, MMR 2000, S. 566 ff.
600) Siehe LG München I, MMR 2000, S. 566.
601) Siehe LG München I, MMR 2000, S. 566, 567.
602) LG München I, MMR 2001, S. 56 f.
603) Siehe LG München I, MMR 2001, S. 56.
604) Siehe LG München I, MMR 2001, S. 56, 57.

„Jedenfalls ist bei der hier vorliegenden Fallkonstellation eine zumutbare Prüfungspflicht der Beklagten als Suchmaschinenbetreiberin nicht gegeben. Die Zahl der Internet-Domains „explodiert". Dies hat ja zur Notwendigkeit von Suchmaschinen geführt. Es ist nach Auffassung der Kammer der Betreiberin einer Suchmaschine nicht zuzumuten, wettbewerbsmäßige oder markenrechtliche Unterlassungsansprüche zu prüfen und ggf. Eintragungen abzulehnen. Eine derartige Verpflichtung besteht nach Auffassung der Kammer nur bei offenkundigen kennzeichenrechtlichen Verletzungshandlungen, die sich jedermann ohne genauere Kenntnisse des Markenrechts und ohne Inanspruchnahme fachkundiger Hilfe aufdrängen."[605]

Hyperlinks waren weiter Gegenstand einer Entscheidung des Landgerichts Lübeck.[606] Die Betreiberin einer Webseite hatte einen Hyperlink auf die Webseite eines Dritten gesetzt, die einen wettbewerbswidrigen Inhalt enthielt. Die Haftungsfragen wurden vom Landgericht Lübeck nach dem TDG a.F. beurteilt. Es kam deshalb maßgeblich auf die Unterscheidung von eigenen und fremden Inhalten nach § 5 TDG a.F. an. Das Landgericht Lübeck ging davon aus, dass es sich um einen eigenen Inhalt handelte, da der hierfür erforderliche Eindruck der inhaltlichen Verbundenheit entstanden sei. Beide Webseiten waren unter einer Domain zu finden und der Hyperlink hatte sich gleich auf der Startseite befunden.[607] Außerdem seien die fremden Seiten zum Bestandteil des eigenen Angebots gemacht worden. Das Landgericht Lübeck war deshalb der Ansicht, dass die Betreiberin der Webseite für die wettbewerbswidrigen Inhalte verantwortlich sei, auf die sie einen Hyperlink gesetzt hatte.[608]

In einem einstweiligen Verfügungsverfahren vor dem Landgericht Frankfurt a.M. ging es ebenfalls um einen Hyperlink. Ein Unternehmen hatte einen Hyperlink gesetzt, von dem aus der Nutzer über weitere Hyperlinks zu einer Seite der amerikanischen Schwestergesellschaft geführt wurde. Diese Webseite der amerikanischen Schwestergesellschaft enthielt eine wettbewerbswidrige vergleichende Werbung. Das Landgericht Frankfurt a.M. bejahte die Störereigenschaft des deutschen Unternehmens im wettbewerbsrechtlichen Sinne.[609] Es sei möglich, die wettbewerbswidrige Werbung über den Hyperlink der Homepage – sowie über weitere Hyperlinks – unter derselben Domain zu erreichen. Die Überprüfung dieser Kette von Hyperlinks habe das deutsche Unternehmen vornehmen können und müssen.[610]

Schließlich war das Landgericht Frankfurt a.M.[611] mit der Frage der möglichen Haftung einer Suchmaschine befasst. Die Suchmaschine wurde

605) LG München I MMR 2001, S. 56, 57.
606) LG Lübeck, CR 1999, S. 650 f.
607) Vgl. LG Lübeck CR 1999, S. 650, 651.
608) LG Lübeck, CR 1999, S. 650.
609) Siehe LG Frankfurt a.M. CR 1999, S. 45, 46.
610) Siehe LG Frankfurt a.M. a.a.O. Fn. 610.
611) LG Frankfurt a.M. GRUR 2002, S. 83 ff. - *Wobenzym II.*

belangt, weil ihre Trefferliste Nachweise – Abstracts und Hyperlinks – eines Internet-Händlers des Arzneimittels „Wobenzym N“ enthielt. Apothekenpflichtige Arzneimittel dürfen in Deutschland jedoch weder im Wege des Versands verkauft werden, noch darf ein solcher Verkauf beworben werden (§§ 43 Abs.1 AMG, 8 Abs. 1 HWG). Die Herstellerin des Arzneimittels hatte sich mit Erfolg gegen ein On-line-Marketingunternehmen gewandt, welches für die Internet-Apotheke Werbung betrieben hatte, unter anderem indem die Marke „Wobenzym N“ in die Domain und in den Meta-Tag[612] aufgenommen wurde. Die Herstellerin des Arzneimittels wandte sich mit ihren Unterlassungsansprüchen außerdem gegen den Betreiber der Suchmaschine als Mitstörer. Nach Auffassung des Landgerichts Frankfurt a.M. handelt es sich bei den Eintragungen auf der Trefferliste nicht um Werbung. Vielmehr sei die Tätigkeit mit der eines Informationsdienstes oder eines Herausgebers eines Branchenbuchs vergleichbar.[613] Einschlägig war nach dieser Entscheidung § 5 Abs. 4 TDG a.F., der unter bestimmten Voraussetzungen vorsieht, dass die Verpflichtung der Diensteanbieter zur Sperrung rechtswidriger Inhalte nach den allgemeinen Gesetzen unberührt bleibt. Als allgemeine Bestimmung kam hier die Haftung als Mitstörer in Frage, der an einer wettbewerbswidrigen Handlung eines eigenverantwortlich handelnden Dritten willentlich und adäquat kausal mitwirkt, vorausgesetzt, dass der als Mitstörer in Anspruch Genommene die rechtliche Möglichkeit besaß, die Handlung zu verhindern. Diese Haftung setzt Prüfungspflichten voraus, die im konkreten Fall dem Mitstörer nicht oder nur eingeschränkt zuzumuten waren.[614] Das Landgericht Frankfurt a.M. hielt für Suchmaschinenbetreiber keine, bzw. nur eine eingeschränkte Prüfungspflicht für zumutbar. Es führte aus:

> „Es besteht deshalb ein Allgemeininteresse daran, die Leistungsfähigkeit dieser „de facto“ netznotwendigen Einrichtungen zu erhalten [...] Bei Bejahung der Prüfungspflicht wäre die Funktion dieser Einrichtungen wesentlich beeinträchtigt.“[615]

Der Betreiber der Suchmaschine wäre gezwungen, herauszufilternde Begriffe ständig und in ständig wechselnden Zusammenhängen zu prüfen. Schon geringfügige Änderungen der Adresse könnten eine neue Überprüfung erfordern. Auch könne eine inzwischen geänderte Homepage nicht mehr wettbewerbswidrig sein, so dass ein Betreiber einer Suchmaschine bei Auferlegung einer Prüfungspflicht gezwungen wäre, auch diese Änderungen auf ihre Wettbewerbswidrigkeit hin zu überprüfen.[616]

---

612) Zum Meta-Tag siehe unten S. 192 ff.
613) Frankfurt a.M. GRUR 2002, S. 83, 84.
614) Frankfurt a.M., a.a.O. Fn. 613.
615) LG Frankfurt a.M. GRUR 2002, S. 83, 84.
616) LG Frankfurt a.M., GRUR 2002, S. 83, 85.

c) Literatur

Ein Großteil der Literatur hat sich mit der Haftung für Hyperlinks auseinandergesetzt, die auf rechtswidrige Webseiten verweisen. Im Vordergrund der Auseinandersetzung stand dabei die Frage, ob die Haftung für Hyperlinks nach § 5 Abs. 2 oder 3 TDG a.F. zu beschränken ist.[617] Die Neufassung des TDG sieht eine Haftungsbeschränkung für Suchdienste nicht vor,[618] so dass diese Auseinandersetzung inzwischen an Bedeutung verloren hat.

Weiterhin von Bedeutung ist die Frage, inwieweit ein Hyperlink selbst wettbewerbswidrig sein kann. Bei Hyperlinks in redaktionellen Beiträgen wurde z.B. die Wettbewerbswidrigkeit wegen eines Verstoßes gegen das Gebot der Trennung von redaktionellem Teil und Werbung diskutiert. Einige[619] stimmten der Entscheidung des Kammergerichts zu, die sich auf Hyperlinks an der Seite und am Ende eines redaktionellen Beitrages bezog. Danach sind Hyperlinks Teil der publizistischen Informationsaufgabe und mit keiner besonderen Werbewirkung verbunden.[620] Sie stellen danach keinen die Wettbewerbsabsicht begründenden Umstand dar. Für die Informationsgesellschaft seien Hyperlinks mit besonderen Vorteilen verbunden, da ohne sie dem Nutzer der Zugang zu weiterführenden Quellen erschwert, wenn nicht sogar verschlossen sei.[621] Ein Verstoß gegen das Gebot der Trennung von redaktionellem Teil und Werbung ist nach dieser Meinung deshalb nicht gegeben.[622] Auch bei Webseiten, deren Inhalte – wie Berichte, Leitartikel, Kommentare – nicht dem engeren redaktionellen Bereich zuzuordnen sind, sind Hyperlinks nach dieser Ansicht ohne Verstoß gegen das Trennungsgebot möglich.[623]

Nach anderer Ansicht sind Hyperlinks in redaktionellen Beiträgen nicht mehr Teil der publizistischen Informationsaufgabe.[624] Eine sachgerechte Information sei auch ohne Hyperlinks möglich. Es genüge, dass im Artikel die WWW-Adresse des Unternehmens angegeben sei. Die Vereinfachung der Verbindung per Hyperlink bewege sich nicht mehr in den Grenzen von inhaltlicher Aufklärung.[625] Denn für den Nutzer entstehe regelmäßig der Eindruck einer redaktionellen Empfehlung. Außerhalb redaktionell gestalteter Webseiten sind nach dieser Ansicht Hyperlinks grundsätzlich zulässig, etwa wenn ein Unter-

---

617) Siehe oben Fn. 489.
618) Siehe oben S. 142 ff.
619) Vgl. Becker, Anm. zu KG MMR 2002, S. 119 f., S. 121.
620) So bereits Gummig, ZUM 1996, S. 582; Becker Anm. zu KG MMR 2002, S,119 f., S. 121.
621) Becker, a.a.O., Fn. 620.
622) Grummig, ZUM 1996, S. 582.
623) Siehe Gummig, ZUM 1996, S. 582.
624) Siehe Hoeren, WRP 1997, S. 996, ders., Grundzüge des Internetrechts, S. 176 f.; zustimmend Körner/Lehment in Hoeren/Sieber, Kap. 11.1 Rdnr. 173.
625) Vgl. Hoeren, a.a.O., Fn. 624.

nehmen auf ein anderes verweist. Denn es sei gerade typisch für das Internet, dass andere Internet-Teilnehmer auf die eigene Internet-Präsentation verweisen.[626] Nur in weiteren besonderen Fallkonstellationen wie z.B. beim Inline-Linking[627] wird die Wettbewerbswidrigkeit in Betracht gezogen.[628]

d) Stellungnahme

aa) § 1 UWG

Hyperlinks machen den besonderen Charakter des WWW aus und stellen eine „wesenimmanente Nutzung“[629] dar. Sie sind allgemein üblich. Wird von einer Webseite per Hyperlink auf eine andere verwiesen, kann dies je nach dem Zusammenhang dazu führen, dass die Wettbewerbsposition der anderen Webseite gestärkt oder geschwächt wird.

Die weite Verbreitung dieser besonderen Verweisform spricht jedoch dagegen, in einem einfachen Hyperlink einen die Wettbewerbsabsicht begründenden Umstand zu erblicken. Nur der Zusammenhang des Hyperlinks mit den anderen Inhalten der Webseite kann die Wettbewerbsabsicht begründen. Aus diesem Grunde ist der Ansicht in Rechtsprechung und Literatur zuzustimmen,[630] die die Wettbewerbsabsicht verneint, soweit ein Hyperlink im Rahmen eines redaktionellen Beitrages gesetzt wird. Es ist nicht nachvollziehbar, warum der Nutzer mit einem Hyperlink allein eine besondere Empfehlung verbinden sollte, die für die Wettbewerbsabsicht sprechen würde. Das WWW ermöglicht es dem Nutzer, sich mit Hilfe der Hyperlinks schnell und ohne große Umstände aus vielen Originalquellen zu informieren. Korrespondierend wird es der Presse und dem Rundfunk im Netz ermöglicht, den Nutzer anhand von Verweisen auf die Originalquellen umfassender zu informieren. Hyperlinks sind deshalb geeignet, die Berichterstattung durch den Verweis auf weitere Recherchemöglichkeiten zu ergänzen. Zudem kann ein Hyperlink ebenso gesetzt werden, wenn sich ein Beitrag kritisch mit einer anderen Webseite auseinandersetzt und dem Nutzer die Meinungsbildung anhand der Originalwebseite erleichtert werden soll. Dem Kammergericht[631] ist zuzustimmen, dass aufgrund der Verbreitung von Hyperlinks von diesen keine solche Anlockwirkung ausgeht, dass ein „werblicher Überschuss“ begründet wäre. Die

---

626) Siehe Hoeren, WRP 1997, S. 995.
627) Beim Inline-Linking werden am Bildschirm des Nutzers Inhalte angezeigt, die aus verschiedenen Webseiten Dritter stammen können, ohne dass dies für ihn anhand der Internet-Adresse erkennbar ist, Sieber, Rdnr. 67.
628) Siehe Hoeren, Grundzüge des Internetrechts, S. 174 ff.
629) Gummig, ZUM 1996, S. 582.
630) Gummig, ZUM 1996, S. 582; Becker Anm. zu KG MMR 2002, 119 f., S. 121; KG MMR 2002, 119, 120 – *Schöner Wetten.*
631) KG MMR 2002, 119, 120 – *Schöner Wetten.*

Wettbewerbswidrigkeit gemäß § 1 UWG wegen Verstoßes gegen das Trennungsgebot entfällt deshalb schon wegen fehlender Wettbewerbsabsicht.

Für die Berichterstattung, wie sie sowohl Suchmaschinen als auch Verzeichnissen eigen ist, sind Hyperlinks typischer und notwendiger, nicht nur ergänzender Bestandteil. Die Hyperlinks sind als inhaltsferne Tätigkeit der Suchdienste – vergleichbar dem Presse-Grosso – gerade wegen ihrer Vermittlerfunktion geschützt. Im Vordergrund steht der Schutz durch die Pressefreiheit gemäß Art. 5 Abs.1 S. 2 GG. Im Einzelfall kann auch die Rundfunkfreiheit schützend hinzutreten.[632]

Auch die Hyperlinks von Suchdiensten sind objektiv geeignet, den Wettbewerb zu beeinflussen.[633] Es fehlt jedoch in der Regel an der Wettbewerbsabsicht, da Suchdienste mit den Hyperlinks nur ihrer besonderen Rolle für die freie individuelle und öffentliche Meinungsbildung gerecht werden. Die Förderung des Wettbewerbs durch die Hyperlinks ist nur notwendige Begleiterscheinung, da Suchdienste bezwecken, den Nutzer über eine möglichst große Anzahl unterschiedlicher Webseiten zu informieren und jede Webseite, die den Kriterien der Suchsoftware entspricht, gleichermaßen berücksichtigt wird.

Die Wettbewerbsabsicht ist schließlich auch für Deep Links zu verneinen. Der Verweis ist genauer und dient dazu, den Nutzer über den genauen Standort der gesuchten Information zu informieren. Deep Links sind objektiv geeignet, den Wettbewerb auf zweierlei Weise zu beeinflussen. Zunächst wohnt ihnen die Eignung eines gewöhnlichen Hyperlinks inne. Sie fördern den Wettbewerb zugunsten der Webseite, auf die sie den Deep Link setzen, zum Nachteil nicht berücksichtigter Webseiten. Sie können aber gleichzeitig die Wettbewerbsposition einer per Deep Link nachgewiesenen Webseite schmälern, wenn deren Werbung nur auf der Eingangsseite und nicht auf der „tieferliegenden" Seite eingespielt wird, auf die der Deep Link verweist. Die Wettbewerbsposition wird dadurch verschlechtert, dass in Folge des Deep Links auf die tieferliegende Seite die Werbeeinnahmen sinken. Diese Beeinflussung ist jedoch nur notwendige Begleiterscheinung einer möglichst genauen Vermittlung von Informationen. Entscheidet sich ein Suchdienst für die Technik der Deep Links, betrifft es jede von ihm berücksichtigte Webseite gleichermaßen. Schon wegen der fehlenden Wettbewerbsabsicht kann § 1 UWG nicht angewendet werden. Der Entscheidung des Oberlandesgerichts Köln[634] ist deshalb im Ergebnis zuzustimmen, wenn auch das Oberlandesgericht die Anwendbarkeit von § 1 UWG erst im Rahmen der Sittenwidrigkeitsprüfung verneinte.

---

632) Siehe oben S. 73 ff.

633) Siehe oben S. 160.

634) OLG Köln CR 2001, S. 708, 712.

Schließlich wird auch nicht durch das Ranking in der Trefferliste für die Hyperlinks eine Wettbewerbsabsicht indiziert. Denn die Webseiten werden mit den Hyperlinks in einer bestimmten Rangfolge aufgeführt, um den Nutzern die Webseite nachzuweisen, die am besten dem Suchbegriff entspricht. Auch dieser Nachweis ist Teil der von der Pressefreiheit geschützten Tätigkeit, mit der dem Nutzer Webseiten zu einem Suchbegriff per Hyperlink vermittelt werden. Die Rangfolge dient dazu, diese Vermittlung zu optimieren. Die Förderung des Wettbewerbs der zuerst genannten Webseiten stellt sich als notwendige Begleiterscheinung einer möglichst genauen Information und Vermittlung der gesuchten Webseite dar.

bb) § 1004 BGB analog

Fehlt es an der Wettbewerbsabsicht, so kommt für Hyperlinks die Anspruchsgrundlage des § 1004 BGB analog in Betracht. Die Suchdienste haften als Störer, wenn sie – auch ohne Wettbewerbsförderungsabsicht und ohne Verschulden – an dem Wettbewerbsverstoß beteiligt sind, indem sie willentlich und adäquat kausal an der Herbeiführung der rechtswidrigen Beeinträchtigung mitwirken. Enthält eine von den Webseiten, auf die der Nutzer per Hyperlink von der Trefferliste der Suchdienste geführt wird, einen wettbewerbswidrigen Inhalt, z.B. irreführende Werbung nach § 3 UWG, so sind die Suchdienste an diesem Verstoß beteiligt, indem sie Nutzer per Hyperlink von ihrer Webseite auf die wettbewerbswidrige Webseite führen.

Bei der Störerhaftung nach § 1004 BGB analog werden Prüfungspflichten vorausgesetzt, die der Störer zur Vermeidung einer Inanspruchnahme einhalten muss. Wie bereits oben ausgeführt[635] können Suchmaschinen keinerlei Prüfungspflichten auferlegt werden. Die Prüfungspflichten von Verzeichnissen beschränken sich auf einen den Prüfungspflichten bei Anzeigen entsprechenden Umfang. Bevor sie eine Webseite in ihr Verzeichnis aufnehmen und per Hyperlink auf sie verweisen, müssen sie die Webseite auf grobe und offensichtliche Wettbewerbsverstöße hin prüfen.

Nur der Beseitigungsanspruch, der auf einer Hauptsacheentscheidung beruht, kann uneingeschränkt gegenüber den Suchdiensten geltend gemacht werden, da mit ihm keine unverhältnismäßige Einschränkung verbunden ist. Denn erlangen sie aufgrund eines Hauptsacheurteils Kenntnis von der Wettbewerbswidrigkeit einer nachgewiesenen Webseite, entfällt das Bedürfnis einer eigenen Prüfung. Die Löschung der Inhalte der betreffenden Webseite aus der eigenen Datenbank ist ohne technische Schwierigkeiten möglich.

---

635) Siehe oben S. 159.

2. Abstracts

In den Abstracts der Suchmaschinen können sich u.U. wettbewerbswidrige Auszüge aus den berücksichtigten Webseiten finden. Dieser wohl eher seltene Fall war bislang noch nicht vor den Gerichten streitig und wurde auch von der Literatur bislang nicht aufgegriffen.

Auch für die Abstracts fehlt es an der Wettbewerbsabsicht, da diese nur Teil der besonderen Art und Weise sind, mit der die Suchmaschinen Nutzer informieren. In Frage kommt deshalb nur die Haftung nach § 1004 BGB analog. Prüfungspflichten sind ebenso zu beschränken wie sie für den Verweis per Hyperlink zu beschränken sind:

Suchmaschinen unterliegen keiner Prüfungspflicht in bezug auf die Wettbewerbswidrigkeit der Webseiten. Nur wenn es angesichts einer gerichtlichen Entscheidung einer Prüfung nicht mehr bedarf, sind sie verpflichtet, die betreffende Webseite aus ihrer Datenbank und damit auch aus der Trefferliste zu löschen.

Verzeichnisse sind gehalten, Webseiten auf grobe und offensichtliche Wettbewerbsverstöße zu prüfen.[636] Sie haften nur dann nach § 1004 BGB analog für den Abstract, wenn sie einen groben und offensichtlichen Verstoß in den selbst formulierten oder den von Dritten vorgeschlagenen Abstract übernehmen. Flankiert wird dieser Unterlassungsanspruch durch einen Beseitigungsanspruch.

3. Bezahlter Eintrag

a) Fallkonstellationen

Gelegentlich wird behauptet, dass Suchdienste ihre (ersten) Listenplätze verkaufen, ohne dies besonders zu kennzeichnen. Eine Webseite wird dann an einer der vorderen Plätze der Trefferliste aufgeführt, ohne dass für den Nutzer erkennbar ist, dass es sich um einen bezahlten Eintrag handelt. Wer aber an erster Stelle genannt wird, hat weitaus bessere Chancen, von einem Nutzer berücksichtigt zu werden.[637] Gerichtsentscheidungen zu diesem Problem sind nicht bekannt.

b) Literatur

In der Literatur wird ein Verstoß gegen die §§ 1, 3 UWG angenommen.[638] Für presseähnliche Dienste im Internet gelte das Trennungsgebot in gleicher Weise wie für alle anderen Medien.[639] Auch bei Suchdiensten entstehe der Ein-

---

636) Siehe oben S. 159.
637) Ebenso Varadinek, GRUR 2000, S. 279.
638) Siehe Körner/Lehment in Hoeren/Sieber, Kap. 11.1, Rdnr. 167.
639) Körner/Lehment in Hoeren/Sieber, Kap. 11.1, Rdnr. 167.

druck einer unabhängigen Publikation, so dass das Trennungsgebot Anwendung finde.[640]

c) Stellungnahme

aa) §§ 1, 3 UWG: Handeln zu Zwecken des Wettbewerbs

Ein Handeln zu Zwecken des Wettbewerbs ist in den Fällen des entgeltlichen Eintrags gegeben. Mit dem Eintrag auf der Trefferliste, gegebenenfalls auf einem der ersten Listenplätze, wird objektiv der Wettbewerb dieser zuerst genannten Webseiten im Verhältnis zu den nicht oder nachrangig genannten Webseiten gefördert. Die Nutzer greifen bevorzugt auf die Einträge zurück, die sich am Anfang der Trefferliste befinden. Das konkrete Wettbewerbsverhältnis besteht hier zwischen den Webseiteninhabern und ihren Mitbewerbern. Zudem fördert diese Möglichkeit des entgeltlichen Eintrags den eigenen Wettbewerb des Suchdienstes um Werbekunden zum Nachteil anderer Suchdienste; das konkrete Wettbewerbsverhältnis besteht dann zu anderen Suchdiensten. Der Eintrag ist von Wettbewerbsabsicht getragen. Denn der werbliche Effekt ist nicht mehr nur notwendige Begleiterscheinung bei der Verbreitung von Nachrichten, sondern ein wesentliches, wenn nicht sogar das primäre Ziel des Eintrages. Der Suchdienst räumt dem Inhaber einer Webseite die exponierte Stelle einer der ersten Listenplätze bewusst und gegen Entgelt ein. Schon aus der Entgeltlichkeit ist auf die Wettbewerbsförderungsabsicht zu schließen.[641]

bb) § 1 UWG

(1) Vorsprung durch Rechtsbruch

Wird der entgeltliche Eintrag nicht als solcher gekennzeichnet, ist die Wettbewerbswidrigkeit wegen Rechtsbruchs gemäß § 1 UWG gegeben. Der Suchdienst verstößt gegen das Gebot der Trennung von Werbung und redaktionellem Teil, welches die Unabhängigkeit der Presse wahren soll und einer nicht manipulierten individuellen und öffentlichen Meinungsbildung dient.[642] Das Trennungsgebot findet im Wettbewerbsrecht gemäß § 1 UWG Anwendung, da bei Zuwiderhandeln gegen dieses Gebot ein wettbewerbswidriger Vorsprung wegen Missachtung der Vorschriften erzielt wird, in denen das Trennungsgebot seine konkrete Ausprägung erfahren hat.

Nach seinem Charakter ist der entgeltliche Eintrag einer Webseite auf der Trefferliste eine Anzeige, die zu kennzeichnen ist. Wird sie nicht gekennzeichnet, sind die Werbung (der von Wettbewerbsförderungsabsicht getragene

---

640) Vgl. Körner/Lehment in Hoeren/Sieber, Kap. 11.1, Rdnr. 169.
641) Zu traditioneller Presse siehe Henning-Bodewig, GRUR Int. 1991, S. 862.
642) Siehe oben S. 111.

Eintrag) und der redaktionelle Teil (der Eintrag ohne Wettbewerbsförderungsabsicht) entgegen dem Trennungsgebot nicht getrennt.

Das Gebot der Trennung von Werbung und redaktionellem Teil hat sich in verschiedenen Rechtsquellen wie den Landespressegesetzen und den Standesregeln niedergeschlagen. Wettbewerbsrechtlich relevantes Standesrecht hat sich in den Richtlinien für redaktionell gestaltete Anzeigen des Zentralverbands der deutschen Werbewirtschaft[643] herausgebildet.[644] Das für Suchdienste einschlägige Trennungsgebot ist im TDG n.F. festgelegt.

Nach der hier vertretenen Ansicht sind Suchdienste Presseprodukte und unterfallen der Pressefreiheit gemäß Art. 5 Abs. 1 S. 2 GG. Sie fallen jedoch nicht unter § 10 LPG, welches das Gebot der Trennung von redaktionellem Teil und Werbung vorsieht.[645] .

Der Wortlaut des § 10 LPG knüpft an periodische Druckwerke an. Dieser Wortlaut spricht dafür, dass Presseprodukte, die zwar nach der hier vertretenen Ansicht der Pressefreiheit unterfallen, aber nicht als Druck verbreitet werden, nicht unter das Gebot des § 10 LPG fallen. Gestützt wird dieses Ergebnis auch durch den systematischen Zusammenhang mit § 7 Abs. 1 LPG. Dessen Wortlaut begrenzt den Anwendungsbereich auf ein allgemeines sprachliches Verständnis des Druckwerks. § 7 Abs. 1 LPG lautet:

> „Druckwerke im Sinne dieses Gesetzes sind alle mittels der Buchdruckerpresse oder eines sonstigen zur Massenherstellung geeigneten Vervielfältigungsverfahrens hergestellten und zur Verbreitung bestimmten Schriften, besprochenen Tonträger, bildlichen Darstellungen mit und ohne Schrift, Bildträger und Musikalien mit Text oder Erläuterungen."

Diese Definition zeigt, dass selbst bei einer weiten Auslegung des Begriffs „Druckwerk" eine Verkörperung gefordert wird, da die Aufzählung nur Verkörperungen nennt. Eine verfassungskonforme und insoweit entwicklungsoffene Auslegung wird durch das LPG nicht eröffnet, da mit der ausdrücklichen Bezugnahme auf Druckwerke durch den Wortlaut der Auslegung Grenzen gezogen sind. Die Pressegesetze können deswegen keine Anwendung auf Webseiten im WWW finden.[646]

Auch die Richtlinien des Zentralverbandes der deutschen Werbewirtschaft, die eine Kennzeichnung von Anzeigen verlangen (Ziffer 2 der Richtlinien), können keine Anwendung finden, da sie sich in Ziffer 1 auf Druckwerke beziehen.

---

643) Abrufbar unter
http://www.interverband.com/dbview/owa/udsearch.dudbrec?pid=3117&prid=3241, abgerufen am 03.01.01.

644) Siehe dazu Baumbach/Hefermehl, UWG, § 1 Rdnr. 30.

645) Zum Wortlaut siehe oben S. 110.

646) Ebenso Körner/Lehment in Hoeren/Sieber, Kap.11.1, Rdnr. 162.

Wie aber bereits oben ausgeführt,[647] ist das Kennzeichnungsgebot von kommerzieller Kommunikation auch für Suchdienste in § 7 Nr. 1 TDG n.F. festgelegt. Das Kennzeichnungsgebot entspricht dem Trennungsgebot, da durch die Kennzeichnung für den Nutzer ersichtlich wird, wann es sich um einen entgeltlichen Eintrag handelt. Dieses Gebot schränkt die Berichterstattung nicht ein und stärkt die Rolle der Presse im Prozess der freien Meinungsbildung. Auch bei Suchdiensten, die durch ihre Kombination von inhaltsferner Mittlertätigkeit und eigenen Inhalten eine bedeutende Rolle im Prozess der freien Meinungsbildung einnehmen, gebietet die Pressefreiheit deshalb keine Einschränkung der Haftung bei Verstoß gegen das Kennzeichengebot nach § 7 Nr. 1 TDG n.F..

(2) Getarnte Werbung

Darüber hinaus ist der nicht gekennzeichnete entgeltliche Eintrag wegen unzulässiger Tarnung der Werbung gemäß § 1 UWG wettbewerbswidrig. Diese Tarnung läuft dem Wahrheitsgrundsatz des Wettbewerbsrechts und den Persönlichkeitsrechten der Umworbenen zuwider.[648] Die Persönlichkeitssphäre des Umworbenen wird nur dann nicht in unzulässiger Weise angetastet, wenn dieser erkennen kann, dass es sich um eine Werbemaßnahme handelt und er seine Entscheidung bewusst auf dieser Grundlage treffen kann.[649]

Diese Grundlage fehlt bei getarnter Werbung. Denn wie der BGH ausführt, misst der Verkehr der Information eines am Wettbewerb selbst nicht unmittelbar beteiligten Dritten regelmäßig größere Bedeutung und Beachtung bei als entsprechenden, ohne weiteres als Werbung erkennbaren Angaben des Werbenden selbst.[650] Der BGH weist an gleicher Stelle darauf hin, dass dieser Gedanke dem Gebot der Trennung von Werbung und redaktionellem Teil in Presse und Rundfunk zugrunde liegt. Außerhalb dieses Bereiches findet der Gedanke aber immer dann Anwendung, wenn sich Werbung als Äußerung eines scheinbar objektiven Dritten darstellt und so getarnt wird.[651]

Suchdienste sind als neuartige Presseunternehmen scheinbar objektive Dritte. Die Nutzer der Suchdienste mögen zwar die Vorstellung haben, dass Suchdienste sich durch Werbung finanzieren. Regelmäßig geht der Nutzer aber davon aus, dass die Einträge in der Trefferliste nicht selbst Werbung sind.[652] Der Nutzer wird zwar in der Regel keine genauen Vorstellungen darüber haben, wie

---

647) Siehe oben S. 147 f.

648) Siehe BGH GRUR 1995, S. 744, 747 - *Feuer, Eis & Dynamit I*; Körner/Lehment in Hoeren/Sieber, Kap. 11.1, Rdnr. 167.

649) So BGH GRUR 1995, S. 744, 747 - *Feuer, Eis & Dynamit I*; Baumbach/Hefermehl, UWG, § 1 Rdnr. 27; Henning-Bodewig, ZUM 1988, S. 268.

650) BGH GUR 1995, S. 744, 747 - *Feuer, Eis & Dynamit I*; ebenso Piper in FS Vieregge, S. 724.

651) BGH a.a.O., Fn. 650.

652) Ebenso Körner/Lehment in Hoeren/Sieber, Kap. 11.1, Rdnr. 169.

die Trefferliste generiert ist. Wendet er sich jedoch an einen Suchdienst, so erwartet er in aller Regel, dass die Auswahl der Webseiten nach allgemeinen, für alle Webseiten gleichen Kriterien bestimmt wird und seine Information durch den Suchdienst im Vordergrund steht. Auch bei den ersten Plätzen gehen die Nutzer davon aus, dass diese Webseiten wegen ihrer Wichtigkeit bzw. besonderen Übereinstimmung mit dem Suchbegriff an erster Stelle genannt werden. Insoweit werden vom Nutzer den Suchdiensten Objektivität, bei Verzeichnissen auch eine gewisse Kompetenz der redaktionellen Mitarbeiter unterstellt. Wird hierüber getäuscht, so werden die Persönlichkeitsrechte des Nutzers angegriffen, der seine Auswahl der Webseiten aufgrund einer nur scheinbar objektiv erstellten Trefferliste trifft.

cc) Irreführung gemäß § 3 UWG

Regelmäßig liegt in der getarnten Werbung auch ein Verstoß gegen § 3 UWG. Denn in redaktionell aufgemachten Werbeanzeigen oder Werbehinweisen liegt regelmäßig zugleich die täuschende und relevante Angabe, dass es sich um eine objektive Information und nicht lediglich um die Aussage eines Werbetreibenden handelt.[653] Eine Angabe im Sinne des § 3 UWG ist auch der Hinweis, dass eine bestimmte Äußerung werblichen Charakter hat oder nicht.[654]

Der Eintrag in der Trefferliste, der sich bei Entgeltlichkeit regelmäßig auf den ersten Plätzen befindet, täuscht darüber, dass dieser auf der objektiven Auswahl durch die Suchsoftware einer Suchmaschine oder die redaktionellen Mitarbeiter eines Verzeichnisses beruht. Auch wenn der Nutzer keine genauen Vorstellungen hinsichtlich der Generierung der Trefferliste hat, wird er annehmen, dass den Einträgen und dem Ranking unabhängige, am gleichen Maßstab gemessene Bewertungen des Informationswertes durch den Suchdienst zugrunde liegen. Darüber wird er getäuscht, so dass der Suchdienst gemäß § 3 UWG in Anspruch genommen werden kann.

4. Beschleunigter entgeltlicher Eintrag und gekennzeichneter entgeltlicher Eintrag

a) Fallkonstellationen

Bei Verzeichnissen ist der beschleunigte bezahlte Eintrag relevant. Da bei Verzeichnissen redaktionelle Mitarbeiter über die Eintragung einer Webseite im Verzeichnis entscheiden, kann es einige Zeit dauern, bis eine bestimmte Webseite berücksichtigt wird. Aus diesem Grunde ist z.B. Yahoo! dazu übergegangen, gegen Entgelt die Aufnahme einer bestimmten Webseite

---

653) Piper in FS Vieregge, S. 725; Baumbach/Hefermehl, UWG, § 1 Rdnr. 38a; BGH GRUR 1993, S. 565, 566 – *Faltenglätter*; BGH GRUR 1975, S. 75, 77 - *Wirtschaftswerbung*.

654) Siehe Henning-Bodewig, GRUR Int. 1991, S. 863; vgl. Baumbach/Hefermehl, UWG, § 1 Rdnr. 38a.

vorrangig, innerhalb von 7 Werktagen in Aussicht zu stellen. Eine automatische Garantie für die Aufnahme ins Verzeichnis bzw. für die Platzierung der Webseite ist jedoch mit diesem Service nicht verbunden.[655] In den allgemeinen Geschäftsbedingungen zu diesem Service wird darauf hingewiesen, dass mit der Zahlung der Gebühr keine Verpflichtung und Garantie verbunden ist, die Webseite in das Verzeichnis aufzunehmen (Ziff. 2.5 und 2.6 der Allgemeinen Geschäftsbedingungen[656]).

Des Weiteren finden sich in Suchdiensten entgeltliche Einträge, die als solche gekennzeichnet werden, etwa als „sponsored listings" oder – wie bei Yahoo! – als „Sponsoren-Links" (siehe Abb. 2). Diese entgeltlichen Einträge erscheinen in der Regel optisch getrennt vor der eigentlichen Trefferliste.

Gerichtliche Entscheidungen oder Stellungnahmen in der Literatur finden sich bislang zu den beiden vorgenannten Fallkonstellationen nicht.

b) Stellungnahme

aa) §§ 1, 3 UWG: Handeln zu Zwecken des Wettbewerbs

Ein Handeln zu Zwecken des Wettbewerbs liegt sowohl in dem beschleunigten bezahlten als auch in dem entgeltlichen Eintrag einer Webseite in der Trefferliste vor. Beim entgeltlichen beschleunigten Eintrag wird objektiv der Absatz derjenigen Webseiteninhaber, die schneller eingetragen werden, gegenüber denjenigen gefördert, deren Eintrag erst nach einer längeren Wartezeit erfolgt. Zwischen den Inhabern der schneller eingetragenen Webseiten und ihren Mitbewerbern besteht ein konkretes Wettbewerbsverhältnis.

Nur wenn diese objektive Beeinflussung des Wettbewerbs nur notwendige Begleiterscheinung der Berichterstattung durch Suchdienste ist,[657] fehlt es an der Wettbewerbsabsicht. Im Fall des entgeltlichen beschleunigten Eintrags ist die Wettbewerbsabsicht jedoch zu bejahen. Schon die Entgeltlichkeit spricht für die Annahme der Wettbewerbsförderungsabsicht. Hiergegen kann auch nicht eingewendet werden, dass das Entgelt nur über das „Wann" des Eintrages, nicht jedoch das „Ob" des Eintrages entscheidet. Denn die redaktionelle Bearbeitung auch kommerzieller Webseiten wird durch das Verzeichnis vorgezogen. In diesem Fall handelt das Verzeichnis unter anderem in der Absicht, den Absatz der zahlenden Unternehmen gegenüber den Inhabern der anderen Webseiten, die erst zu späterer Zeit geprüft werden, zu fördern. Die Zielsetzung, Informationen über die im WWW erhältlichen Webseiten zu verbreiten, wird überlagert von der Zielsetzung, Anbietern die Möglichkeit zu eröffnen, schneller vom

---

655) „Vorschlagen einer Web-Site mit Yahoo! Express",
http://de.docs.yahoo.com/info/yexpress/howto.html, abgerufen am 29.04.02.
656) Yahoo! Express-Geschäftsbedingungen,
http://de.docs.yahoo.com/info/yexpress/agb.html, abgerufen am 29.04.2002.
657) Siehe oben S. 161 f.

Verzeichnis berücksichtigt zu werden. Auf diese Weise eröffnet das Verzeichnis den Inhabern von Webseiten gegen Entgelt die Möglichkeit, bei einem positiven Prüfergebnis möglichst schnell in das Verzeichnis aufgenommen zu werden und den damit verbundenen Werbeeffekt zu genießen.

Auch bei den gekennzeichneten entgeltlichen Einträgen ist ein Handeln zu Zwecken des Wettbewerbs gegeben. Hier handelt es sich um eine Anzeigen entsprechende Werbeform. Der Wettbewerb der Inhaber von Webseiten, die als gesponserter Eintrag erscheinen, wird durch den Eintrag oberhalb der Trefferliste gefördert. Das Ziel, den Absatz der Inhaber der so umworbenen Webseiten zu fördern, ist nicht nur notwendige Begleiterscheinung der Information der Nutzer. Hierfür sprechen ebenfalls das Entgelt und auch die gut sichtbare Platzierung oberhalb der Trefferliste. Gleichzeitig wird mit diesem entgeltlichen Eintrag der eigene Wettbewerb um Werbekunden gefördert und diese Förderung durch das Angebot der Werbeform des entgeltlichen und als solchen gekennzeichneten Eintrags beabsichtigt.

bb) Gebot der Trennung von Werbung und redaktionellem Teil

Ein Verstoß gegen das Trennungsgebot ist bei dem beschleunigten bezahlten Eintrag nicht gegeben. Dies gilt dann, wenn das Entgelt nur über das „Wann" des Eintrages, nicht jedoch das „Ob" des Eintrages entscheidet. Denn soweit das Entgelt nur eine Entscheidung über das „Wann" bewirkt, verliert der Eintrag selbst nicht die Objektivität, die der Nutzer von den Suchdiensten erwartet. Die Redaktion entscheidet selbst, wie sie die Webseite aufnimmt, wie sie sie beschreibt und welche Bedeutung ihr beigemessen wird. Für die Unabhängigkeit der Aufnahme von Webseiten können insbesondere die Ausgestaltung der vertraglichen Beziehung zwischen dem Inhaber einer Webseite und dem Suchdienst sprechen, wenn mit dem Entgelt keine Verpflichtung des Suchdienstes verbunden ist, die Webseite nach Überprüfung in das Verzeichnis aufzunehmen. Auch wenn sich das Entgelt im Rahmen einer Verwaltungsgebühr bewegt und wesentlich geringer als das Entgelt für einen Werbebanner ist, ist davon auszugehen, dass die Unabhängigkeit der Berichterstattung durch das Verzeichnis nicht gefährdet ist. Soweit also die Unabhängigkeit der Suchdienste gewahrt ist, wird keine Werbung getarnt, da der Eintrag nicht Aussagen des Werbetreibenden ohne eine eigene redaktionelle Würdigung weitergibt.

Auch beim gekennzeichneten Eintrag ist nicht von einem Verstoß gegen das Kennzeichnungs- und daraus folgende Trennungsgebot gemäß § 7 Nr. 1 TDG n.F. auszugehen, wenn der Eintrag von den unentgeltlichen Einträgen der Trefferliste optisch abgesetzt ist und als bezahlter Eintrag bezeichnet wird. Da der Ausdruck des „Sponsors" auch in der deutschen Sprache gebräuchlich ist, dürfte der Hinweis auf einen gesponserten Eintrag ebenfalls ausreichen, um von einer Kennzeichnung im Sinne des § 7 Nr. 1 TDG n.F. auszugehen.

cc) Wettbewerbswidrigkeit der Einträge

Wie bei Anzeigen auch, ist es jedoch möglich, dass der Eintrag selbst oder die eingetragene Webseite einen Verstoß gegen das Wettbewerbsrecht enthält. Auch bei Suchdiensten ist dann eine Einschränkung der Prüfungspflichten gegeben, wie sie für die traditionelle Presse bei Anzeigen begründet ist. Wie schon bei der traditionellen Presse, sind auch bei Suchdiensten Prüfungspflichten auf grobe und eindeutige Verstöße einzuschränken, da den Suchdiensten wegen des zeitlichen und personellen Aufwandes solche entgeltlichen Einträge nicht möglich wären. Der beschleunigte entgeltliche Eintrag und der gekennzeichnete Eintrag sind beide wie der Anzeigenteil einer Zeitung aufgrund ihres eigenen Informationsgehaltes geschützt. Bei dem entgeltlichen gekennzeichneten Eintrag tritt der Finanzierungscharakter hinzu, da die Gebühr hierfür reine Verwaltungskosten regelmäßig übertrifft. Das Ausmaß der Prüfungspflicht von entgeltlichen beschleunigten Einträgen entspricht der Prüfungspflicht, die den Verzeichnissen für ihre alle Einträge obliegt. Sie ist auf eine Prüfung auf grobe und unschwer zu erkennende Verstöße beschränkt. Die Prüfungspflicht kann sich zudem nur auf den Inhalt der Webseite zum Zeitpunkt des Eintrags beziehen. Müssten die Suchdienste bei jedem entgeltlichen beschleunigten und gekennzeichneten Eintrag eine fortlaufende Überprüfung der eingetragenen Webseiten vornehmen, würden wegen des zeitlichen und personellen Aufwands diese Einträge an sich in Frage gestellt. Auch dies wäre mit dem geschützten eigenen Informationsgehalt der Einträge und im Fall der gekennzeichneten entgeltlichen Einträge mit der geschützten Finanzierung durch Anzeigen nicht vereinbar.

Diese eingeschränkten Prüfungspflichten schlagen sich dann wie bei der traditionellen Pressehaftung für Anzeigen im Sorgfaltsmaßstab für das Verschulden bei Schadensersatzansprüchen nach den §§ 1, 3 UWG und im Rechtswidrigkeitsurteil bei den Unterlassungsansprüchen nach §§ 1, 3 UWG nieder.[658]

5. Unentgeltlichkeit der Suchdienste

a) Fallkonstellation

Die meisten Suchdienste bieten ihre Dienstleistung, den Nachweis anderer Webseiten durch die Trefferliste, an, ohne dass der Nutzer zu einer Gegenleistung verpflichtet wäre. Finanziert wird dieses Angebot dann regelmäßig über Werbung. Die kostenlose Abgabe von traditionellen Presseprodukten führte in der Vergangenheit in der Literatur und in der Rechtsprechung immer wieder zu Auseinandersetzungen über die Frage, ob Presseprodukte unentgeltlich

---

658) Siehe oben S. 117 ff.

angeboten werden dürfen.[659] Auch für Suchdienste als neuartiges Presseprodukt stellt sich deshalb die Frage der Wettbewerbsgemäßheit des unentgeltlichen Angebots ihrer Leistung, wenn auch diese Frage bislang nicht Gegenstand von gerichtlichen Entscheidungen oder Erörterungen der Literatur war.

b) Stellungnahme

aa) § 1 UWG: Handeln zu Zwecken des Wettbewerbs

Ein Handeln zu Zwecken des Wettbewerbs liegt auch in dem unentgeltlichen Angebot der Trefferliste durch Suchdienste. Gefördert wird hier der eigene Wettbewerb gegenüber anderen Suchdiensten. Der Bezug der Trefferliste durch die Nutzer und damit auch die Attraktivität für die auf der Seite vorhandenen entgeltlichen Werbeflächen wird durch die Unentgeltlichkeit des Angebots gegenüber Nutzern gewährleistet. Das konkrete Wettbewerbsverhältnis besteht also zwischen den Suchdiensten. Die Zielsetzung des unentgeltlichen Angebots ist es, den Wettbewerb gegenüber anderen zu fördern, so dass auch das erforderliche subjektive Moment gegeben ist.

bb) Kein Wettbewerbsverstoß

Die Unentgeltlichkeit ihres Angebots ist für Suchdienste typisch. Diese Unentgeltlichkeit ist nicht wettbewerbswidrig. Ein Wettbewerbsverstoß gemäß § 1 UWG ist auch im Hinblick auf den Gesichtspunkt der Marktstörung zu verneinen. Eine nicht leistungsgerechte Wettbewerbsmaßnahme wird unter diesem Gesichtspunkt nicht akzeptiert, wenn sie geeignet ist, durch die Beseitigung der Freiheit von Angebot und Nachfrage den Bestand des Wettbewerbs zu gefährden und die Mitbewerber zu verdrängen.[660]

Unentgeltliche Wettbewerbsmaßnahmen durch Umsonstlieferungen spielen auf dem Pressemarkt eine besondere Rolle, da das Entgelt regelmäßig eine zweitrangige Einnahmequelle darstellt. Auch bei entgeltlichen Zeitungen und Zeitschriften werden die Erlöse bereits zu mindestens zwei Dritteln durch Anzeigen, nicht durch das Entgelt erzielt.[661] Wegen der bedeutsamen Rolle der Presse im Prozess der individuellen und öffentlichen Meinungsbildung besteht gerade bei der Tagespresse ein Interesse der Allgemeinheit daran, dass die Presse ihre Aufgaben sachgerecht erfüllen kann.[662] Deshalb besteht ein besonderes Interesse an der Meinungsvielfalt auf dem Pressemarkt und damit an

---

659) Siehe den Überblick bei Baumbach/Hefermehl, UWG, § 1 Rdnr. 859 ff.; Köhler in Köhler/Piper, § 1 Rdnr. 520 ff.; Emmerich, § 19 Nr. 3, S. 303 ff.
660) Baumbach/Hefermehl, UWG, § 1 Rdnr. 832; siehe auch BGH GRUR 2001, S. 80, 81 - *ad hoc Meldung.*
661) Emmerich, § 19 Nr. 3, S. 303.
662) Baumbach/Hefermehl, UWG, § 1 Rdnr. 859; vgl. Teplitzky, WRP 1999, S. 111.

der Erhaltung wettbewerblicher Strukturen.[663] Die institutionelle Schutzrichtung der Pressefreiheit gemäß Art. 5 Abs. 1 S. 1 GG steht hierbei im Vordergrund. Dabei darf aber nicht außer Acht gelassen werden, dass gemäß Art. 5 Abs. 1 S. 2 GG nicht nur traditionelle Presseprodukte, sondern auch neuartige Presseprodukte durch die Pressefreiheit geschützt werden.[664] Neue Entwicklungen auf dem Pressemarkt können deshalb nicht allein mit dem Verweis auf die Erhaltung *bestehender* wettbewerblicher Strukturen abgewehrt werden.

Rechtsprechung und ein Teil der Literatur unterscheiden zwischen der Umsonstlieferung von Tagespresse, von Anzeigenblättern mit einem redaktionellen Teil und von reinen Anzeigenblättern.[665] Umstritten war bislang nur die Umsonstlieferung von Anzeigenblättern mit redaktionellem Teil und von Tageszeitungen. Denn der redaktionelle Teil wirkt nach Ansicht der Rechtsprechung und Teilen der Literatur in besonderem Maße auf die Meinungsbildung ein. Hieraus wird ein besonderes Schutzbedürfnis der wettbewerblichen Strukturen abgeleitet. Nach der neueren Rechtsprechung und nach einem Teil der Literatur tritt dieser Schutz allerdings erst bei einer konkreten Gefahr für den Bestand der Tagespresse als Institution ein.[666] Schon die Differenzierung zwischen reinen Anzeigenblättern, Anzeigenblättern mit redaktionellem Teil und Tagespresse wird angegriffen, weil die Pressefreiheit jedem Presseerzeugnis zukommt.[667] Ob aber diese Differenzierung – auch vor dem Hintergrund des Schutzes der Institution der Presse – gerechtfertigt ist, ist hier nicht von Bedeutung. Suchdienste können ohne Wettbewerbsverstoß unentgeltlich dem Nutzer angeboten werden, da mit ihrem Angebot auch unter Berücksichtigung der genannten Differenzierung keine Marktstörung bewirkt wird.

Die Umsonstlieferung reiner Anzeigenblätter ist nach einhelliger Meinung unbedenklich.[668] Anzeigenblätter, die im Wesentlichen nur Werbeanzeigen ent-

---

663) Vgl. BVerfGE 20, S. 162, 176; Köhler in Köhler/Piper, UWG, § 1 Rdnr. 520.

664) So deutlich OLG Bremen WRP 1999, S. 852, 854 - *Kreisblatt am Sonntag*; Emmerich, § 19 Nr. 3, S. 304.

665) Daneben waren außerdem Fachzeitschriften Gegenstand der Beurteilung. Da Gegenstand der Untersuchung auch die Suchdienste ohne fachliche Spezialisierung sind, kann diese Fallgruppe hier vernachlässigt werden; siehe den Überblick über die Rechtsprechung bei Emmerich, 4. Kap. Nr. 3, S. 304 f.; Baumbach/Hefermehl, § 1 UWG Rdnr. 859 ff.

666) OLG Bremen WRP 1999, S. 1052, 1053 f.- *Kreisblatt am Sonntag*; OLG Karlsruhe WRP 1998, S. 525, 529; LG Berlin K&R 2001, S. 61, 62; Mann WRP 1999, S, 744; Schmid WRP 2000, S. 998; a.A. schon bei abstrakter Gefahr: Ahrens, WRP 1999, S. 127, Teplitzky, GRUR 1999, S. 111.

667) Köhler in Köhler/Piper, UWG, § 1 Rdnr. 552 mit Verweis auf Schmitt Glaeser, NJW 1971, S. 2014.

668) BGHZ 19, S. 392, 397 - *Feiburger Wochenbericht*; Baumbach/Hefermehl, UWG, § 1 Rdnr. 864.

halten, stehen mit Tageszeitungen, die einen besonderen Schutz durch die Rechtsprechung erfahren haben, nicht im Wettbewerb.[669] Bei Anzeigenblättern mit einem redaktionellen Teil kommt es nach der Rechtsprechung des Bundesgerichtshofs dagegen darauf an, ob sie für den Leser Tageszeitungen ersetzen.[670] Hier kann es zu einer Konkurrenz auf dem Lesermarkt kommen, aus der eine Bedrohung der Institution der Presse folgen kann.[671] Ist ein Presseprodukt nicht einmal ein Ersatz für die entgeltliche Tagespresse, fehlt es regelmäßig an einer Gefahr für die Presse als Institution und folglich an einer Marktstörung.

Es kommt also darauf an, ob Suchdienste als Ersatz für eine Tageszeitung angesehen werden können.[672] Nur dann kann überhaupt eine Gefahr für den Bestand der Tagespresse begründet sein. Anhaltspunkte dafür, ob ein Presseprodukt von der Bevölkerung als ein solcher Ersatz angesehen werden kann, sind die Aufmachung, der Umfang, die Gestaltung, aber auch die Zielsetzung des Presseprodukts.[673] Es muss eine Vergleichbarkeit mit der Tagespresse bestehen, die dadurch gekennzeichnet ist, dass sie sich redaktionell vor allem mit allgemein interessierenden politischen, wirtschaftlichen und kulturellen Gegenständen befasst und dabei informierend und kommentierend an der Bildung der öffentlichen Meinung mitwirkt.[674]

Die Webseiten von Suchdiensten enthalten die Trefferliste, redaktionelle Beiträge und elektronische Werbeflächen, die traditionellen Anzeigen entsprechen. Von diesen elektronischen Anzeigen kann gerade nicht auf eine Vergleichbarkeit mit der Tagespresse geschlossen werden. Denn die Vergleichbarkeit von Presseprodukten basiert auf den redaktionellen Beiträgen.

Die Vergleichbarkeit ist in der Regel selbst dann nicht gegeben, wenn ein Suchdienst neben der Trefferliste auch redaktionelle Beiträge anbietet. In der Regel kommt deren Umfang und Gestaltung nicht dem Umfang und der Gestaltung redaktioneller Beiträge der traditionellen Tagespresse nahe. Selbst wenn der Umfang im Einzelfall der traditionellen Tagespresse entspricht, sind keine Anhaltspunkte für eine konkrete Gefährdung des Bestandes der Tagespresse oder gar des Pressewesens ersichtlich. Zudem ist auch eine abstrakte Gefahr nicht gegeben, da „Leserwanderungen“[675] von der Tagespresse zu den Such-

---

669) Baumbach/Hefermehl, UWG, § 1 Rdnr. 864.

670) BGH GRUR 1985, S. 881, 882 - *Bliestal-Spiegel*; BGHZ 51, S. 236, 239 - *Stuttgarter* Wochenblatt I; BGHZ 19, S. 392, 398 - *Freiburger Wochenbericht*; BGH GRUR 1992, S. 191, 193 - *Amtsanzeiger*; Baumbach/Hefermehl, UWG, § 1 Rdnr. 865; Emmerich, § 19 Nr. 3, S. 305.

671) Vgl. Baumbach/Hefermehl, UWG, § 1 Rdnr. 865.

672) Vgl Fn. 670.

673) Vgl. BGH GRUR 1971, S. 477, 478 - *Stuttgarter Wochenblatt II*; BGHZ 19, S. 392, 397 f. - *Freiburger Wochenbericht*; BGHZ 19, S. 236, 239 - *Stuttgarter Wochenblatt I*; siehe auch die Übersicht bei Ikas, WRP 1997, S. 397.

674) Siehe BGH GRUR 1985, S. 881, 882 - *Bliestal-Spiegel*.

675) Siehe Ahrens, WRP 1999, S. 125.

diensten bereits aufgrund der Zielsetzung von Suchdiensten unwahrscheinlich sind. Die Tagespresse hat regelmäßig das Ziel, erschöpfend und in einer Ausgabe abgeschlossen über aktuelle Geschehnisse zu berichten. Selbst wenn Suchdienste redaktionelle Beiträge in ihre Webseiten aufnehmen, macht dies nur einen kleineren Teil ihrer Tätigkeit aus. Als Haupttätigkeit erstellen Suchdienste Trefferlisten, die auf weitere Informationsquellen verweisen. Gerade aufgrund dieser Tätigkeit werden Suchdienste in Anspruch genommen.

Die Aufmachung dieser Trefferlisten unterscheidet sich aber wesentlich von entgeltlicher Tagespresse. Die Einträge in der Trefferliste sind regelmäßig äußerst kurz, gleich lang und enthalten häufig keine vollständigen Sätze oder bei Fotografiesuchmaschinen nur stark verkleinerte Fotografien. Die Trefferliste ist darauf ausgerichtet, dem Nutzer eine nähere Information anhand darin aufgeführten Webseiten zu ermöglichen. An erster Stelle stehen die aus Sicht des Suchdienstes wichtigsten Webseiten. Allerdings sind dort auch die Webseiten aufgeführt, die am besten dem Suchbegriff entsprechen, aber nicht notwendig die wichtigsten oder aktuellsten Informationen enthalten. Dementsprechend enthalten auch die Abstracts auf der Trefferliste nicht immer die wichtigsten und aktuellsten Meldungen. Eine Ersatzfähigkeit der Tagespresse durch die Trefferliste einschließlich der Informationen in den Abstracts ist deswegen zu verneinen. Das gilt auch für die Trefferliste von Verzeichnissen. Diese beruht zwar auf einer redaktionellen Leistung, aber der Inhalt des Abstracts unterscheidet sich in ihrer Aufmachung und ihrem Inhalt nicht von denen von Suchmaschinen.

Mit der vorrangigen Zielsetzung, Informationen auf anderen Webseiten zu vermitteln, unterscheiden sich Suchdienste maßgeblich von herkömmlicher Tagespresse. Die Webseite eines Suchdienstes mit der dort enthaltenen Trefferliste soll nicht die Tagespresse ersetzen, sondern für den Nutzer ein Schlüssel für weitere, zusätzliche Informationsquellen sein. Diese Zielsetzung der Suchdienste ist für die Nutzer ersichtlich und ist regelmäßig der Grund dafür, dass sie Suchdienste in Anspruch nehmen. Es handelt sich deshalb bei dem unentgeltlichen Angebot der Suchdienste um eine neue schützenswerte Entwicklung auf dem Medienmarkt, die weder geeignet ist, noch darauf abzielt, die entgeltliche Tagespresse zu ersetzen. Aus diesen Gründen ist eine Einschränkung dieser Entwicklung nicht geboten, zumal Suchdienste als neue Presseprodukte selbst durch die Pressefreiheit geschützt werden. Das kostenlose Angebot von Suchdiensten ist nicht wettbewerbswidrig.

6. Meta-Suchmaschinen

a) Fallkonstellation

Meta-Suchmaschinen durchforsten die Trefferlisten anderer Suchdienste, die zur Unterscheidung im Folgenden als Primärsuchdienste oder einfache Suchdienste bezeichnet werden. Wird der Suchbegriff eingegeben, erscheint der

Hyperlink und eine Angabe, bei welcher Suchmaschine bzw. bei welchem Verzeichnis dieser Link gefunden wurde.[676] Denkbar ist, dass die Meta-Suchmaschine ihre Trefferlisten mit Einwilligung der einfachen Suchdienste auf deren Trefferlisten stützen. Von Interesse für die vorliegende Untersuchung ist jedoch der Fall, bei dem es an einer Einwilligung fehlt.

b) Rechtsprechung

Im Vordergrund der insoweit erheblichen Rechtsprechung standen regelmäßig die §§ 87 a ff, 97 UrhG,[677] die an dieser Stelle nicht erörtert werden sollen (siehe dazu unten Teil H).

Das Oberlandesgericht Hamburg hatte darüber zu entscheiden, ob die Übernahme von Börsendaten und Prognosen einen Unterlassungsanspruch begründet. Es ließ offen, ob ein Anspruch aus §§ 87 a, 87 b, 97 UrhG gegeben war.[678] Es bejahte jedoch einen Anspruch nach § 1 UWG wegen unlauterer Leistungsübernahme. Die für diesen Anspruch erforderliche wettbewerbliche Eigenart der übernommenen Daten war nach Ansicht des Oberlandesgerichts Hamburg gegeben. Sie setzt eine konkrete Ausgestaltung oder einzelne Merkmale der Daten voraus, die im Verkehr auf die betriebliche Herkunft oder auf die Besonderheiten hinweisen. Die im konkreten Fall von der Antragsgegnerin übernommenen Prognosen trugen als besondere Arbeitsergebnisse nach Auffassung des Oberlandesgerichts Hamburg individuelle Züge, da es „trotz der zu beachtenden "handwerksgerechten" Regeln einen ganz erheblichen Spielraum gibt, in welcher Form welche Fakten und sonstigen denkbaren Einflüsse auf das sensible Börsengeschehen einfließen."[679] Hier habe die Antragsgegnerin die Daten der Antragsstellerin ohne nennenswerte zusätzliche Leistung unmittelbar übernommen, indem sie sie in eine reine Rechenformel ohne eigene Analyseleistung einfügte.[680] Diese fast identische Übernahme würde einer unmittelbaren Übernahme entsprechen. Schließlich lagen nach der Einschätzung des Oberlandesgerichts Hamburg auch Umstände vor, die die Übernahme als unlauter erscheinen ließen. Entscheidend war, dass die Antragsgegnerin durch die Übernahme auf den Daten der Antragsstellerin aufbaute und insoweit das von der Antragsstellerin angebotene Arbeitsergebnis überflüssig machte.[681]

Zum Verhältnis des Leistungsschutzrechts gemäß § 87 b Abs. 1 UrhG zum wettbewerbsrechtlichen Leistungsschutz nach § 1 UWG äußerte sich der Bundesgerichtshof in seiner Entscheidung zur Übernahme des „amtlichen"

---

676) Siehe z.B. http://www.metager.de/, http://www.metagopher.de/.

677) Siehe LG Köln, CR 2000, S. 400 f.; LG Berlin AfP 1998, S. 649 ff.; KG ZUM 2001, S. 70 ff.

678) OLG Hamburg ZUM 1999, S. 489, 852.

679) OLG Hamburg, ZUM 1999, S. 849, 852.

680) Siehe OLG Hamburg ZUM 1999, S. 849, 852 f.

681) Siehe OLG Hamburg ZUM 1999, S. 849, 853.

Telefonbuchverzeichnisses auf CD durch einen Konkurrenten *(Tele-Info-CD)*.[682] Er bejahte den Leistungsschutz nach § 87 b Abs. 1 UrhG, aber auch den wettbewerbsrechtlichen Schutz nach § 1 UWG. Die grundsätzlich zulässige Vervielfältigung eines nicht unter Sonderrechtsschutz stehenden Werkes kann nach Ansicht des Bundesgerichtshofs wettbewerbswidrig sein, „wenn das vervielfältigte Werk wettbewerbliche Eigenart besitzt und das Hinzutreten besonderer Umstände die Übernahme der fremden Leistung als wettbewerbswidrig erscheinen lässt."[683] Um von einer wettbewerblichen Eigenart ausgehen zu können, müssen die übernommenen Gestaltungsmerkmale geeignet sein, „im Verkehr auf eine bestimmte betriebliche Herkunft oder – ganz allgemein – auf die Besonderheit des jeweiligen Produkts hinzuweisen."[684] Der Bundesgerichtshof bejahte die wettbewerbliche Eigenart, da der Verkehr von Teilnehmerdaten erwarte, dass es sich um die „amtlichen" Daten, d.h. die Daten der Klägerin, der Deutsche Telekom AG handele. Damit sei eine besondere Gütevorstellung verbunden, die für die Annahme der wettbewerblichen Eigenart ausreiche.[685] Diese Teilnehmerdaten seien unmittelbar übernommen worden, so dass an die Unlauterkeit des Verhaltens keine hohen Anforderungen zu stellen seien. Die reine Schriftänderung sei ohne Bedeutung, da die Eigenart den Teilnehmereinträgen als solchen zukomme.[686] Die Unlauterkeit folge aus einer verdeckten Anlehnung an die fremde Leistung, die den Wettbewerbsverstoß wegen Rufausbeutung nach § 1 UWG begründe.[687] Weiter würde die nicht unerhebliche Beeinträchtigung der wirtschaftlichen Interessen der autorisierten Herausgeberin der Teilnehmerdaten für die Unlauterkeit sprechen sowie der Umstand, dass auch besondere telekommunikationsrechtliche Bestimmungen den freien Zugriff auf die Teilnehmerdaten nicht ermöglichen würden.[688]

c) Literatur

In der Literatur wird angenommen, dass der wettbewerbsrechtliche Leistungsschutz neben den urheberrechtlichen Bestimmungen auf den Leistungsschutz der Primärsuchmaschinen Anwendung findet.[689] Ein Handeln zu Zwecken des Wettbewerbs wird bejaht. Die Wettbewerbsabsicht folge daraus, dass die Betreiber von Meta-Suchmaschinen beabsichtigen, eine den Primärsuchdiensten überlegene Suchmaschine zu betreiben und dadurch den einfachen Suchdiensten einen Schaden zufügen. Denn diese müssten mit sinkenden

682) BGH NJW 1999, S. 2898 ff. – *Tele-Info-CD*.
683) BGH a.a.O., Fn. 682, S. 2901.
684) BGH a.a.O., Fn., S. 2901
685) Siehe BGH a.a.O., Fn. 682, S. 2901.
686) Siehe BGH a.a.O., Fn. 682, S. 2901.
687) Siehe BGH a.a.O., Fn. 682, S. 2901.
688) BGH a.a.O., Fn. 682, S. 2902.
689) Siehe Hoeren, MMR Beilage 8/2001, S. 6.

Nutzerzahlen rechnen. Auch die Werbung auf den Webseiten von Meta-Suchmaschinen weise auf die Wettbewerbsabsicht hin.[690]

Ein Wettbewerbsverstoß wird gemäß § 1 UWG wegen der Ausbeutung fremder Leistung angenommen. Es handelt sich bei den Datenbanken der einfachen Suchdienste um ein schutzwürdiges Erzeugnis, welches fast identisch übernommen wird.[691] Die Wettbewerbswidrigkeit wird ferner durch besondere Umstände begründet. Denn die Meta-Suchmaschine umgeht die Investition der Primärsuchmaschinen, ist aber ihrerseits ohne die Primärsuchmaschinen gar nicht existenzfähig.[692]

d) Stellungnahme

aa) Verhältnis zu den Bestimmungen des UrhG

Trefferlisten kommt nicht der Werkschutz eines Urheberrechts zu.[693] Regelmäßig ist jedoch der urheberrechtliche Leistungsschutz gemäß den §§ 87a, 87b UrhG zu bejahen.[694] Daneben kann unter den vom Bundesgerichthof in der Entscheidung *Tele-Info-CD*[695] aufgezählten Voraussetzungen – wettbewerbliche Eigenart der fremden Leistung sowie Hinzutreten besonderer Umstände, die die Übernahme der fremden Leistung als unlauter erscheinen lassen – der wettbewerbsrechtliche Leistungsschutz Anwendung finden. Es ist der Ansicht in der Literatur zu folgen, dass der Leistungsschutz nach dem UrhG die konkrete Leistung betrifft, die mit der Schaffung der Datenbank verbunden ist, der Leistungsschutz nach dem UWG sich hingegen auf den Schutz und die Aufrechterhaltung des lauteren Wettbewerbs bezieht.[696]

bb) § 1 UWG

(1) Handeln zu Zwecken des Wettbewerbs

Ein Handeln zu Zwecken des Wettbewerbs ist jedes Verhalten, durch welches der Absatz oder Bezug einer Person zum Nachteil einer anderen Person gefördert wird. Ein Wettbewerbsverhältnis muss zwischen dem geförderten und dem benachteiligten Unternehmen gegeben sein. Weiterhin ist eine entsprechende Wettbewerbsabsicht erforderlich.[697]

---

690) Hoeren, MMR Beilage 8/2001, S. 7.
691) Hoeren, MMR Beilage 8/2001, S. 7 f.
692) Hoeren, MMR Beilage 8/2001, S. 8.
693) Siehe dazu unten S. 222.
694) Siehe dazu unten S. 225.
695) Siehe BGH a.a.O., Fn. 682, S. 2901.
696) Vinck, Anm. Zu BGH LM § 2 UrhG Nr. 42 (unter 2.d); Leistner, MMR 1999, S. 642; einschränkend Kindler, K&R 2000, S. 269;
697) Siehe oben S. 96.

Wie im Falle der Primärsuchdienste ist auch bei Meta-Suchmaschinen eine objektive Beeinflussung des Wettbewerbs dadurch gegeben, dass sie Webseiten auf ihrer Trefferliste aufführen bzw. nicht aufführen. Aber auch Meta-Suchmaschinen sind ein durch die Pressefreiheit geschütztes Medium. Regelmäßig steht bei ihnen die dem Presse-Grosso vergleichbare Mittlerfunktion im Vordergrund, da der Text im Abstract regelmäßig wesentlich kürzer als der der einfachen Suchdienste ist und längere redaktionelle Beiträge auf ihren Webseiten eher unüblich sind.

Die Wettbewerbsabsicht darf angesichts des Schutzes durch Art. 5 Abs. 1 GG nicht vermutet, sondern nur aufgrund besonderer Umstände für die Beeinflussung des Wettbewerbs der aufgelisteten Webseiten angenommen werden. Wie bei den einfachen Suchdiensten auch, ist die objektive Beeinflussung des Wettbewerbs nur die notwendige Folge ihrer Berichterstattung über die zu einem Suchwort im Netz vorhandenen Webseiten.

Ein Handeln zu Zwecken des Wettbewerbs ist jedoch im Hinblick darauf zu bejahen, dass Meta-Suchmaschinen auf die Trefferlisten der Primärsuchdienste zurückgreifen und dadurch ihre Wettbewerbsposition zu Lasten der Primärsuchdienste wie z.B. Yahoo! und AltaVista stärken. Meta-Suchmaschinen nutzen die Arbeitsergebnisse einfacher Suchmaschinen und Verzeichnisse, um den Absatz ihrer eigenen Dienstleistung – d.h. der Trefferliste der Meta-Suchmaschine – zu fördern. Ein Wettbewerbsverhältnis besteht deshalb zu anderen Suchdiensten. Aufgrund des presserechtlichen Schutzes ist die Wettbewerbsabsicht zwar nicht zu vermuten. Sie kann aber wie im Fall der Meta-Suchmaschinen durch besondere Umstände begründet werden, die die Beeinflussung des Wettbewerbs durch die Berichterstattung nicht als notwendige Begleiterscheinung erscheinen lassen. Ein besonderer Umstand ist in dem Zugriff auf die Primärsuchmaschinen zu erblicken. Denn die Meta-Suchmaschinen weisen nicht die Trefferlisten der Primärsuchdienste nach, sondern die Webseiten, die durch die Primärsuchdienste ebenfalls nachgewiesen werden. Wie die Funktionsweise der Primärsuchdienste zeigt, ist für die Berichterstattung über Webseiten im WWW der Zugriff auf andere Suchmaschinen nicht erforderlich. Dieser Zugriff ist nur für die Verbesserung der eigenen Wettbewerbsposition erforderlich, die darauf beruht, dass mit geringeren Investitionen ein umfassenderer Nachweis angeboten wird. Durch den Zugriff auf die Trefferlisten der anderen Unternehmen wird eine Förderung der eigenen Dienstleistung zu Lasten der Dienstleistung der Primärsuchdienste beabsichtigt, die den Zugriff nicht nur als notwendige Begleiterscheinung der Berichterstattung, wie sie Meta-Suchmaschinen anbieten, erscheinen lässt

(2) Wettbewerbsverstoß

Ein Unterlassungsanspruch gemäß § 1 UWG wegen Verstoßes gegen die guten Sitten besteht dann, wenn ein vervielfältigtes Erzeugnis (hier: die Trefferliste der einfachen Suchdienste) wettbewerbliche Eigenart besitzt und das Hinzutreten besonderer Umstände die Übernahme der fremden Leistung als wettbewerbswidrig erscheinen lässt.[698]

Die wettbewerbliche Eigenart muss sich gerade aus dem übernommenen Teil ergeben, d.h. gerade die übernommenen Gestaltungsmerkmale müssen geeignet sein, im Verkehr auf eine bestimmte betriebliche Herkunft oder - ganz allgemein - auf die Besonderheit des jeweiligen Produkts hinzuweisen.[699] Diese Besonderheit ergibt sich auch aus den Erwartungen des Verkehrs.[700] Es dürfte den Nutzern allgemein bekannt sein, dass die Meta-Suchmaschinen auf die einfachen Suchdienste zurückgreifen. Diese Kenntnis folgt schon aus den Hinweisen, die sich in der Trefferliste der Meta-Suchmaschinen finden. Die Erwartung des Verkehrs ist also, dass die Trefferliste der Meta-Suchmaschine auf der Recherche der einfachen Suchdienste beruht. Im Unterschied zu dem Urteil des Bundesgerichtshofs zum Kopieren eines Telefonbuchverzeichnisses auf CD stammen die Daten hier nicht aus einer Hand, sondern aus einer Vielzahl von Primärsuchmaschinen. Die wettbewerbliche Eigenart folgt deshalb nicht aus dem Hinweis auf die betriebliche Herkunft, sondern aus der Besonderheit des jeweiligen Produkts. Der Nutzer erwartet von der Nutzung einer Meta-Suchmaschine, dass sich die redaktionelle Tätigkeit eines Primärverzeichnisses sowie die Speicherkapazitäten einer Primärsuchmaschine in der Qualität der Trefferliste der Meta-Suchmaschine niederschlagen. Dass das Suchergebnis nicht nur eines Primärsuchdienstes, sondern gleich mehrerer übernommen wird, ist nur geeignet, auf die Besonderheiten aller Trefferlisten hinsichtlich der Generierung der Trefferliste und der Programmierung der Suchsoftware hinzuweisen. Gerade die Übernahme der Ergebnisse weist auf die Besonderheit der Recherche von Primärsuchmaschinen hin, die die wettbewerbliche Eigenart ihrer Trefferlisten begründet.

Das Hinzutreten besonderer Umstände lässt die Übernahme der Suchergebnisse von Primärsuchmaschinen als wettbewerbswidrig erscheinen. Die Ergebnisse der Trefferliste von Primärsuchmaschinen werden fast unverändert übernommen, der jeweilige Abstract wird aus den Trefferlisten einer der Primärsuchmaschinen übernommen. Die Veränderung des Schriftbildes hat keine Bedeutung, da es um den Nachweis von Webseiten Dritter durch die Trefferliste der Meta-Suchmaschinen geht. Die Meta-Suchmaschinen nutzen die Erwartungen der Nutzer hinsichtlich der Qualität der Trefferlisten von Primärsuchmaschinen aus. Neben diese verdeckte Anlehnung an die fremde Leistung tritt regelmäßig eine offene Anlehnung, die die Wettbewerbswidrigkeit gemäß § 1 UWG wegen Rufausbeutung begründet. Denn in den Trefferlisten der

---

698) BGH a.a.O., Fn. 682, S. 2901.
699) BGH a.a.O., Fn. 682, S. 2901.
700) Siehe BGH a.a.O., Fn. 682, S. 2901.

Meta-Suchmaschinen werden regelmäßig die Quellen, also die Primärsuchmaschinen genannt.

Die Unlauterkeit gemäß § 1 UWG ist auch nicht wegen des presserechtlichen Schutzes von Meta-Suchmaschinen zu verneinen. Meta-Suchmaschinen hängen von der Existenz der Primärsuchdienste ab. Denn die Meta-Suchmaschinen bauen auf den Leistungen der funktionsfähigen einfachen Suchmaschinen auf. Würde der Zugriff unbeschränkt möglich sein, so würden die Nutzerzahlen der Primärsuchdienste sinken. Dementsprechend wäre es bei sinkenden Werbeeinnahmen nicht mehr möglich, einen Primärsuchdienst zu betreiben. Sowohl die Existenz der Primärsuchdienste als auch die Meta-Suchmaschinen wären bei einem unbeschränkten Zugriff gefährdet. Der objektiv-institutionelle Schutz durch die Pressefreiheit gemäß Art. 5 Abs. 1 S. 2 GG gebietet aber, die Existenz von Suchdiensten aufgrund deren besonderer Bedeutung für die Meinungsbildung zu garantieren. In Folge dessen ist die wettbewerbswidrige Tätigkeit der Meta-Suchmaschinen zu beschränken; auch sie genießen zwar presserechtlichen Schutz, aber er ist zu begrenzen, um die Tätigkeit von Suchdiensten überhaupt zu gewährleisten: Meta-Suchmaschinen können daher nur mit Einwilligung der Primärsuchdienste ihre Leistungen anbieten.

III. Exkurs: Anwendung der Grundsätze der Haftungsprivilegierung auf einzelne Fallgruppen mit markenrechtlichem Bezug

1. Fallkonstellationen

a) Meta-Tags

Einige Suchmaschinen haben ihre Suchsoftware so programmiert, dass für die Aufnahme der Webseite in die Datenbank und den Rang des Eintrages der Webseite in der Trefferliste (so genanntes Ranking) die Textinformation im Meta-Tag von Bedeutung ist. Meta-Tags sind Formatierungskennzeichen in einem HTML-Dokument. Sie befinden sich im Kopf des Dokuments und können einen den Inhalt der Webseite zusammenfassenden oder beschreibenden Begriff, z.B. die Marke eines auf diesen Webseiten enthaltenen Produkts wiedergeben. Die Anknüpfung der Suchsoftware an den Inhalt der Meta-Tags veranlasst einige Inhaber von Webseiten dazu, den Namen oder die Marke eines Konkurrenzunternehmens in ihren Meta-Tag aufzunehmen. Als Konsequenz erscheint der Hyperlink zu ihrer Webseite nicht nur dann in der Trefferliste, wenn ihr eigenes Produkt vom Nutzer gesucht wird, sondern auch dann, wenn der Nutzer den Namen oder die Marke des Konkurrenzunternehmens als Suchbegriff nennt. Relevant ist diese Manipulation in der Regel für Suchmaschinen und nicht für Verzeichnisse, da die redaktionellen Mitarbeiter eines Verzeichnisses die Webseiten in der Regel nach dem Gesamtinhalt, nicht nur nach der Beschreibung im Meta-Tag beurteilen. Aber auch verschiedene Suchmaschinen verzichten wegen der Manipulationsmöglichkeit darauf, den Text im Meta-Tag zu berücksichtigen.[701]

Das so genannte „Word Stuffing“ ist in der Funktionsweise und der Wirkung dem Eintrag im Meta-Tag ganz ähnlich. Beim „Word Stuffing“ wird der Suchbegriff, in der Regel eine Marke, im HTML-Text verwendet, allerdings mit denselben Formatierungsmerkmalen wie der Hintergrund, auf dem der Suchbegriff erscheint. Dadurch ist er bei der Anzeige am Bildschirm des Nutzers nicht sichtbar, weil Hintergrund und Text die gleiche Farbe haben. Der Zweck ist wie bei Meta-Tags darin zu sehen, dass die Webseite bei einem bestimmten Suchbegriff in die Trefferliste aufgenommen wird. Die folgenden Ausführungen zu den Meta-Tags treffen deshalb auch auf diese Fallgestaltung zu.

b) Keywordadvertising

Beim Keywordadvertising wird die Werbung in den Werbebannern, die sich auf der Webseite der Trefferliste finden, auf die Eingabe des Nutzers abgestimmt. Bei einem bestimmten Suchwort (Keyword) wird die darauf abgestimmte Werbung eingespielt. Die Werbung im Werbebanner wird dann seitlich, oberhalb oder unterhalb der Trefferliste angezeigt. Der vom Nutzer eingegebene Suchbegriff kann einen Gattungsbegriff enthalten, z.B. „PKW“, die darauf abgestimmte Werbung kann dann den PKW eines bestimmten Herstellers oder einen Händler bewerben. Der Suchbegriff kann sich jedoch auch auf ein bestimmtes Markenprodukt richten, z.B. die Kosmetikserie „Estee Lauder“; die Werbung wird beim Keywordadvertising auf diese Marke abgestimmt.

2. Markenrechtlicher Bezug

Wenngleich sich diese Untersuchung auf die Schranken der Pressefreiheit im Urhebergesetz und im Gesetz gegen den unlauteren Wettbewerb konzentriert, soll nicht die markenrechtliche Dimension außer Acht gelassen werden, soweit es um ein im Hinblick auf eine bei Suchdiensten besonders häufige Werbeform – das Keywordadvertising – geht. Indem der Nutzer als Suchbegriff häufig die Marke des gesuchten Produkts eingibt, wird ein markenrechtlicher Bezug hergestellt.

Dies gilt auch für die Fallgestaltungen, in denen eine Marke als Beschreibung im Meta-Tag aufgeführt wird. Da in diesen Fällen markenrechtliche Aspekte in der haftungsrechtlichen Beurteilung eine Rolle spielen, soll diese Problematik hier nicht ausgespart werden. Denn mit der fehlerhaften Angabe eines Mitbewerbers im Meta-Tag (auch Meta-Tag-Spamming genannt) wird die besondere Funktionsweise von Suchmaschinen

701) Siehe die Übersicht von Danny Sullivan, http://searchenginewatch.com/webmasters/features.html, abgerufen am 08.11.1999.

ausgenutzt. Der Exkurs zur markenrechtlichen Beurteilung ist deshalb an dieser Stelle geboten. Hierbei geht es insbesondere um die Unterlassungs- und Schadensersatzansprüche gemäß §§ 14 Abs. 5 und 6, 15 Abs. 4 und 5 MarkenG gegenüber den Suchdiensten, wenn deren Trefferlisten mit Hilfe der Meta-Tags manipuliert werden und sie Keywordadvertising betreiben. Zudem kann das Wettbewerbsrecht im Fall der Rufausbeutung nach der wohl h.M. in Literatur und Rechtsprechung nur ergänzend angewendet werden,[702] so dass zunächst die Ansprüche des Markenrechts gegenüber Betreibern von Suchmaschinen greifen.

Sowohl die Haftung für Meta-Tags als auch die Haftung für Keywords führt zu einem Kernproblem des Markenrechts, bei dem es darum geht, ob nur die Herkunftsfunktion oder auch eine Identifizierungs- und Kommunikationsfunktion durch die Marke geschützt wird. Eine Benutzung einer Marke im Sinne des § 14 Abs. 2 Nr. 1 bis 3 MarkenG ist nach einer Ansicht dann zu bejahen, wenn das Kennzeichen so gebraucht wird, dass ein nicht ganz unbeachtlicher Teil der betroffenen Verkehrskreise in der Kennzeichnung einen Hinweis auf die Herkunft der Ware oder Dienstleistung aus einem bestimmten Geschäftsbetrieb sieht (so genannte Herkunftsfunktion der Marke).[703] Nach anderer Ansicht ist eine markenmäßige Benutzung schon dann gegeben, wenn die Identifizierungsfunktion und die Kommunikationsfunktion einer Marke ausgenutzt werden.[704]. Der Markenschutz erstreckt sich dann nicht nur auf die durch die Marke mögliche Unterscheidung der Herkunft eines Produkts, sondern auch auf die mögliche Unterscheidung des Produkts von anderen Produkten; schon die Benutzung der Marke als Werbemittel stellt nach dieser Ansicht eine markenmäßige Benutzung dar.[705]

Die Verwendung einer bestimmten Marke im Meta-Tag auf einer Webseite führt dazu, dass diese Webseite in der Trefferliste erscheint, die erstellt wird, wenn der Nutzer die Marke aus dem Meta-Tag als Suchbegriff eingegeben hat. In der Trefferliste, insbesondere im Text des Abstracts, taucht die Wortmarke zum Teil nicht mehr auf, wenn dort keine Auszüge aus dem Meta-Tag aufgenommen werden. Nur mittelbar durch die gedankliche Verknüpfung des Suchwortes mit dem Eintrag wird der einzelne Eintrag für den Nutzer als zusammengehörend mit der Marke gekennzeichnet. Nach der Ansicht, die für die Annahme einer markenmäßigen Benutzung auf die Herkunftsfunktion abstellt, kann nur dann eine markenmäßige Benutzung der Marke im Sinne des § 14 Abs. 2 Nr. 1 bis 3 MarkenG vorliegen, wenn der Nutzer durch die Aufnahme

---

702) Siehe v. Schultz in v. Schultz, MarkenG, § 2 Rdnr. 2 m.w.N.; a.A. Fezer, MarkenG, § 2 Rdnr. 4.
703) OLG Hamburg WRP 1996, S. 572, 576 – *Les Paul Gitarren*; OLG München Mitt. 96, S. 174 – *FAT TIRE*; KG WRP 1997, S. 85; Piper, GRUR 1996, S. 429, 434.
704) Fezer, MarkenG, § 14 Rdnr. 48; Starck, GRUR 1996, S. 690; Klaka in Althammer/Ströbele/Klaka, MarkenG, § 14 Rdnr. 65 Fn. 200.
705) Fezer, MarkenG, § 14 Rdnr. 48.

der Webseite in die Trefferliste auf die Herkunft der auf der Webseite vertriebenen Waren und Dienstleistungen schließt. Ist ein solcher Schluss für den Nutzer hingegen nicht zwingend, würde eine markenmäßige Benutzung nur nach der anderen Ansicht gegeben sein, die eine solche Benutzung schon bei der Verwendung der Marke als Werbemittel annimmt.

Ähnlich ist auch die Fallgestaltung des Keywordadvertising, soweit im Werbebanner, das abgestimmt auf das Suchwort eingespielt wird, nicht die Marke selbst genannt wird. Auch hier kann eine Verbindung der Webseiten auf der Trefferliste mit der Marke durch den Nutzer nur gedanklich hergestellt werden, da die Werbung im Werbebanner die Marke nicht nennt. Entscheidend ist auch hier, ob der Nutzer auf die Herkunft der Ware und Dienstleistung schließt, die mit dem Werbebanner beworben wird. Ist dies zu verneinen, kann wie beim Meta-Tag eine markenmäßige Benutzung nur nach der weiten Ansicht angenommen werden, nach der auch die Werbefunktion einer Marke, nicht nur deren Herkunftsfunktion, geschützt ist.

Der Inhaber einer Marke ist in seinem Ausschließlichkeitsrecht durch Unterlassungsansprüche (§ 14 Abs. 2 bis 5 MarkenG) und Schadensersatzansprüche (§ 14 Abs. 6 MarkenG) geschützt. Der Inhaber von geschäftlichen Bezeichnungen erfährt durch § 15 MarkenG Schutz.

In Art. 3 Abs.1 MarkenG werden die als Marke schutzfähigen Zeichen genannt: Wörter einschließlich Personennamen, Abbildungen, Buchstaben, Zahlen, Hörzeichen, dreidimensionale Gestaltungen einschließlich der Form einer Ware oder ihrer Verpackung sowie sonstige Aufmachungen einschließlich Farben und Farbzusammenstellungen. Geschäftliche Bezeichnungen sind gemäß § 5 Abs. 1 MarkenG Unternehmenskennzeichen (der Name, die Firma oder die sonstige Bezeichnung eines Geschäftsbetriebs) und Werktitel.

Bei Suchdiensten ist die Grundlage aller Suchanfragen die Eingabe des Suchbegriffs in Schriftzeichen, selbst wenn eine Fotografie oder ein Musikstück gesucht wird. Anknüpfungspunkte in den in der Trefferliste aufgelisteten Webseiten sind also entweder Wortmarken, die Beschreibungen von anderen Zeichen oder geschäftliche Bezeichnungen.

3. Meta Tags

a) Rechtsprechung

aa) Webseite des Meta-Tags

Vor dem Landgericht Hamburg[706] wurde im Rahmen einer Kostenentscheidung über die Haftung für Meta-Tags entschieden. Kläger war ein Unternehmen, welches unter der Firma „Galerie D`Histoire a.H." firmiert. Der Beklagte war der Inhaber eines Geschäfts, welches eine eigene Webseite im

---

706) LG Hamburg MMR 2000, S. 46 f.

WWW unterhielt. Auf der Webseite nahm der Beklagte Firmenbestandteile der Klägerin („d`histoire“, „galerie“) im Meta-Tag auf. Nach der Abmahnung durch die Klägerin löschte der Beklagte diese Eintragungen im Meta-Tag. Das Landgericht Hamburg entschied im Rahmen der Kostenentscheidung nach Erledigung des Rechtsstreits, dass ein Anspruch nach §§ 5 Abs. 2, 15 Abs. 3 MarkenG begründet gewesen wäre. Die Bezeichnung der Klägerin unterfiel dem Schutz des § 5 MarkenG. Der Beklagte hatte die fragliche Bezeichnung im Meta-Tag benutzt, was nach Ansicht des Landgerichts Hamburg zu Verwechslungen im Sinne des § 15 Abs. 3 MarkenG führen konnte.[707] Selbst wenn markenrechtliche Ansprüche mangels Verwechslungsgefahr nicht einschlägig seien, sei ein Unterlassungsanspruch nach § 1 UWG wegen Umleiten der Kunden zum Beklagen gegeben. Es sei unerheblich, dass der Text im Meta-Tag zunächst nicht sichtbar sei.[708]

Das Oberlandesgericht München[709] bejahte bei einem Eintrag einer Marke im Meta-Tag eine Benutzung im Sinne von § 14 Abs. 3 Nr. 5 MarkenG. Die Klägerin in diesem Rechtsstreit vertreibt elektronische Haushaltsgeräte unter der Bezeichnung „Hanseatic“ und ist Inhaberin dieser Marke. Die Beklagte hat die Marke „Hanseatic“ in ihrem Meta-Tag aufgenommen. Wenn also bei einer Suchmaschine als Suchbegriff „Hanseatic“ eingegeben wurde, erschien auch die Webseite der Beklagten, die zu einer Benutzung der Marke auch nicht nach § 23 MarkenG, nach dem die Rechte des Markeninhabers beschränkt sein können, befugt war. Das Oberlandesgericht München bejahte den Unterlassungsanspruch nach §§ 14 Abs. 2 Nr. 2 und 14 Abs. 2 Nr. 5 MarkenG.[710] Die im Meta-Tag festgelegte Bezeichnung sei ebenso verwechselbar wie die in Schriftzeichen sichtbare Bezeichnung, da die Verwechslungseignung genüge. Es führte weiter aus:

> „Die Verwechselbarkeit liegt im Übrigen auch in diesem Falle auf der Hand, weil die vom Sucher eingegebene Nennung von der Suchmaschine mit der Webseite der Beklagten zusammengeführt wird und so der Eindruck entsteht, als seien hier Waren der Klägerin erhältlich.“[711]

Auch beim Landgericht Hamburg[712] wurde ein gleich gelagerter Fall verhandelt. Das Landgericht Hamburg bejahte einen Unterlassungsanspruch gemäß § 14 Abs. 2, 5 MarkenG des Inhabers der Marke gegenüber einem Webseiteninhaber, der die Marke in seinen Meta-Tag aufgenommen hatte. Das Landgericht wies darauf hin, dass es unerheblich sei, dass die Zeichen-

---

707) Siehe LG Hamburg MMR 2000, S. 46.
708) Siehe LG Hamburg MMR 2000, S. 46, 47.
709) OLG München CR 2000, S. 461 f.
710) OLG München CR 2000, S. 461, 462.
711) OLG München a.a.O., Fn. 710.
712) LG Hamburg CR 2002, S. 136.

verwendung für den angesprochenen Verkehr nicht sichtbar gewesen ist. Es führte aus:

> „Es genügt für eine Verletzungshandlung, dass die Marke über die Suchworteingabe i.V.m. den für Suchmaschinen lesbaren Meta-Tags für den Verbraucher mittelbar wahrnehmbar war [...]“[713].

Im Fall, der einer Entscheidung des Landgerichts Frankfurt a.M.[714] zu Grunde lag, konnte zwar nicht nachgewiesen werden, dass die Marke eines Konkurrenzproduktes im Meta-Tag aufgenommen worden war. Dennoch konnte der Mitbewerber, dessen Webseite unter dem Markennamen in den Trefferlisten von Suchdiensten erschien, auf Unterlassung gemäß § 14 Abs. 2 Nr. 1 MarkenG in Anspruch genommen werden. Das Landgericht Frankfurt a.M. stimmte dem Landgericht Mannheim zu, welches in einem gleichgelagerten Fall ausführte, dass Störer nicht nur derjenige sei, der eine Markenverletzung oder einen Wettbewerbsverstoß selbst veranlasst habe, sondern auch derjenige, der ein markenrechtswidriges oder wettbewerbswidriges Verhalten eines Dritten für sich ausnutze, sofern er die Möglichkeit besitzt, dieses Verhalten zu verhindern.[715]

bb) Trefferliste basierend auf dem Meta-Tag

In der Entscheidung zur Marke „Explorer“ des Landgerichts München I[716] wurden auch Aussagen zu der Aufnahme von Trefferseiten aufgrund des Textes des Meta-Tags getroffen. Das Landgericht München I bejahte zwar die Haftung nach §§ 14, 15 MarkenG für die Verwendung von geschützten Kennzeichnungen im Meta-Tag. Einen Unterlassungsanspruch gegen die Suchmaschine wegen der Aufnahme der Webeseite mit dem markenrechtsverletzenden Inhalt im Text und im Meta-Tag der Webseite verneinte das Landgericht München I aber, da die Suchmaschine der ihr zumutbaren Prüfungspflicht entsprochen habe.[717] Es sei der Suchmaschine nicht zuzumuten, wettbewerbsmäßige oder markenrechtliche Unterlassungsansprüche zu prüfen. Eine solche Verpflichtung könne nur bejaht werden für offenkundige kennzeichenrechtliche Verletzungshandlungen, die sich jedermann ohne genauere Kenntnisse des Markenrechts und ohne die Inanspruchnahme fremder Hilfe aufdrängen.[718]

Auch im Fall *Wobenzym N II* verneinte das Landgericht Frankfurt a.M. die Haftung einer Suchmaschine für die Mitwirkung an einer wettbewerbswidrigen Handlung eines eigenverantwortlichen Dritten. Die wettbewerbswidrige Handlung bestand in der Werbung für Arzneimittel, die im

---

713) LG Hamburg a.a.O., Fn. 712.
714) LG Frankfurt a.M. MMR 2000, S. 493 ff.
715) LG Mannheim BB 1998, Beil. 4, S. 8 f. - *Arwis*.
716) LG München I MMR 2001, S. 56 f; siehe oben S. 165 f.
717) Siehe oben S. 165.
718) LG München I MMR 2001, S. 56, 57.

Wege des Versands vertrieben wurden, u.a. durch Aufnahme der Marke Wobenzym in den Meta-Tag.[719] Eine Prüfungspflicht sei dem Betreiber einer Suchmaschine für wettbewerbswidrige Sachverhalte nicht zuzumuten.[720] Eine solche Prüfungspflicht hatte der Betreiber der Suchmaschine dementsprechend nicht verletzt.[721]

b) Literatur

aa) Webseite des Meta-Tag

Die Literatur beschäftigt sich mit den Fallgestaltungen, in denen sich ein Kennzeichen eines anderen im Meta-Tag wiederfindet, jedoch das Kennzeichen nicht mehr im Eintrag in der Trefferliste erscheint. Entgegen der bislang einheitlichen Rechtsprechung ist in der Literatur umstritten, ob durch den Eintrag des Kennzeichens eines anderen im Meta-Tag eine Markenrechtsverletzung gegeben ist. Umstritten ist deshalb auch, ob der Inhaber der Webseite wegen einer Markenrechtsverletzung in Anspruch genommen werden kann, wenn er im Meta-Tag das Kennzeichen eines anderen aufnimmt. Im Mittelpunkt der Erörterungen steht das Erfordernis einer markenmäßigen Benutzung. Streitig ist dabei, ob eine markenmäßige Benutzung wie bislang allein durch die Herkunftsfunktion der Marke[722] begründet wird.

Nach einer in der Literatur vertretenen Ansicht kommt es auf die markenmäßige Benutzung nach dem bisherigen Verständnis in der geltenden Fassung des MarkenG, mit der die Markenrechtsrichtlinie[723] umgesetzt wurde, nicht mehr an.[724] Mit dieser Ansicht ist ein neues Verständnis der markenmäßigen Benutzung verbunden, die darauf beruht, dass der Markenschutz auch die reine Werbefunktion erfassen soll.[725] Dieser Ansicht haben sich einige Stimmen angeschlossen, die sich mit Meta-Tags befassen. Auch wenn die markenmäßige Benutzung nach dem bisherigen Verständnis zu verneinen ist, kann also eine Benutzungshandlung im Sinne des § 14 MarkenG bejaht werden.[726] Im Hinblick auf den nach dieser Ansicht vom Markengesetz ebenfalls geschützten Werbe- und Aufmerksamkeitswert von Marken ist die Verwendung von Meta-Tags dann dem Markenrecht zu unterstellen, wenn sich der Mitbewerber in unlauterer oder schmarotzerhafter Weise an eine bekannte Marke

---

719) LG Frankfurt a.M. GRUR 2002, S. 83 ff – *Wobenzym II*; siehe oben S. 167.
720) LG Frankfurt a.M. GRUR 2002, S. 83, 85 - *Wobenzym II.*
721) LG Frankfurt a.M. GRUR 2002, S. 83, 84 - *Wobenzym II.*
722) Siehe oben S. 190 f.
723) Erste Richtlinie Nr. 89/104/EG zur Angleichung der Rechtsvorschriften der Mitgliedstaaten über die Marken vom 21.12.1988, ABl. Nr. L 40 S. 1.
724) Siehe Fezer, MarkenG, § 14 Rdnr. 48.
725) Siehe Menke, WRP 1999, S. 985; Fezer, MarkenG, § 14 Rdnr. 48.
726) So Varadinek, GRUR 2000, S. 283.

anhängt und den spezifischen Werbewert der Marke für eigene Zwecke ausnutzt.[727]

Eine Stimme in der Literatur stimmt mit der Annahme der markenmäßigen Benutzung mit vorgenannter Ansicht überein.[728] Sie geht jedoch davon aus, dass die Verwendung einer fremden Marke im Meta-Tag nach den markenrechtlichen Schrankenbestimmungen (§§ 23, 24 MarkenG) zulässig sein kann.[729] Beim Meta-Tag gebe der durchschnittliche Nutzer dem Eintrag auf der Trefferliste zwei Bedeutungen: Es könne sowohl als Hinweis auf eine Verbindung der angebotenen Waren mit dem Kennzeicheninhaber im Sinne einer gemeinsamen betrieblichen Herkunft als auch als ein Hinweis darauf aufgefasst werden, dass auf der betreffenden Webseite Angaben über den Zeicheninhaber oder seine Produkte gemacht werden.[730] Beide Bedeutungen sprächen im Ergebnis für eine markenmäßige Nutzungshandlung,[731] insbesondere letztere könne aber gemäß §§ 23, 24 MarkenG zulässig sein.[732]

Nach anderer Meinung fehlt es an der markenmäßigen Benutzungshandlung.[733] Dabei wird ein engeres Verständnis der markenmäßigen Benutzungshandlung vorausgesetzt, die nicht auch die reine Werbefunktion umfasst. Nach einem Vertreter dieser Meinung[734] ist eine Benutzungshandlung schon deswegen nicht gegeben, weil sich aufgrund der fehlenden Wahrnehmbarkeit der Inhalte im Meta-Tag keine Verkehrsauffassung auf Seiten des Nutzers bilden kann, auf deren Grundlage das Zeichen einer Ware oder Dienstleistung zur Unterscheidung von anderen Waren oder Dienstleistungen zugeordnet werden könnte.[735] Für andere ist entscheidend, dass der Meta-Tag sich an die Suchsoftware der Suchmaschinen richtet. Es gehe nicht darum, ein Unternehmen oder ein Produkt zu individualisieren, sondern nur darum, eine Aufnahme in die Trefferliste zu erreichen. Durch den Eintrag in die Trefferliste werde allein die Zugehörigkeit zu einer Gruppe behauptet und zwar die Zugehörigkeit zu der Gruppe der Webseiten, die das Suchwort enthalten.[736] Nur wenn der Durchschnittsbetrachter die Eintragung unter dem Suchwort als Mittel zur Kennzeichnung der auf der eingetragenen Webseite angebotenen Ware hinsichtlich ihrer Herkunft gerade aus einem bestimmten Betrieb verstehen würde,

---

727) Siehe Varadinek, GRUR 2000, S. 282 f.; Menke, WRP 1999, S. 985 f.
728) Kur CR 2001, S. 451.
729) Kur, CR 2000, S. 451.
730) Kur, CR 2000, S. 451.
731) Kur, CR 2000, S. 451.
732) Vgl. Kur, CR 2000, S. 452 ff.
733) Siehe Viefhues, MMR 1999, S. 338 f.; Varadinek, GRUR 2000, S. 282 ff.
734) Kotthof, K&R 1999, S. 159 f.
735) Siehe Kotthoff, K&R 1999, S. 160; a.A. Ernst K&R 1998, S. 541.
736) Viefhues, MMR 1999, S. 338; ders. in Hoeren/Sieber, Kap. 6 Rdnr. 458; Köhler/Arndt, Rdnr. 472.

wäre ein markenmäßiger Gebrauch gegeben.[737] Der durchschnittliche Nutzer erwarte jedoch nicht, dass die Trefferliste nur den Hersteller oder mit ihm verflochtene Unternehmen aufführt, er gehe lediglich davon aus, dass die Treffer in irgendeinem Bezug zu der Marke stehen.[738]

Einigkeit besteht jedoch darüber, dass der ergänzende wettbewerbsrechtliche Schutz eintritt, wenn der markenrechtliche Schutz versagen sollte. In der Literatur zu Meta-Tags werden Verstöße gegen § 1 UWG wegen Rufausbeutung[739], oder wegen Abfangens von Kunden[740] sowie Verstöße gegen den allgemeinen Leistungsschutz nach § 1 UWG[741] und Verstöße gegen § 3 UWG[742] bejaht.

bb) Trefferliste basierend auf dem Meta-Tag

Die Literatur hat in erster Linie die Inanspruchnahme des Inhabers der Webseite problematisiert, der eine fremde Marke in seinem Meta-Tag aufnimmt (siehe oben aa)). Die Inanspruchnahme der Suchmaschine wegen einer Trefferliste, die mit Hilfe eine solchen Meta-Tags manipuliert wurde, wird wenn überhaupt, nur am Rande behandelt. So soll es nach einer Ansicht im Falle von Meta-Tags an einer Benutzungshandlung des Suchmaschinenbetreibers fehlen, da der Eintrag auf der Trefferliste ohne sein Zutun erscheint, wenn das Suchwort im Meta-Tag aufgenommen wurde.[743]

4. Keywordadvertising

a) Rechtsprechung

Der Antragsgegner in einem einstweiligen Verfügungsverfahren vor dem Landgericht Berlin[744] hatte mit einem Suchmaschinenbetreiber vereinbart, dass ein Werbebanner seines Unternehmens neben der Trefferliste erscheinen sollte, wenn die Marke der Antragsstellerin, der Konkurrentin des Antragsgegners, als Suchwort von einem Nutzer eingegeben wurde. Das Landgericht Berlin ging davon aus, dass das Keywordadvertising gegen § 1 UWG verstoße, da die

737) Varadinek, GRUR 2000, S. 282.
738) Varadinek, GRUR 2000, S. 282; Stuckel in v. Schultz, MarkenG, § 14 Rdnr. 28.
739) So Ernst K&R 1998, S. 541; Kur in Loewenheim/Koch, S. 371 f.; Stuckel in v. Schultz, MarkenG, § 23 Rdnr. 28; Köhler/Arndt, Rdnr. 472.
740) So Kotthoff, K&R 1999, S. 161; Varadinek, GRUR 2000, S. 284; Ernst, K&R 1998, 541; Viefhues in Hoeren/Sieber, Kap. 6 Rdnr. 480.
741) So Kotthoff, K&R 1999, S. 161.
742) So Menke, WRP 1999, S. 989; Varadinek, GRUR 2000, S. 284 f.; Viefhues in Hoeren/Sieber, Kap. 6 Rdnr. 475; Stuckel in v. Schultz, MarkenG, § 23 Rdnr. 28.
743) Siehe Varadinek, GRUR 2000, S. 281.
744) LG Berlin K&R 2001, S. 171.

Sittenwidrigkeit durch die Ausbeutung des guten Rufs der Antragsstellerin und die Kundenumleitung begründet sei.[745]

Das Landgericht Frankfurt a.M.[746] verneinte einen Wettbewerbsverstoß beim Keywordadvertising. In dem zu entscheidenden Fall wurde die Bannerwerbung für die Beklagte, eine Heizkesselfirma, allerdings auf die Gattungsbegriffe „Heizung" und „Solar" abgestimmt. Ein Verstoß gegen das MarkenG durch die Beklagte wurde verneint, da sie von der Geschäftsbezeichnung oder von Marken der Klägerin, ebenfalls eine Heizkesselfirma, nicht Gebrauch gemacht hatte. Eine Verbindung mit den Kennzeichen der Klägerin wurde erst durch die Einträge auf der Trefferliste hergestellt, da sich auf dieser ein Eintrag für das Unternehmen der Klägerin und ein Eintrag für das Unternehmen der Beklagten fanden. Auch ein Unterlassungsanspruch nach § 1 UWG wurde verneint. Weder sei eine Belästigung gegeben, da Internet-Nutzer an Bannerwerbung gewöhnt seien, noch sei die Unlauterkeit unter dem Gesichtspunkt des Ausspannens von Kunden zu bejahen.[747]

Vor dem Landgericht Hamburg[748] war ebenfalls die Werbeform des Keywordadvertising streitig. Im dort zu entscheidenden Fall hatte die beklagte Suchmaschine einem ebenfalls beklagten Händler von Kosmetikartikeln eine solche Werbemöglichkeit gegen Entgelt eingeräumt. Das Werbebanner des beklagten Händlers wurde jeweils eingespielt, wenn das vom Nutzer eingegebene Suchwort der Markenname der Klägerin, einer bekannten Kosmetikfirma (Estee Lauder) bzw. eines ihrer Produkte war. Die auf die Suchwörter abgestimmten Werbebanner wurden variiert. Zum Teil wurde die Marke im Werbebanner nicht genannt, zum Teil wurde sie genannt als ein bei dem beklagten Händler verfügbares Produkt, obwohl das mit der Marke bezeichnete Produkt nicht durch den Händler vertrieben wurde. Erscheint die Marke unautorisiert im Werbebanner, liegt die Markenrechtsverletzung auf der Hand. Das Landgericht Hamburg bejahte einen Unterlassungsanspruch nach § 14 Abs. 2 Nr. 1 MarkenG gegenüber dem beklagten Händler, da eine markenmäßige Benutzung im Sinne der Herkunftsfunktion der Marken vorlag.[749]

Mit der Problematik der Meta-Tags vergleichbar ist die Fallkonstellation, in der das Suchwort, die Marke, nicht im Werbebanner erscheint. Diese Fallkonstellation unterstellte das Landgericht Hamburg nicht dem Markenrecht. Die Herkunftshinweisfunktion der Marke, auf deren Erfordernis das Landgericht nicht verzichten wollte, sah es durch diese Form der Werbung nicht beeinträchtigt.[750] Es führte aus, dass für den Nutzer die Verknüpfung der Marke mit der

---

745) LG Berlin, a.a.O., Fn. 744.
746) LG Frankfurt a.M. K&R 2001, S. 173 f.
747) LG Frankfurt a.M. K&R 2001, S. 173, 174.
748) LG Hamburg CR 2000, S. 392 ff.
749) LG Hamburg CR 2000, S. 392, 396.
750) Siehe LG Hamburg CR 2000, S. 392, 394.

Werbung nicht erkennbar sei. Für den Nutzer sei es erkennbar, dass es sich bei dem Händler nicht um die Klägerin handelt. Welche Werbung für welches Unternehmen am Rande der Trefferliste erscheine, sei für den Nutzer eher zufällig.[751]

Ein Unterlassungsanspruch wurde jedoch nach § 1 UWG zugebilligt, da der beklagte Händler den Ruf der Marken und Produkte der Klägerin bewusst in wettbewerbswidriger Weise ausgenutzt habe, ohne gleichzeitig über die betriebliche Herkunft der Produkte zu täuschen, um so die eigene Geschäftstätigkeit außerhalb des von der Klägerin vorgesehenen Vertriebssystems zu fördern.[752]

Auch die von der Klägerin gegenüber der Suchmaschine geltend gemachten Ansprüche hatten Erfolg. Für den Fall, dass das Suchwort nicht im Werbebanner erscheint, nahm das Landgericht Hamburg eigenes unlauteres Verhalten an. Die Wettbewerbswidrigkeit wurde wegen Verstoßes gegen § 1 UWG wegen der Ausbeutung fremden Rufes bejaht.[753] Das Landgericht Hamburg führte aus:

> „Mit dem „Verkauf" von bestimmten Keywords beziehungsweise von Verknüpfungen zwischen Suchbegriffen und Werbeschaltungen maßt sich die Beklagte zu 2) [der Betreiber der Suchmaschine] widerrechtlich das Nutzungsrecht an fremden Marken und Firmen an, um hieraus sowohl unmittelbar für sich selbst als auch mittelbar für Dritte – hier die Beklagte zu 1) [der Werbekunde] – einen wirtschaftlichen Vorteil gegenüber Wettbewerbern abzuleiten."[754]

Es genüge für die Annahme eines Wettbewerbsverstoßes, dass die Suchmaschine die Marken der Klägerin im Rahmen des Verkaufs von Keywords Dritten zu Werbezwecken verfügbar mache und die Marken somit selbst gewerblich nutze.[755]

b) Literatur

Von der Literatur wurde die Entscheidung des Landgerichts Berlin im Hinblick auf den per Keywordadvertising werbenden Konkurrenten begrüßt.[756] Für Suchmaschinen wird allerdings eine Einschränkung der Prüfungspflichten verlangt. Wie bei Anzeigen habe der Betreiber einer Suchmaschine die konkrete Buchung der Keywords nur auf grobe und unschwer zu erkennende markenrechts- oder wettbewerbswidrige Verwendung zu prüfen.[757]

Auch die Entscheidung des Landgerichts Hamburg betreffend Marken der Kosmetikfirma Estee Lauder wurde von der Literatur begrüßt, eine Einschrän-

---

751) LG Hamburg CR 2000, S. 392, 394 f.
752) LG Hamburg CR 2000, S. 392, 395.
753) Siehe LG Hamburg CR 2000, S. 392, 397.
754) LG Hamburg CR 2000, S. 392, 398.
755) LG Hamburg a.a.O., Fn. 754.
756) Michael, K&R 2001, S. 172.
757) Michael, K&R 2001, S. 172.

kung von Prüfungspflichten für Suchmaschinen aber nicht gefordert.[758] Problematisiert wurde allerdings die Anwendbarkeit des § 5 TDG a.F.. Diese Vorschrift, insbesondere § 5 Abs. 2 TDG a.F., führe nicht zu einer Haftungsbegrenzung, da die Suchmaschine sowohl Kenntnis vom Inhalt der Werbebanner als auch die Möglichkeit hat, diesen Inhalt zu unterbinden.[759]

5. Stellungnahme

a) MarkenG

aa) Markenmäßige Benutzungshandlung

Der Frage, ob die Benutzung von Marken im Meta-Tag oder beim Keywordadvertising eine Benutzung im Sinne des § 14 Abs. 2 Nr. 1 bis 3 MarkenG darstellt, ist die Frage vorgelagert, ob eine markenmäßige Benutzung im Rahmen des § 14 MarkenG nach dem üblichen Verständnis weiterhin erforderlich ist. Nach dem üblichen Verständnis würde es darauf ankommen, ob ein nicht unbeachtlicher Teil der betroffenen Verkehrskreise eine Marke im Meta-Tag als Hinweis auf die Herkunft der Ware oder Dienstleistung betrachtet.[760] Was unter einer Benutzungshandlung zu verstehen ist, kann nur im Hinblick auf das Gebot richtlinienkonformer Auslegung durch eine an der Markenrechtsrichtlinie orientierte Auslegung des MarkenG beantwortet werden. Das Gebot richtlinienkonformer Auslegung folgt aus Art. 249 Abs. 3 EGV, nach dem die Mitgliedstaaten und damit auch die mitgliedstaatlichen Gerichte verpflichtet sind, alle geeigneten Maßnahmen zu ergreifen, um die Ziele der Richtlinie zu verwirklichen.[761] Die Kompetenz zur Auslegung der Markenrechtsrichtlinie selbst liegt beim Europäischen Gerichtshof (Art. 220 EGV). Dessen Verständnis von der Markenrechtsrichtlinie ist der Auslegung des MarkenG zugrunde zu legen.

Der Europäische Gerichtshof hat in ständiger Rechtsprechung die besondere Bedeutung der Herkunftsfunktion von Marken betont. In der Sache *HAG II*[762] wies er auf die Hauptfunktion des Warenzeichens hin, die darin bestehe, „dem Verbraucher oder Endabnehmer die Ursprungsidentität des gekennzeichneten Erzeugnisses zu garantieren, indem sie ihm ermöglicht, dieses Erzeugnis ohne Verwechslungsgefahr von Erzeugnissen anderer Herkunft zu unterscheiden". Von dieser Einschätzung ist der EuGH im Hinblick auf die Markenrechtsrichtlinie nicht abgerückt. In der Entscheidung *BMW/Deenik*[763]

---

758) Vgl. Mann, EIPR 2000, S. 380.
759) Mann, EIPR 2000, S. 380.
760) Siehe oben S. 191.
761) EuGH Slg. 1984, 1891, 1909, Tz. 26 – *von Colson und Kamann/ Land Nordrheihn-Westfalen*; Ruffert in Callies/Ruffert, EGV, Art. 249 Rdnr. 106 m.w.N..
762) EuGH GRUR Int. 1990, 960, 961 f., RS C-10/89 vom 17.10.1990.
763) EuGH Slg. 1999, I-905, I-940, Rs- C-63/97 vom 23.02.1999.

sieht er als Voraussetzung des Ausschließlichkeitsrechts von Art. 5 Abs. 1 und 2 der Richtlinie (umgesetzt in § 14 Abs. 2 MarkenG) die Herkunftsfunktion. Die Anwendung von Art. 5 Abs. 1 und 2 Markenrechtsrichtlinie hänge „in der Tat davon ab, ob die Marke zur Unterscheidung von Waren oder Dienstleistungen als solchen eines bestimmten Unternehmens, also als Marke benutzt wird, oder ob die Benutzung zu anderen Zwecken erfolgt.“[764] Allerdings legt der Europäische Gerichtshof ein weites Verständnis zu Grunde für die Annahme, dass die Herkunftsfunktion der Marke genutzt wird: Es genügt, dass die Marke verwendet wird, um die Herkunft von Waren zu bestimmen, die Gegenstand der eigenen Dienstleistung sind.[765] Bei der Bewertung dieser Entscheidung ist jedoch zu berücksichtigen, dass in der Fallgestaltung, die der Entscheidung des Europäischen Gerichtshofs zugrunde lag, der Werbende auf den Verkauf, die Instandsetzung und die Wartung von BMW-Fahrzeugen spezialisiert war. Seine eigene Dienstleistung unterschied sich also durch diese Spezialisierung von vergleichbaren Dienstleistungen. Der Europäische Gerichtshof führte außerdem aus:

> „Die Frage, ob die Benutzung die Unterscheidungskraft oder die Wertschätzung der Marke ohne rechtfertigenden Grund in unlauterer Weise ausnutzt oder beeinträchtigt, indem etwa bei der Öffentlichkeit ein falscher Eindruck über die Beziehungen zwischen dem Werbenden und dem Markeninhaber erweckt wird, stellt sich nur in den Fällen, die unter Artikel 5 Absatz 2 oder 5 fallen. Solche Gesichtspunkte sind daher nicht bei der Subsumtion der fraglichen Benutzung im Rahmen des Artikels 5 zu berücksichtigen, [...]“[766]

Ausdrücklich führt danach der Eindruck, dass bestehende Handelsbeziehungen zwischen dem Werbenden und dem Markeninhaber bestehen, nicht schon zur Annahme einer Benutzungshandlung im Sinne von Art. 5 der Markenrechtsrichtlinie.[767]

Es kommt also nach der Rechtsprechung des Europäischen Gerichtshofs entscheidend darauf an, dass die Marke verwendet wird, um die Herkunft von Waren oder Dienstleistungen zu bezeichnen. Dies ist bereits dann der Fall, wenn diese Waren und Dienstleistungen Gegenstand des eigenen Waren- und Dienstleistungsangebots sind.

Ein markenmäßiger Gebrauch liegt bei Meta-Tags und beim Keywordadvertising also nur dann vor, wenn aus Sicht der angesprochenen Verkehrskreise die Marke eingesetzt wird, um die Herkunft von Waren und Dienstleistungen aus dem Unternehmen des Markeninhabers zu bezeichnen, oder aus Sicht der angesprochenen Verkehrskreise ein Bezug des eigenen

---

764) EuGH a.a.O., Tz. 38.
765) EuGH a.a.O., Tz. 39.
766) EuGH a.a.O. Tz. 40.
767) A.A. Klaka in Althammer/ Ströbele/ Klaka, Rdnr. 67 zu § 14.

Waren- oder Dienstleistungsangebot zu den Waren und Dienstleistungen des Markeninhabers hergestellt wird.

bb) Meta-Tag

(1) Markenmäßige Benutzungshandlung

Rechtsprechung und Literatur legen den Schwerpunkt der Beurteilung von Meta-Tags auf das Ziel des Inhabers der Webseite, in einer Trefferliste zu dem Suchwort – nämlich dem Kennzeichen eines anderen – zu erscheinen. Welche Funktion der Marke ausgenutzt wird, wird dann anhand der Verkehrsauffassung der Nutzer ermittelt. Um die Wirkungsweise von Meta-Tags beurteilen zu können, sind jedoch zwei Vorgänge zu unterscheiden: Der Inhaber einer Webseite nimmt in seinen Meta-Tag das Kennzeichen eines anderen auf, damit die Suchmaschine die eigene Webseite in ihrer Datenbank und nachfolgend bei der Anfrage von Nutzern berücksichtigt, die sich auf das Kennzeichen des anderen richten. Sein eigentliches Ziel ist dann bei der Anfrage zum Kennzeichen des anderen, des Markeninhabers, möglichst hoch im Ranking auf der Trefferliste zu erscheinen. Es gibt damit zwei Adressaten des Textes im Meta-Tag: den Betreiber der Suchmaschine bzw. dessen Suchsoftware und den Nutzer, der Webseiten zum Kennzeichen des anderen abruft.

Nach einer Ansicht in der Literatur fehlt es an der Benutzungshandlung schon deswegen, weil die Verwendung der Marke im Meta-Tag für den Nutzer nicht wahrnehmbar ist.[768] Wenn nach der Verkehrsauffassung die Verwendung des Zeichens nicht einer Ware oder Dienstleistung zugeordnet werden könne oder der Zeichencharakter nicht mehr erkennbar sei, sei eine markenmäßige Benutzungshandlung nicht gegeben.[769] Aufgrund der fehlenden Wahrnehmung bilde sich eine solche Verkehrsauffassung nicht. Im Hinblick auf den Betreiber der Suchmaschine mag dieses Argument überzeugen. Der Betreiber der Suchmaschine nimmt den Inhalt des Meta-Tags in der Tat nicht wahr, da nur die Software der Suchmaschine auf den Inhalt im Meta-Tag reagiert, der Betreiber der Suchmaschine aber vom konkreten Inhalt des Meta-Tags keine Kenntnis hat. Es ist deshalb im Hinblick auf den Betreiber der Suchmaschine zweifelhaft, ob er sich eine Auffassung über den Inhalt des Meta-Tags bilden kann. Allerdings wird die Suchsoftware durch die Betreiber der Suchmaschine programmiert, die dem Inhalt im Meta-Tag eine besondere Bedeutung als Beschreibung des Inhalts beimessen. Bei kommerziellen Webseiten wird der Betreiber einer Suchmaschine davon ausgehen, dass eine Marke im Meta-Tag die Herkunft der dort erhältlichen Waren beschreibt. Würde man diese allgemeine Vorstellung ausreichen lassen, würde es nicht darauf ankommen, dass die Suchmaschine Webseiten nicht mit Hilfe einer Redaktion, sondern in automatisierter Weise in

---

768) Kotthoff, K& R 1999, S. 159 f.
769) Kotthoff, K&R 1999, S. 160.

ihre Datenbank aufnimmt. Um eine Benutzungshandlung annehmen zu können, müsste es also im Hinblick auf den Betreiber der Suchmaschine ausreichen, dass er, hätte er Kenntnis vom Inhalt des Meta-Tags, ein bestimmtes Verständnis von der Benutzung der Marke haben würde.

Letztlich kommt es hierauf aber nicht an. Denn gegen die in der Literatur vertretene Ansicht, dass es dem Nutzer schon aufgrund der fehlenden Wahrnehmung des Meta-Tags nicht möglich sei, eine Verkehrsauffassung zu bilden, ist einzuwenden, dass die Eingabe der Marke in den Meta-Tag allein ein technisches Hilfsmittel für den Markeninhaber darstellt, um abgestimmt auf die Eingabe des Suchbegriffs auf der Trefferliste zu erscheinen.[770] Erscheint dann die Webseite in der Trefferliste, nimmt der Nutzer den auf die Marke abgestimmten Eintrag wahr. Anknüpfungspunkt ist deswegen der Eintrag in der Trefferliste zu der Marke als Suchbegriff.[771] Hierin muss nach der Verkehrsauffassung der Nutzer in der Verwendung der Marke ein Hinweis liegen auf die Herkunft der Waren und Dienstleistungen des Inhabers der aufgeführten Webseite bzw. ein Hinweis auf Waren und Dienstleitungen, die Gegenstand der eigenen Dienstleistung sind. Ist mit der Markenverwendung hingegen nur ein Werbeeffekt verbunden, ist im Hinblick auf die Rechtsprechung des Europäischen Gerichtshof zur Markenrechtsrichtlinie keine kennzeichenmäßige Benutzung im Sinne der Markenrechtsrichtlinie und damit auch im Sinne des Markengesetzes gegeben.

Es stellt sich die Frage, ob die Nutzer, die die Webseiten zu dem Kennzeichen des anderen aufgelistet bekommen, in den Einträgen auf der Trefferliste zu dem von ihnen eingegebenen Suchwort einen Hinweis auf die Herkunft der auf der Webseite vertriebenen Waren und Dienstleistungen sehen. In der Regel kann von einer markenmäßigen Benutzung ausgegangen werden. Der einzelne Eintrag zu einem bestimmten Suchwort stellt den notwendigen markenmäßigen Bezug her.

Wird allerdings wie vielfach in der Literatur auf den Inhalt der gesamten Liste abgestellt, ist regelmäßig nicht von einer markenmäßigen Benutzung auszugehen. Denn der Nachweis der Webseiten ist so vielfältig, dass der Nutzer nicht von jeder Webseite erwartet, dass auf ihr Produkte vertrieben werden, deren Herkunft durch den Suchbegriff gekennzeichnet wird, oder die Webseiten sonstige Aussagen über das Produkt trifft. Die Eingabe „Mercedes“ wird regelmäßig zu Webseiten führen, die einen Bezug zu dem PKW der Daimler Chrysler AG aufführen. Aber auch der Nachweis einer Webseite zu der Musikerin „Mercedes Sosa“ ist möglich bzw. Webseiten, die Bezüge zu Frauen dieses Namens aufweisen. Geht also aus dem Abstract nicht der Zusammenhang hervor, ist angesichts der üblicherweise weiten Streuung von Informationen auf

---

770) Zutreffend Varadinek, GRUR 2000, S. 281.
771) Ebenso Varadinek, GRUR 2000, S. 281.

der Trefferliste und auf den der Trefferliste zugrundeliegenden Webseiten nach der Verkehrsanschauung keine eindeutige Aussage zur Marke gegeben.

Eine solche Gesamtschau entspricht aber regelmäßig nicht den Einträgen in den Abstracts und der damit verbundenen separaten Wahrnehmung der Einträge durch den Nutzer. Im Abstract wird regelmäßig ein weiterer Auszug aus dem Titel oder dem Text der Webseite aufgenommen. Bei einer Suche bei AltaVista findet sich etwa auch ein Eintrag zum Autohaus Di Miceli GmbH.[772] Der Link lautet „Autohaus Di Miceli GmbH – Mercedes Jahreswagen und Gebrauchtwagen". Im Abstract findet sich der Eintrag „Autohaus Di Miceli GmbH Rastatt, wir bieten Ihnen mehr als 200 Jahreswagen tagesaktuell, ..." Hier dient der Nachweis zum Suchwort „Mercedes" dazu, die durch das Autohaus vertriebenen Produkte zu kennzeichnen. Es handelt sich um eine markenmäßige Nutzungshandlung. Dies wäre auch dann der Fall, wenn Mercedes nicht im Text des Hyperlink erschiene, da von den Nutzern des Suchdienstes bei einer Webseite, auf der Jahres- und Gebrauchtwagen vertrieben werden, der Zusammenhang mit dem Suchbegriff „Mercedes" nur als Hinweis auf das Produkt bestimmter Herkunft, einen PKW der Daimler Chrysler AG, verstanden werden kann.

Für die Beurteilung der Verkehrsanschauung ist auf den einzelnen Eintrag abzustellen. Bei diesem wird häufig, insbesondere bei kommerziellen Webseiten ein Hinweis auf die Herkunft einer dort vertriebenen Ware oder Dienstleistung zu erkennen sein, die mit dem Suchbegriff übereinstimmt. Aus diesem Grund ist im Fall des Missbrauches des Meta-Tags durch einen Konkurrenten regelmäßig eine markenmäßigen Benutzungshandlung im Sinne der Herkunftsfunktion zu bejahen.

(2) Ansprüche gegen den Inhaber der Webseite mit Meta-Tag

Gegen den Inhaber der Webseite mit Meta-Tag können kennzeichenrechtliche Ansprüche nach §§ 14 Abs. 3 Nr. 5, 15 Abs. 4 MarkenG geltend gemacht werden, wenn im Abstract oder dem Text des Hyperlinks die Marke oder das Kennzeichen erscheint.

(3) Ansprüche gegen den Betreiber des Suchdienstes

Gegen den Betreiber einer Suchmaschine können Unterlassungsansprüche nach den § 14 Abs. 3 Nr. 5, Abs. 5 MarkenG und § 15 Abs. 4 MarkenG geltend gemacht werden. Die Störerhaftung im Markenrecht, die auf die vorgenannten Anspruchsgrundlagen gestützt wird, findet jedoch bei Rechtsverletzungen Dritter wie den Suchmaschinen nur eingeschränkt Anwendung. Wie bei der wettbewerbsrechtlichen Störerhaftung gemäß § 1004 BGB analog sind die

---

772) http://de.altavista.com/q?q=Mercedes&what=de&kl=XX&stq=60&nbq=10, abgerufen am 23.05.02.

Prüfungspflichten einzuschränken. Entsprechend dem oben Ausgeführten[773] besteht für die Betreiber von Suchmaschinen keine Verpflichtung, den Inhalt von Webseiten einschließlich des Textes im Meta-Tag zu prüfen. Bei Verzeichnissen ist lediglich eine Prüfung auf grobe, unschwer zu erkennende Verstöße geboten.[774] Der Entscheidung des Landgerichts München I im Fall *Explorer*[775], nach der die Prüfungspflichten der Betreiber von Suchmaschinen bei markenrechtlichen Unterlassungsansprüchen auf grobe und unschwer zu erkennende Verstöße zu beschränken sind, ist deshalb im Hinblick auf Verzeichnisse zuzustimmen. Im Hinblick auf Suchmaschinen ist hingegen auch bei den markenrechtlichen Unterlassungsansprüchen eine weitreichendere Einschränkung geboten.

cc) Keywordadvertising

(1) Keine Nennung des Suchworts im Werbebanner

Beim Keywordadvertising ist der markenrechtliche Schutz zu verneinen, es sei denn, im Werbebanner selbst wird die Marke genannt.[776] Denn beim Keywordadvertising kommt es nach der hier vertretenen Auffassung[777] ebenfalls darauf an, ob das Werbebanner, das anlässlich eines bestimmten Suchbegriffs erscheint, nach den beteiligten Verkehrskreisen Aufschluss darüber gibt, welcher Herkunft die dort vertriebenen Waren oder Dienstleistungen sind, bzw. welcher Herkunft die Waren sind, die Gegenstand einer Dienstleistung sind. Der reine Werbe- oder Kommunikationswert führt nach der hier vertretenen Ansicht nicht zur Anwendung des MarkenG.[778]

Eine Verkehrsanschauung der Nutzer, dass das Werbebanner, das neben der Trefferliste zum Suchbegriff erscheint, auf die Herkunft gerade der durch den Suchbegriff gekennzeichneten Produkte hinweist, existiert nicht. Denn da die Werbung im Werbebanner häufig gar nicht auf den Suchbegriff abgestimmt erscheint, stellt der Nutzer keinen solchen Zusammenhang zwischen dem Suchbegriff und der Werbung her. Der Entscheidung des Landgerichts Hamburg ist in diesem Punkt zu folgen und markenrechtlicher Schutz zu versagen.[779]

Für die Fälle, in denen das Werbebanner zu einem Gattungsbegriff erscheint, bildet sich nur die Verkehrsanschauung in der Weise, dass die Dienstleistungen und Produkte, die durch das werbende Unternehmen vertrieben

---

773) Siehe oben S. 157 f.
774) Siehe oben S. 159.
775) LG München I, MMR 2001, S. 56, 57; siehe oben S. 194.
776) Diese Nennung ist aber nicht für das Keywordadvertising typisch, sie ist auch bei vom Suchwort unabhängiger Werbung von markenrechtlicher Relevanz.
777) Siehe oben Nr. 3.
778) So auch das LG Hamburg, CR 2000, S. 392, 394.
779) Siehe LG Hamburg, CR 2000, S. 392, 394.

werden, auch aus diesem Unternehmen stammen. Nach der Verkehrsanschauung ist in dieser Werbung, die auf einen Gattungsbegriff abgestimmt wird, keinesfalls ein Hinweis enthalten, dass die Herkunft der umworbenen Produkte in sämtlichen durch die Trefferliste nachgewiesenen Unternehmen zu sehen ist. Vielmehr erkennt der Nutzer, dass ein spezielles Unternehmen durch den Werbebanner Werbung für Produkte aus dem eigenen Unternehmen treibt. Auch dem Landgericht Frankfurt a.M.[780] ist deshalb zuzustimmen, welches davon ausging, dass mit einem Werbebanner zu einem Gattungsbegriff kein Verstoß gegen das Markenrecht gegeben sei.

(2) Nennung des Keywords im Werbebanner

Wird das Keyword im Werbebanner genannt, kann gegen den Werbetreibenden aus den §§ 14 Abs. 3 Nr. 5, 15 Abs. 4 MarkenG vorgegangen werden. Gegen die Suchmaschine können Unterlassungsansprüche nach den § 14 Abs. 3 Nr. 5, Abs. 5 MarkenG und § 15 Abs. 4 MarkenG geltend gemacht werden. Für die Suchmaschine stellt sich dann die Frage, ob sie sich auf eingeschränkte Prüfungspflichten berufen kann. Die Störerhaftung im Markenrecht für den Inhalt der Werbebanner ist wie bei der Haftung für Anzeigen einzuschränken. Den Suchdiensten ist eine Prüfung der Inhalte im Werbebanner auch im Hinblick auf markenrechtliche Unterlassungsansprüche nur auf grobe und eindeutige Verstöße zumutbar.

b) Wettbewerbsrechtliche Haftung der Suchdienste

aa) Anwendbarkeit der wettbewerbsrechtlichen Bestimmungen

Die wettbewerbsrechtlichen Bestimmungen können Anwendung finden, wenn keine markenmäßige Benutzung vorliegt, was bei der Verwendung einer Marke im Meta-Tag nur ausnahmsweise der Fall ist. Beim Keywordadvertising ist dies dann zu bejahen, wenn im Werbebanner die Marke nicht genannt wird. Sind zudem Branche oder Ware nicht identisch oder ähnlich, sind die Anspruchsgrundlagen § 14 Abs. 1, 2 oder § 15 Abs. 2 MarkenG nicht einschlägig und das Wettbewerbsrecht kann ergänzend herangezogen werden.[781] Schließlich kommen die Fälle in Betracht, in denen wie im Fall *Wobenzym II*[782] das Markenrecht von vornherein nicht einschlägig ist.

---

780) LG Frankfurt a.M. K&R 2001, S. 173 f.
781) Viefhues in Hoeren/Sieber, Kap. 6 Rdnr. 467.
782) Siehe oben S. 167.

bb) Meta-Tags: § 1004 BGB analog

(1) Kein Handeln zu Zwecken des Wettbewerbs

Während der Inhaber der Webseite mit dem fehlerhaften Meta-Tag regelmäßig zu Zwecken des Wettbewerbs den Suchbegriff im Meta-Tag eingibt, handeln die Suchmaschinen nicht zu Zwecken des Wettbewerbs. Das Vorgehen der Suchmaschinen fördert zwar den Wettbewerb der Webseiten, die den Suchbegriff in ihrem Meta-Tag aufgenommen haben, da diese in der Trefferliste zum Suchbegriff erscheinen. Wegen des presserechtlichen Schutzes von Suchdiensten müssen aber besondere Umstände die Wettbewerbsabsicht begründen. Ein solcher Umstand könnte schon darin liegen, dass einige Suchmaschinen ihre Suchsoftware so programmieren, dass Informationen im Meta-Tag der Webseiten für die Aufnahme und auch die Verknüpfung zum Suchbegriff als relevant angesehen werden. Wird aber der Meta-Tag nicht missbraucht, so hat er aufgrund seiner beschreibenden Funktion einen besonderen Informationswert und dient damit vorrangig der genaueren Information von Suchmaschinen und ihren Nutzern. Die Orientierung am Text des Meta-Tags ist deshalb Teil der Beschaffung und Verbreitung von Informationen durch die Suchmaschinen. Die Förderung des Wettbewerbs ist nur notwendige Begleiterscheinung der Berichterstattung, die Suchmaschinen eigen ist.

(2) § 1004 BGB analog

Da der Betreiber der Suchmaschine nicht zu Zwecken des Wettbewerbs handelt, kann die Suchmaschine nur als Störer analog § 1004 BGB in Anspruch genommen werden. Die Störerhaftung analog § 1004 BGB setzt einen Wettbewerbsverstoß eines anderen voraus. Der Webseiteninhaber, der den Text im Meta-Tag festgelegt hat, haftet hingegen unmittelbar. Die Anspruchsgrundlage wird regelmäßig §§ 1, 3 UWG sein.[783] Überzeugend ist für den Anspruch nach §§ 1, 3 UWG in erster Linie die Sittenwidrigkeit wegen des Abfangens von Kunden. Der Nutzer, der ein Suchwort eingibt, erwartet, dass in der Trefferliste nur solche Webseiten aufgeführt werden, die in irgendeinem Zusammenhang mit dem Suchwort, häufig eine Wortmarke, stehen. Er erwartet die Webseite des Markeninhabers selbst und Webseiten, die Informationen über den Markeninhaber und seine Produkte oder sonstige Informationen zum Suchwort enthalten. Er erwartet keine Webseiten, die keinerlei Informationen über das Suchwort enthalten, sondern dieses nur im Text des Meta-Tags enthalten. Die subtile Art und Weise, in der ihm die Webseite des Mitbewerbers nahegelegt wird, führt zur Sittenwidrigkeit der Aufnahme des Kennzeichens eines Mitbewerbers im Meta-Tag.[784] So ist die Verwendung von fremden Kennzeichen

---

783) Zur markenrechtlichen Relevanz siehe oben S. 189 ff.

784) Siehe Kotthoff, K&R 1999, S. 161.

vergleichbar mit dem ebenfalls sittenwidrigen Verteilen von Handzetteln vor dem Ladengeschäft des Konkurrenten, wenn damit die Kunden abgefangen werden und ihnen eine Änderung des Kaufentschlusses aufgedrängt wird.[785]

Um die Störerhaftung analog § 1004 BGB annehmen zu können, muss der Störer, hier die Suchmaschine, außerdem in irgendeiner Weise – ohne Wettbewerbsabsicht und ohne Verschulden – willentlich und adäquat kausal an der Herbeiführung einer wettbewerbswidrigen Beeinträchtigung mitwirken.[786] Bei der Störerhaftung werden Prüfungspflichten vorausgesetzt, die wie oben ausgeführt, bei Suchmaschinen bezüglich der Inhalte auf den Webseiten Dritter entfallen, da sonst ihre besondere Form der Berichterstattung nicht möglich wäre.[787] Wenn Verzeichnisse die Aufnahme auch vom Inhalt des Meta-Tags abhängig machen, trifft sie hingegen eine Prüfungspflicht auf grobe, unschwer zu erkennende Verstöße.[788]

Allein bei einer gerichtlichen Entscheidung, insbesondere einem Hauptsacheurteil, wenn also eine Prüfung des einzelnen Meta-Tags nicht erforderlich ist, da der Suchdienst sich an der Entscheidung orientieren kann, können Beseitigungsansprüche analog § 1004 BGB geltend gemacht werden.

cc) Keywordadvertising: §§ 1, 3 UWG

(1) Handeln zu Zwecken des Wettbewerbs

Während bei dem Eintrag in die Trefferliste wegen der Werbewirkung zwar eine Vergleichbarkeit mit Anzeigen besteht, die Wettbewerbsförderungsabsicht aber zu verneinen ist, handelt es sich beim Keywordadvertising um eine neue elektronische Werbeform, die sowohl in der Werbewirkung als auch in der Wettbewerbsförderungsabsicht einer Anzeige in einem traditionellen Presseprodukt entspricht. Werbemaßnahmen wie Keywordadvertising sind geeignet, sowohl den Wettbewerb der Werbenden zu fördern als auch den der Suchdienste um die Werbekunden. Ein konkretes Wettbewerbsverhältnis besteht zwischen dem werbenden Unternehmen und seinen Mitbewerbern sowie zwischen den Suchdiensten um die Werbekunden. Die Förderung des Wettbewerbs ist wie bei traditionellen Anzeigen nicht nur notwendige Begleiterscheinung des Werbebanners, sondern grundlegendes Ziel einer solchen Werbemöglichkeit.

(2) Wettbewerbsverstoß gemäß §§ 1, 3 UWG

Der Wettbewerbsverstoß der Suchdienste beim Keywordadvertising könnte bereits darin liegen, dass sie diese Möglichkeit nicht nur zu Gattungsbegriffen, sondern auch zu Marken anbieten. Des Weiteren können die

---

785) Vgl. BGH GRUR 1986, S. 547, 548 - *Handzettelwerbung*.
786) Siehe BGH GRUR 1997, S. 313, 316 – *Architektenwettbewerb*.
787) Siehe oben S. 157 f.
788) Siehe oben S. 159 f.

Suchdienste durch das Keywordadvertising in Wettbewerbsabsicht am Wettbewerbsverstoß eines Dritten, des Werbetreibenden, beteiligt sein. Das ist z.B. dann der Fall, wenn das Werbebanner einen Wettbewerbsverstoß enthält oder die per Hyperlink mit dem Werbebanner verbundene Webseite rechtswidrig ist.

Entgegen der Ansicht des Landgerichts Hamburg[789] liegt nicht schon immer dann ein unlauteres Verhalten der Suchmaschine vor, wenn sie ein Werbebanner abgestimmt auf eine Marke oder ein sonstiges Kennzeichen als Keywordadvertising anbietet. Nicht der Verkauf von auf den Suchbegriff abgestimmten Werbebannern, sondern der Verkauf an einen nicht autorisierten Händler ist wettbewerbswidrig, da so zwar nicht der Verbraucher irregeführt, aber Kunden abgefangen und der gute Ruf der Marke ausgenutzt wird. Die Werbemethode an sich steht den Suchmaschinen jedoch offen, da sie nicht immer wettbewerbswidrig sein muss: So könnte etwa der Markeninhaber selbst Interesse an der Werbemethode Keywordadvertising haben. Ein Wettbewerbsverstoß läge schon dann nicht vor, wenn der Suchdienst die technische Werbemethode den autorisierten Händlern oder den Markeninhabern selbst zur Verfügung stellte.

Schon dass die Werbeform nicht in jedem Fall wettbewerbswidrig ist, spricht dafür, dass das Keywordadvertising an sich nicht unzulässig sein kann. Hinzu kommt, dass das Keywordadvertising aufgrund des Schutzes der Suchdienste durch die Pressefreiheit nicht ausgeschlossen werden kann. Denn zum einen sind die Anzeigen,.- und damit auch Werbebanner -, wegen ihres eigenen meinungsbildenden Inhalts geschützt, zum anderen wegen ihrer Finanzierungsfunktion. Bei der Werbung durch Werbebanner tritt außerdem wieder die Mittlerfunktion zu möglichen meinungsbildenden Inhalten in den per Hyperlink mit den Werbebannern verbundenen Webseiten hinzu. Kann die Werbung wettbewerbsgemäß sein, würde ein generelles Verbot die Werbemöglichkeiten der Suchdienste unverhältnismäßig einschränken.

Damit aber in der Regel nur Berechtigte diese Werbemöglichkeit in Anspruch nehmen, sind den Suchdiensten Prüfungspflichten auferlegt. Wie bei traditionellen Anzeigen sind diese jedoch zu beschränken auf eine Prüfung auf grobe, unschwer zu erkennende Verstöße. Das Keywordadvertising ist nur ein Teil der umfangreichen Werbemöglichkeiten von Suchdiensten. Typisch für die Werbemöglichkeiten auf den Webseiten von Suchdiensten ist zudem die Verbindung der Werbefläche, z.B. eines Werbebanners, mit der Webseite des Werbetreibenden, die regelmäßig durch einen Hyperlink ermöglicht wird. Wären Suchdienste gezwungen, sämtliche Inhalte auf den Werbeflächen und den damit verbundenen Webseiten eingehend auf Wettbewerbsverstöße zu prüfen, würde das Werbegeschäft in Frage gestellt. Deshalb ist für alle

---

789) Siehe oben S. 199.

Werbeformen, auch für das Keywordadvertising nur eine eingeschränkte Prüfungspflicht zumutbar.

Diese Bewertung der Haftungsgrundlagen findet sich auch in der Rechtsprechung des Bundesgerichtshofs zu traditioneller Presse wieder. Auch bei den „Gelben Seiten" in der Entscheidung *Suchwort* des Bundesgerichtshofs ging es um Werbung unter einem Suchbegriff.[790] Unter dem Namen „Bosch" wurden durch die beklagte Mitherausgeberin der „Gelben Seiten" nicht autorisierte Händler oder Werkstätten eingetragen; dagegen wehrte sich der Firmeninhaber. Der Bundesgerichtshof führte aus:

> „Die Klägerin handelt mit der Entgegennahme und Veröffentlichung des zusätzlichen entgeltlichen Telefonbucheintrags aufgrund eines Suchworts zu Zwecken des Wettbewerbs. Der Zusatzeintrag dient der Werbung des Anschlussinhabers, der sich damit eine weitere Bekanntheit verschaffen will. Der Telefonbucheintrag aufgrund des „Suchworts" erhält damit den Charakter einer Werbeanzeige. Die für das Anzeigengeschäft des Verlegers typische Wettbewerbsförderung erlaubt auch den Rückgriff auf die Vermutung des Bestehens der Wettbewerbsabsicht. Entgegen seiner Beurteilung wird aber die wettbewerbsrechtliche Haftung der Klägerin nicht dadurch in Frage gestellt, dass auch diese als Presseunternehmen nur dem eingeschränkten Haftungsmaßstab unterliegt, den die Rechtsprechung des Senats für die Anzeigentätigkeit von Zeitungs- und Zeitschriftenverlegern entwickelt hat. Danach besteht eine Prüfungspflicht des Verlegers bei Entgegennahme von Anzeigenaufträgen hinsichtlich ihrer wettbewerbsrechtlichen Zulässigkeit nur in bezug auf grobe und eindeutige Wettbewerbsverstöße [...]. So liegt es hier, wenn die Klägerin Bosch-Suchworte in Alleinstellung für Unternehmen veröffentlicht, die nicht zu den von den Beklagten autorisierten Betrieben gehören oder aus sonstigen Gründen zur Führung des Namens Bosch berechtigt sind."[791]

In beiden Fällen erhält das Presseunternehmen, der Herausgeber der „Gelben Seiten" und der Betreiber des Suchdienstes ein Entgelt für den Banner und die Werbeanzeige. Auch in dem Fall, den der Bundesgerichtshof zu entscheiden hatte, nutzten die „Gelben Seiten" den Eintrag von Unternehmen bewusst für eigene wirtschaftliche Zwecke aus, um auf diese Weise Werbetreibende dazu zu veranlassen, für ihre Waren oder Dienstleistung mittels Eintrag unter das Suchwort „Bosch" zu werben. Wettbewerbswidrig war also nicht die Eintragung unter dem Suchwort „Bosch", sondern die fehlende Prüfung der eintragungswilligen Unternehmen durch die Mitherausgeberin der Gelben Seiten. Diese Prüfung wurde der Mitherausgeberin der „Gelben Seiten" nur eingeschränkt auferlegt, da sie als Presseunternehmen die Zulässigkeit nur auf grobe und eindeutige Wettbewerbsverstöße überprüfen muss.[792]

---

790) Siehe BGH WRP 1994, S. 739 ff. - *Suchwort.*
791) BGH WRP 1994, S. 739, 741 - *Suchwort.*
792) Siehe BGH WRP 1994, S. 739, 741 - *Suchwort.*

IV. Ergebnis:

Aufgrund ihres Schutzes durch die Pressefreiheit nach Art. 5 Abs. 1 S. 2 GG ist die Wettbewerbsabsicht bei Suchdiensten wie bei der traditionellen Presse nicht zu vermuten, da die Förderung des Wettbewerbs nur notwendige Begleiterscheinung der den Suchdiensten eigenen Berichterstattung sein kann.

Wie bei der traditionellen Presse sind auch die Prüfungspflichten für Suchdienste zu beschränken, um die Pressefreiheit der Suchdienste nicht unverhältnismäßig einzuschränken. Bei Suchmaschinen führt dies bei dem Nachweis von anderen Webseiten zu einem Ausschluss der Prüfungspflichten, Verzeichnisse trifft hingegen eine Pflicht, die von ihnen nachgewiesenen Webseiten auf grobe, unschwer zu erkennende Wettbewerbsverstöße zu begrenzen. Betreiben die Suchdienste Werbung, sind ihre Prüfungspflichten wie die der traditionellen Presse für Anzeigen auf grobe und unschwer zu erkennende Verstöße zu beschränken.

Das Wettbewerbsrecht ist für eine verfassungskonforme Auslegung offen. Sowohl im Rahmen der traditionellen Presse als auch für Suchdienste als neues Medium sind deshalb verfassungsgemäße, an der Pressefreiheit orientierte Ergebnisse zu erzielen. In einer Vielzahl der gerichtlichen Entscheidungen wird bereits der Bedeutung von Suchdiensten Rechnung getragen, ohne jedoch auf den verfassungsrechtlichen Hintergrund abzustellen.

H. Die Bedeutung der Pressefreiheit für die Ausgestaltung der urheberrechtlichen Haftung von Suchdiensten

I. Einleitung

Die Suchdienste sind durch die Pressefreiheit geschützt.[793] Soweit urheberrechtliche Bestimmungen auf Suchdienste anzuwenden sind, gilt auch hier das Gebot verfassungskonformer Auslegung. Denn das Urheberrecht ist als allgemeines Gesetz geeignet, die Freiheit der Presse und auch der Suchdienste einzuschränken. Es ist aber seinerseits im Lichte der Pressefreiheit auszulegen. Dies kann dazu führen, dass die Haftungsbestimmungen einschränkend ausgelegt werden müssen. Ist eine verfassungskonforme Auslegung nicht möglich und wird die Pressefreiheit unverhältnismäßig eingeschränkt, kann sogar eine Änderung des Urhebergesetzes erforderlich sein, insbesondere die Einführung einer neuen Schranke, die die Ausübung von Suchdiensten ermöglicht.

Eine Haftungserleichterung wird nicht durch das TDG n.F. gewährt, welches auf der E-Commerce-Richtlinie beruht.[794] Es kommt deshalb auf Haftungserleichterungen an, die bereits nach der jetzigen Rechtslage gegeben sind. Aber auch die künftige Rechtslage ist zu berücksichtigen, da die Urheberrechtsrichtlinie, die durch die Neufassung des Urhebergesetzes umgesetzt werden wird, wesentliche Änderungen für den digitalen Bereich und damit auch für Suchdienste mit sich bringt (siehe dazu unten Abschnitt VI.).

Bei der traditionellen Presse wirkt sich die Pressefreiheit einschränkend auf die mittelbare Haftung der Presse nach § 97 UrhG aus. Insbesondere bei der Haftung für Anzeigen obliegen der Presse zwar Prüfungspflichten, um auch eine mittelbare Beteiligung am Urheberrechtsverstoß eines Dritten auszuschließen.[795] Diese sind jedoch bei der mittelbaren Haftung, wenn das Presseunternehmen die rechtswidrige Nutzungshandlung nicht selbst vorgenommen hat, wie im Wettbewerbsrecht auf die Prüfung grober und unschwer zu erkennender Urheberrechtsverstöße beschränkt.

Bei der unmittelbaren Haftung ist es hingegen aufgrund der Systematik des Urheberrechtsgesetzes nicht möglich, die Haftung auf der Ebene der Haftungsbestimmung des § 97 UrhG einzuschränken. Es kommt hier allein auf die urheberrechtlichen Schranken an (insbesondere die §§ 45 ff. UrhG), die dem Gebot verfassungskonformer Auslegung unterliegen.[796]

Für die Haftung der Suchdienste nach dem UrhG kommt es zuallererst darauf an, ob sie überhaupt auf Erzeugnisse zugreifen, die durch das UrhG geschützt werden (II.). In Anschluss daran geht es um die unmittelbare Haftung

793) Siehe oben S. 67 ff.
794) Siehe oben S. 142 ff.
795) Siehe oben S. 127.
796) Siehe oben S. 123.

für urheberrechtlich relevante Nutzungshandlungen (III.), sowie um die mittelbare Haftung der Suchdienste (IV.). Im Hinblick auf den verfassungsrechtlichen Schutz der Suchdienste durch die Pressefreiheit wird dann erörtert, ob eine Änderung des UrhG geboten ist (V.). Abschließend wird ein Ausblick auf die künftige Rechtslage gegeben, welche sich mit dem Ablauf der Umsetzungsfrist der Urheberrechtsrichtlinie und mit der Umsetzung dieser Richtlinie in deutsches Recht ändern wird (VI.).

II. Eingriffe in Urheberrechte und verwandte Schutzrechte

1. Fallkonstellationen

a) Allgemeines

Suchdienste können durch ihre Tätigkeit in die Urheberrechte und verwandten Schutzrechte Dritter eingreifen. Voraussetzung solcher Beeinträchtigungen ist zunächst, dass tatsächlich ein durch das Urheberrecht bzw. ein verwandtes Schutzrecht geschütztes Erzeugnis von Suchdiensten genutzt wird. Es kommt deshalb im Einzelnen darauf an, welche Erzeugnisse Dritter durch die Suchdienste genutzt werden und ob diese nach dem UrhG geschützt sind (siehe unten b)).

Aus urheberrechtlicher Sicht ist die Tätigkeit von Suchmaschinen von größerer Bedeutung als die von Verzeichnissen, da die redaktionellen Mitarbeiter der Verzeichnisse die Inhalte von Webseiten Dritter mit eigenen Worten zusammenfassen und auf diese Art und Weise nicht Gefahr laufen, Werke oder Werkteile zu vervielfältigen. Suchmaschinen übernehmen hingegen Inhalte von Webseiten Dritter in ihre Datenbank. Bei Suchanfragen wird diese Datenbank konsultiert und Auszüge aus der Webseite werden in der Trefferliste als Abstract übernommen.[797]

Die gesamte Tätigkeit der Suchdienste ist geschützt, da die Pressefreiheit die Tätigkeit der Presse von der Beschaffung der Information an bis zur Verbreitung der Nachricht und Meinung schützt.[798] Im Rahmen der Haupttätigkeit der Suchdienste, dem Erstellen der Trefferliste, greifen die Suchdienste zur Beschaffung von Informationen und deren Verbreitung in unterschiedlicher Weise auf Urheberrechte und verwandte Schutzrechte zu. Hierbei sind die folgenden drei Vorgänge zu unterscheiden: die Übernahme von Inhalten in die Datenbank der Suchdienste (b)), die Übernahme von Inhalten in die Trefferliste der Suchdienste (c)) und die Verweise per Hyperlinks auf Webseiten Dritter (d).

797) Siehe dazu Seltzer/Ray/Ray, S. 93.
798) BVerfGE 10, S. 118, 121; 20, S. 162, 176; 50, S. 234, 240.

b) Übernahme von Inhalten in die Datenbank der Suchdienste

Zunächst ist als Beschaffen von Information die Aufnahme der Inhalte aus Webseiten Dritter in die Datenbank der Suchmaschine zu betrachten. Einige Suchmaschinen übernehmen den gesamten Textinhalt einer Webseite in ihre Datenbank.[799] Diese Textinhalte können reine Beschreibungen von auf der Webseite erhältlichen Produkten oder Dienstleistungen sein. Es kann sich dabei auch um längere Textbeiträge handeln, die nach Art und Umfang Zeitungsartikeln entsprechen. Hier kommt ein Schutz als Sprachwerk in Frage. Der Inhalt der Webseite kann als eines der in § 2 Abs. 1 Nr. 1, 2, 4 bis 7 UrhG genannten Werke geschützt sein. Die Webseite ist dann lediglich eine besondere Art der Darstellung, die digitalisierte Werke enthält.[800] Die gesamte Webseite könnte außerdem als Computerprogramm gemäß der §§ 69 a ff UrhG zu schützen sein.

Suchmaschinen, die Fotografien nachweisen, übernehmen digitalisierte Fotografien, indem sie durch ein spezielles Vervielfältigungsverfahren eine so genannte thumbnail-Version anfertigen. Diese Version wird dann in der Datenbank geschützt. Hier ist ein Schutz als Werk gemäß § 2 Abs. 1 Nr. 5 UrhG bzw. als gemäß § 72 UrhG geschütztes Erzeugnis einschlägig.

Einige Suchmaschinen übernehmen die webseiteneigenen Abstracts, den ersten Satz des Textes aus dem Body-Bereich oder den Text des Meta-Tags.[801]. Hier kommt, wenn überhaupt, ein Schutz als Sprachwerk gemäß § 2 Abs. 1 N. 1 UrhG in Frage.

c) Übernahme von Inhalten in die Trefferliste der Suchdienste

Besonderes Augenmerk ist auf die gängigen Inhalte von Trefferlisten zu richten. Die bekanntesten Suchmaschinen wie Lycos orientieren sich an HTML-Textelementen, nur diese werden in die Trefferliste aufgenommen.[802] Zum anderen werden Fotografien in der „thumbnail"-Version übernommen. Die Untersuchung beschränkt sich auf diesen Nachweis von Webseiten mit Text- und Bildelementen, da bereits anhand dieser Fallkonstellation die Problematik der Haftung nachweisbar ist.[803]

Teil des Verbreitens von Nachrichten und Information ist die Aufnahme von Inhalten in die Trefferliste und die nachfolgende, vom Suchdienst veranlasste Anzeige am Bildschirm des Nutzers. In der Trefferliste wird nie der gesamte Inhalt angezeigt, selbst wenn dieser zuvor von der Suchmaschine in ihre Datenbank eingespeichert wurde. Schutzfähige Inhalte werden aber regel-

---

799) siehe oben S. 34.

800) Ebenso v. Gamm ZUM 1994, S. 591; Schricker in Schricker, Informationsgesellschaft, S.28.

801) Siehe oben S. 30 f.

802) Siehe Koch, NJW-CoR 1998, S. 48.

803) Für einen allgemeinen Überblick über die urheberrechtliche Schutzfähigkeit von Inhalten im WWW siehe Koch, GRUR 1997, S. 417 ff; Bechtold, ZUM 1997, S. 427 ff.

mäßig dann im Rahmen der Trefferliste angezeigt, wenn Fotografien nachgewiesen werden. Wenn ein webseiteneigener Abstract angezeigt wird, kann dieser in Einzelfällen als Werkteil zu schützen sein. Eine vergleichbare Möglichkeit der Rechtsverletzung ist dann gegeben, wenn der erste Satz bzw. die ersten Sätze oder der Titel einer Webseite als Abstract angezeigt werden. Wenig wahrscheinlich ist die Schutzfähigkeit von Inhalten aus dem Meta-Tag. Schließlich greifen die so genannten Meta-Suchmaschinen auf die Trefferlisten anderer Suchmaschinen zurück und übernehmen zum Teil deren Abstract. Für den Zugriff auf solche Webseiten ist der Leistungsschutz nach §§ 87 a ff UrhG relevant.

d) Der Verweis per Hyperlink auf Webseiten Dritter

Einen wesentlichen Bestandteil der Verbreitung von Meinungen und Nachrichten stellt der Verweis auf andere Webseiten per Hyperlink dar, mit dem Suchdienste ihre bedeutsame Rolle im Prozess der Meinungsbildung begründet haben. Hierfür übernehmen die Suchdienste die URLs der Webseiten und fügen sie in den Hyperlink ein.

Verweisen Suchdienste auf Webseiten, die Urheberrechtsverletzungen enthalten, können diese Urheberrechtsverletzungen aus den vielfältigen Inhalten herrühren, die im Netz gegeben sind bzw. auch außerhalb des Netzes begangen werden. Das kann zu einer mittelbaren Haftung der Suchdienste für diese Urheberrechtsverletzungen führen.

Auch die Meta-Suchmaschinen übernehmen die URLs aus der Trefferliste der Primärsuchmaschine. Damit könnte in Rechte der Primärsuchmaschinen als Datenbankhersteller gemäß § 87 a UrhG eingegriffen werden.

2. Werke nach § 2 UrhG

a) § 2 Abs. 2 UrhG

Werke sind nach der Legaldefinition des § 2 Abs. 2 UrhG „persönliche geistige Schöpfungen“. Diese Legaldefinition ist entscheidender Maßstab für die Qualifizierung eines Objektes als Werk; der Katalog des § 2 Abs. 1 UrhG stellt keine abschließende Aufzählung dar.[804]

Werke im Sinne des § 2 Abs. 2 UrhG sind nach h.M. – mit vor allem terminologischen Differenzierungen – unter vier Voraussetzungen zu bejahen[805]: Bei einem Werk handelt es sich um eine *persönliche Schöpfung des Urhebers*, die einen *geistigen Gehalt* aufweist. Die Schöpfung hat eine *wahrnehmbare Formgestaltung* erfahren, und in der Schöpfung kommt die *Individualität* des Urhebers zum Ausdruck. Vom Begriff der Gestaltungshöhe, der sich in der

---

804) Nordemann/Vinck in Fromm/Nordemann, § 2 Rdnr. 2; Freitag in Kröger/Gimmy, S. 294; Ulmer, § 20, I 1. S. 126 f.

805) Siehe dazu Loewenheim in Schricker, Urheberrecht, § 2 Rdnr. 9.

Rechtsprechung des Bundesgerichtshofes wiederfindet, rückt die Literatur ab; der Schwerpunkt der Definition liegt danach auf dem Merkmal der Individualität.[806] Mit der Gestaltungshöhe wird letztlich nur der Grad der Individualität beschrieben.[807]

Auch Werkteile sind vom Urheberrechtsschutz umfasst; Voraussetzung dabei ist allerdings, dass die Werkteile selbst eine persönliche geistige Schöpfung sind.[808] Werden also von der Suchmaschine auch nur Werkteile übernommen, können diese Werkteile ebenfalls schutzfähig sein.

aa) Persönliche Schöpfung des Urhebers

Das Werk muss auf menschlich-gestalterischer Tätigkeit des Urhebers beruhen.[809] Urheber können also nur natürliche Personen sein, was jedoch nicht ausschließt, dass sich diese Personen Maschinen als Hilfsmittel bedienen.[810]

Auch Computer sind solche Hilfsmittel. Der Urheber kann Computer auf verschiedene Art nutzen. Der Urheber eines Computerprogramms kann das Computerprogramm einer Webseite selbst erstellen, er kann auf ein bestehendes Computerprogramm zurückgreifen, innerhalb des bestehenden Computerprogramms beliebige Inhalte implementieren oder nur eine Auswahl an bereits vorgegebenen Inhalten treffen. Eine eigene gestalterische Tätigkeit scheidet dann etwa für die Teile aus, die der Schöpfende nur aus bereits vorgegebenen Inhalten auswählt. Die Auswahl vorgegebener Inhalte kann aber als persönliche Schöpfung – sollte sie die nötige Individualität widerspiegeln – schutzfähig sein.[811] In aller Regel ist der Urheber eines der Webseite zugrunde liegenden Computerprogramms ebenso geschützt wie derjenige, der frei von Vorgaben eines Computerprogramms Inhalte wie Textinhalte oder Bildinhalte schafft.

bb) Geistiger Gehalt

Zufallswerke, die auf rein mechanischen Tätigkeiten oder auf gedankenlosen Spielereien beruhen, sind keine Werke i.S.d. Urheberrechts.[812] Der menschliche Geist muss sich nämlich durch Mitteilung eines Gedanken- oder Gefühlsinhalts in der Schöpfung äußern.[813] Dieses Element ist regelmäßig bei

---

806) Siehe etwa die Ausführungen bei Nordemann/Vinck in Fromm/Nordemann, § 2 Rdnr. 19 ff; Loeweheim in Schricker, Urheberrecht, § 2 Rdnr. 23 ff.; anders Erdmann, GRUR 1996, S. 551 f.

807) Siehe Loewenheim in Schricker, Urheberrecht, § 2 Rdnr. 25.

808) BGHZ 9, S. 262, 266 ff; BGHZ 28, S. 234, 237 - *Verkehrskinderlied*; LG Frankfurt a.M. GRUR 1996, S. 125; Nordemann/Vinck in Fromm/Nordemann, § 2 Rdnr. 26.

809) Loewenheim in Schricker, Urheberrecht, § 2 Rdnr. 11.

810) Loewenheim in Schricker, Urheberrecht, § 2 Rdnr. 13 m.w.N..

811) Vgl. Loewenheim in Schricker, Urheberrecht, § 2 Rdnr. 13.

812) Nordemann/Vinck in Fromm/Nordemann, § 2 Rdnr. 10; Loewenheim in Schricker, Urheberrecht, § 2 Rdnr. 18.

813) Loewenheim in Schricker, Urheberrecht, § 2 Rdnr. 18.

Webseiten erfüllt, da diese nicht rein mechanisch gestaltet werden und die Gestaltung nicht dem Zufall überlassen wird.

cc) Wahrnehmbare Formgestaltung

Ein Werk ist dann gegeben, wenn seine Formgebung die Wahrnehmung des Werkes durch die menschlichen Sinne ermöglicht.[814] Es kommt nicht darauf an, ob technische Einrichtungen benötigt werden, um das Werk wahrnehmen zu können.[815] Mit Hilfe der technischen Infrastruktur des Internets und nicht zuletzt mit Hilfe der einzelnen Rechner der Nutzer können Webseiten und darin enthaltene Werke vom Nutzer wahrgenommen werden. Die Voraussetzung einer wahrnehmbaren Formgestaltung ist also bei Webseiten und deren Inhalt gegeben.

dd) Individualität

Das Merkmal der Individualität steht im Mittelpunkt der Definition des Werkbegriffs. Der individuelle Geist des Urhebers muss sich im Werk niederschlagen.[816] Im Werk tritt die schöpferische Eigentümlichkeit des Urhebers zu Tage.[817] Alltägliches oder die rein handwerkliche oder routinemäßige Leistung sind hingegen keine individuellen Leistungen.

Die Individualität kann sich schwächer oder stärker niederschlagen. Diese unterschiedliche quantitative Ausprägung der Individualität wird mit dem Begriff der Gestaltungshöhe umschrieben. Insoweit ist die Gestaltungshöhe ein deskriptives Merkmal,[818] welches keine notwendige Bedingung für die Annahme eines Werks darstellt. Die Gestaltungshöhe trifft aber insoweit eine Aussage, als der Schutz des Werkes in Relation zur Ausprägung der Individualität steht. Denn nur die individuellen Züge eines Werks sind vor Benutzung und Nachahmung geschützt.[819]

Die Webseiten, die von den verschiedenen Suchdiensten berücksichtigt werden, sind unterschiedlich gestaltet. Die Bandbreite geht hier von reinen Anschriften eines Betreibers einer Webseite bis zu aufwändig gestalteten und inhaltsvollen Webseiten. Während eine Webseite mit einer bloßen Anschrift keine Individualität widerspiegelt, kann eine individuelle Prägung bei individueller Auswahl und Verwendung gestalterischer Mittel wie z.B. Buttons, Grafiken oder Links bejaht werden.[820] Wird auf Pressetexte zurückgegriffen, ist

---

814) Loewenheim in Schricker, Urheberrecht, § 2 Rdnr. 20.
815) Loewenheim in Schricker, Urheberrecht, § 2 Rdnr. 21.
816) Loewenheim in Schricker, Urheberrecht, § 2 Rdnr. 23.
817) BGH GRUR 1994, S. 207 f - *Alcolix*; BGH GRUR 1991, S. 451 - *Betriebssystem*; BGH GRUR 1987, S. 705 - *Warenzeichenlexika*; BGH GRUR 1986, S. 740 - *Anwaltsschriftsatz.*
818) Loewenheim in Schricker, Urheberrecht, § 2 Rdnr. 25.
819) Loewenheim in Schricker, Urheberrecht, § 2 Rdnr. 73.
820) Vgl. Koch, NJW-CoR 1997, S. 298.

die Individualität dieser in Webseiten enthaltenen Pressetexte in der Regel ebenfalls zu bejahen.[821] Es ist also festzuhalten, dass die Individualität von Webseiten und den darin enthaltenen Erzeugnissen nicht pauschal, sondern für jeden Einzelfall festzustellen ist.

b) § 2 Abs. 1 UrhG

aa) Allgemeines

Innerhalb des Maßstabs, den § 2 Abs. 2 UrhG vorgibt, kann die beispielhafte Aufzählung des § 2 Abs. 1 UrhG zur Beurteilung eines Objekts herangezogen werden, da die Fallgruppen für die Auslegung des allgemeinen Werkbegriffs nach § 2 Abs. 2 UrhG wesentlich sind.[822] Der folgende Überblick ist an den Besonderheiten des WWW orientiert und konzentriert sich auf Erzeugnisse, auf die die Suchmaschinen zugreifen.

Grundsätzlich ist die Tendenz erkennbar, trotz des Beispielcharakters des § 2 Abs.1 UrhG neuartige Gestaltungen den in Abs. 1 aufgeführten Fallgruppen zuzuordnen.[823] Für die durch das Internet vermittelten Werke gilt dies umso mehr, als letztlich nur eine Digitalisierung bekannter Werkformen vorliegt, sich also nur die Erscheinungsform geändert hat.[824]

bb) Sprachwerke

Ein Sprachwerk i.S.d. § 2 Abs. 1 Nr. 1 UrhG ist gegeben, wenn der Werkinhalt mit sprachlichen Mitteln ausgedrückt wird.[825] Enthalten Webseiten Texte, sind diese Texte, soweit ihnen Werkqualität zukommt, als Sprachwerke geschützt. Sind kommerzielle Webseiten Suchobjekt, wird es häufig an der Schutzfähigkeit des Inhalts als Sprachwerk fehlen; bei Texten, die Zeitungsartikeln entsprechen, wird der urheberrechtliche Schutz hingegen in der Regel gegeben sein. Wird der gesamte Inhalt einer Webseite in die Datenbank aufgenommen, berührt das – bei entsprechendem Schutz des Textinhaltes – auch die Rechte des Urhebers.

Suchdienste greifen zum Teil nicht auf die gesamte Webseite zu, sondern nehmen nur Teile der Webseiten auf, insbesondere den Titel, die ersten Sätze einer Webseite oder auch nur den Text des Meta-Tags. Werkteile sind ebenfalls vom UrhG geschützt, wenn sie den Schutzvoraussetzungen des § 2 UrhG

---

821) Siehe Nordemann/Vinck in Fromm/Nordemann § 2 Rdnr. 39; Loewenheim, GRUR 1996, S. 637; Kleinke, S. 80.
822) Ulmer, Urheber- und Verlagsrecht, § 20 I 1. S. 216.
823) Loewenheim in Schricker, Urheberrecht, § 2 Rdnr. 74.
824) Loewenheim in Schricker, Urheberrecht, § 2 Rdnr. 74; Schricker in Schricker, Informationsgesellschaft, S. 39, 31.
825) Nordemann/Vinck in Fromm/Nordemann, § 2 Rdnr. 29; Loewenheim in Schricker, Urheberrecht, § 2 Rdnr. 78.

genügen, d.h. wenn sie selbst persönliche geistige Schöpfungen darstellen.[826] Wenn es an der persönlichen geistigen Schöpfung fehlt, ist die Benutzung des Werkteiles erlaubt.[827] Werden die ersten Sätze einer Webseite übernommen, kann darin eine persönliche geistige Schöpfung zum Ausdruck kommen und damit ein nach § 2 Abs. 1 Nr. 1 UrhG geschütztes Werkteil vorliegen.

Auch Titel sind grundsätzlich dem Urheberrechtsschutz zugänglich.[828] Es kommt aber auch hier auf den Einzelfall an, zumeist fehlt es allerdings mangels Individualität an der Schutzfähigkeit.[829] Bei Titeln von Webseiten wird aufgrund des häufig kommerziellen Zusammenhangs selten die erforderliche Individualität gegeben sein. Bei der Übernahme nur des Titels durch Suchdienste ist deshalb ein Eingriff in Urheberrechte unwahrscheinlich.

Übernehmen Suchmaschinen nur den Text aus dem Head-Bereich einer Webseite, ist ebenfalls regelmäßig davon auszugehen, dass Urheberrechte nicht verletzt werden, da der Head-Bereich aufgrund seines einfachen, beschreibenden und zusammenfassenden Inhalts keine Werkqualität erreicht.[830]

Gleiches gilt für den Text des Meta-Tags. Bei diesem wird aufgrund der Kürze der Meta-Beschreibung in den seltensten Fällen Raum für die Entfaltung von Individualität gegeben sein.[831] Bei den Beschreibungen handelt es sich vielmehr um in der Regel nicht schutzwürdige Stichwörter.

Schließlich verwenden Suchmaschinen immer die URLs der nachgewiesenen Webseiten in der Datenbank und in der Trefferliste. Es fehlt regelmäßig an der Individualität der URLs, die deshalb in aller Regel nicht schutzfähig sind.[832]

cc) Lichtbildwerke

Fotografien sind ebenfalls Suchobjekte von Suchmaschinen. Diese werden zunächst vervielfältigt und durch ein spezielles Programm als „thumbnail“-Version auf der Trefferliste angezeigt.[833] Diese Versionen sind verkleinerte, qualitativ nicht hochwertige Ausgaben[834] der Fotografien.

---

826) Loewenheim in Schricker, Urheberrecht, § 2 Rdnr. 66; Nordemann/Vinck in Fromm/Nordemann, § 2 Rdnr. 26.
827) Siehe Loewenheim in Schricker, § 2 Rdnr. 66;
828) Loewenheim in Schricker, Urheberrecht, § 2 Rdnr. 69.
829) Loewenheim in Schricker, Urheberrecht, § 2 Rdnr. 69; Nordemann/Vinck in Fromm/Nordemann, § 2 Rdnr. 44.
830) Koch, GRUR 1997, S. 418.
831) Vgl. zur Schutzfähigkeit einzelner Wörter: Loewenheim in Schricker, Urheberrecht, § 2 Rdnr. 67.
832) Koch, NJW-CoR 1997, S. 300.
833) Siehe oben, Fn. 68.
834) The Search Engine Report, Nov. 4, 1998, http://www.searchenginewatch.com/sereport/9811-photofinder.html/, abgerufen am 12.10.1999; der Report spricht von Daumennagelgröße (thumbnail).

Fotografien im Internet können Werke nach § 2 Nr. 5 UrhG sein, die ähnlich wie Lichtbildwerke geschaffen wurden.[835] Typischerweise werden herkömmliche Fotografien mit Hilfe eines Scanners digitalisiert, da die elektronische Bildaufzeichnung gegenüber der herkömmlichen, chemischen Technik qualitative Mängel aufweist.[836]

Lichtbildwerke (und die ihnen ähnlichen Werke) zeichnen sich dadurch aus, dass sie einem bestimmten Fotografen persönlich zugerechnet werden können, sie also die nötige Individualität aufweisen. Ein anderer Fotograf hätte das Foto anders gestaltet, etwa einen anderen Blickwinkel, einen anderen Ausschnitt oder eine andere Beleuchtung gewählt.[837]

Wenn Suchdienste auf digitalisierte Fotografien zugreifen, sind deswegen immer die Verwertungsrechte des Urhebers eines ähnlich dem Lichtbildwerk hergestellten Werks (und des Urhebers eines ähnlich des Lichtbildes geschaffenen Erzeugnisses) zu beachten. Bei Lichtbildwerken bzw. einem ähnlich den Lichtbildwerken hergestellten Werk ist neben den Verwertungsrechten des Urhebers auch das Urheberpersönlichkeitsrecht z.B. in der Ausformung des Namensnennungsrechts zu beachten.

dd) Datenbankwerke

Der Schutz als Datenbankwerk kommt für Webseiten in Betracht, auf die Suchmaschinen zugreifen, um Inhalte in ihre Datenbank zu übernehmen. Außerdem betrifft der Datenbankschutz die Tätigkeit von Meta-Suchmaschinen, die sich die Ergebnisse von Trefferlisten zu nutze machen.

Damit Webseiten als Datenbankwerke geschützt werden können, müssen nach § 4 Abs. 1 UrhG die Auswahl und die Anordnung der Elemente auf einer persönlichen geistigen Schöpfung beruhen. Eine persönlich geistige Schöpfung ist dann zu verneinen, wenn durch den Hersteller der Datenbank keine Auswahl getroffen wird und er sich an vorgegebenen Ordnungskriterien – etwa bei rein chronologischer, alphabetischer oder numerischer Ordnung – orientiert.[838]

Darüber hinaus müssen die in der Datenbank enthaltenen Elemente voneinander unabhängig sein (Art. 4 Abs. 1 UrhG), d.h. sie müssen getrennt werden können, ohne dadurch ihren in sich geschlossenen Informationsgehalt zu verlieren.[839] Beim Inhalt einer Webseite wird es häufig daran fehlen, da die einzelnen Elemente, z.B. Grafiken und Texte, aufeinander bezogen sind und so

---

835) Vgl. Maaßen, ZUM 1992, S. 339.
836) Siehe Maaßen, ZUM 1992, S. 338.
837) Nordemann/Vinck in Fromm/Nordemann, § 2 Rdnr 74.
838) Siehe Nordemann in Fromm/Nordemann, § 4 Rdnr. 3; Köhler/Arndt, Rdnr. 346; Lühring in Hdb. Urheberrecht und Internet, S. 110
839) Leistner/Bettinger, Beilage CR 1999, S. 8 f.; Plaß, WRP 2000, S. 600; Landgericht München I, ZUM 2000, S. 418, 422.

eine einheitliche Aussage vermitteln.[840] Hinzu kommt, dass die Struktur der Datenbank als solche, nicht aber ihr Inhalt, also die einzelnen Elemente, geschützt ist.[841] Der übernommene Teil muss deshalb selbständig schutzfähige Auswahl- oder Anordnungsentscheidungen verkörpern.[842] Suchmaschinen übernehmen regelmäßig nur Teile der Webseiten, die solche Auswahl- und Anordnungsentscheidungen gerade nicht widerspiegeln, etwa wenn sie den Textinhalt im Meta-Tag, die ersten Sätze des eigentlichen Textbereichs im Body oder sogar den gesamten Text ohne Grafiken und ohne die sonstigen Formatierungsbefehle übernehmen. Nur im Einzelfall werden sich in diesem Teil die Auswahl- und Anordnungsentscheidungen wiederfinden, so dass die Struktur der Datenbank in der Regel nicht berührt ist. Der Schutz der Webseiten, auf die Suchdienste zugreifen, ist deshalb regelmäßig nicht über den Werkschutz nach § 4 UrhG zu erlangen.

Bei dem Zugriff von Meta-Suchmaschinen auf Suchdienste geht es um die Schutzfähigkeit der Suchdienste selbst. Auch hier stellt sich die Frage, ob die Auswahl und die Anordnung der Abstracts und Hyperlinks in der Trefferliste auf einer persönlichen geistigen Schöpfung beruhen. Die Rechtsprechung hat sich bislang bei diversen Datenbanken nur auf den Leistungsschutz nach den §§ 87 a ff. UrhG gestützt.[843] Eine persönliche geistige Schöpfung wurde insbesondere dann verneint, wenn keine individuell-schöpferische Auslese vorgenommen wird, sondern die Aufgabenstellung der Datenbank auf Vollständigkeit abzielt.[844] In aller Regel kommt der Datenbank von Suchdiensten kein Schutz als Datenbankwerk zugute. Suchdienste streben eine möglichst vollständige Erfassung von Webseiten an; bei vielen Suchmaschinen findet eine Auslese deswegen nicht durch eine besondere Programmierung der Suchsoftware und damit auch keine individuell-schöpferische Auslese statt. Dies gilt auch dann, wenn thematisch eine Eingrenzung erfolgt, da innerhalb dieser Aufgabenstellung dennoch eine möglichst vollständige Berichterstattung über Webseiten zu dem Themenbereich angestrebt wird. Auch bei Verzeichnissen, bei denen die Einträge in der Trefferliste redaktionell bearbeitet werden, steht eine möglichst umfassende Berichterstattung über Webseiten im Vordergrund.

Die Meta-Suchmaschinen greifen zudem nur auf einzelne Einträge einer Trefferliste zu, aus denen nur das Ergebnis der Auswahl- und Anordnungs-

---

840) Leistner/Bettinger, Beilage CR 1999, S. 9; Plaß, WRP 2000, S. 600; Lühring in Hdb. Urheberrecht und Internet, S. 107.
841) Leistner/Bettinger, Beilage CR 1999, S. 11; Lühig in Hdb. Urheberrecht und Internet, S. 115.
842) Leistner/Bettinger, Beilage CR 1999, S. 11.
843) Siehe LG Berlin CR 2000, S. 400 f.; KG ZUM 2001, S. 70 ff.; LG Berlin CR 1999, S. 388 f.
844) OLG Düsseldorf, ZUM-RD 1999, S. 492, 494; Loewenheim in Schricker, Urheberrecht, § 4 Rdnr. 3.

entscheidung ersichtlich sind, nicht aber die allgemeinen Entscheidungskriterien für die Aufnahme einer Webseite in die Datenbank. Diese allgemeinen Entscheidungskriterien folgen aus der Zielsetzung einer möglichst umfassenden und genauen Information. Es wird deshalb nicht auf die Struktur der Datenbank zurückgegriffen, so dass ein Schutz nach § 4 UrhG zu verneinen ist.

3. Verwandte Schutzrechte

a) Lichtbilder

Wenn Suchmaschinen Fotografien nachweisen, handelt es sich bei diesen Fotografien um Lichtbilder gemäß § 72 UrhG, wenn ihnen nicht sogar der Schutz als Lichtbildwerk oder ähnliches Werk im Sinne des § 2 Nr. 5 UrhG zukommt.

Einfache Lichtbilder (und die ihnen ähnlichen Erzeugnisse) sind „technische" Fotos, bei denen es nur um die technisch einwandfreie Wiedergabe geht; jeder Fotograf würde dasselbe Ergebnis erzielen, wie z.B. bei Fotos der Kriminalpolizei für die Verbrecherkartei.[845] Diese Lichtbilder erfahren nur den Leistungsschutz nach § 72 UrhG. Auch entsprechende Erzeugnisse im Internet werden also nur durch § 72 UrhG geschützt.[846]

Die Lichtbilder und die ähnlich erschaffenen Erzeugnisse erfahren gemäß § 72 UrhG urheberrechtlichen Schutz. Für Lichtbilder sind die Vorschriften des Ersten Teils des UrhG entsprechend anzuwenden (§ 72 Abs. 1 UrhG). Diese sinngemäße Anwendung rechtfertigt es jedoch nicht, dem Lichtbildner einen Schutz der Urheberpersönlichkeit zuzugestehen, wo es an der Individualität seiner Fotografie fehlt. Die Bestimmungen zum Urheberpersönlichkeitsrecht können nur dann sinngemäß zur Anwendung kommen, wenn in den Lichtbildern ein Mindestmaß an handwerklicher Leistung des Lichtbildners verkörpert ist.[847] Der Schutz von Verwertungsrechten wie dem Vervielfältigungsrecht ist jedoch bei dem Lichtbildner und dem Urheber eines Lichtbildwerkes gleichwertig.

b) Datenbankschutz nach den §§ 87a ff UrhG

Eine Datenbank ist entsprechend der Legaldefinition des § 87a UrhG eine Sammlung von Werken, Daten oder anderen unabhängigen Elementen, die systematisch oder methodisch angeordnet und einzeln zugänglich sein müssen. Ihre Beschaffung, Überprüfung und Darstellung müssen eine nach Art und Umfang wesentliche Investition erfordert haben. Die Bestimmungen zum

---

845) Nordemann/Vinck in Fromm/Nordemann, § 2 Rdnr. 74.
846) Siehe ausführlich Maaßen ZUM 1992, S. 339 ff.
847) Hertin in Fromm/Nordemann, § 72 Rdnr. 7.

Datenbankschutz sollen vor allem einen Investitionsschutz gewähren.[848] Nach Erwägungsgrund 7 der § 87a UrhG zugrunde liegenden Datenbank-Richtlinie[849] kommt es darauf an, dass der Aufbau einer Datenbank eine erhebliche menschliche, technische und finanzielle Investition erfordert, während sie zu einem Bruchteil der zu ihrer unabhängigen Entwicklung erforderlichen Kosten kopiert und abgefragt werden kann. Aufgrund dessen, dass die wesentliche Investition an diesem Verhältnis gemessen wird,[850] sind an die wesentlichen Investitionen keine hohen Anforderungen zu stellen.[851] Es kommt nur darauf an, ob der Hersteller der Datenbank die Investition nicht getätigt hätte, wenn Dritten das Ergebnis der Investition frei zugänglich wäre.[852] Für eine wesentliche Investition sprechen die Überprüfung, Pflege und Aktualisierung der Datenbestände sowie die hierfür erforderlichen finanziellen Mittel und der Personalaufwand.[853] Auch die Kosten für den Aufbau und die Unterhaltung einer Datenbank sind als Teil der wesentlichen Organisation zu berücksichtigen.[854]

Webseiten können, selbst wenn sie keine Datenbankwerke im Sinne des § 4 UrhG darstellen, Datenbanken im Sinne des § 87a UrhG sein. Ob dies der Fall ist, ist wiederum eine Frage des Einzelfalls, dürfte aber bei vielen Webseiten zu bejahen sein.[855] Allerdings stellt z.B. eine einheitlich gestaltete Webseite eines Unternehmens bereits dann keine Datenbank dar, wenn ihre Datensätze nicht einzeln abrufbar sind.[856] Bei privaten Webseiten wird eine systematische und methodische Anordnung im Sinne von § 87a UrhG häufig fehlen.[857] Eine solche Anordnung ist nur dann gegeben, wenn die einzelnen Elemente recherchierbar sind.[858] Zu den Ordnungskriterien, auf denen eine Recherche beruhen kann, gehören die alphabetische, die numerische und die chronologische Anordnung.[859] Bei der Investition ist zudem zu berücksichtigen, dass diese sich

---

848) Vgl. Erwägungsgründe 38, 42 Richtlinie 96/9/EG vom 11.3.1996 des Europäischen Parlaments und des Rates über den rechtlichen Schutz von Datenbanken, ABl. EG Nr. I 77 S. 20.

849) Richtlinie 96/9/EG vom 11.3.1996 des Europäischen Parlaments und des Rates über den rechtlichen Schutz von Datenbanken, ABl. EG Nr. I 77 S. 20.

850) Von Lewinski, in Rossnagel, § 87 b UrhG Rdnr. 16.

851) Im Ergebnis ebenso Leistner/Bettinger, Beilage CR 1999, S. 20.

852) Siehe Köhler/Arndt, Rdnr. 363.

853) LG Berlin CR 1999, S. 388; OLG Dresden ZUM 2001, 595.

854) Siehe KG ZUM 2001, S. 70, 71 f.

855) Siehe dazu im einzelnen, Plaß, WRP 2000, S. 604; Leistner/Bettinger, Beilage CR 1999, S. 20.

856) Lührig in Hdb. Urheberrecht und Internet, S. 124.

857) Plaß, WRP 2000, S. 604.

858) Decker in Möhring/Nicolini, § 87a Rdnr. 8; Lührig in Hdb. Urheberrecht und Internet, S. 125.

859) Decker in Möhring/Nicolini, § 87a Rdnr. 9; Lührig in Hdb. Urheberrecht und Internet, S. 125.

nur auf die Strukturierung bezieht, nicht dagegen auf die Kosten des Erwerbes der unabhängigen Elemente.[860] Da zum Recht des Datenbankherstellers nicht nur die Vervielfältigung der Datenbank insgesamt oder auch nur wesentlicher Teile gehört, sondern auch die wiederholte und systematische Vervielfältigung unwesentlicher Teile, ist ein Eingriff in die Rechte der Inhaber von Webseiten durch die intervallmäßigen Zugriffe von Suchmaschinen zumindest denkbar.[861]

Meta-Suchmaschinen greifen auf die Trefferliste von Primärsuchdiensten zurück, z.B. auf Yahoo!, AltaVista oder Lycos. Suchdienste wie Yahoo! oder Lycos stellen Datenbanken im Sinne des § 87a UrhG dar.[862] Bei Suchdiensten handelt es sich nämlich um eine Sammlung von unabhängigen Elementen – den jeweils aus den Webseiten übernommenen Texten, Textteilen und Fotografien. Diese Elemente sind einzeln zugänglich, ihre Beschaffung, Überprüfung und Darstellung erfordern eine nach Art und Umfang wesentliche Investition. Wesentliche Investitionen werden von den Suchdiensten getätigt, da diese die Software, bei Verzeichnissen außerdem Arbeitnehmer für die redaktionelle Bearbeitung der Abstracts sowie immense Mengen Speicherkapazitäten für die Inhalte in den Datenbanken bereitstellen. Die Personal- und Sachkosten können zwischen ca. € 100.000 bis mehrere Millionen Euro betragen.[863] Der Leistungsschutz für die Suchdienste ist deswegen zu bejahen. Meta-Suchmaschinen greifen zwar nur auf Teile der Trefferliste zurück, dafür aber wiederholt und systematisch, so dass die Rechte der Inhaber von Primärsuchdienste berührt werden.[864]

c) Computerprogramme nach § 69a UrhG

Soweit Suchmaschinen auf Webseiten zurückgreifen, kann das aus zwei Gründen urheberrechtlich relevant sein. Die Webseite, die insgesamt in die Datenbank der Suchdienste aufgenommen wird, könnte als Computerprogramm nach den §§ 69a ff UrhG zu schützen sein. Außerdem können Suchdienste auf Webseiten verweisen, von denen Programme abgerufen werden können.

Computerprogramme sind auch Sprachwerke im Sinne des § 2 Abs. 1 Nr. 1 UrhG, ihr Schutz wird jedoch in den leges speciales §§ 69a bis 69g UrhG geregelt. Computerprogramme werden in den §§ 69a ff UrhG nicht legaldefiniert. Der Gesetzgeber wollte diese Bestimmungen offen für neue technische Entwicklungen gestalten.[865] Es ist jedoch möglich, sich an den

860) Leistner/Bettinger, Beilage CR 1999, S. 20 f.
861) Siehe dazu unten, S. 244.
862) Ebenso Hertin in Fromm/Nordemann, § 87 a, Rdnr. 3; Hoeren, MMR Beilage 8/2001, S. 3; LG Köln CR 2000, S. 400 zu einer Linksammlung als Datenbank.
863) Siehe Hoeren, MMR Beilage 8/ 2001, S. 3.
864) Siehe unten S. 234.
865) Siehe Amtl. Begr. BT Drs. 12/4022, S. 9.

Mustervorschriften der WIPO[866] zu orientieren,[867] nach deren § 1 Abs. 1 Computerprogramme eine Folge von Befehlen sind, die nach Aufnahme in einen maschinenlesbaren Träger fähig sind zu bewirken, dass eine Maschine mit informationsverarbeitenden Fähigkeiten eine bestimmte Funktion oder Aufgabe oder ein bestimmtes Ereignis anzeigt, ausführt oder erzielt.

Bei einem Verweis auf Webseiten, von denen Programme heruntergeladen werden können, wird der Schutz der abrufbaren Computerprogramme nicht durch den Hyperlink der Suchmaschine berührt. Die Suchmaschinen übernehmen nicht die abrufbaren Computerprogramme in ihre Datenbank, sondern nur die Ausgangswebseite für den Abruf des Computerprogramms. Hier sind allein Haftungsfragen im Rahmen einer mittelbaren Inanspruchnahme zu berücksichtigen, die sich daraus ergeben können, dass die Suchmaschine einen Hyperlink auf eine Seite setzt, die urheberrechtswidrig Computerprogramme anbietet.

Für den Fall, dass der gesamte Text- und Bildinhalt, also quasi ein Abbild der gesamten Webseite in die Datenbank übernommen wird, finden die Schutzvorschriften der §§ 69a ff UrhG keine Anwendung. Denn Suchmaschinen übernehmen regelmäßig nur die im Code des Computerprogramms enthaltenen Text- und Bildelemente, nicht jedoch den Code an sich.[868] Nach inzwischen h.M. kommt ein Schutz der sichtbaren Bildschirmgestaltung auch als Ausdrucksform eines Computerprogramms im Sinne des § 69 a Abs. 2 UrhG nicht in Betracht.[869] Grund dafür ist, dass der Schutz des § 69 a Abs. 2 UrhG auf die innere Struktur und die Organisation des Programms abstellt.[870] Dieses ist nur dem Quellcode, nicht aber der Bildschirmanzeige zu entnehmen, da diese Anzeige das Ergebnis verschiedener Quellcodes sein kann.[871] Nur bei einer Übernahme des Quellcodes kommt deshalb ein Schutz nach den §§ 69 a ff. UrhG in Frage.[872] Die durch HTML dargestellten Inhalte, auf die Suchmaschinen zugreifen, können deshalb nur als sonstiges Werk oder Erzeugnis zu schützen sein, z.B. als Sprachwerk oder als Lichtbild.

---

866) Abgedruckt in GRUR 1979, S. 306.
867) So Loewenheim in Schricker, § 69 a Rdnr. 2; Leistner/Bettinger, CR Beilage 12/1999, S. 17.
868) Vgl. z.B. Seltzer/Ray/Ray, S. 86 f.
869) Siehe Nordemann/Vinck in Fromm/Nordemann, § 69 a Rdnr. 3; Leistner/Bettinger, CR Beilage 12/1999, S. 16 f; a.A. OLG Karlsruhe CR 1994, S. 607, 610; Koch, GRUR 1997, S. 420.
870) OLG Düsseldorf, ZUM-RD 1999, S. 414; Hoeren in Möhring/Nicolini, § 69a Rdnr. 7.
871) OLG Düsseldorf, a.a.O.; Loewenheim in Schricker, Urheberrecht, § 69 a Rdnr. 7.
872) Vgl. Leistner/Bettinger, Beilage CR 1999, S. 17; Bechtold, ZUM 1997, S. 428; Nordemann/Vinck in Fromm/Nordemann § 69 a Rdnr. 2.

III. Unmittelbare Haftung

1. Die Abrufbarkeit der Trefferliste und ihre Anzeige am Bildschirm des Nutzers

a) Einleitung

Das Verbreiten von Meinungen und Tatsachen wird von der Pressefreiheit gemäß Art. 5 Abs. 1 S. 2 GG geschützt. Teil des Verbreitens ist die Abrufbarkeit der Trefferliste auf der Webseite des Suchdienstes und der nachfolgenden Anzeige der abgerufenen Trefferliste auf dem Bildschirm des Nutzers, in die Inhalte aus den Datenbanken der Suchmaschinen aufgenommen werden. Wenn der Nutzer, um sich zu informieren, die Trefferliste abruft und auf seinem Bildschirm anzeigen lässt, ist dies von der Informationsfreiheit geschützt.[873] Wenn Suchdienste die Trefferliste zum Abruf bereithalten und die Anzeige auf dem Bildschirm des Nutzers (mit der damit verbunden Speicherung der Trefferliste im Arbeitsspeicher) veranlassen, um den Nutzer zu informieren, sind sie von der Pressefreiheit geschützt. Verletzen sie dabei widerrechtlich Urheberrechte oder andere durch das UrhG geschützte Rechte, können sie nach § 97 UrhG auf Unterlassung und Schadensersatz haften. Diese Möglichkeit der Haftung schränkt die Ausübung ihrer von der Pressefreiheit geschützten Tätigkeit ein.

Die Aufnahme von Inhalten in die Trefferliste, von der Pressefreiheit als Verbreiten geschützt, kann aus verschiedenen Gründen – Verstoß gegen das Urheberpersönlichkeitsrecht im engeren Sinne oder gegen Verwertungsrechte – Urheberrechte und andere durch das UrhG geschützte Rechte verletzen. Kennzeichnend für die Trefferliste sind die Hyperlinks, mit denen auf andere Webseiten verwiesen wird. Hinzu kommen der Abstract (ein Text oder Bildelement), der Text des Hyperlinks und gegebenenfalls des URLs. Zunächst soll das Setzen von Hyperlinks als inhaltsferne Funktionsweise, danach der Text- und Bildinhalt auf der Trefferliste als inhaltsbezogene Tätigkeit der Suchdienste im Hinblick auf Eingriffe in die Urheberrechte Dritter untersucht werden.

b) Das Setzen von Hyperlinks

aa) Eingriff in das Veröffentlichungsrecht nach § 12 UrhG

§ 12 UrhG ist Ausdruck des Urheberpersönlichkeitsrechts und Grundnorm des Urheberrechtsschutzes.[874] Das Urheberpersönlichkeitsrecht basiert auf Art. 1 Abs. 1 und 2 Abs. 1 GG und wird durch die persönliche Beziehung zwischen Urheber und Werk gekennzeichnet.[875] Es ist Sache des Urhebers zu

---

873) Siehe oben S. 83.

874) Dietz in Schricker, Urheberrecht, § 12 Rdnr. 1.

875) Dietz in Schricker, Urheberrecht, § 12 Rdnr. 7; Hertin in Fromm/Nordemann, vor § 12 Rdnr. 9 a.E.; siehe unten S. 269.

bestimmen, ob und wie er sein Werk veröffentlichen will (§ 12 Abs. 1 UrhG). Mit der Veröffentlichung ist aber nur die Erstveröffentlichung im Sinne des § 6 Abs. 1 UrhG gemeint.[876] Das Werk muss der Öffentlichkeit mit Zustimmung des Berechtigten zugänglich gemacht werden (§ 6 Abs. 1 UrhG). Es ist – bei Zustimmung des Berechtigten – veröffentlicht, wenn theoretisch jedermann von dem Werk Kenntnis nehmen kann.[877]

Durch den Umstand, dass das Werk veröffentlicht ist, ist das Veröffentlichungsrecht erschöpft.[878] Gegen Veröffentlichungshandlungen Dritter kann der Urheber nur unter dem Gesichtspunkt der Verwertungsrechte einschreiten.[879] Wenn ein Werk, z.B. ein Sprachwerk, ein Lichtbildwerk oder ein Musikwerk, mit Zustimmung des Urhebers im Rahmen einer Webseite ins Netz gestellt wird, wird es nach der einhelligen Meinung als veröffentlicht i.S.d. §§ 6 Abs. 1 UrhG und 12 Abs.1 UrhG angesehen.[880] Der nachfolgende Verweis auf die Webseite innerhalb der Trefferliste ist nur eine weitere nachfolgende Veröffentlichungshandlung. Der Urheber kann gegen den Suchdienst nicht wegen Verletzung des Veröffentlichungsrecht nach §§ 97, 12 UrhG vorgehen, da er sein Werk bereits in derselben Form veröffentlicht hat.

Allerdings eröffnen erst der Verweis durch andere Webseiten auf eine Webseite und vor allem auch das Zitat des URL in Trefferlisten von Suchdiensten in den häufigsten Fällen den faktischen Zugang zu einer Webseite. Aufgrund der unzähligen IP-Adressen[881] steht der Nutzer vor großen praktischen

---

876) Dietz in Schricker, Urheberrecht, § 12 Rdnr. 7.

877) Nordemann in Fromm/Nordemann, § 6 Rdnr. 1; inhaltlich übereinstimmend Katzenberger in Schricker, Urheberrecht, § 6 Rdnr. 11 ff.; OLG Zweibrücken GRUR 1997, S. 363, 364. Damit wird der Begriff der Öffentlichkeit differenziert und nicht einheitlich zu § 15 Abs. 3 UrhG ausgelegt. Um den Urheber mit den mit der Veröffentlichung verbundenen negativen Auswirkungen zu verschonen - z.B. die Anwendbarkeit der urheberrechtlichen Schranken der §§ 49 Abs. 2 und 51 Nr. 2 UrhG und der Beginn der zeitlich begrenzten urheberrechtliche Schutzdauer - , wird der Begriff der Öffentlichkeit in § 6 Abs. 1 UrhG enger ausgelegt als der des § 15 Abs. 3 UrhG; siehe dazu Katzenberger in Schricker, Urheberrecht, § 6 Rdnr. 11, 9, 3.

878) Dabei ist umstritten, ob es insgesamt oder doch nur für die bestimmte Form der Veröffentlichung erschöpft ist. Für letzteres Hertin in Fromm/Nordemann, § 12 Rdnr. 10; dagegen Dietz in Schricker, Urheberrecht, § 12 Rdnr. 7. Auf diesen Meinungsstreit kommt es hier nicht an, da als Veröffentlichungsform jeweils die Veröffentlichung in digitalisierter Form im WWW gewählt wird.

879) Hertin in Fromm/Nordemann, § 12 Rdnr. 6.

880) Decker in Hoeren/Sieber, 7.6 Rdnr. 92, die die Eröffnung des freien Zugriffs auf eine Webseite als die derzeit intensivste Form der Veröffentlichung ansieht; Nordemann in Nordemann/Fromm, § 6 Rdnr. 1; Katzenberger in Schricker, Urheberrecht, § 6 Rdnr. 51; Maaßen, ZUM 1992, S. 343 zur Öffentlichkeit nach § 15 Abs. 3 UrhG.

881) Die IP-Adresse ist die Kennzeichnung eines Computers im Internet. Der Computer ist mit Hilfe dieser Zieladresse als Empfangseinrichtung für die im Internet übertragenen Daten erkennbar.

Schwierigkeiten, wenn er ohne nähere Angaben zur Domain eine bestimmte Webseite ermitteln will. Wenn auch die Webseite theoretisch jedermann zugänglich ist, ist die Webseite ohne Hilfe der Suchdienste faktisch nicht für jedermann auffindbar. Aber auch diese Diskrepanz spricht nicht gegen die Annahme einer Erstveröffentlichung.

Diese Diskrepanz von faktisch eingeschränkter und theoretischer Zugänglichkeit eines Werkes findet sich auch in einer Fallgestaltung wieder, die einer Entscheidung des Bundespatentgerichts zugrunde lag. Dort war eine Diplomarbeit, die in einer Bibliothek der Technischen Universität Dresden eingestellt und registriert war, nur Bewohnern der Deutschen Demokratischen Republik zugänglich. Angehörigen westlicher Staaten wurde der Zugang zur Diplomarbeit verwehrt. Das Bundespatentgericht führte anlässlich dieser Fallgestaltung zum Begriff der Öffentlichkeit in PatG 1968 § 2 S. 1 aus:

> „Es ist nämlich nicht erforderlich, dass sie der gesamten Allgemeinheit zugänglich ist; es reicht aus, dass über einen engen Kreis von bestimmten Interessenten hinaus eine nicht überschaubare Vielzahl von Interessenten Zugang zu ihr hat.“[882]

Die Bewohner der Deutschen Demokratischen Republik wurden nicht als beschränkter Personenkreis gewertet; eine Beschränkung sei nur anzunehmen, wenn die Diplomarbeit nur Vertretern einzelner Behörden oder Unternehmen zugänglich gemacht würde.[883] Das Oberlandesgericht Zweibrücken hat in Übereinstimmung mit dieser Bewertung eine Veröffentlichung im Sinne des § 12 UrhG an einen unbestimmten Personenkreis verneint, soweit ein in einer Bibliothek aufbewahrtes Schriftstück nur bei Nachweis eines besonderen Interesses eingesehen werden darf.[884]

Soweit also auch ohne die Nennung der Webseite in Suchdiensten oder auf anderen Webseiten eine Webseite einem unbestimmten Personenkreis zugänglich ist, ist die Webseite auch ohne diese Nennung als veröffentlicht anzusehen. Mit dem Einstellen der Webseite ins WWW wird der Zugang einem unbestimmten Personenkreis eröffnet. Jedermann – alle Nutzer des WWW – kann durch Zufallstreffer bei der Eingabe der IP-Adresse an die Webseite gelangen, so dass auch faktisch nicht ausgeschlossen werden kann, dass über einen beschränkten Personenkreis hinaus die Webseite eingesehen werden kann. Die faktische Unzugänglichkeit ist folglich nicht so groß, um auch von einer theoretischen Unzugänglichkeit ausgehen zu können. Nennt zudem der Inhaber einer Webseite Dritten den URL, so bedeutet dies, dass diese den URL an einen unbeschränkten Personenkreis weiterleiten können und diesem unbeschränkten Personenkreis der Zugang faktisch auch eröffnet wird.

---

882) BPatG GRUR 1989, S. 189, 190.
883) BPatG a.a.O..
884) OLG Zweibrücken GRUR 1997, S. 363, 364.

Eine andere Beurteilung ist auch nicht bei Webseiten geboten, deren HTML-Code im Rahmen des Befehls „robots.txt“ den Besuch von Suchsoftware und damit die spätere Auflistung in der Trefferliste ausschließt. Es ist technisch möglich, den Zusatz robots.txt zu ignorieren; aufgrund eines freiwilligen Verhaltenskodex berücksichtigen die meisten Suchmaschinen jedoch diesen Zusatz. Größere Öffentlichkeit kann so verhindert werden, wenn die Suchmaschine diesen Befehl mit ihrer Suchsoftware beachtet. Aber auch in diesem Fall bedeutet in der Trefferliste der Verweis auf die Webseite keine Erstveröffentlichung der Werke, sondern nur eine Vermittlung der Inhalte an eine noch größere Öffentlichkeit. Denn im Gegensatz zu einer echten Zugangsschranke, z.B. durch ein Kennwort, liegt der Inhalt der Webseite für jedermann, der die IP-Adresse eingibt, offen da, steht also einem unbeschränkten Personenkreis offen.

Korrespondierend zur Erschöpfung des Veröffentlichungsrechts nach der Erstveröffentlichung wird auch der Schutz der Suchdienste durch die Informations- und Pressefreiheit nach Art. 5 Abs. 1 S. 1 und 2 GG gewährt. Der Schutz durch die Informationsfreiheit, die durch die Pressefreiheit verstärkt wird,[885] erstreckt sich auf allgemein zugängliche Quellen. Da die Webseiten, die lediglich den Besuch der Suchsoftware im Formatierungsbefehl „robots.txt“ ausschließen, einem individuell nicht bestimmbaren Personenkreis zugänglich sind, fällt der Zugriff durch die Suchdienste unter den verfassungsrechtlichen Schutz durch die Informations- und Pressefreiheit. Ist ein Werk auf einer Webseite noch nicht veröffentlicht, da die Webseite z.B. nur einem bestimmten Personenkreis und nicht jedermann mit Hilfe eines Kennworts zugänglich ist, ist sie auch nicht allgemein zugänglich. Dann greift für die Suchdienste auch der Schutz durch die Informations- und Pressefreiheit nicht ein,[886] und das (Erst)Veröffentlichungsrecht nach § 12 UrhG wäre verletzt, würden die Suchdienste dieses Kennwort als „Hacker“ überwinden und die Webseite in ihre Trefferliste aufnehmen.

Des Weiteren liegt auch kein Eingriff in die Ausübung des Veröffentlichungsrechts auf eine bestimmte Art („wie“) vor, wenn sich ein Suchdienst über den Hinweis im Formatierungsbefehl „robots.txt“ hinwegsetzt. Zu diesem möglichen Einwand, dass Betreiber von Webseiten, die den Besuch durch einen Vermerk im Formatierungsbefehl „robots.txt“ ausschließen, eine bestimmte Form der Veröffentlichung gewählt haben, kann auf Ausführungen von *Ulmer* zurückgegriffen werden. Er weist darauf hin, dass zwar das Urheberrecht den Urheber in seinen geistigen und persönlichen Beziehungen zum Werk schütze, aber die Rechtsordnung bloße Empfindlichkeiten des Urhebers nicht berück-

---

885) Siehe oben S. 83 f. und Fn. 249.
886) Siehe oben S. 85.

sichtigen müsse.[887] Die ideellen Interessen müssten schutzwürdig sein, wobei auch die Realitäten des Lebens und die Gewohnheiten des Verkehrs in die Beurteilung der Schutzwürdigkeit einbezogen werden müssten.[888]

Das WWW ist durch die Verwendung von Hyperlinks gekennzeichnet. Die Erwartung, dass eine Webseite nur durch individuelle Weitergabe des URL zugänglich wird, widerspricht damit einem der Grundprinzipien des WWW. Daraus ergibt sich, dass auch wenn praktisch eine Webseite zunächst ohne weitere Nennung in anderen Webseiten fast unauffindbar ist, sie doch nach den Gepflogenheiten des WWW theoretisch jedem zugänglich ist, der zufällig Kenntnis vom URL erhält. Anders zu bewerten sind solche Webseiten, deren Inhalt sich nur mit Hilfe eines Kennworts erschließt. Auch wenn es Hackern möglich ist, diese Zugangsschranke zu überwinden, ist der Inhalt solcher Webseiten auch nach den Gepflogenheiten des WWW nicht jedermann zugänglich. Hier wird deutlich, dass der Inhalt nur einem beschränkten Personenkreis zugänglich gemacht wird und nach den Gepflogenheiten des WWW gemacht werden soll, eine Veröffentlichung also durch Beschränkung der Zugangsberechtigten ausgeschlossen werden kann.

Aus der Formulierung des Gesetzes in Art. 12 Abs. 1 UrhG, dass es dem Urheber obliegt zu entscheiden, „ob und *wie* sein Werk zu veröffentlichen ist", kann auch nicht geschlossen werden, dass Betreiber von Webseiten eine Nennung in Webseiten oder anderen Suchdiensten begründet mit dem Veröffentlichungsrecht unterbinden könnten. Aus dem „wie" könnte zwar geschlossen werden, dass der Urheber über bestimmte Modalitäten der Wahrnehmung durch die Öffentlichkeit entscheiden könnte. Tatsächlich ist dem „wie" allerdings keine eigenständige Bedeutung zuzumessen.[889] Der Urheber kann sich zwar für die Erstveröffentlichung in einer bestimmten Form entscheiden, nach Realisierung dieser Entscheidung ist das Werk aber aus seiner Privatsphäre entlassen.[890] Es ist nicht möglich, ein Werk „ein wenig" oder „in kleinem Umfang" zu veröffentlichen.

Aus diesen Gründen greifen Suchdienste nicht in die Veröffentlichungsrechte gemäß § 12 UrhG ein, wenn sie Hyperlinks auf Webseiten und dort enthaltene Werke setzen, soweit theoretisch jedermann von diesen Webseiten Kenntnis nehmen könnte. Hierzu zählen auch die Webseiten mit einem Hinweis im Formatierungsbefehl „robots.txt", mit dem der Besuch von Suchdiensten verhindert werden soll. Nicht jedermann zugänglich sind aber die Suchdienste mit echten Zugangsschranken, wie z.B. einem Kennwort. Weisen Suchdienste solche Webseiten und deren Inhalte nach, greifen sie in Veröffentlichungsrechte ein.

---

887) Ulmer, Urheber- und Verlagsrecht, § 38 II. 3. S. 210.
888) Vgl. Ulmer, ebenda.
889) So auch Ulmer, FS Hubmann, S. 436.
890) Ulmer, FS Hubmann, S. 437.

bb) Eingriff in das Vervielfältigungsrecht

Das Setzen eines Hyperlinks ist regelmäßig mit keiner Vervielfältigung im Sinne des § 16 Abs. 1 UrhG verbunden.[891] Denn der Hyperlink ermöglicht nur die Vervielfältigung von Inhalten und vollzieht sie nicht selbst.[892] Eine Vervielfältigung ist beim Herstellen einer oder mehrerer Festlegungen gegeben, die geeignet sind, das Werk den menschlichen Sinnen auf irgendeine Weise wiederholt unmittelbar oder mittelbar wahrnehmbar zu machen.[893] Eine solche Festlegung wird durch den Hyperlink, der nur eine Art Querverweis darstellt, wie etwa eine Fußnote, nicht hergestellt. Denn bei einem Hyperlink wird alleine der URL der Webseite in den HTML-Code aufgenommen, nicht jedoch die Webseite selbst oder ihr Inhalt.[894] Unmittelbar vervielfältigt werden hingegen auf mit dem Hyperlink verbundenen Webseiten die Werke und Werkteile von demjenigen, der den Hyperlink wahrnimmt und die Datenübertragung und das Herunterladen der Werke und Werkteile auf seinen Rechner veranlasst.[895]

cc) Eingriff in das Verbreitungsrecht

Nach § 17 Abs. 1 UrhG liegt eine Verbreitung dann vor, wenn Originale oder Vervielfältigungsstücke eines Werkes der Öffentlichkeit angeboten oder in den Verkehr gebracht werden. Dabei muss es sich um eine körperliche Werkwiedergabe handeln (§ 15 Abs. 1 UrhG). Das Recht an der Verbreitung ist erschöpft, sobald das Original oder das Vervielfältigungsstück in den Verkehr gebracht worden ist (§ 17 Abs. 2 UrhG).

Das On-line-Angebot ist keine Verbreitung im Sinne des § 17 Abs. 1 UrhG.[896] Beim On-line-Angebot und bei der On-line-Übermittlung werden keine körperlichen Vervielfältigungsstücke veräußert. Hingegen werden Daten des geschützten Werkes vom Absender zum Empfänger drahtlos oder per Draht – auf unkörperliche Weise – übermittelt und dort beim Empfänger wieder als Werk wahrnehmbar gemacht.[897]

Der Hyperlink kann zwar als Angebot gewertet werden, Webseiten und darin enthaltene Werke abzurufen. Beim Abruf der Webseite wird dem Nutzer

---

891) Lütje in Hoeren/Sieber, Kap. 7.2, Rdnr. 168; Loewenheim in Schricker, Urheberrecht, § 16 Rdnr. 22; Koch, GRUR 1997, S. 417, S. 430; Plaß, WRP 2000, S. 601.

892) Loewenheim in Schricker, Urheberrecht, § 16 Rdnr. 22; Ernst, NJW CoR 1997, S. 224.

893) Nordemann in Fromm/Nordemann, § 16 Rdnr.1 UrhG.

894) Siehe oben S.29 f.

895) Schwarz/Kreuzer in Schwarz, Recht im Internet, 3-2.2, S. 46; Loewenheim in Schricker, Urheberrecht, § 16 Rdnr. 22.

896) Dreier in Schricker, Informationsgesellschaft, S. 128 f; Nordemann in Fromm/Nordemann, § 17 Rdnr. 7; Kroitzsch in Möhring/Nicolini,§ 17 Rdnr. 9; zu On-line-Datenbanken Katzenberger, Elektronische Printmedien, S. 38 f; Loewenheim in Schricker, Urheberrecht, § 17 Rdnr. 5.

897) Dreier in Schricker. Informationsgesellschaft, S. 128.

aber kein körperliches Werkexemplar überlassen. Dies gilt auch dann, wenn man ein körperliches Werkexemplar in der Speicherung eines digitalisierten Werkes auf einem Server erblickt. Denn im Arbeitsspeicher des Nutzers wird das Werk gerade nicht in Form dieser Festlegung auf dem Server, sondern erst in Form einer weiteren Vervielfältigung, die an den Nutzer übermittelt wurde, gespeichert. Das Anbieten muss aber dem Inverkehrbringen entsprechen, d.h. es muss jeweils um ein und dasselbe körperliche Vervielfältigungsstück gehen.[898] Der Hyperlink ist deshalb kein Angebot im Sinne des § 17 Abs. 1 UrhG, Originale oder Vervielfältigungsstücke in den Verkehr zu bringen.

Auch die Möglichkeit einer analogen Anwendung ist zu verneinen.[899] Der Erschöpfungsgrundsatz nach § 17 Abs. 1 UrhG widerspricht einer solchen Erweiterung.[900] Die Erschöpfungswirkung kann nicht wie bei dem körperlichen Inverkehrbringen an das Inverkehrbringen des einzelnen Werkstücks geknüpft werden.[901]

dd) Eingriff in das Recht der unbenannten Wiedergabe

Durch die Hyperlinks der Suchdienste auf die Webseite wird nicht in das Recht der unbenannten Wiedergabe nach § 15 Abs. 2 UrhG eingegriffen. Bei Hyperlinks wird weder ein Werk noch ein Werkteil selbst an Dritte übermittelt, so dass es schon aus diesem Grunde an einer Wiedergabe fehlt.

ee) Eingriff in die Rechte des Datenbankherstellers

(1) Suchdienste

Für die Hyperlinks in der Trefferliste vervielfältigen die Suchdienste die URLs der von ihnen berücksichtigten Webseiten; diese sind Teil des Hyperlinks.[902] Mit dem Zugriff von Suchdiensten auf Webseiten und der Angabe des URLs der betreffenden Webseite im Hyperlink wird nicht in das Recht der Inhaber der Webseiten als Datenbankhersteller gemäß § 87b UrhG eingegriffen. Denn es handelt sich, den Schutz der Webseite durch § 87a UrhG unterstellt,[903] beim URL nicht um einen wesentlichen Teil. Ein wesentlicher Teil ist erst dann gegeben, wenn dem Hersteller durch die Übernahme des Teils ein erheblicher Schaden für die Amortisation der Webseite droht.[904] Dies ist anhand der Umstände des Einzelfalls zu beurteilen. Es kommt auf die Qualität und Quantität des jeweils entnommenen Teils im Verhältnis zur gesamten Datenbank an und

---

898) Dreier in Schricker, Informationsgesellschaft, S. 128.
899) Siehe Dreier in Schricker, Informationsgesellschaft, S. 129.
900) Siehe dazu Dreier in Schricker, Informationsgesellschaft, S. 128 f.
901) Vgl. Dreier in Schricker, Informationsgesellschaft, S. 128 f.
902) Siehe oben S. 29.
903) Siehe dazu oben S. 223 f.
904) Leistner/Bettinger Beilage 12/99, S. 21.

auf den wirtschaftlichen Wert der entnommenen Teile.[905] Der URL stellt die Adresse der Webseite dar, ist aber kein Element einer Sammlung einer als Datenbank geschützten Webseite. Es wird also kein Teil einer Datenbank übernommen. Die Übernahme des URL schadet außerdem der Amortisation der Investition nicht, da diese nicht durch den URL, sondern nur durch die Vermittlung der auf der Webseite enthaltenen Daten an Nutzer erfolgen kann. Die Einbeziehung des URLs in den Hyperlink dient deshalb der Amortisation der Investition, da die Suchdienste Nutzern ermöglichen, die Inhalte auf den Webseiten zur Kenntnis zu nehmen.

Auch wird durch die Übernahme des URL nicht ein unwesentlicher Teil der Datenbank unerlaubt genutzt (§ 87 b Abs. 1 S. 2 UrhG). Dies ist nur dann der Fall, wenn eine wiederholte Nutzung gegeben ist, d.h. wenn die wiederholten Nutzungen eines unwesentlichen Teils in ihrer Summe das Ausmaß eines wesentlichen Teils der Datenbank erreichen.[906] Der Zugriff auf den URL führt aber auch nicht durch die Wiederholung zu einer Nutzung eines wesentlichen Teils, sondern nur auf den URL, der nicht wesentlich im Sinne des § 87 b Abs. 1 S. 1 UrhG ist.

(2) Meta-Suchmaschinen

Wenn Meta-Suchmaschinen für ihre eigene Trefferliste auf die Trefferlisten anderer Primärsuchdiensten zugreifen, greifen sie in das Recht der anderen Suchdienste gemäß § 87b Abs. 1 S. 2 UrhG ein, Teile der Datenbank zu vervielfältigen. Sie vervielfältigen für ihre eigenen Hyperlinks auch die in der Datenbank der anderen Suchdienste gespeicherten Angaben zu den URLs der Webseiten. Im Gegensatz zu dem Zugriff der Suchmaschinen auf andere Webseiten greifen Meta-Suchmaschinen durch die wiederholte und systematische Vervielfältigung der URLs der Webseiten Dritter in das Recht der Suchdienste nach § 87 b UrhG ein. Die übernommenen URLs sind nicht die Internet-Adressen der Suchdienste selbst, sondern stellen Elemente einer Sammlung von Webseitennachweisen dar.

Mit einer Vervielfältigung der einzelnen URLs, die auf den einzelnen Trefferlisten durch die anderen Suchdienste nachgewiesen werden, übernehmen die Meta-Suchmaschinen nicht einen wesentlichen Teil der Datenbanken der anderen Suchdienste. Ein wesentlicher Teil ist dann gegeben, wenn der Amortisation der Investition durch die Übernahme erheblicher Schaden drohen würde.[907] Bei der Übernahme der einzelnen auf einer Trefferliste enthaltenen URLs würde ein solcher Schaden noch nicht drohen.

---

905) Vogel in Schricker, Urheberrecht, § 87b Rdnr. 9; Decker in Möhring/Nicolini, § 87b Rdnr. 7; Hertin in Fromm/Nordemann, § 87b Rdnr. 12.
906) Vogel in Schricker, Urheberrecht, § 87 b Rdnr. 22.
907) Leistner/Bettinger, CR 1999, S. 21.

Dennoch liegt ein Eingriff in die Rechte der einfachen Suchdienste im Sinne des § 87b UrhG vor. Die Gesamtheit der in den Datenbanken der Suchdienste gespeicherten URLs macht einen wesentlichen Teil der Datenbank aus. Die Übernahme dieser Gesamtheit nimmt aufgrund deren Qualität großen Einfluss auf die Amortisation der Investition und gefährdet diese. Denn die URLs ermöglichen gerade die Funktionsweise der Hyperlinks, mit der Suchdienste ein dem Presse-Grosso vergleichbare Mittlerrolle einnehmen. Gerade diese von der Pressefreiheit geschützte Funktionsweise ist einer der wichtigsten Gründe, warum Nutzer die Dienstleistung der Suchdienste in Anspruch nehmen. Es würde den Suchdiensten durch die Übernahme aller oder einer großer Anzahl von URLS ein erheblicher Schaden für die Amortisation ihrer Investition entstehen.

Die Meta-Suchmaschinen greifen wiederholt und systematisch im Sinne des § 87b Abs. 2 S. 2 UrhG zu, nämlich bei jeder Anfrage des Nutzers. Eine wiederholte Nutzung ist gegeben, wenn die Nutzungen eines unwesentlichen Teils in ihrer Summe das Ausmaß eines wesentlichen Teils der Datenbank erreichen.[908] Durch die Vielzahl der unterschiedlichen Nutzeranfragen, die durch die Meta-Suchmaschinen bewusst auf der eigenen Webseite kanalisiert werden, können alle in den Datenbanken der Suchdienste enthaltenen URLs abgefragt werden. In der Summe aller Anfragen wird deshalb das Ausmaß eines wesentlichen Teils der Datenbank der Primärsuchdienste erreicht.

Es handelt sich um eine systematische Nutzung, wenn die Entnahme unwesentlicher Teile in engem zeitlichem Zusammenhang steht und sich die jeweils entnommenen unwesentlichen Teile ergänzen.[909] Die Funktionsweise der Meta-Suchmaschinen ist darauf ausgelegt, ständig auf die Trefferlisten der Primärsuchdienste zurückzugreifen und sämtliche in den Datenbanken vorhandene URLs zu nutzen. Die Kanalisierung sämtlicher Nutzeranfragen auf der eigenen Webseite ist auf einen systematischen Zugriff ausgerichtet, da dem Nutzer seitens der Meta-Suchmaschinen die Möglichkeit eröffnet werden soll, sämtliche auf den Trefferlisten der anderen Suchdienste vorhandenen URLs abzufragen.

Mit dieser wiederholten und systematischen Vervielfältigung der URLs beeinträchtigen die Meta-Suchmaschinen im Sinne des § 87b Abs. 1 S. 2 UrhG die Interessen der Primärsuchdienste auf unzumutbare Weise. Hiervon gehen bereits die Gründe Nr. 42 der Datenbankrichtlinie[910], die dieser Bestimmung zugrunde liegt, aus.[911] Danach erstreckt sich das Verbot der Entnahme gerade auch auf parasitäre Konkurrenzprodukte. Die Meta-Suchmaschinen stehen in

---

908) Vogel in Schricker, Urheberrecht, § 87b Rdnr. 22.
909) Vogel in Schricker, Urheberrecht, § 87b Rdnr. 22.
910) Richtlinie 96/9/EG vom 11.3.1996 des Europäischen Parlaments und des Rates über den rechtlichen Schutz von Datenbanken, ABl. EG Nr. I 77 S. 20.
911) Vogel in Schricker, Urheberrecht, § 87b Rdnr. 83.

Konkurrenz zu den Primärsuchdiensten, indem sie ebenfalls dem Nutzer den Zugang zu den im WWW erhältlichen Webseiten vermitteln. Sie hängen aber wiederum von der Existenz der Primärsuchmaschinen ab, sind also parasitär. Denn die Nutzer aktivieren in der Regel nur den Hyperlink zur gewünschten Webseite, nicht aber zu den Trefferlisten der Primärsuchdienste.[912] Gleichzeitig benötigen die Meta-Suchmaschinen, indem sie direkt auf die Trefferlisten der Suchdienste zurückgreifen, nicht die immensen Speicherkapazitäten, die Suchdienste bereitstellen müssen. Wegen der Vervielfältigung bereits nur des URLs in die Hyperlinks auf der Trefferliste der Meta-Suchmaschine entsteht ein erheblicher Schaden für die Amortisation der Investition, da aufgrund der geringeren Anzahl tatsächlicher Nutzeranfragen bei den Primärsuchdiensten deren Werbeeinnahmen zurückgehen.[913]

c) Der Abstract als Teil der Trefferliste

Der Abstract in der Trefferliste unterscheidet sich zumeist vom Abstract im klassischen Sinne. Letzterer ist eine kurze Zusammenfassung des Inhalts; der Inhalt wird grob skizziert und die wichtigsten Informationen des Originaltextes werden wiedergegeben.[914] Ein Abstract in diesem klassischen Sinne ist regelmäßig nur bei Verzeichnissen für den Eintrag in der Datenbank gegeben.

Der Abstract, der auf der Trefferliste von Suchmaschinen erscheint, unterscheidet sich von diesem Abstract im klassischen Sinne: Ein den Suchbegriff enthaltener Satz, Satzteil, Titel oder die zum Suchbegriff passende Fotografie in der „thumbnail"-Version wird aus der Datenbank in die Trefferliste übernommen. Trotz dieser Unterschiede dient die klassische Unterscheidung der Abstracts von Datenbanken als Vorüberlegung zur Beurteilung der Abstracts von Suchdiensten.

aa) Beurteilung von klassischen Recherchedatenbanken

Die Erstellung traditioneller Datenbanken ist mit Hilfe dreier unterschiedlicher Verfahren möglich: dem Volltext-Verfahren, dem Abstractverfahren und dem Indexverfahren.[915] Eine Vervielfältigung wird ohne weiteres angenommen, wenn Volltexte in die Datenbank übernommen und in der Folge Dritten übermittelt werden.[916] Beim Indexverfahren werden lediglich bibliographische Angaben und Stichwörter übernommen, die den Text

912) Ebenso Hoeren, MMR Beilage 8/2001, S. 5
913) Vgl. LG Berlin, CR 1999, S. 388, 389.
914) Siehe Loewenheim in Schricker, Urheberrecht, 1. Auflage, 1987, § 16 Rdnr. 10; Kleinke, S. 8.
915) Siehe Loewenheim in Schricker, Urheberrecht, 1. Auflage 1987, § 16 Rdnr. 10.
916) Siehe Loewenheim a.a.O., Fn. 915.

beschreiben. Aufgrund der fehlenden Schutzfähigkeit einzelner Wörter fehlt es hier an einer urheberrechtlich relevanten Vervielfältigung.[917]

Abstracts im Rahmen des klassischen Abstract-Verfahrens sind Referate, die den Inhalt zusammenfassen.[918] Wird der Originaltext in eigenen Worten wiedergegeben, wird dieser regelmäßig nicht vervielfältigt.[919] Enthält dieser jedoch für sich selbst schutzfähige Teile des Originaltextes, liegt hierin eine Vervielfältigung.[920]

Aber auch die Wiedergabe in eigenen Worten in einem Abstract kann als Bearbeitung nach § 23 UrhG zustimmungsbedürftig sein.[921] Dies ist nicht schon dann der Fall, wenn der Leser aus dem Abstract schließen kann, ob das Originalwerk für ihn von Interesse ist, er also über die Thematik soweit informiert wird, dass er bei Desinteresse an der Thematik nicht mehr auf das Originalwerk zugreifen muss. Eine Bearbeitung ist aber immer dann naheliegend, wenn der Leser auf das Originalwerk nicht zugreifen muss, selbst wenn das Werk für ihn von Interesse ist, weil der Abstract den Inhalt in wesentlichen Zügen wiedergibt.[922]

bb) Beurteilung der Abstracts von Suchdiensten

(1) Einführung

Bei Suchmaschinen handelt es sich bei dem Abstract um einen wörtlichen Auszug bzw. eine verkleinerte Darstellung der in der Datenbank enthaltenen Fotografie. AltaVista etwa nimmt die ersten Zeilen eines Dokuments in die Trefferliste auf.[923] Da allein bei Suchmaschinen Inhalte ohne Veränderung in die Datenbank und dann in die Trefferliste übernommen werden, ist es nur dort denkbar, dass es sich um schutzfähige Werke bzw. Werkteile oder Leistungsrechte wie Lichtbilder handelt. Im Vordergrund der folgenden Ausführungen zu den möglichen Nutzungshandlungen stehen aus diesem Grunde Suchmaschinen und nicht Verzeichnisse. Bei Verzeichnissen kann aber eine Vervielfältigung bzw. eine Bearbeitung in Frage kommen, wenn der Abstract werkersetzenden Charakter hat.

---

917) Siehe Ulmer, Elektronische Datenbanken, S. 42 f.; Katzenberger, GRUR 1973, s. 629, 631; Loewenheim, a.a.O.; Raczinski/Rademacher GRUR 1989, S. 325.
918) Vgl. Mehrings, GRUR 1983, S. 283
919) Goose, GRUR 1973, S. 7; Hackemann, GRUR 1982, S. 267; Loewenheim in Schricker, Urheberrecht, 1. Auflage, § 16 Rdnr. 10.
920) Loewenheim in Schricker, Urheberrecht, 1. Auflage 1987, § 16 Rdnr. 10.
921) So Ulmer, Elektronische Datenbanken und Urheberrecht, S. 44; Katzenberger, GRUR 1973, S. 631; Goose, GRUR 1973, S. 7; Raczinski/Rademacher, GRUR 1989, S. 325; Hackemann, GRUR 1982, S. 267.
922) Katzenberger, GRUR 1973, S. 632.
923) Seltzer/Ray/Ray, S. 93.

(2) Vervielfältigungsrecht

Fragt der Nutzer einen Suchbegriff ab, werden Inhalte aus der Datenbank der Suchmaschine in die Trefferliste übernommen, die nach Übermittlung der Inhalte an den Nutzer auf seinem Bildschirm erscheinen und in seinem Arbeitsspeicher – zumindest vorübergehend – gespeichert werden. Bei dieser Übernahme von Werken handelt es sich um eine Vervielfältigung im Sinne des § 16 Abs. 1 UrhG. Denn eine Vervielfältigung ist bereits dann gegeben, wenn ein Werk körperlich festgelegt wird, so dass es den menschlichen Sinnen auf irgendeine Weise unmittelbar oder mittelbar wahrnehmbar gemacht wird.[924] Es kommt nicht darauf an, wie lange die Speicherung anhält; auch die nur vorübergehende Speicherung fällt unter den Begriff der Vervielfältigung, soweit das Werk oder der Werkteil den menschlichen Sinnen wahrnehmbar gemacht wird.[925]

Die Inhalte der Trefferliste samt Abstracts werden auf Abruf zusammengestellt und diese Zusammenstellung dem Nutzer übermittelt, so dass es zu einer mindestens vorübergehenden Festlegung der Trefferliste im Arbeitsspeicher des Nutzers kommt. Diese Zusammenstellung der Trefferliste durch Festlegung im Arbeitsspeicher macht sie den Sinnen des Nutzers wahrnehmbar, auch wenn dieser die Trefferliste nur vorübergehend, vor Anklicken des jeweiligen Hyperlinks, nutzt.

Da es zu einer vom Suchdienst veranlassten Vervielfältigung in den Arbeitsspeicher des Nutzers kommt, ist eine Speicherung der Trefferliste auf dem Server des Suchdienstes nicht erforderlich, um eine eigene Nutzungshandlung des Suchdienstes zu bejahen.[926] Eine vorübergehende Speicherung der Trefferliste auf dem Server des Suchdienstes ist jedoch in der Regel gegeben. Bei der Zusammenstellung der Abstracts im Rahmen der Trefferliste auf dem Server der Suchmaschine handelt es sich deswegen um eine Vervielfältigung im Sinne des § 16 Abs. 1 UrhG durch den Betreiber der Suchmaschine.

(3) Bearbeitung

Ein Eingriff durch den Abstract von Verzeichnissen in das Bearbeitungsrecht gemäß § 23 UrhG ist unwahrscheinlich. Schon die Kürze der Abstracts führt dazu, dass Sprachwerke nur stichwortartig beschrieben werden können; eine Wiedergabe des Inhalts in seinen wesentlichen Zügen ist quasi ausgeschlossen. In aller Regel handelt es sich um Abstracts, die dem Nutzer anzeigen, ob ein Werk auf einer Webseite für ihn von Interesse ist; sie vermögen

---

924) Loewenheim in Schricker, Urheberrecht, § 16 Rdnr. 6; Kroitzsch in Möhring/Nicolini, § 16 Rdnr. 4.
925) Kroitzsch in Möhring/Nicolini, § 16 Rdnr. 5.
926) Siehe LG Berlin AfP 1998, S. 649, 651.

aber den Zugriff auf die Originalwebseite und die dort enthaltenen Werke nicht zu ersetzen.

(4) Verbreitung

Mangels des Inverkehrbringens körperlicher Werkgegenstände handelt es sich auch bei der Zusammenstellung der Abstracts in der Trefferliste nicht um eine Verbreitung im Sinne des § 17 Abs. 1 UrhG.[927]

(5) Unbenannte Wiedergabe nach § 15 Abs. 2 UrhG

Bei einer Anfrage des Nutzers werden die Abstracts, die dem Suchbegriff entsprechen, aus den Datenbanken der Suchmaschinen an den Nutzer übermittelt. Die Abstracts werden also von den Betreibern der Suchmaschine zum Abruf durch die Nutzer bereitgehalten. Nach neuerer Ansicht liegt in dem Bereithalten von Daten eine der öffentlichen Wiedergabe gemäß § 15 Abs. 2 UrhG entsprechende Verwertung.[928] In Übereinstimmung mit vorgenannter Ansicht ist deshalb auch in dem Bereithalten und der Zusammenstellung der Abstracts als Auszug aus den Datenbanken der Suchmaschinen eine unbenannte Wiedergabe analog § 15 Abs. 2 UrhG zu sehen. Die in § 15 Abs. 2 UrhG benannten Rechte wie das Senderecht (§ 20 UrhG) oder die Rechte des Wahrnehmbarmachen (§§ 19 Abs. 3 und 4, 21, 22 UrhG) sind hingegen nicht einschlägig.[929]

Gegen dieses Ergebnis spricht nicht, dass eine öffentliche Wiedergabe im Sinne des § 15 Abs. 2 UrhG in Auslegung der Legaldefinition des § 15 Abs. 3 UrhG regelmäßig nur dann bejaht wird, wenn eine Mehrzahl von Personen gleichzeitig erreicht wird.[930] Für das Recht der unbenannten Wiedergabe analog § 15 Abs. 2 UrhG wird jedoch von dieser engen Auslegung des in § 15 Abs. 3 UrhG festgelegten Öffentlichkeitsbegriff abgerückt.[931] Der Wortlaut von § 15 Abs. 3 UrhG schließt eine sukzessive Öffentlichkeit nicht aus.[932] Außerdem würde im Bereich der elektronischen Datenübermittlung sonst eine Regelungslücke entstehen, die in großem Umfang den Interessen des Urhebers und dem Willen des Gesetzgebers zuwiderlaufen würde. Der Gesetzgeber des UrhG beabsichtigte, die ausschließlichen Befugnisse umfassend zu gestalten. Auch

927) Siehe oben S. 232 f.

928) Von Ungern-Sternberg in Schricker, Urheberrecht, § 15 Rdnr. 24; Dreier in Schricker, Informationsgesellschaft, S. 133; LG München I, ZUM 2000, S. 418, 422.

929) Siehe dazu Dreier in Schricker, Informationsgesellschaft, S. 131 f.

930) H.M., Loewenheim in Schricker, Urheberrecht, § 16 Rdnr. 24 m.w.N., .

931) Siehe Nordemann in Fromm/Nordemann § 15 Rdnr. 2; Dreier in Schricker, Informationsgesellschaft, S. 135; v. Ungern-Sternberg in Schricker, Urheberrecht, § 15 Rdnr. 24; LG München I, ZUM 2000, S. 418, 422.

932) Vgl. Dreier in Schricker, Informationsgesellschaft, S. 134; Nordemann in Fromm/Nordemann, § 15 Rdnr. 4 a.E..

neu entstehende Verwertungsformen sollten ohne weiteres seiner Kontrolle unterliegen.[933] Die Rechte in § 15 Abs. 2 UrhG sind beispielhaft genannt; da § 15 Abs. 1 und 2 UrhG alle denkbaren Verwertungsformen – körperliche und unkörperliche – umschreiben, ist anzunehmen, dass jede nicht körperliche Verwertung im Sinne des § 15 Abs. 1 UrhG eine unkörperliche Verwertung nach § 15 Abs. 2 UrhG ist.[934]

(6) Eingriff in die Rechte des Datenbankherstellers

(a) Voraussetzung für einen Eingriff der Suchdienste in die in § 87a UrhG festgelegten Rechte ist zunächst, dass es sich bei der Webseite um eine Datenbank im Sinne des § 87a UrhG handelt.[935] Wird eine Webseite als Datenbank geschützt, übernehmen die Suchdienste keine wesentlichen Teile dieser Webseite in ihren Abstract, da im Text des Abstracts und auch im auf dem Bildschirm sichtbaren Text des Hyperlinks nur selten mehr als ein vollständiger Satz erscheinen, sondern in der Regel nur Satzteile oder wenige Wörter. Diese übernommenen Elemente gefährden noch nicht die Amortisation der Investition in die Webseite, sind also noch kein wesentlicher Teil dieser als Datenbank geschützten Webseite. Selbst wenn man aufgrund der vielen Einzelanfragen der Nutzer einen wiederholten und systematischen Zugriff bejahen würde, liefe die Vervielfältigung einzelner Daten aus der Webseite nicht den Interessen der Inhaber der Webseiten als Datenbankherstellern zuwider. Denn die Investition in den Aufbau einer Datenbank amortisiert sich regelmäßig durch den Besuch möglichst vieler Nutzer. Auch entgehen dem Inhaber einer Webseite durch die Berücksichtigung in der Trefferliste keine Werbeeinnahmen, da der Nutzer bei Interesse die Webseite selbst aufruft und so auch die darauf enthaltene Werbung zur Kenntnis nimmt.[936]

(b) Meta-Suchmaschinen übernehmen teilweise den Abstract von Primärsuchmaschinen als eigenen Abstract.[937] Sie greifen dadurch durch Vervielfältigung unwesentlicher Teile unerlaubt in die Rechte der Primärsuchdienste gemäß § 87b Abs. 1 S. 2 UrhG ein.[938] Die Suchdienste sind Datenbanken im Sinne des § 87a UrhG.[939] Die Übernahme des jeweiligen Abstracts bei einer Anfrage des Nutzers durch die Meta-Suchmaschine ist

---

933) Amtl. Begr. UFITA (1965) 240/242/260; v. Ungern-Sternberg in Schricker, Urheberrecht, § 15 Rdnr. 24; LG München I, ZUM 2000, S. 418, 422.
934) Siehe Dreier in Schricker, Informationsgesellschaft, S. 130.
935) Siehe oben S. 223.
936) Siehe Hoeren, MMR Beilage 8/2001, S. 6.
937) Siehe Hoeren, MMR Beilage 8/2001, S. 5.
938) Hoeren, MMR Beilaga 8/2001, S. 5; Lührig in Hdb. Urheberrecht und Internet, S. 139 f. zur Übernahme von Inhalten aus den Trefferlisten der einfachen Suchdienste und, insoweit etwas unklar, auch anderer Datenbanken.
939) Siehe oben S. 225.

jedoch nicht wesentlich, da durch die Übernahme eines oder nur weniger Abstracts aus einer Trefferliste bei einer Anfrage des Nutzers die Amortisation der Investition in die Datenbank nicht gefährdet wird. Es handelt sich aber um die Übernahme unwesentlicher Teile im Sinne des § 87b Abs. 1 S. 2 UrhG. Auf diese greifen die Meta-Suchmaschinen wiederholt und systematisch zurück. Dieser Zugriff beeinträchtigt die Interessen der Primärsuchdienste unzumutbar.

Die Gesamtheit der in den Datenbanken der Suchdienste gespeicherten Abstracts macht einen wesentlichen Teil der Datenbank aus. Die Übernahme dieser Gesamtheit würde aufgrund deren Qualität großen Einfluss auf die Amortisation der Investition nehmen und diese gefährden. Denn die Abstracts unterstützen zum einem die Funktionsweise der Hyperlinks, mit der Suchdienste eine dem Presse-Grosso vergleichbare Mittlerrolle einnehmen. Durch den Abstract wird für den Nutzer offenbar, ob er einen Hyperlink aktivieren sollte Diese Funktionsweise ist einer der Hauptgründe, warum Nutzer die Dienstleistung der Suchdienste in Anspruch nehmen. Es würde den Suchdiensten durch die Übernahme aller oder einer großer Anzahl von Abstracts bereits aus diesem Grunde ein erheblicher Schaden für die Amortisation ihrer Investition entstehen.

Außerdem ermöglichen die Abstracts auch für einen Gesamtüberblick des Nutzers zu einem Suchbegriff. Auch aus diesem Grund werden Suchdienste in Anspruch genommen. Wird durch die Übernahme aller oder einer großen Anzahl von Abstracts der Besuch auf den Webseiten der Primärsuchmaschinen unnötig, würde die Amortisation der Investition ebenfalls stark gefährdet.

Die Meta-Suchmaschinen nutzen die Abstracts wiederholt. Eine wiederholte Nutzung ist gegeben, wenn die Nutzungen eines unwesentlichen Teils in ihrer Summe das Ausmaß eines wesentlichen Teils der Datenbank erreichen.[940] Durch die ständige Übernahme der Abstracts bei jeder Anfrage eines Nutzers werden schließlich alle oder eine so große Anzahl der Abstracts übernommen, dass die Amortisation der Investition der Primärsuchmaschinen gefährdet wird.

Es handelt sich wie beim Zugriff auf die URLs um eine systematische Nutzung der Abstracts. Eine systematische Nutzung ist gegeben, wenn die Entnahme unwesentlicher Teile in engem zeitlichem Zusammenhang steht und sich die jeweils entnommenen unwesentlichen Teile ergänzen.[941] Die Funktionsweise der Meta-Suchmaschinen ist darauf ausgelegt, ständig auf die Trefferlisten der Primärsuchdienste zurückzugreifen und sämtliche in den Datenbanken vorhandene Abstracts zu nutzen.

Die Vervielfältigung des Abstracts in den eigenen Abstract der Meta-Suchmaschine beeinträchtigt die Interessen der einfachen Suchdienste ebenso wie die Übernahme des jeweiligen URLs in den Hyperlink. Die Nutzer nehmen

940) Vogel in Schricker, Urheberrecht, § 87b Rdnr. 22.
941) Vogel in Schricker, Urheberrecht, § 87b Rdnr. 22.

die Suchdienste wegen ihrer inhaltsfernen Mittlertätigkeit durch die Hyperlinks in Anspruch, aber auch deswegen, weil die Abstracts zu den Hyperlinks sie genauer informieren und ihnen einen Überblick über die im Netz erhältlichen Webseiten und den darin enthaltenen Informationen verschaffen. Für die Amortisation der Investition der Datenbank durch Primärsuchdienste sind die Einträge in den Abstracts deshalb ebenfalls wesentlich. Es schadet der Amortisation der Investition in die Datenbank, wenn die Nutzer auch deshalb, weil die Abstracts bereits auf der Trefferliste der Meta-Suchmaschine erhältlich sind, die Webseiten der Primärsuchdienste nicht mehr besuchen. Aufgrund dieser faktischen Verringerung der Besucher verringern sich auch die Werbeeinnahmen, die für die Amortisation erforderlich sind.

(7) Eingriff in das Namensnennungsrecht nach § 13 UrhG

Soweit die Abstracts Werke oder Werkteile enthalten, wird der Name der Urheber regelmäßig nicht genannt. Auch bei digitalisierten Fotografien im Abstract fehlt es an einer solchen Nennung. Auf diese Weise greifen Suchdienste in das Namensnennungsrecht nach § 13 UrhG ein, auch wenn der Hyperlink für den Nutzer die Möglichkeit eröffnet, den Namen auf der Originalwebseite zu ermitteln, wenn dort der Urheber von seinem Namensnennungsrecht Gebrauch gemacht hat. Denn die Urheberbezeichnung ist die Kennzeichnung des Originals und seiner Vervielfältigungsstücke mit dem Namen (auch mit dem Decknamen oder Künstlernamen) des Urhebers.[942] Eine solche Kennzeichnung der vervielfältigten Werke und Werkteile erfolgt nicht schon durch den Hyperlink, da der Nutzer die Kennzeichnung erst auf der Originalwebseite zur Kenntnis nimmt, wenn er den Hyperlink bereits aktiviert hat.

2. Die Aufnahme von Elementen der Webseiten in die Datenbank der Suchdienste als Beschaffen von Informationen

a) Fallkonstellation

Die Suchdienste nehmen die Webseiten oder Elemente von Webseiten jeweils für den Zeitraum bis zur nächsten Aktualisierung ihrer Datenbank auf. Je nachdem, ob sich der Inhalt der in der Datenbank aufgenommenen Webseite geändert hat, verändert sich dann auch die Einspeicherung in der Datenbank. Die Dauer der Einspeicherung von Informationen richtet sich also nach den Suchintervallen der Suchsoftware, kann damit Stunden, Tage oder Monate betragen.

Diese Einspeicherung könnte eine Nutzungshandlung darstellen; in Frage kommen eine Vervielfältigung nach § 16 Abs. 1 UrhG, eine Verbreitung nach § 17 UrhG, eine unbenannte Wiedergabe gemäß § 15 Abs. 2 UrhG. Es ist auch

942) Siehe Dietz in Schricker, Urheberrecht, § 13 Rdnr. 12.

möglich, dass mit der Einspeicherung Rechte des Datenbankherstellers gemäß § 87b UrhG verletzt werden.

b) § 16 UrhG

Nach der h.M.[943] ist die Aufnahme von urheberrechtlich geschützten Werken in Datenbanken als Vervielfältigung i.S.d. § 16 UrhG anzusehen. Eine Vervielfältigung ist mit jeder körperlichen Festlegung eines Werkes gegeben, die geeignet ist, das Werk den menschlichen Sinnen auf irgendeine Weise unmittelbar oder mittelbar wahrnehmbar zu machen.[944] Wenn digitalisierte Informationseinheiten auf einem Datenträger gespeichert werden, werden sie so körperlich festgelegt, dass die gespeicherten Informationen den menschlichen Sinnen durch Ausgabe auf dem Bildschirm oder als Hardcopy, mithin mittelbar wahrnehmbar gemacht werden können.[945]

Die Einspeicherung von Werken oder Werkteilen durch Suchmaschinen in ihre Datenbank ist keine nur vorübergehende Speicherung aus technischen Gründen, da sie dort mindestens einige Stunden bis zur Aktualisierung der Datenbestände verbleiben. Die Aufnahme von Werken oder Werkteilen in die Datenbank von Suchmaschinen ist eine Vervielfältigung im Sinne der §§ 15 Abs. 1 Nr. 1, 16 Abs. 1 UrhG.[946]

Eine Vervielfältigung ist auch dann gegeben, wenn die Suchmaschine nur schutzfähige Teile einer Webseite übernimmt, also nicht nur, wenn sie vollständige Webseiten und dort enthaltene Werke übernimmt. So ist auch die Übernahme von schutzfähigen, webseiteneigenen Abstracts eine Vervielfältigung.[947] Suchmaschinen vervielfältigen damit regelmäßig Werke oder Werkteile, wenn sie den Inhalt von Webseiten in ihre Datenbank übernehmen.

Werden schutzfähige Teile einer Webseite in einem von einem Verzeichnis erstellten Abstract verwendet, stellt auch diese Einspeicherung des Abstracts

---

943) Loewenheim in Schricker, Urheberrecht, § 16 Rdnr. 21 m.w.N.; Fromm in Fromm/Nordemann, § 16 Rdnr. 2; Gahrau in Hoeren/Sieber 7.1 Rdnr. 66; Loewenheim, Urheberrechtliche Grenzen S. 37 f.; Maaßen ZUM 1992, S. 344; Nippe, S. 150; Kleinke, S. 101; Flechsig/Fischer, ZUM 1996, S. 835; Raczinski/Rademacher, GRUR 1989, S. 325; BGH GRUR 1999, S. 325, 327 - *Elektronische Pressearchive*; OLG Düsseldorf GRUR 1997, S. 75, 76 - *Elektronische Pressearchive.*

944) BGH GRUR 1982, S. 102, 103 - *Masterbänder*; BGHZ 17, S. 226, 269 f.- *Grundig-Reporter*; BGH GRUR 1983, S. 28, 29 - *Presseberichterstattung und Kunstwerkwiedergabe*; Amtliche Begründung zu § 16 Urheberrechtsgesetz (BT-Drucksache IV/270, S. 47); Loewenheim, Urheberrechtliche Grenzen, S. 37.

945) Loewenheim, Urheberrechtliche Grenzen, S. 37; Dreier in Schricker, Informationsgesellschaft, S. 111; Nordemann in Fromm/Nordemann, § 16 Rdnr. 2; Maaßen, ZUM 1992, S. 344.

946) Ebenso Koch, NJW CoR 1998, S. 48.

947) Loewenheim in Schricker, Urheberrecht, § 16 Rdnr. 21; Urheberrecht, 1. Auflage 1987, § 16 Rdnr. 10 zum Abstract von Artikeln.

eine Vervielfältigung dar. Nur wenn die Verzeichnisse einen eigenen Abstract erstellen, der den Inhalt mit eigenen Worten zusammenfasst, und ihn nicht nur gekürzt wiedergibt, liegt keine Vervielfältigung vor. Dies dürfte bei Verzeichnissen der Regelfall sein.

c) § 17 UrhG

Die Aufnahme von Werken und Werkteilen ist keine Verbreitung im Sinne der §§ 15 Abs. 1 Nr. 2, 17 UrhG. Nach § 17 Abs. 1 UrhG liegt eine Verbreitung dann vor, wenn Originale oder Vervielfältigungsstücke eines Werkes der Öffentlichkeit angeboten oder in den Verkehr gebracht werden. Dabei muss das Anbieten dem Inverkehrbringen entsprechen, d.h. es muss sich jeweils um ein und dasselbe körperliche Vervielfältigungsstück handeln.[948] Die Aufnahme von Werken in die Datenbank einer Suchmaschine kann deswegen auch nicht Teil einer Verbreitungshandlung sein. Es fehlt schon bei der Zusammenstellung der Trefferliste für den Nutzer an einer Verbreitungshandlung, da bereits hier eine weitere Vervielfältigung angefertigt wird. Dem Nutzer wird also nicht dasselbe Vervielfältigungsstück übermittelt.

d) § 15 Abs. 2 UrhG

Das Zusammenstellen der Abstracts in der Trefferliste auf Abruf des Nutzers fällt unter das Recht einer unbenannten Wiedergabe nach § 15 Abs. 2 UrhG. Die Aufnahme der Webseiten in die Datenbank selbst ist jedoch noch keine Wiedergabe. Der Inhalt der Webseiten ist zu diesem Zeitpunkt noch nicht – auch nicht sukzessiv – öffentlich, sondern erst dann, wenn Teile der Webseiten in den Abstracts mit Abruf durch den Nutzer öffentlich gemacht werden.[949]

e) § 87b UrhG

Für Meta-Suchmaschinen ist die Aufnahme von Inhalten aus der Trefferliste in eine eigene Datenbank nicht relevant, da diese nicht die Trefferlisten der Suchdienste speichern, sondern bei jeder Anfrage des Nutzers neu darauf zugreifen.

Für die einfachen Suchdienste, die Inhalte von den durch sie nachgewiesenen Webseiten in ihre Datenbank aufnehmen, liegt ein Eingriff in die Rechte der Inhaber von Webseiten näher. Voraussetzung dafür ist zunächst, dass es sich bei der Webseite um eine Datenbank im Sinne des § 87a UrhG handelt. Bei einer Vielzahl von Webseiten ist dies zu verneinen.[950] Schließlich kommt es auf den Umfang der übernommenen Inhalte an. Wenn der Suchdienst nur einen kleinen Teil der Webseite, etwa den Text des Meta-Tags oder den Titel übernimmt, handelt es sich nicht um einen wesentlichen Teil. Denn die Amortisation

---

948) Dreier in Schricker, Informationsgesellschaft, S. 128.
949) Ebenso Kleinke, S. 104 zu Pressedatenbanken.
950) Siehe oben S. 223.

der Investition in die als Datenbank geschützte Webseite wird nicht gefährdet. Auch wenn wiederholt auf diesen Teil zugegriffen wird, wird durch die Wiederholung der Zugriff nicht auf einen wesentlichen Teil im Sinne des § 87b Abs. 1 UrhG ausgedehnt. Schließlich läuft auch die Übernahme dieses unwesentlichen Teils nicht den Interessen der Datenbankhersteller zuwider. Denn wie auch bei der Vervielfältigung eines unwesentlichen Teils in den Abstract[951] wird durch den Nachweis der als Datenbank geschützten Webseite deren Absatz gefördert. Zu diesem Nachweis dient auch die Aufnahme der unwesentlichen Elemente in die Datenbank einer Suchmaschine, da diese ganz oder zum Teil in den Abstract übernommen werden, wenn ein Nutzer den passenden Suchbegriff eingibt.

Einige Suchmaschinen vervielfältigen jedoch den gesamten Textinhalt in ihre Datenbank.[952] In Einzelfällen ist es möglich, dass es sich dabei um einen wesentlichen Teil handelt. Weder die Datenbankrichtlinie noch die §§ 87a ff. UrhG definieren, was ein wesentlicher Teil einer Datenbank ist. Der Investitionsschutz steht auch hier im Vordergrund (vgl. nur Erwägungsgrund Nr. 39 Datenbankrichtlinie).[953] Durch die Übernahme eines Teils darf die Amortisation der Investition nicht gefährdet werden.[954] Abzustellen ist deshalb auf Qualität und Quantität des jeweils entnommenen Teils im Verhältnis zur gesamten Datenbank, auf den wirtschaftlichen Wert der entnommenen Teile.[955] Handelt es sich um einen wesentlichen Teil, kommt es nicht wie bei der wiederholten und systematischen Übernahme unwesentlicher Teile darauf an, ob die Interessen des Datenbankherstellers tatsächlich beeinträchtigt werden.[956] Nach Erwägungsgrund Nr. 44 Datenbankrichtlinie hat es auch außer Acht zu bleiben, dass nur ein unwesentlicher Teil am Bildschirm dargestellt werden soll, hierfür aber die Vervielfältigung eines wesentlichen Teils erforderlich ist.[957]

Es ist deshalb unerheblich, dass nur ein kleiner Teil des Textinhalts in den Abstract aufgenommen wird und am Bildschirm angezeigt wird. Da es nicht auf die tatsächliche Beeinträchtigung durch die Übernahme der Inhalte ankommt, ist es nicht relevant, dass grundsätzlich die Aufnahme des Inhalts zu einer umfassenderen Berücksichtigung des Inhalts der Webseite bei Anfragen von Nutzern führt, letztlich also der Investitionszweck der Webseite gefördert wird.

---

951) Siehe oben S. 240.
952) So Seltzer/Ray, S. 86 f. zu AltaVista.
953) Ganz h.M., siehe Hertin in Fromm/Nordemann, § 87b Rdnr. 12 mit Verweis auf Erwägungsgrund Nr. 42; Vogel in Schricker, Urheberrecht,, § 87b Rdnr. 9; Lührig in Hdb. Urheberrecht und Internet, S. 138; Kotthoff, GRUR 1997, S. 602.
954) Leistner/Bettinger, CR 1999, S. 21.
955) Vogel in Schricker, Urheberrecht, § 87b Rdnr. 9; Decker in Möhring/Nicolini, § 87b Rdnr. 7; Hertin in Fromm/Nordemann, § 87b Rdnr. 12.
956) Vogel in Schricker, Urheberrecht, § 87b Rdnr. 9.
957) Lührig in Hdb. Urheberrecht und Internet, S. 138 f.

Es kommt deshalb darauf an, ob die Übernahme des Textinhalts qualitativ und quantitativ Einfluss auf die Amortisation der Datenbank hat. Handelt es sich bei der Webseite um eine Datenbank, deren Schwerpunkt auf Fotografien oder Grafiken liegt und nur der Textinhalt übernommen wird, dürfte dies zu verneinen sein. Auch darf nicht vergessen werden, dass Informationen nicht monopolisiert werden dürfen,[958] und dass daher an die Annahme der Wesentlichkeit deshalb hohe Anforderungen zu stellen sind.[959] Die einzelnen Werke, Daten und Elemente einer Datenbank sollen keinen Schutz durch die §§ 87a ff UrhG erfahren.[960] Aus diesen Gründen ist es nur in einzelnen Fällen und auch nur dann möglich, wenn sie den gesamten Textinhalt oder z.B. alle Fotografien der Webseite in ihre Datenbank aufnehmen, dass Suchmaschinen in die Rechte des Datenbankherstellers im Sinne des § 87b UrhG eingreifen.

3. Einwilligung

Die Einwilligung in die Nutzung von Werken und anderen durch das UrhG geschützten Erzeugnisse lässt die Rechtswidrigkeit der Nutzungshandlung entfallen. Es liegt dann keine widerrechtliche Verletzung von Urheberrechten und anderen durch das UrhG geschützten Erzeugnissen im Sinne des § 97 Abs. 1 UrhG vor. Eine Haftbarmachung des Nutzenden ist dann nicht möglich.

Wenn Suchdienste Werke oder andere durch das UrhG geschützte Erzeugnisse nutzen, fehlt es regelmäßig an einer Einwilligung. Diese wird nicht stillschweigend dadurch erklärt, dass die Inhaber ihre Webseiten ins Netz stellen.

Eine Einwilligung ist nur im Hinblick auf die Hyperlinks auf der Trefferliste anzunehmen. Allerdings berühren einfache Hyperlinks bereits nicht die Rechte des Urhebers nach dem UrhG.[961] Nach h.M. wird bei Hyperlinks, sollte es im Einzelfall zu einer Urheberrechtsverletzung kommen, regelmäßig eine die Hyperlinks rechtfertigende stillschweigende Einwilligung bejaht.[962] Denn das WWW ist durch Hyperlinks gekennzeichnet und jeder Betreiber einer Webseite unterwirft sich diesen Gegebenheiten.[963] Wer eine Webseite im Internet einrichtet, verfolgt in der Regel gerade das Ziel, die Webseite Dritten zugänglich zu machen; Hyperlinks unterstützen diese Zielsetzung.[964]

---

958) Vogel in Schricker, Urheberrecht, § 87b Rdnr. 1; Decker in Möhring/Nicolini, § 87b Rdnr. 6.
959) OLG Dresden ZUM 2001, S. 595, 596; Strömer, S. 198; a.A. Lührig in Hdb. Urheberrecht und Internet, S. 139.
960) Siehe Erwägungsgründe 45, 46 Datenbankrichtlinie.
961) Siehe oben S. 227 ff.
962) So Marwitz, K & R 1998, S. 373; Bechtold, ZUM 1997, S. 432; Wiebe in Hoeren/Sieber Kap. 9 Rdnr. 60; Plaß, WRP 2000, S. 603.
963) Siehe Bechtold, ZUM 1997, S. 432.
964) Plaß, WRP 2000, S. 603.

Ein Hyperlink eines Suchdienstes, insbesondere einer Suchmaschine, beruht jedoch auf einer vorhergehenden Vervielfältigung von Inhalten in die Datenbank des Suchdienstes. Außerdem ist der Hyperlink in die Trefferliste eingebettet, in deren Abstracts schutzfähige Erzeugnisse wie Fotografien oder Werkteile vervielfältigt und wiedergegeben werden. Es treten also zu dem an sich unbedenklichen Hyperlink weitere urheberrechtlich relevante Nutzungshandlungen hinzu.

Für eine stillschweigende Zustimmung auch zu diesen Nutzungshandlungen spricht nicht allein die Veröffentlichung im WWW. Denn die Hyperlinks sind typisch für das WWW; der Inhaber einer Webseite rechnet damit, wenn er eine Webseite ins Netzt stellt. Gegen die stillschweigende Zustimmung der weiteren Nutzungshandlungen spricht aber, dass zwar Hyperlinks dem Charakter und der Funktionalität des WWW entsprechen, Vervielfältigungen und sonstige Nutzungshandlungen für Hyperlinks aber nicht zwingend sind.

Des Weiteren sind zwar Suchdienste typisch für das WWW. Da diese aber ganz unterschiedlich funktionieren können – als Verzeichnis, als Suchmaschine, die mehr oder weniger Inhalt in ihre Datenbank übernimmt – ist mit dem Einstellen der Webseite ins WWW nicht automatisch jede Nutzung durch jeden Suchdienst verbunden. Viele Inhaber von Webseiten wissen nicht im Einzelnen, wie die Trefferliste generiert wird. Ihnen ist deshalb in der Regel gar nicht klar, dass eine zustimmungsbedürftige Nutzung von Inhalten durch die Suchdienste gegeben ist. Es ist jedoch Voraussetzung einer konkludenten Zustimmung und damit auch der Einwilligung, dass der Zustimmungsberechtigte von der Zustimmungsbedürftigkeit Kenntnis hat.[965]

Auch spricht für eine Zustimmung nicht der Umstand, dass im HTML-Text nicht der Ausschluss von Suchdiensten im Rahmen des Formatierungsbefehls „robots.txt“ oder im Meta-Tag[966] vermerkt ist. Denn dabei handelt es sich um ein Schweigen, welches keine konkludente Einwilligung impliziert. Denn in dem Schweigen kann nur dann eine konkludente Einwilligung gesehen werden, wenn eine Verpflichtung besteht, den abweichenden Willen zu äußern.[967] Das Urheberrecht ist vom Gedanken der Ausschließlichkeit der Verwertungsrechte des Urhebers beherrscht, nur dieser kann anderen Nutzungsrechte einräumen (§ 31 Abs. 1 UrhG). Wären Betreiber von Webseiten zu einer bestimmten Codierung ihrer Webseite gezwungen, um den Besuch von Suchmaschinen auszuschließen, würde diesem grundlegenden Gedanken widersprochen. Die den Hyperlinks von Suchdiensten vorgelagerte Vervielfältigung und sonstige Nutzung ist deswegen nur dann zulässig, wenn der

965) Heinrichs in Palandt, § 182, Rdnr. 3.
966) Siehe oben, Fn. 52.
967) Heinrichs in Palandt § 182, Rdnr. 3.

Urheber ihr ausdrücklich zugestimmt hat oder die Vervielfältigung in sonstiger Weise – unter Umständen de lege ferenda – gerechtfertigt ist.

4. Einschränkung der Verwertungsrechte durch urheberrechtliche Schranken vor dem Hintergrund der Pressefreiheit

a) Einführung

Suchdienste und insbesondere Verzeichnisse greifen in Ausschließlichkeitsrechte der Urheber ein. Insbesondere die Tätigkeit von Suchmaschinen widerspricht dem Urheberrecht. Sie vervielfältigen urheberrechtsgeschützte Inhalte, z.B. elektronische Zeitungsartikel oder digitalisierte Fotografien, halten diese Inhalte für den Nutzer in ihren Datenbanken zum Abruf bereit und vervielfältigen Teile dieser Inhalte bei einer Anfrage im Abstract. Es stellt sich deswegen die Frage, inwieweit die Tätigkeit der Suchmaschinen vor dem Hintergrund der Schranken des Urheberrechts möglich ist und ob insoweit die Pressefreiheit von Suchdiensten gewahrt ist.

Für die Funktionsweise von Suchmaschinen kann es aber nicht ausreichen festzustellen, dass sie häufig nicht auf urheberrechtlich geschütztes Material zugreifen. Für die Funktionsweise von Suchmaschinen ist es erforderlich, dass der Zugriff zulässig ist, auch wenn zum Teil Werke, Werkteile oder sonstige Erzeugnisse, die durch verwandte Schutzrechte geschützt werden, durch Suchmaschinen im Sinne des § 16 UrhG vervielfältigt und im Sinne des § 15 Abs. 2 UrhG wiedergegeben werden. Ist der Zugriff unzulässig, wird die Funktionsweise, die Suche per Suchsoftware, an sich in Frage gestellt. Denn die Bewertung eines Objekts als Werk, Werkteil oder als ein durch das UrhG geschütztes Erzeugnis kann nur durch eine Bewertung des Einzelfalls vorgenommen werden, deren Bewertungsgrundlage und Abwägungsvorgang nicht einer Software vermittelt werden können. Es stellt sich deswegen vor dem Hintergrund der Pressefreiheit die Frage, ob auch dann, wenn die Suchsoftware in Einzelfällen auf urheberrechtlich geschütztes Material – z.B. einen individuell geprägten Satz – zugreift, dieser Zugriff zulässig ist. Die Schranken des Urheberrechts (insbesondere die §§ 45 ff. und 87c UrhG) sind deshalb für die Tätigkeit von besonderem Belang. Die Schranken haben das Ziel, die Belange der Urheber mit den schutzwürdigen Interessen der Verwerter, der Endnutzer und der Allgemeinheit zum Ausgleich zu bringen,[968] und sind Teil der Definition des geistigen Eigentums.[969] Die Anwendbarkeit der Schranken des Urheberrechts wird deshalb im Folgenden untersucht.

Besondere Bedeutung für die urheberrechtlichen Schranken wird die Urheberrechtsrichtlinie haben, die demnächst umgesetzt wird. Diese

---

968) Vgl. Dreier in Schricker, Informationsgesellschaft, S. 139.
969) Siehe oben S. 275.

Bestimmungen sind jedoch nicht Gegenstand der folgenden Ausführungen, sondern des nächsten Abschnitts (VI.).

b) § 53 UrhG

aa) Einführung

Nach § 53 UrhG ist die Vervielfältigung zum privaten und sonstigen eigenen Gebrauch privilegiert. Es ist zulässig, Werke entgeltfrei zu dem in § 53 UrhG bestimmten Gebrauch zu vervielfältigen. Bei Anwendbarkeit dieser Schranke auf Suchdienste könnte ihre Tätigkeit zulässig sein, selbst wenn Suchdienste auf Werke zurückgreifen.

§§ 53, 54 UrhG tragen dem Umstand Rechnung, dass die Möglichkeiten der Kontrolle beim eigenen und privaten Gebrauch nur sehr eingeschränkt bestehen. Urhebern und Rechteinhabern soll jedoch durch die Regelungen der §§ 54 ff UrhG das vermögenswerte Ergebnis der Verwertung zugeordnet werden.[970] In den §§ 54 ff. UrhG sind die Vergütungspflichten für bestimmte erlaubte Nutzungshandlungen geregelt.

bb) § 53 Abs. 1 UrhG

Eine Privilegierung nach § 53 Abs. 1 UrhG kommt für Suchdienste nicht in Frage. Ein privater Gebrauch ist nur dann gegeben, wenn ein Werk im Rahmen des häuslichen Bereichs oder im Freundeskreis vervielfältigt wird, nicht jedoch, wenn die Kopien auch der eigenen beruflichen Tätigkeit dienen.[971] Ein privater Gebrauch kann nie bei juristischen Personen vorliegen, so dass nur natürliche Personen sich auf die Privilegierung nach § 53 Abs.1 UrhG berufen können. Suchmaschinenbetreiber sind häufig juristische Personen (GmbH oder AG). Werden sie von natürlichen Personen betrieben, ist dies in aller Regel Teil der beruflichen Tätigkeit, so dass ein privater Gebrauch auszuschließen ist.

cc) § 53 Abs. 2 UrhG

Auch die Voraussetzungen des § 53 Abs. 2 UrhG sind nicht gegeben. Nach § 53 Abs. 2 UrhG muss die Vervielfältigung zum eigenen Gebrauch erfolgen. Es dürfen nur einzelne Vervielfältigungsstücke hergestellt werden. Zweck der Vervielfältigung muss außerdem eine der in § 53 Abs. 2 Nr. 1 bis 4 UrhG genannten Gebrauchsarten sein.[972]

Eine Vervielfältigung zum eigenen Gebrauch liegt nur bei einem Teil der durch die Suchdienste vervielfältigten Inhalte vor. Eine Vervielfältigung zum eigenen Gebrauch liegt dann vor, wenn eine natürliche oder juristische Person

---

970) Siehe Dreier in Schricker, Informationsgesellschaft, S. 139.

971) Nordemann in Fromm/Nordemann § 53 Rdnr. 2; Flechsig, GRUR 1993, S. 532, 533; BGH GRUR 1993, S. 899, 900 - *Dia-Duplikate*.

972) Besonders deutlich Loewenheim in Hoeren/Sieber, Kap. 7.4 Rdnr. 14.

Vervielfältigungsstücke „zur eigenen Verwendung und nicht zur Weitergabe an Dritte herstellt oder herstellen lässt“[973]. Die Vervielfältigung kann auch im Rahmen einer beruflichen Tätigkeit und zu beruflichen Zwecken erstellt werden.[974] Jedoch ist ein eigener Gebrauch schon dann nicht mehr gegeben, „wenn das Vervielfältigungsstück zwar im Betrieb verbleibt, aber mit seiner Hilfe die Vervielfältigungsstücke für Dritte hergestellt werden“.[975]

Wenn Suchdienste Fotografien vervielfältigen, diese mit Hilfe eines speziellen Programms in eine so genannte „thumbnail“-Version umwandeln, die Version in ihre Datenbank aufnehmen und sie dann bei Anfrage eines Nutzers auf der Trefferliste vervielfältigen, stellen sie weitere Vervielfältigungsstücke her. Ein eigener Gebrauch ist nicht gegeben, so dass die Schranke des § 53 Abs. 2 UrhG von vornherein nicht zur Anwendung kommt. Gleiches gilt für den Fall, dass der gesamte Text einer Webseite in die Datenbank der Suchdienste übernommen wird und die Übernahme eines Teils in die Trefferliste gleichzeitig die Übernahme eines Werkteils ist. Letzteres wird allerdings selten der Fall sein, da sich die für den Werkschutz erforderliche Individualität nur selten in einem einzigen Satz oder einem Titel, der im Abstract aufgenommen wird, niederschlagen kann. Da es sich zudem bei einer Vielzahl der Webseiten im WWW um kommerzielle Webseiten handelt und Webseiten poetischen Inhalts verhältnismäßig selten sind, wird deutlich, dass es eher unwahrscheinlich ist, dass ein urheberrechtlich geschützter Werkteil an die Nutzer übermittelt wird.

In einer Vielzahl der Fälle werden also schutzfähige Textinhalte in die Datenbank der Suchdienste aufgenommen; für den Nutzer werden aber nur solche Textelemente in der Trefferliste zusammengestellt, die selbst nicht schutzfähig sind. Diese Diskrepanz von der Vervielfältigung in der Datenbank einer Suchmaschine und der weiteren Zusammenstellung für den Nutzer spricht dafür, von einem eigenen Gebrauch auszugehen. Aufgrund der dargestellten Diskrepanz wird das Vervielfältigungsstück nicht zur Weitergabe an Dritte hergestellt. Bei der Beurteilung, ob die Vervielfältigung dem eigenen Gebrauch dient, ist der Zweck der Vervielfältigung maßgeblich. Insoweit die Trefferliste der Suchmaschinen generell nur den URL nennt und einzelne kleinere, in der Regel nicht schutzwürdige Teile eines Werkes in der Trefferliste im Rahmen des Abstracts zitiert, vervielfältigt sie keine Werke oder Werkteile zum Zwecke der Weitergabe an Dritte.

---

973) Amtl. Begründung zur Urheberrechtsnovelle 1985, BT-Drs. 10/837, S.9; ebenso Nordemann in Fromm/Nordemann, § 53 Rdnr. 2; Loewenheim in Hoeren/Sieber, Kap. 7.4, Rdnr. 15.

974) Vgl. Katzenberger, S. 52 f; Nordemann in Fromm/Nordemann, § 53 Rdnr. 8 zu Abs. 2 Nr. 3 „eigene Unterrichtung“; Amtliche Begründung zu § 55 des Entwurfs zum Urheberrechtsgesetz (BT-Drs. IV/270 S. 32); Loewenheim in Schricker, § 53 Rdnr. 17.

975) Katzenberger, S. 52 f.

Zweifelhaft ist aber, ob die Zwecksetzung mit einer der Gebrauchsarten des § 53 Abs. 2 Nr. 1 bis 4 UrhG übereinstimmt, was ebenfalls Voraussetzung der Anwendung der urheberrechtlichen Schranke ist. Die Vervielfältigung erfolgt nicht zum eigenen wissenschaftlichen Gebrauch im Sinne des § 53 Abs. 2 Nr. 1 UrhG, da für den wissenschaftlichen Gebrauch mindestens ein Informationsinteresse an wissenschaftlichen Erkenntnissen bestehen muss.[976] Ein solches besteht bei Suchmaschinen mit der Aufnahme von beliebigen Textinhalten aus den Webseiten im WWW in die Datenbank nicht.

Die Vervielfältigung für ein eigenes Archiv scheitert bereits daran, dass als Vorlage der Vervielfältigung in die Datenbank der Suchdienste kein eigenes Werkstück benutzt wird (§ 53 Abs. 2 Nr. 2 UrhG), sondern dass die Aufnahme in die Datenbank durch Vervielfältigung erfolgt. Die Datenbank der Suchdienste wäre zudem als eigenes Archiv nur zu bejahen, wenn die Sammlung und Erschließung ausschließlich der Bestandssicherung und der betriebsinternen Nutzung dient.[977] Nach dem Willen des Gesetzgebers soll es durch die Archivierung zu keiner zusätzlichen Verwertung kommen, etwa weil die Vervielfältigung im Rahmen der Archivierung allein dazu dient, Platz zu sparen.[978] Indem Suchdienste die Webseiten aufnehmen, verfolgen sie nicht allein einen betriebsinternen Zweck. Zwar soll in der Regel auf der Trefferliste kein weiteres vollständiges Vervielfältigungsstück des Werks oder Werkteils wiedergegeben werden, aber die Vervielfältigung in die Datenbank dient dazu, eine eigene geldwerte Dienstleistung anzubieten.

Die Aufnahme in die Datenbank der Suchdienste dient auch nicht der eigenen Unterrichtung über Tagesfragen (§ 53 Abs. 2 Nr. 3 UrhG). Tagesfragen sind Themen von aktueller Bedeutung.[979] Die Schranke des § 53 Abs. 2 Nr. 3 UrhG zielt auf die zeitversetzte Wahrnehmung von Nachrichtensendungen und anderen Beiträgen mit tagesaktuellem Bezug ab.[980] Die Inhalte von Webseiten können aber auch nicht aktuelle Themen betreffen, Inhalte in Form von Sendungen werden nicht übernommen, so dass diese Schranke nach ihrer Zielsetzung nicht greift. Des Weiteren wird als Zweck der Vervielfältigung nicht die eigene Unterrichtung, also die betriebs- oder behördeninterne, sondern die Unterrichtung der Nutzer des Suchdienstes verfolgt.

Schließlich werden auch Inhalte von Webseiten vervielfältigt, die nicht nur einzelne Beiträge einer (elektronischen) Zeitung oder Zeitschrift darstellen (§ 53 Abs. 2 Nr. 4 a UrhG). Es handelt sich nicht um einen einzelnen Beitrag, wenn der gesamte Textinhalt einer Webseite übernommen wird. Des Weiteren

---

976) Siehe Loewenheim in Schricker, § 53 Rdnr. 22.

977) Vgl. BGH GRUR 1997, S. 459, 461 - *CB-infobank I.*

978) Amtl. Begr. BTDrucks. IV/270, S. 73; Loewenheim in Schricker, § 53 Rdnr. 24; Nordemann in Fromm/Nordemann, § 53 Rdnr. 7.

979) Loewenheim in Schricker, Urheberrecht, § 53 Rdnr. 29.

980) Decker in Möhring/Nicolini, § 53 Rdnr. 26.

ist der Inhalt der Webseiten sehr vielfältig, erstreckt sich also nicht ausschließlich auf Beiträge, die Zeitungsartikeln vergleichbar sind. Dass § 53 Abs. 2 Nr. 4 b UrhG keine Anwendung findet, versteht sich von selbst. Danach ist die Vervielfältigung vergriffener Werke zulässig; Suchdienste greifen jedoch gerade auf die im WWW für jedermann erhältlichen Webseiten und deren Inhalte zu.

Die Nutzungshandlungen, die mit der Tätigkeit von Suchdiensten verbunden sind, sind nicht nach § 53 Abs. 2 UrhG zulässig. Nicht immer liegt eigener Gebrauch vor. In den Fällen, in denen ein eigener Gebrauch zu bejahen ist, liegt keine der in § 53 Abs. 2 Nr. 1 bis 4 UrhG aufgeführten Gebrauchsarten vor.

c) § 49 UrhG

aa) § 49 Abs. 1 UrhG

Gemäß § 49 Abs. 1 UrhG ist die Vervielfältigung und Verbreitung einzelner Rundfunkkommentare und einzelner Artikel aus Zeitungen und anderen lediglich Tagesinteressen dienenden Informationsblättern zulässig. Suchmaschinen sind nach der hier vertretenen Auffassung ein durch die Pressefreiheit geschütztes Medium. Sie übernehmen Inhalte von Webseiten bzw. Teile des Inhalts von Webseiten in ihre Datenbank. Bei diesen Inhalten kann es sich um Werke wie Fotografien oder Werkteile bei Textelementen handeln. Diese Übernahme aller dieser Inhalte ist ebenfalls nicht durch die Schranke des § 49 Abs. 1 UrhG gedeckt.

Die Vervielfältigung von Fotografien, die einige Suchmaschinen vornehmen, ist gemäß § 49 Abs. 1 UrhG nicht zulässig. Denn nur die Vervielfältigung von Artikeln ist zulässig; als Artikel werden nur Sprachwerke i.S.d. § 2 Abs. 1 Nr. 1 UrhG angesehen, die Vervielfältigung anderer Werkarten wie z.B. Lichtbildwerken ist nach § 49 UrhG nicht zulässig.[981]

Selbst bei der Übernahme von Text handelt es sich häufig nicht um Artikel im Sinne des § 49 Abs. 1 UrhG. Die Artikel dürfen nicht mit einem Vorbehalt der Rechte versehen sein und müssen politische, wirtschaftliche oder religiöse Tagesfragen betreffen (§ 49 Abs. 1 UrhG). Andere Artikel – mit wissenschaftlichem, technischem, kulturellem oder nur unterhaltendem Inhalt – dürfen nicht vervielfältigt werden.[982] Schließlich sind von der Schranke des § 49 UrhG nicht die Übernahme aus Fachzeitschriften oder Magazinen, die bestimmten Themenbereichen gewidmet sind, erfasst.[983] Die Tätigkeit der Suchdienste ist darauf ausgerichtet, über möglichst viele verschiedene Webseiten im WWW zu informieren, die auch Textbeiträge mit sehr unterschiedlichem Inhalt enthalten. Eine Vielzahl von Webseiten ist kommer-

---

981) Melichar in Schricker, Urheberrecht, § 49 Rdnr. 4.

982) Raue/Hegemann in Hoeren/Sieber, Kap. 7.5, Rdnr. 38; Melichar in Schricker, Urheberrecht, § 49, Rdnr. 7.

983) Raue/Hegemann in Hoeren/Sieber, Kap. 7.5, Rdnr. 28.

ziell und enthält Produktbeschreibungen. Geht der Inhalt darüber hinaus, müssen die weiteren Einschränkungen beachtet werden. Z.B. werden von einigen Kinobetreibern Filmzusammenfassungen ins Netz gestellt. Ein solcher kultureller Inhalt darf jedoch nicht übernommen werden.

Nur Artikel, die Tagesfragen betreffen, können von der Schranke des § 49 UrhG erfasst werden. Voraussetzung für eine Tagesfrage ist nach einer Ansicht, dass die Ereignisse, auf die sich der Artikel bezieht, zum Zeitpunkt des Nachdrucks aktuell sind.[984] Nach anderer Ansicht genügt es, dass der Nachdruck in einem gewissen zeitlichen Zusammenhang mit der Erstveröffentlichung steht, das Thema des Artikels oder des Kommentars aber zum Zeitpunkt der Erstveröffentlichung im öffentlichen Interesse steht.[985] Webseiten können Artikel sowohl zu aktuellen als auch zu nicht aktuellen Ereignissen enthalten. Nur in verhältnismäßig wenigen Fällen werden die Suchdienste aktuelle Artikel, die sich mit politischen, wirtschaftlichen oder religiösen Fragestellungen auseinandersetzen, aus den von ihnen berücksichtigten Webseiten in ihre Datenbanken übernehmen. Auch erfolgt die Übernahme nicht immer in einem zeitlichen Zusammenhang mit der Erstveröffentlichung der Webseite.

§ 49 Abs. 1 UrhG bezieht sich auf Zeitungen und Informationsblätter, schließt also elektronische Medien nicht ausdrücklich mit ein. Wenn Suchdienste Artikel aus Webseiten übernehmen, die sich mit politischen, wirtschaftlichen oder religiösen Fragestellungen auseinandersetzen, ist aber zumindest an eine analoge Anwendung des § 49 Abs. 1 UrhG zu denken.[986] Allerdings darf nicht außer Acht gelassen werden, dass die Software einer Suchmaschine nicht wie ein Mensch über die Einordnung der Thematik urteilen kann und also auch viele andersartige Inhalte übernimmt. Wegen der Vielfalt der übernommenen Inhalte wäre also auch bei Annahme der Anwendbarkeit des § 49 Abs. 1 UrhG auf elektronische Medien nicht die Zulässigkeit der Tätigkeit anzunehmen.

bb) § 49 Abs. 2 UrhG

Die Subsumtion der Tätigkeit von Suchdiensten unter § 49 Abs. 2 UrhG scheitert regelmäßig daran, dass in den Webseiten nicht nur Tagesneuigkeiten oder nur Nachrichten, also Inhalte rein tatsächlicher Natur, enthalten sind.[987] Selbst wenn im Einzelfall diese urheberrechtliche Schranke einschlägig wäre, gewährleistet dies nicht die Tätigkeit von Suchmaschinen, deren Software keine Einzelfallprüfung vornehmen kann.

---

984) Melichar in Schricker, Urheberrecht, § 49 Rdnr. 8;

985) So Engels in Möhring/Nicolini, § 49 Rdnr. 16.

986) Siehe unten S. 259.

987) Vgl. zu den Inhalten in Artikeln, Melichar in Schricker, Urheberrecht, § 49 Rdnr. 25.

d) § 50 UrhG

Nach § 50 UrhG können Werke zur Bild- und Tonberichterstattung über Tagesereignisse wahrnehmbar gemacht werden, vervielfältigt, verbreitet und öffentlich wiedergegeben werden. Bei der Berichterstattung von Suchdiensten über die Webseiten im WWW wird nicht über Tagesereignisse im Sinne des § 50 UrhG berichtet.

Soweit Suchmaschinen eine Mittlerfunktion einnehmen, berichten sie über die im WWW vorhandenen Webseiten, erst durch die Abstracts berichten sie auch über deren Inhalt. Ein Tagesereignis kann nur eine tatsächliche Begebenheit sein.[988] Beispiele für solche Ereignisse, d.h. tatsächliche Begebenheiten, sind die Eröffnung von Kunstausstellungen oder die Uraufführung eines Bühnenwerks.[989] Eine Webseite selbst ist keine tatsächliche Begebenheit, so dass Vervielfältigung für die Berichterstattung über die im WWW vorhanden Webseiten kein Tagesereignis ist. Soweit Inhalte der Webseiten im Abstract übernommen werden, können darunter auch Berichte über tatsächliche Begebenheiten sein. Da Suchmaschinen aber den Inhalt von Webseiten nicht auf ihren Inhalt überprüfen, finden sich auch viele Textteile und Fotografien im Abstract, die nicht aktuelle Begebenheiten zum Gegenstand haben. Ein Teil der Trefferliste wäre deshalb bereits unter diesem Gesichtspunkt nicht durch § 50 UrhG geschützt.

Die Auflistung von Webseiten entspricht zudem nicht der Berichterstattung über Vorgänge, in deren Rahmen es zu der Nutzungshandlung des Werkes kommt. Unter Berichterstattung im Sinne des § 50 UrhG wird die wirklichkeitsgetreue Schilderung einer tatsächlichen Begebenheit verstanden.[990] Der Bericht zeichnet sich durch eine Information über tatsächliche Vorgänge aus.[991] Der Vorgang, über den berichtet wird, kann nicht das Werk selbst sein.[992] Wenn Suchmaschinen schutzfähigen Inhalt, ein Werkteil oder ein Lichtbild, in den Abstract übernehmen, steht die Berichterstattung über diesen Inhalt, das auf der Webseite aufzufindende Werk, im Vordergrund. Eine Schilderung einer tatsächlichen Begebenheit ist hingegen nicht in den Abstracts enthalten, z.B. ein Hinweis darauf, dass ein Roman erstmalig auf der von der Suchmaschine berücksichtigten Webseite veröffentlicht wird.

e) § 51 UrhG

Die Aufnahme von Werken oder Werkteilen in die Datenbank und im Anschluss in die Trefferliste ist nicht vom Zitatrecht gemäß § 51 UrhG gedeckt.

---

988) Vogel in Schricker, Urheberrecht, § 49 Rdnr. 8.
989) Siehe dazu Vogel in Schricker § 50 Rdnr. 18.
990) Engels in Möhring/Nicolini, § 50 Rdnr. 6; Vogel in Schricker, Urheberrecht, § 50 Rdnr. 10.
991) Vogel in Schricker, Urheberrecht, § 50 Rdnr. 10.
992) Nordemann/Vinck in Fromm/Nordemann, Urheberrecht, § 50 Rdnr. 2.

Das Zitatrecht dient der freien geistigen Auseinandersetzung.[993] Die Ausschließlichkeitsrechte im Allgemeininteresse sind aber nur dann zu beschränken, wenn das zitierte Werk in ein selbständiges Werk gemäß dem § 51 Nr. 1 bis 3 UrhG aufgenommen wird. Das Werk muss also urheberrechtlich unabhängig vom Zitatstoff im Ganzen sein.[994] Eine Zitatensammlung in Form einer digitalen Datenbank ist kein in dieser Weise unabhängiges Werk.[995] Die Trefferliste einer Suchmaschine ist mit einer Zitatensammlung vergleichbar. Ein von den Text- oder Bildelementen der Abstracts urheberrechtlich unabhängiges Werk entsteht durch die Trefferliste nicht.

f) § 52 UrhG

§ 52 UrhG ermöglicht die öffentliche Wiedergabe eines Werkes, wenn kein Erwerbszweck mit der Wiedergabe verfolgt wird. Die Schranke des § 52 UrhG greift bei Suchdiensten nicht ein. Suchdienste finanzieren sich zwar nicht über ein Entgelt des Nutzers, aber doch über Werbung und dienen so dem Erwerbszweck der Suchmaschinenbetreiber.

g) § 87 c UrhG

aa) Suchdienste

Die Tätigkeit von Suchdiensten wäre dann kein Eingriff in die Rechte von Datenbankherstellern, wenn die Nutzungshandlungen durch die Schranke des § 87c UrhG gedeckt wären. Eine Verletzung der Rechte von Datenbankherstellern durch Suchdienste ist nur in den Fällen möglich, in denen sie z.B. den gesamten Textinhalt oder sämtliche Fotografien einer Webseite aufnehmen. Bei diesen Inhalten kann es sich im Einzelfall um einen wesentlichen Teil handeln. Wesentlich ist ein Teil dann, wenn durch die unbefugte Nutzung des Teils dem Datenbankhersteller für die Amortisation der Investition ein erheblicher Schaden droht.[996] Handelt es sich um einen wesentlichen Teil, kommt es nicht wie bei dem unwesentlichen Teil darauf an, ob die Interessen des Datenbankherstellers tatsächlich beeinträchtigt werden.[997] Da aber die Aufnahme von Webseiten in der Regel die Amortisation der Investition in die Webseite fördert, wäre nach Sinn und Zweck die Haftung der Suchdienste durch die Schrankenregelung des § 87c UrhG zu beschränken.

---

993) BGH GRUR 1973, S. 216, 217 - *Handbuch moderner Zitate*; BGH GRUR 1986, S. 59, 60 -Christentum; Schricker in Schricker, Urheberrecht, § 51 Rdnr. 6; Dreier in Schricker, Informationsgesellschaft, S. 161; Raue/Hegemann in Hoeren/Sieber Kap. 7.5 Rdnr. 88.
994) Siehe Schricker in Schricker, Urheberrecht, § 51 Rdnr. 22.
995) Dreier in Schricker, Informationsgesellschaft, S. 161; Raue/Hegemann in Hoeren/Sieber Kap. 7.5 Rdnr. 96; zu einem Off-line-Sachverhalt: BGH GRUR 1973, S. 216, 217 f - *Handbuch moderner Zitate.*
996) Leistner/Bettinger, CR Beilage 12/1999, S. 21.
997) Vogel in Schricker, Urheberrecht, § 87b Rdnr. 9.

Nach dem Wortlaut des § 87c UrhG werden die Rechte der Datenbankhersteller im Hinblick auf Suchdienste nicht beschränkt. Zudem sind die Schranken der Rechte des Datenbankherstellers abschließend geregelt.[998] Da § 87c UrhG auf der Datenbankrichtlinie[999] beruht, entfällt die Möglichkeit einer Ausweitung des Anwendungsbereichs durch die deutschen Gerichte durch eine analoge Anwendung. Wie auch bei der Schranke des § 53 Abs. 1 S.1 UrhG[1000] ist kein privater Gebrauch gegeben, so dass § 87c Nr. 1 UrhG, der den privaten Gebrauch privilegiert, keine Anwendung findet. Ein wissenschaftlicher Gebrauch nach § 87c Nr. 2 UrhG ist ebenso wenig wie nach § 53 Abs. 2 Nr. 1 UrhG[1001] gegeben; eine Benutzung zur Veranschaulichung des Unterrichts nach § 87c Nr. 3 UrhG liegt ebenfalls nicht vor.

bb) Meta-Suchmaschinen

Die Tätigkeit der Meta-Suchmaschinen stellt eine nach § 87b UrhG wesentliche Vervielfältigung dar.[1002] Die Voraussetzungen der Schranke des § 87c UrhG liegen nicht vor, wenn Meta-Suchmaschinen Inhalte aus den Trefferlisten der Primärsuchmaschinen aufnehmen. Es ist kein privater Gebrauch im Sinne des § 87c Nr.1 UrhG, kein eigener wissenschaftlicher Gebrauch im Sinne des § 87c Nr. 2 UrhG und keine Benutzung zur Veranschaulichung im Unterricht im Sinne des § 87c Nr. 3 UrhG gegeben.

h) § 63 UrhG

Die Rechte des Namensnennungsrechts werden nicht durch § 63 UrhG beschränkt, wenn Suchdienste Werke oder Werkteile oder durch das UrhG geschützte sonstige Erzeugnisse vervielfältigen oder öffentlich wiedergeben. Ist die Vervielfältigung nach den urheberrechtlichen Schranken zulässig, ist die Quelle, bei der Vervielfältigung ganzer Sprachwerke auch der Urheber in den nach § 63 Abs. 1 UrhG bestimmten Fällen anzugeben. In den übrigen Fällen, in denen zwar die Nutzung zulässig ist, die aber in § 63 Abs. 1 UrhG nicht genannt werden, kann auf die Angabe von Quelle und Urheber verzichtet werden. Voraussetzung ist aber, dass überhaupt die Nutzung zulässig ist, was in den Fällen, in denen es durch die Tätigkeit der Suchdienste zu einem Eingriff in die Urheberrechte und verwandten Schutzrechte kommt, zu verneinen ist.

Gemäß § 63 Abs. 2 UrhG wird das Namensnennungsrecht bei der öffentlichen Wiedergabe eines Werkes insoweit eingeschränkt, als auf eine Nennung der Quelle verzichtet werden kann, wenn dies nach der Verkehrssitte üblich ist.

---

998) Vogel in Schricker, Urheberecht, § 87c Rdnr. 1.

999) Richtlinie 96/9/EG vom 11.3.1996 des Europäischen Parlaments und des Rates über den rechtlichen Schutz von Datenbanken, ABl. EG Nr. I 77 S. 20.

1000) Siehe oben S. 249.

1001) Siehe oben S. 251.

1002) Siehe oben S. 234; 240.

In dem Bereithalten der Trefferliste und den dort enthaltenen Abstracts liegt eine solche öffentliche Wiedergabe. Zwar könnte man daran denken, dass die Verkehrssitte eine explizite Nennung der Quelle nicht verlangt, da diese durch den Nutzer mit der Aktivierung des Hyperlinks unschwer aufgerufen werden kann. Die öffentliche Wiedergabe ist jedoch nicht, wie in § 63 Abs. 2 UrhG vorausgesetzt, nach den Bestimmungen des 5. Abschnitts der urheberrechtlichen Schranken zulässig, so dass es auf eine mögliche Verkehrssitte nicht ankommt.

i) Analoge Anwendung der Schranken

aa) Einführung

Wie oben aufgezeigt, finden die urheberrechtlichen Schranken keine direkte Anwendung auf die Nutzungshandlungen, die mit der Tätigkeit von Suchdiensten verbunden sind. Zu denken ist deshalb an eine analoge Anwendung der Schranken; in Frage kommen die §§ 49, 51, 53, 87c UrhG. Eine analoge Anwendung der Schranken des Urheberrechts ist nicht nur im Hinblick auf den verfassungsrechtlichen Schutz der Suchdienste gemäß Art. 5 Abs. 1 S. 2 GG, sondern auch deswegen in Betracht zu ziehen, weil die Tätigkeit der Suchdienste den Inhabern von Webseiten in aller Regel entgegen kommt. Mit dem Einrichten der Webseite soll die Webseite Dritten zugänglich gemacht werden. Die Suchdienste unterstützten diese Zielsetzung. Hinzu kommt, dass die Nutzer bei Interesse an der Webseite auf diese selbst zurückgreifen und Suchdienste damit nicht den Besuch der Webseite ersetzen. Es ist deshalb zu klären, ob eine analoge Anwendung der urheberrechtlichen Schranken möglich ist.

Ein Großteil der Literatur und der Bundesgerichtshof gehen davon aus, dass die §§ 45 ff. UrhG grundsätzlich eng auszulegen und einer analogen Anwendung nur in seltenen Ausnahmefällen zugänglich sind.[1003] Zum einem wird dies mit dem Ausnahmecharakter der Vorschriften begründet.[1004] Zum anderen folge eine enge Auslegung der Schranken aus dem Grundsatz, dass der Urheber tunlichst an der wirtschaftlichen Nutzung seines Werkes zu beteiligen ist.[1005] Außerdem seien die Schranken, die die Berichterstattung und das Zitierrecht gewährleisten, nicht als Sonderrecht der Presse zu verstehen.[1006]

1003) BGH NJW 2000, S. 3783, 3784 - *Parfumflakon*, m.w.N; Melichar in Schricker, Urheberrecht, vor §§ 45 ff. Rdnr. 16; v. Gamm, Urheberrechtsgesetz, § 45 Rdnr. 3; a.A. Löffler NJW 1980, S. 201 ff.

1004) Siehe Nordemann in Fromm/Nordemann, vor § 45 Rdnr. 3; Melichar in Schricker, vor §§ 45 ff., Rdnr. 15.

1005) BGH NJW 2000, S. 3783, 3784 - *Parfumflakon.*

1006) v. Gamm, Urheberrechtsgesetz, § 45 Rdnr. 3: a.A. Bullinger in Löffler, LPG § 1 Rdnr. 214.

Nach anderer Ansicht geht diese Argumentation schon im Ansatz fehl.[1007] Es kommt nach dieser Ansicht darauf an, verfassungsrechtliche Interessen in einen Ausgleich zu bringen. Die Auslegung auch der urheberrechtlichen Schranken müsse deswegen insbesondere dem Grundsatz der Wechselwirkung zwischen Grundrecht und Schranke des Grundrechts Rechnung tragen.[1008]

Auch das Bundesverfassungsgericht hat sich in einer jüngeren Entscheidung damit auseinander gesetzt, inwieweit ein anderes Grundrecht, in diesem Fall die Kunstfreiheit nach Art. 5 Abs. 3 S. 1 GG, die Auslegung der urheberrechtlichen Schranken beeinflussen kann.[1009] Zwar unterliege auch die Kunstfreiheit Schranken, die sich auch aus der Eigentumsgarantie des Art. 14 Abs. 1 GG ergeben könnten, die den Schutz des geistigen Eigentums und des Urheberrecht umfasst.[1010] Es führt weiter aus:

> „Auch das Eigentum ist allerdings nicht schrankenlos gewährleistet, sondern gebietet im Bereich des Urheberrechts lediglich die grundsätzliche Zuordnung der vermögenswerten Seite dieses Rechts an den Urheber. Damit ist nicht jede denkbare Verwertungsmöglichkeit gesichert, sondern der Gesetzgeber hat im Rahmen des Urheberrechts sachgerechte Maßstäbe für die Grenzen zu finden […]"[1011].

Hierzu dienen die urheberrechtlichen Schrankenbestimmungen, welche ihrerseits im Lichte der Kunstfreiheit auszulegen sind und einen Ausgleich zwischen den verschiedenen – auch verfassungsrechtlich – geschützten Interessen schaffen müssen.[1012]

Dem Bundesverfassungsgericht ist darin zuzustimmen, dass die urheberrechtlichen Schrankenbestimmungen darauf zielen, einen Ausgleich zu finden. Sie umreißen damit die Befugnisse der Urheber ebenso wie sie die Verwertungsrechte der Urheber festlegen. Es handelt sich deshalb nicht um Ausnahmevorschriften, die einer verfassungskonformen Auslegung oder einer Analogie von vornherein unzugänglich sind. Für die verfassungskonforme Auslegung ist es unerheblich, ob es sich bei den urheberrechtlichen Schranken um Sonderrecht der Presse handelt oder nicht. Denn der objektiv-rechtliche Gehalt der Grundrechte und so auch der Pressefreiheit führt dazu, dass der Gesetzgeber, Gerichte und andere Rechtsanwender bei der Setzung, Auslegung und Anwendung die Grundrechte, mithin auch die Pressefreiheit, berücksichtigen

---

1007) So Löffler, NJW 1980, S. 204; Wild in Schricker, Urheberrecht, § 97 Rdnr. 23; Kröger, MMR 2002, S. 20.

1008) Wild in Schricker, § 97 Rdnr. 21; KG UFITA 54 (1969), S. 296, 300; vgl. Kröger, MMR 2002, S. 20, der für digitale Netzwerke maßgeblich auf die Informationsfreiheit abstellt.

1009) BVerfG GRUR 2001, S. 150 ff.

1010) BVerfG, a.a.O., Fn. 1009, S. 151.

1011) BVerfG, a.a.O., Fn. 1009, S. 151.

1012) BVerfG, a.a.O., Fn. 1009, S. 151.

müssen,[1013] auch wenn das einfache Gesetz kein Sonderrecht für die Presse darstellt.

Allerdings kommt eine analoge Anwendung nur nach den allgemeinen Grundsätzen in Frage. Die Analogie kann sich entweder auf eine einzelne Norm beziehen oder auf ein Prinzip, welches mehreren Rechtssätzen übergeordnet ist.[1014] Die Norm oder das Prinzip werden dann auf einen rechtsähnlichen Tatbestand ausgedehnt.[1015] Voraussetzung der Rechtsfortbildung im Rahmen einer Analogie ist aber, dass in der Rechtsordnung bereits entsprechende Wertentscheidungen bestehen.[1016] Zudem muss eine planwidrige Lücke bestehen, was dem Zweck des Gesetzes zu entnehmen ist.[1017] Angesichts des verfassungsrechtlichen Schutzes der Suchdienste ist die Regelungsbedürftigkeit hinsichtlich der Tätigkeit von Suchdiensten gegeben. Im Hinblick darauf, dass Suchdienste und ihre Eingriffe in Urheberrecht sowie ihr Nutzen für Urheber und die Allgemeinheit neu sind, ist auch an eine Regelungslücke zu denken. Unter sämtlichen Voraussetzungen einer Analogie eröffnen die Schrankenbestimmungen allerdings keine analoge Anwendung auf die Nutzungshandlungen der Suchdienste, was im Folgenden erläutert werden soll.

bb) § 49 UrhG analog

Für Suchdienste ist die analoge Anwendung des § 49 UrhG dann relevant, wenn sie aus den Webseiten in ihre Datenbank Artikel zu politischen, wirtschaftlichen oder religiösen Tagesfragen übernehmen. Dieselbe Frage stellt sich bei der Anwendung des § 49 UrhG auf elektronische Pressespiegel, weshalb auf den Meinungstand zu dieser Problematik zurückgegriffen werden kann. Über die Anwendung des § 49 UrhG auf elektronische Pressespiegel besteht Streit. Von einem Teil der Literatur und inzwischen vom Bundesgerichtshof[1018] wird die – zumindest analoge – Anwendung des § 49 UrhG auf solche elektronischen Pressespiegel bejaht.[1019] Nach anderer Ansicht kann § 49 UrhG weder direkt noch analog auf elektronische Pressespiegel angewendet werden.[1020] Streitig ist dabei insbesondere, ob elektronische Pressespiegel unter den Begriff eines Informationsblatts fallen. Dies wird mit Hinweis auf den Wortlaut nur bei

---

1013) Siehe oben S. 81.

1014) Siehe Heinrichs in Palandt, Einleitung Rdnr. 40.

1015) Heinrichs in Palandt, Einleitung Rdnr. 40.

1016) Heinrichs in Palandt, Einleitung Rdnr. 49.

1017) Larenz/Canaris, S. 194

1018) BGH MMR 2002, 739 ff. – Elektronische Pressespiegel.

1019) So Melichar in Schricker, Urheberrecht, § 49 Rdnr. 33; Fischer, ZUM 1995, S. 121: direkte Anwendung. Hoeren in Lehmann, Cyberlaw, S. 98 f. für On-line-Zeitungen, nicht allerdings für Informations-Datenbanken.

1020) OLG Hamburg, MMR 2000, S. 640 (Leitsätze); Katzenberger, S. 61 f.; Loewenheim GRUR 1996, S. 642.

Papierform angenommen,[1021] bei richtiger Betrachtung kommt es entsprechend der verfassungsrechtlichen Auslegung des Pressebegriffs nicht alleine auf das vermittelnde Medium – die Papierform – an.[1022]

Bedingung einer analogen Anwendung ist allerdings, dass die übrigen Voraussetzungen des § 49 UrhG gegeben sind.[1023] Ein rechtsähnlicher Tatbestand bzw. eine Analogie zu bestehenden Wertentscheidungen ist sonst nicht gegeben. So dürfen nur einzelne Artikel Verwendung finden; die Vervielfältigung von Fotografien wird nicht von der Schranke des § 49 UrhG erfasst. Schon aus diesem Grunde ist eine analoge Anwendung des § 49 UrhG auf die Haftung solcher Suchmaschinen ausgeschlossen, die Fotografien mit einem Abstract in der Trefferliste nachweisen. Nur in verhältnismäßig wenigen Fällen übernehmen die Suchdienste aktuelle Artikel, die sich mit politischen, wirtschaftlichen oder religiösen Fragestellungen auseinandersetzen, so dass nur für diesen seltenen Fall eine analoge Anwendung möglich ist. Diese Möglichkeit entfällt bereits dann, wenn die Textinhalte gesamter Webseiten von Suchmaschinen übernommen werden. Sieht man eine Webseite als eine Ausgabe, aus der nur der einzelne Artikel vervielfältigt werden darf, ist diese Voraussetzung der Übernahme einzelner Artikel nicht erfüllt. Denn es ist auf die Übernahme aus einer Ausgabe[1024] und damit in analoger Anwendung aus einer Webseite abzustellen. Würde es allein auf die Weitergabe einzelner Artikel an Nutzer ankommen, könnte jeder Pressespiegelanbieter ganze Ausgaben vorab in seine Datenbank aufnehmen. Wird dann der Pressespiegel auf Abruf erstellt, wird das Tatbestandsmerkmal der „einzelnen" Artikel umgangen. Auch wenn die Suchmaschinen nur kleinere Teile einer Webseite übernehmen, ist es reiner Zufall, wenn es sich dabei um einen einzelnen Artikel handelt. Auch die analoge Anwendung der Schranke des § 49 UrhG ist deshalb nicht geeignet, die Tätigkeit der Suchdienste zu gewährleisten.

cc) § 51 UrhG analog

Gegen eine analoge Anwendung des Zitatrechts spricht, dass die Trefferliste kein selbständiges Werk darstellt, was Voraussetzung für das Zitatrecht nach § 51 UrhG wäre. Suchdienste dienen zwar der Auseinandersetzung, setzen sich aber nicht unmittelbar selbst mit geistigen Erzeugnissen auseinander. Inso-

---

1021) So auch Dreier in Schricker, Informationsgesellschaft, S. 158.
1022) Zum Pressebegriff siehe oben S ff.; im Ergebnis ebenso Melichar in Schricker, Urheberrecht, § 49 Rdnr. 33.
1023) Melichar/Vogel in Schricker, Urheberrecht, § 50 Rdnr. 35.
1024) Vgl. Melichar in Schricker, Urheberrecht, § 49 Rdnr. 9; Loewenheim, Urheberrechtliche Grenzen, S. 75.

weit würde eine analoge Anwendung auch über die Analogie hinausgehen, wie sie z.B. für Bildzitate angenommen wurde.[1025]

dd) § 53 UrhG analog

Schließlich ist noch die Analogie zu § 53 UrhG als eigener Gebrauch denkbar. Die Schranke des § 53 UrhG ist aber durch das Verbot der Weitergabe an Dritte gekennzeichnet.[1026] Im Einzelfall bei Texten und im Regelfall bei Fotografien kommt es jedoch gerade zu einer solchen Weitergabe von Werken oder Werkteilen bzw. von durch das UrhG geschützten Erzeugnissen. Deswegen würde auch hier eine Analogie an der fehlenden Übereinstimmung mit der Zielsetzung des § 53 UrhG scheitern.

ee) § 87c UrhG analog

Wegen des Vorrangs des Gemeinschaftsrechts ist eine analoge Anwendung des § 87c UrhG auf ähnliche Fallgestaltungen nicht möglich. § 87c UrhG beruht auf der Datenbankrichtlinie[1027], die die Schranken abschließend regelt. Den Mitgliedstaaten und damit auch ihren Gerichten ist kein Spielraum für eine analoge Anwendung der Schrankenbestimmungen eröffnet. Abgesehen davon ist bereits aus den gleichen Erwägungen wie bei § 53 UrhG eine analoge Anwendung zu verneinen.[1028]

5. Ergebnis

Für eigene Urheberrechtsverstöße haften Suchmaschinen und Verzeichnisse unmittelbar und uneingeschränkt. Bei Verzeichnissen sind allerdings nur im Ausnahmefall Urheberrechtsverstöße denkbar, insbesondere dann, wenn der selbst erstellte Abstract die auf der Webseite enthaltene Werke oder Werkteile ersetzt.

Suchmaschinen können, wollen sie ihre Tätigkeit ausüben, nur unter Urheberrechtsverstößen tätig sein. Bei dem Nachweis von Fotografien ist *Pfennig*[1029] zuzustimmen, dass die Betreiber elektronischer Bilddatenbanken sich „im Zustand des permanenten Urheberrechtsbruchs" befinden, somit auch Suchmaschinen, die Fotografien mit einer „thumbnail"-Version im Abstract nachweisen.

Bei der Übernahme von Textelementen ist zu differenzieren. Werden von den Suchmaschinen nur kleinere Textteile übernommen, ist ein Verstoß häufig

---

1025) Siehe KG UFITA 54 (1969), S. 296, 300; Schricker in Schricker, Urheberrecht, § 51 Rdnr. 9.

1026) Siehe Loewenheim in Schricker, Urheberrecht, § 53 Rdnr. 17.

1027) Richtlinie 96/9/EG vom 11.3.1996 des Europäischen Parlaments und des Rates über den rechtlichen Schutz von Datenbanken, ABl. EG Nr. I 77 S. 20.

1028) Siehe oben S. 261.

1029) Pfennig in Becker/Dreier, S. 100.

schon deswegen zu verneinen, weil die übernommenen Teile nicht durch das UrhG geschützt werden. Im Einzelfall kann auch hier ein Schutz bestehen, wenn z.B. ein gemäß § 2 Abs. 1 Nr. 1 UrhG geschütztes kurzes Gedicht übernommen wird. Die Nutzung des Werkes, des Werkteils oder des durch das UrhG geschützten Erzeugnisses ist dann auch nicht durch die direkte oder analoge Anwendung der urheberrechtlichen Schranken gewährleistet.

Wird der gesamte Textinhalt, z.B. vollständige Artikel, in die Datenbank übernommen, ist es wahrscheinlich, dass auch nach dem UrhG schutzfähige Elemente übernommen werden. Auch diese Übernahme wird nicht durch die direkte oder analoge Anwendung der urheberrechtlichen Schranken ermöglicht.

Schließlich ist die Tätigkeit von Meta-Suchmaschinen ohne Einwilligung der anderen Suchdienste unzulässig und durch keine der urheberrechtlichen Schranken – in direkter oder analoger Anwendung – gedeckt.

IV. Mittelbare Haftung

1. Traditionelle Presse

Bei der traditionellen Presse steht die Systematik des UrhG einer verfassungskonformen Auslegung der Bestimmungen zur mittelbaren Haftung nicht entgegen.[1030] Insbesondere die Haftung gemäß § 97 UrhG kann für die Fälle, in denen die traditionelle Presse nur mittelbar haftet, beschränkt werden. Bei nur mittelbaren Urheberrechtsverletzungen, wenn also die rechtswidrige Nutzungshandlung nicht selbst vorgenommen wird, folgt das Handlungsunrecht nicht aus dem Erfolg, sondern aus einer Verletzung von Prüfungspflichten. Nur wenn ein Presseunternehmen die Pflicht verletzt, Inhalte Dritter auf Urheberrechtsverletzungen zu prüfen, kann es selbst in Anspruch genommen werden.[1031]

Die mittelbare Haftung ist vor allem für den Abdruck von Anzeigen relevant. Der Entscheidung *Möbelklassiker* des Bundesgerichtshofs lag die Fallkonstellation zugrunde, dass das Presseunternehmen eine Anzeige veröffentlicht hatte, in der Möbel nach § 17 Abs. 1 UrhG durch den Anzeigenden vertrieben wurden. Das Presseunternehmen hatte selbst nicht die Möbelstücke gemäß § 17 UrhG verbreitet und auch nicht schuldhaft Beihilfe geleistet.[1032] Damit war die mittelbare Haftung als Störer gemäß §§ 97 Abs. 1, 17 Abs. 1 UrhG eröffnet, da das Presseunternehmen lediglich in irgendeiner Weise willentlich und adäquat kausal zu einer Urheberrechtsverletzung beigetragen hatte.[1033] Der Bundesgerichtshof entschied, dass die mittelbare Haftung des Presseunternehmens nur dann begründet ist, wenn dieses vor Veröffentlichung der Anzeige seiner Prüfungspflicht nicht nachgekommen ist. Diese erstreckt sich

1030) Siehe oben S. 127 f.
1031) Siehe oben S. 127 ff.
1032) Siehe BGH GRUR 1999, S. 419.
1033) Siehe BGH GRUR 1999, S. 419.

bei Anzeigen auf eine Prüfung auf grobe und unschwer zu erkennende Verstöße.[1034] Die Prüfungspflicht ist deshalb auch bei der mittelbaren Haftung im Urheberrecht bei der Presse beschränkt. Die Prüfungspflichten können sich nur auf grobe, unschwer zu erkennende Verstöße erstrecken, die keiner näheren Kenntnisse des Urheberrechts bedürfen. Weitergehende Prüfungspflichten würden die Veröffentlichung von Anzeigen an sich in Frage stellen.

2. Suchdienste

a) Einschränkung von Prüfungspflichten

Mittelbare Urheberrechtsverletzungen können durch Suchdienste, Verzeichnisse und Suchmaschinen insbesondere dadurch begangen werden, dass diese Hyperlinks auf Webseiten setzen, auf denen Werke anderer unter Verstoß gegen des UrhG genutzt werden. In Unkenntnis der Urheberrechtsverstöße verweisen Suchdienste auch auf solche Webseiten. Wenn sie für den Nachweis keine eigene Nutzungshandlung begehen, insbesondere nicht die Werke selbst in ihre Datenbank gemäß § 16 UrhG vervielfältigen, begehen sie unmittelbar keine Urheberrechtsverletzung. Der bloße Hyperlink ist nicht mit einer Vervielfältigungshandlung gemäß § 16 UrhG verbunden.[1035] Suchdienste tragen aber durch die Verweise auf die Webseiten willentlich und adäquat kausal zu Urheberrechtsverletzungen bei, indem sie den Zugriff auf die Webseiten erleichtern bzw. ermöglichen. Der Kern der Tätigkeit von Suchdiensten, das Setzen von Hyperlinks, fällt deswegen unter die mittelbare Haftung von Suchdiensten. Wie bei der traditionellen Presse geht es darum, ob und in welchem Umfang im Rahmen dieser mittelbaren Haftung die Haftung beschränkt werden kann.

b) Suchmaschinen

Wie im Wettbewerbsrecht[1036] ist auch im Urheberrecht eine vollständige Beschränkung der Prüfungspflichten für Suchmaschinen geboten. Denn wären Suchmaschinen gezwungen, die Inhalte der Webseiten auf Urheberrechtsverletzungen zu prüfen, die von ihrer Suchsoftware berücksichtigt werden, würde der zeitliche und personelle Aufwand den Bestand der Suchmaschine selbst in Frage stellen. Sie müssten letztlich wie ein Verzeichnis arbeiten. Der besondere Vorteil der Funktionsweise von Suchmaschinen liegt gerade darin, durch die automatische Generierung von Datenbank und Trefferliste in relativ kurzer Zeit einen wesentlich größeren Umfang von Webseiten nachweisen zu

---

1034) BGH GRUR 1999, S. 418, 420.
1035) Siehe oben S 29 und zu Hyperlinks im Allgemeinen: Schwarz/Kreuzer in Schwarz, 3-2.2 S. 46 ff.; Loewenheim in Schricker, Urheberrecht § 16 Rdnr. 22; Koch, GRUR 1997, S. 430; Ernst, CoR 1997, 224; Lütje in Hoeren/Sieber, Kap. 7.2, Rdnr. 168.
1036) Siehe oben S. 157.

können. Die Haftungsbestimmungen, insbesondere des §97 UrhG, sind bei der mittelbaren Haftung von Suchmaschinen so im Lichte der Pressefreiheit verfassungskonform auszulegen, dass Prüfungspflichten ausgeschlossen werden.

Wie beim Wettbewerbsrecht ist keine Prüfung mehr erforderlich, wenn die Urheberrechtsverletzung gerichtlich festgestellt ist. Dann haften die Suchdienste auf Beseitigung des Verweises durch Löschung des URLs der betreffenden Webseite aus ihrer Datenbank.

Anders zu beurteilen sind außerdem Suchmaschinen, deren Hyperlinks vorwiegend und gezielt auf Webseiten mit urheberrechtsverletzenden Inhalten verweisen. Hier kann im Einzelfall das Handlungsunrecht darin liegen, wissentlich mit großer Wahrscheinlichkeit illegale Webseiteninhalte in der Trefferliste aufzuführen. Dann wäre allerdings die mittelbare Haftung samt ihrer Haftungsprivilegierung bereits wegen der schuldhaften Beihilfe ausgeschlossen.

c) Verzeichnisse

Die Betreiber von Verzeichnissen trifft hingegen eine Prüfungspflicht auf grobe, unschwer zu erkennende Verstöße gegen das UrhG. Für sie handelt es sich auch um einen realisierbaren Aufwand, der nicht ihre Funktionsweise an sich in Frage stellt. Redaktionelle Mitarbeiter sichten den Inhalt und fassen diesen für die Datenbank des Verzeichnisses zusammen. Eine Prüfung der Webseite auf grobe, unschwer zu erkennende Verstöße gegen das Urheberrecht ist nicht mit einem die Verzeichnisse unverhältnismäßig belastenden Aufwand verbunden. Weitergehende Prüfungspflichten sind allerdings auch den Verzeichnissen unzumutbar. Angesichts der unterschiedlichen Inhalte würde der personelle und zeitliche Aufwand einer eingehenden Prüfung die Tätigkeit von Verzeichnissen faktisch ausschließen. Eine verfassungskonforme Auslegung führt also dazu, dass die Prüfungspflichten der Verzeichnisse für die von ihnen nachgewiesenen Webseiten den Prüfungspflichten der traditionellen Presse für Anzeigen entsprechen.

3. Ergebnis

Bei der mittelbaren Haftung ist eine verfassungskonforme Auslegung der Haftungsbestimmungen, insbesondere § 97 UrhG, im Lichte der Pressefreiheit möglich. In Fortführung der Grundsätze, auf die der Bundesgerichtshof in der Entscheidung *Möbelklassiker* zur mittelbaren Haftung der traditionellen Presse zurückgreift, kann auch die Tätigkeit der Suchdienste als neues Pressemedium gewährleistet werden, indem die Prüfungspflichten für Suchmaschinen entfallen, und für Verzeichnisse auf grobe und unschwer zu erkennende Verstöße gegen das Urheberrecht beschränkt werden.

V. Erfordernis einer neuen Schranke des Urheberrechts für Suchdienste

1. Pressefreiheit

Wie der vorhergehenden Untersuchung zu entnehmen ist, kann die Haftung für Suchdienste trotz ihres verfassungsrechtlichen Schutzes nur im Bereich der mittelbaren Haftung durch eine verfassungskonforme Auslegung der Haftungsbestimmung beschränkt werden. Im Bereich der unmittelbaren Haftung ist eine haftungsbeschränkende Auslegung nicht möglich.

Diese uneingeschränkte Haftung für unmittelbare Urheberrechtsverletzungen steht jedoch im Widerspruch zu dem Schutz der Suchdienste durch die Pressefreiheit gemäß Art. 5 Abs. 1 S. 2 GG. Indem die Suchdienste sich die Hyperlinks zunutze machen, sind sie zur Informationsgewinnung und für den schnellen Zugriff auf die originalen Informationsquellen besonders wertvoll, da sie so dem Nutzer eine eigene Meinungsbildung ermöglichen. Die Suchdienste werden deshalb bereits wegen ihrer inhaltsfernen Mittlerrolle, die mit dem Presse-Grosso vergleichbar ist, geschützt. Sie vermitteln den faktischen Zugang zu anderen Webseiten, die selbst kommunikationsrechtlichen Schutz – durch Pressefreiheit oder Rundfunkfreiheit – erfahren können. Zum Schutz durch die Pressefreiheit kann im Einzelfall für diese Mittlerfunktion auch ein Schutz durch die Rundfunkfreiheit hinzutreten. Mit dieser Rolle übernehmen sie eine neuartige und bedeutende gesellschaftliche Rolle, da sie den Zugang zu einer Vielzahl von Webseiten vermitteln, die Grundlage der Meinungsbildung sein können.

Daneben tritt ein Schutz durch die Pressefreiheit wegen der inhaltsbezogenen Tätigkeit, die durch die Vermittlung der Inhalte in der Trefferliste, aber auch durch eigene redaktionelle Beiträge gekennzeichnet ist. Beim Eintrag in der Trefferliste kommt es nicht darauf an, ob der Informationsgehalt des einzelnen Abstracts nur dem einer Werbeanzeige entspricht, wenn auf eine kommerzielle Webseite ohne explizit meinungsbildende Stellungnahmen verwiesen wird. Nach richtiger Ansicht sind Anzeigenteil und auch reine Anzeigenblätter durch die Pressefreiheit geschützt, da auch Anzeigen eine eigene meinungsbildende Funktion haben.[1037]

Ihre Aufgabe, den Nutzer zu informieren, können Verzeichnisse ohne unzumutbare Einschränkungen einnehmen, indem sie bei der mittelbaren Haftung nur eingeschränkten Prüfungspflichten unterliegen und bei dem Verfassen der Abstracts lediglich darauf achten müssen, keine Werkteile zu übernehmen bzw. einen werkersetzenden Abstract zu schaffen. Letzteres dürfte allerdings schon durch den Umfang des Abstracts kaum möglich sein, so dass sie praktisch keiner bemerkenswerten Beschränkung unterliegen.

1037) Siehe oben S. 87.

Gerade für die Betreiber von Suchmaschinen ist die Ausübung ihrer Tätigkeit aber nur dann möglich, wenn sie bei Textelementen Verstöße gegen das Urheberrecht im Einzelfall und bei Fotografien Verstöße in der Regel hinnehmen. Ihre Tätigkeit ist also mit wiederholten Eingriffen in die Urheberrechte und verwandte Schutzrechte anderer möglich. Denn die Suchsoftware der Suchmaschinen kann nicht unterscheiden, ob ein Inhalt durch das UrhG geschützt wird. Z.B. ist bei Werken nach § 2 Abs. 1 UrhG erforderlich zu beurteilen, ob sie persönliche geistige Schöpfungen im Sinne des § 2 Abs. 1 UrhG darstellen. Eine solche Beurteilung der Inhalte kann eine Software nicht leisten. Letztlich wird durch die uneingeschränkte Haftung für unmittelbare Urheberrechtsverletzungen die Tätigkeit der Suchmaschinen als solche in Frage gestellt.

Die meinungsbildende Funktion der Suchmaschinen ist aber ebenso schützenswert wie die der Verzeichnisse, da sie über einen wesentlich größeren Teil an Webseiten berichten können. Dabei wird ihre Berichterstattung umso besser, je mehr sie diese Rechte verletzen. Denn die Suchergebnisse sind umfangreicher und gleichzeitig genauer, wenn in der Datenbank aus einer Webseite ein größerer Teil übernommen wird. Die Mittlerrolle kann dann mit größerem Erfolg eingenommen werden. Die Software kann dann den Suchbegriff leichter finden, nicht nur im leicht manipulierbaren Meta-Tag oder im Titel, sondern im gesamten Text. Die Kriterien des Rankings können auch genauer gefasst werden, da eine häufigere Verwendung des Suchbegriffs in einer Webseite tatsächlich auch für eine größere Bedeutung der Webseite für den Suchbegriff spricht. Auch bei der inhaltsbezogenen Tätigkeit wird die Berichterstattung über die Webseiten im WWW und die auf den Webseiten enthaltenen Inhalte besser, wenn Nutzungshandlungen begangen werden. Wird z.B. vom Nutzer eine Fotografie vom Brandenburger Tor gesucht, wird er besser vom Suchdienst informiert, wenn die Fotografie angezeigt wird. Ist dies nicht möglich, könnte der Suchdienst nur den Hyperlink anbieten, eventuell mit einer beschreibenden Textinformation, soweit eine solche bereits auf der Webseite der Fotografie vorhanden ist.

Die Zielsetzung der mit von der Pressefreiheit geschützten Suchmaschinen kollidiert also mit Urheberrechten. Um bewerten zu können, ob die Einschränkungen, die das UrhG den Suchmaschinen auferlegt, einem gerechten Ausgleich zwischen der Pressefreiheit und den Interessen des Urhebers entsprechen, kommt es auf den verfassungsrechtlichen Schutz der Urheber an, über den im Folgenden ein Überblick gegeben wird. Ist kein gerechter Ausgleich getroffen worden, ist über eine neue urheberrechtliche Schranke nachzudenken.

2. Verfassungsrechtliche Grundlagen des Urheberrechts

a) Allgemeines

Um beurteilen zu können, ob die Interessen der Urheber in einem gerechten Ausgleich zu den Interessen der Suchdienste, die durch die Pressefreiheit geschützt werden, stehen, kommt es auf den verfassungsrechtlichen Schutz der Urheber an. Wenn auch viele durch das Urheberrecht geschützte Werke Kunst im Sinne des Art. 5 Abs. 3 GG sind, zählt zu den Grundrechten, auf die sich der Urheber berufen kann, regelmäßig nicht die Kunstfreiheit. Der Schutzbereich der Kunstfreiheit erfasst die eigentliche künstlerische Tätigkeit (den Werkbereich) und die Vermittlung des Kunstwerks an Dritte (den Wirkbereich).[1038] Dieser Schutz schlägt sich nicht im Urheberrecht nieder, da die Tätigkeit des Schaffens selbst nicht Gegenstand des Urheberrechts ist.[1039] Auch die Vermittlung des Ergebnisses künstlerischen Schaffens an die Öffentlichkeit, die von der Kunstfreiheit geschützt wird, ist regelmäßig nicht durch urheberrechtliche Vorschriften erfasst.[1040] Der Urheber kann sich deswegen nur in extremen Ausnahmefällen auf die Kunstfreiheit berufen.[1041] Ein solcher Ausnahmefall wäre z.B. ein so unzureichender Schutz vor Entstellungen des Werkes, dass künstlerisches Schaffen nicht mehr sinnvoll erschiene.[1042]

Im Regelfall ist der verfassungsrechtliche Schutz des Urhebers in Art. 1 Abs. 1 und 2 Abs. 1 GG und vor allem auch in Art. 14 GG begründet. Es ist nur sehr eingeschränkt möglich, den Vorschriften des Urheberrechtsgesetzes als verfassungsrechtliche Basis allein die Eigentumsfreiheit oder allein das allgemeine Persönlichkeitsrecht zuzuordnen. Mit dem Urheberrecht werden sowohl vermögensrechtliche Aspekte, die von Art. 14 Abs.1 GG erfasst werden, verfolgt, als auch persönlichkeitsrechtliche Aspekte, die von Art. 1 Abs. 1 und 2 Abs. 1 GG geschützt werden.[1043] Für das Urheberrecht ist typisch, dass diese Aspekte unaufhebbar verklammert sind.[1044] Nach der herrschenden monistischen Auffassung ist das Urheberrecht deswegen ein einheitliches Recht, welches auf persönlichkeitsrechtlichen und vermögensrechtlichen Fundamenten ruht.[1045]

Persönlichkeitsrecht und Vermögensrecht, so Ulmer[1046],

> „erscheinen, wie bei einem Baum, als die Wurzeln des Urheberrechts, und dieses selbst als der einheitliche Stamm. Die urheberrechtlichen Befugnisse sind den Ästen und

---

1038) Jarass in Jarass/Pieroth, GG, Art. 5 Rdnr. 86.
1039) Dietz in Schricker, Urheberrecht, vor §§ 12 ff. Rdnr. 16.
1040) Siehe BVerfGE 31, S. 229, 239 zu § 46 UrhG.
1041) Vgl. dazu BVerfGE 31, S. 229, 240; 49, S. 382, 392.
1042) Fechner, S. 259.
1043) Ebenso Fechner, S. 510.
1044) Dietz in Schricker, Urheberrecht, vor §§ 12 ff. Rdnr. 10, 11.
1045) Ulmer, Urheber- und Verlagsrecht, § 18 S. 114 ff.
1046) Ulmer, Urheber- und Verlagsrecht, § 18 II. 4., S. 116.

Zweigen vergleichbar, die aus dem Stamm erwachsen. Sie ziehen die Kraft bald aus beiden, bald ganz oder vorwiegend aus einer der Wurzeln."

Dementsprechend wird in § 11 UrhG der Urheber „in seinen geistigen und persönlichen Beziehungen zum Werk und in der Nutzung des Werkes" geschützt. Der Schutz des Urhebers setzt sich schon nach dieser Grundnorm aus persönlichkeitsrechtlichen Bestandteilen und aus vermögensrechtlichen Bestandteilen zusammen. Auch das Urheberpersönlichkeitsrecht verbindet sich mit vermögensrechtlichen Elementen des Urheberrechts zu einer Einheit.[1047] Wird etwa das Recht auf Namensnennung verletzt, kann der Urheber vermögensrechtliche Ersatzansprüche (§ 97 Abs. 1 UrhG) geltend machen.[1048] Der Drehbuchautor erfolgreicher Filme hat nicht nur ein ideelles, sondern vor allem auch ein wirtschaftliches Interesse, als Autor genannt zu werden. Denn als Erfolgsautor kann er eine höhere Vergütung verlangen.[1049] Die Zuordnung aller Ausprägungen des Urheberpersönlichkeitsrechts allein zu Art. 2 Abs. 1 GG wäre wie die Zuordnung der Verwertungsrechte allein zu Art. 14 GG zu pauschal. Als reine Vermögensrechte des Art. 14 GG können nur die Vergütungsansprüche angesehen werden.[1050] Im Übrigen müssen die verfassungsrechtlichen Wurzeln für jedes einzelne Recht des Urhebers bestimmt werden.

Dabei kann jedoch bei allen Überschneidungen der verfassungsrechtlichen Wurzeln festgestellt werden, dass der Schwerpunkt der Verwertungsrechte gemäß §§ 15 ff. UrhG auf der Eigentumsfreiheit gemäß Art. 14 Abs. 1 GG liegt, und dass die deutlichste auf Art. 2 Abs.1 i.V.m. Art. 1 Abs. 1 GG basierende persönlichkeitsrechtliche Ausprägung in den Kernvorschriften zum Urheberpersönlichkeitsrecht der §§ 12 bis 14 UrhG gegeben ist.

Bei der Verwendung von Webseiten anderer müssen die Suchdienste die Verwertungsrechte von Urhebern und ihr Urheberpersönlichkeitsrecht beachten. Die die Suchdienste schützende Pressefreiheit gemäß Art. 5 Abs. 1 S. 2 GG[1051] trifft auf Art. 2 Abs. 1 i.V.m. 1 Abs. 1 GG und Art. 14 GG.

1047) Ulmer, Urheber- und Verlagsrecht, § 6 III 3., S. 34.
1048) Ulmer, Urheber- und Verlagsrecht, § 18 I. S. 114.
1049) Kreile/Wallner, ZUM 1997, S. 626.
1050) Ulmer, Urheber- und Verlagsrecht, § 18 I. S. 115.
1051) Siehe oben S. 67 ff.

b) Art. 2 Abs.1 i.V.m. Art. 1 Abs. 1 GG

aa) Das allgemeine Persönlichkeitsrecht

Das allgemeine Persönlichkeitsrecht gemäß Art. 2 Abs. 1 i.V.m. Art. 1 Abs. 1 GG schützt

> „die engere persönliche Lebenssphäre und die Erhaltung ihrer Grundbedingungen [...], die sich durch die traditionellen konkreten Freiheitsgarantien nicht abschließend erfassen lassen“[1052].

Die Schranken des allgemeinen Persönlichkeitsrechts knüpfen an Art. 2 Abs. 1 GG an.[1053]

bb) Das Urheberpersönlichkeitsrecht

Das allgemeine Persönlichkeitsrecht im vorgenannten verfassungsrechtlichen Sinne ist vom allgemeinen Persönlichkeitsrecht im zivilrechtlichen Sinne und vom Urheberpersönlichkeitsrecht zu unterscheiden. Wie das allgemeine Persönlichkeitsrecht im zivilrechtlichen Sinne hat auch das Urheberpersönlichkeitsrecht keinen Verfassungsrang. Das Urheberpersönlichkeitsrecht – vor allem in der Ausprägung der §§ 12 bis 14 UrhG[1054] – und das allgemeine Persönlichkeitsrecht im zivilrechtlichen Sinne basieren allerdings auf den Art. 1 Abs. 1 und 2 Abs. 1 GG.[1055] Dabei wird das Urheberpersönlichkeitsrecht im Gegensatz zum allgemeinen Persönlichkeitsrecht im zivilrechtlichen Sinne durch die persönliche Beziehung zwischen Urheber und Werk gekennzeichnet.[1056]

Trifft die Pressefreiheit der Suchdienste im Urheberrecht auf persönlichkeitsrechtliche Fragen, so steht dem Grundrecht der Pressefreiheit das Grundrecht des allgemeinen Persönlichkeitsrechts gegenüber, da die persönlichkeitsrechtlichen Aspekte des Urheberpersönlichkeitsrechts auf dem allgemeinen Persönlichkeitsrecht im verfassungsrechtlichen Sinne fußen. Solche persönlichkeitsrechtlichen Fragen stellen sich vor allem bei den Kernvorschriften zum Urheberpersönlichkeitsrecht, dem Veröffentlichungsrecht nach § 12 UrhG, dem Recht auf Anerkennung der Urheberschaft nach § 13 UrhG und dem Schutz gegen Entstellung des Werkes nach § 14 UrhG.[1057]

1052) BVerfGE 54, S. 148, 153; 72, S. 155, 170.

1053) Jarass in Jarass/Pieroth, GG, Art. 2 Rdnr. 43; BVerfGE 65, S. 1, 43 f; 79, S. 256, 269; 97, S. 228, 269.

1054) Diese Ausprägung wird auch als Urheberpersönlichkeitsrecht im engeren Sinne bezeichnet, so Dietz in Schricker, Urheberrecht, vor §§ 12 ff Rdnr. 7 m.w.N.

1055) Hertin in Fromm/Nordemann, vor § 12 Rdnr. 9 a.E.

1056) Dietz in Schricker, Urheberrecht, vor §§ 12 ff. Rdnr. 14.

1057) Im Einzelnen zum Verhältnis von Urheberpersönlichkeitsrecht und verfassungsrechtlichen allgemeinem Persönlichkeitsrecht siehe die Darstellung bei Fechner, S. 266 f.

c) Art. 14 Abs. 1 S. 1 GG

aa) Einführung

Mit Art. 14 Abs. 1 S. 1 GG wird das Eigentum garantiert. Die Eigentumsgarantie schützt die konkreten Rechte der Eigentümer und gewährleistet das Privateigentum als Rechtsinstitut.[1058] In den Schutzbereich der Eigentumsfreiheit fällt jedes vermögenswerte Recht.[1059] Der verfassungsrechtliche Eigentumsbegriff ist nicht auf den Eigentumsbegriff des § 903 BGB reduziert. Auch das Urheberrecht ist als Nutzungsrecht Eigentum im Sinne des Verfassungsrechts.[1060] Das Produkt schöpferischer Leistung selbst ist im Gegensatz zu seiner Verdinglichung – z.B. auf Papier, auf Tonträgern, auf Leinwand, auf einer Festplatte – nicht gegenständlich; trotzdem ist es ein konkret fassbares und rechtlich definierbares vermögenswertes Gut.[1061]

Soweit die Eigentumsgarantie die konkreten Rechte des Eigentümers schützt, gewährt Art. 14 Abs. 1 S. 1 GG ein Abwehrrecht. Der konkrete, vor allem durch Arbeit und Leistung erworbene Bestand an vermögenswerten Gütern wird vor ungerechtfertigten Eingriffen durch die öffentliche Gewalt geschützt.[1062] Von diesem Schutz sind das Innehaben, das Nutzen und die Verfügung über diesen Bestand erfasst.[1063]

Die Institutsgarantie als Teil der Eigentumsgarantie bedeutet, dass die Sachbereiche der Privatrechtsordnung nicht entzogen werden dürfen, die zum elementaren Bestand grundrechtlich geschützter Betätigung im vermögensrechtlichen Bereich gehören.[1064] Dem Träger des Grundrechts wird durch Zubilligung und Sicherung von Herrschafts-, Nutzungs- und Verfügungsrechten ein Freiheitsraum im vermögensrechtlichen Bereich gewährleistet; dadurch wird ihm die Entfaltung und eigenverantwortliche Gestaltung des Lebens ermöglicht.[1065] Dieser von Art. 14 GG gesicherte Freiraum – durch Privatnützigkeit und Verfügungsbefugnis gekennzeichnet[1066] – darf nicht aufgehoben oder wesentlich geschmälert werden.[1067] Die Institutsgarantie bildet damit eine Grenze zulässiger Inhalts- und Schrankenbestimmungen des Eigentums.

1058) Badura in Hdb.VerfR, § 10 Rdnr. 32; Papier in Maunz-Dürig, Art. 14 Rdnr. 1; a.A. zur Institutsgarantie Bryde in v. Münch/Kunig, GG, Art. 14 Rdnr. 32, die angesichts Art. 1 Abs. 3 GG und der Wesentsgehaltsgarantie obsolet sei.

1059) Wieland in Dreier, GG, Art. 14 Rdnr. 31.

1060) Kimminich in Bonner Kommentar, Art. 14 Rdnr. 34.

1061) Kirchhof in FS Zeidler, S. 1649.

1062) BVerfGE 31, S. 229, 239; Kirchhof in FS Zeidler, S. 1641.

1063) Jarass in Jarass/Pieroth, GG, Art. 14 Rdnr. 6.

1064) BVerfGE 58, S. 300, 339; Wieland in Dreier, GG, Art. 14 Rdnr. 24; Jarass in Jarass/Pieroth, GG, Art.14 Rdnr. 14; BVerfGE 24, S. 367, 388 f.

1065) BVerfGE 31, S. 229, 239.

1066) BVerfGE 52, S. 1, 30 - *Kleingarten*.

1067) BVerfGE 58, S. 300, 339.

(1) Inhalts- und Schrankenbestimmung

„Inhalt und Schranken des Eigentums werden durch die Gesetze bestimmt“ (Art. 14 Abs. 1 S. 2 GG). Neben der hier genannten Inhalts- und Schrankenbestimmung sieht Art. 14 Abs. 1 S. 2 GG die Möglichkeit zu Enteignungen vor. Wurden früher Inhalts- und Schrankenbestimmung und Enteignung nach der Intensität des Eingriffs in geschützte Eigentumspositionen definiert, ist diese Abgrenzung nach der heutigen h.M. nach anderen Gesichtspunkten zu vollziehen. Die Inhalts- und Schrankenbestimmung des Art. 14 Abs. 1 S. 2 GG umfasst jede in die Zukunft gerichtete, generelle und abstrakte Festlegung von Rechten und Pflichten von Eigentümern; Enteignungen sind zielgerichtete, staatliche Zugriffe auf das Eigentum des Einzelnen.[1068]

Weitgehend wird auf eine Unterscheidung der Inhalts- und Schrankenbestimmung verzichtet.[1069] Wird eine Eigentumsposition durch ein Gesetz definiert, wird damit immer Inhalt und gleichzeitig Grenze der Rechtsposition festgelegt. Eigentum im Sinne des Grundgesetzes ist deswegen der jeweilige status quo aller eigentumsbezogenen Gesetze.[1070]

(2) Die Sozialbindung

Die in Art. 14 Abs. 2 GG festgelegte Verpflichtung des Eigentums zum Dienste der Allgemeinheit (Sozialbindung des Eigentums) ist eine besondere Leitlinie für die Verhältnismäßigkeitsprüfung.[1071] Der Verhältnismäßigkeitsgrundsatz erfährt dadurch in Art. 14 Abs. 1 GG eine wichtige Differenzierung.

Vor der Nassauskiesungsentscheidung[1072] des Bundesverfassungsgerichts wurde der Begriff der Sozialbindung allerdings zur Abgrenzung von Inhaltsbestimmung und Enteignung verwendet. Eine Enteignung wurde bejaht, wenn eine Eigentumsbeeinträchtigung gegeben war, die nach Abwägung zwischen den Interessen der Allgemeinheit und denen des Eigentümers als ein die Grenzen zulässiger Sozialbindung überschreitendes unzumutbares Opfer zu bewerten war.[1073] Dieser Bedeutungszusammenhang ist inzwischen verloren

1068) BVerfGE 52, S. 1, 27; Bryde in v. Münch/Kunig, GG, Art. 14 Rdnr. 58; Wieland in Dreier, GG, Art. 14 Rdnr. 65.

1069) Siehe Wieland in Dreier, GG, Art. 14 Rdnr. 68; Papier in Maunz/Dürig, Art. 14 Rdnr. 300; anders Ramsauer, DVBl. 1980, S. 539 ff.

1070) Wieland in Dreier, GG, Art. 14 Rdnr. 119.

1071) Vgl. etwa Jarass in Jarass/Pieroth, GG, Art. 14 Rdnr. 37, 34; Papier in Maunz/Dürig, Art. 14 Rdnr. 299.

1072) BVerfGE 58, S. 300 ff.

1073) Siehe Schulze-Osterloh, NJW 1981, S. 2538.

gegangen, weswegen hier Sozialbindung als Teilaspekt der Prüfung der Verhältnismäßigkeit verstanden wird.[1074]

Sozialbindung bedeutet danach nach heutigem Verständnis, dass Beschränkungen des Eigentums nur zum Wohl der Allgemeinheit verhältnismäßig sind. Das Wohl der Allgemeinheit ist nicht nur der Grund für Beschränkungen des Eigentums, sondern gleichzeitig auch die Grenze für die dem Eigentum aufzuerlegenden Beschränkungen.[1075] Verhältnismäßig ist eine Regelung dann, wenn der Gesetzgeber nach Abwägung der objektiv-rechtlichen Eigentumsgarantie und dem Sozialgebot auf der einen Seite die Position des Eigentümers nicht unverhältnismäßig verkürzt hat und auf der anderen Seite die Sozialbindung nicht mehr als verhältnismäßig vernachlässigt hat.[1076] Unverhältnismäßig ist die Regelung, wenn sie gemessen am sozialen Bezug und an der sozialen Bedeutung des Eigentumsobjekts sowie im Blick auf den Regelungszweck zu einer übermäßigen Belastung führt und den Eigentümer im vermögensrechtlichen Bereich unzumutbar trifft.[1077]

Im Urheberrecht kommt der Sozialbindung eine besondere Bedeutung zu, da das geistige Eigentum deutliche soziale Züge trägt.[1078] Geistiges Eigentum ist auf Publikation und Entäußerung an andere ausgerichtet und tritt bestimmungsgemäß in den öffentlichen Raum.[1079] In diesem Raum ist das Werk nicht mehr nur ein Individualgut, sondern prägt die geistige und kulturelle Auseinandersetzung seiner Zeit.[1080] Dieser Stellenwert des Werkes als Kulturgut der Allgemeinheit macht deswegen den besonderen sozialen Bezug des Urheberrechts aus. Die Sozialbindung hat daher im Urheberrecht den Anspruch,

> „zwischen dem Individualinteresse des Eigentümers und den Interessen der Allgemeinheit an einer umfassenden und möglichst kostengünstigen Nutzung zu einem Ausgleich zu führen.“[1081]

Grundsätzlich ist die Befugnis des Gesetzgebers zur Inhalts- und Schrankenbestimmung des Eigentums umso höher, je deutlicher das Eigentumsobjekt in einem sozialen Bezug und einer sozialen Funktion steht.[1082] Der soziale Bezug ergibt sich aus der Notwendigkeit des Nichteigentümers, das Objekt zu seiner Freiheitssicherung und verantwortlichen Lebensplanung nutzen zu müssen.[1083]

1074) Fechner, S. 239 ff. weist zu Recht auf die Missverständlichkeit des Begriffs der „Sozialbindung“ hin, da er in der zivilrechtlichen Literatur zum Teil weiterhin im überkommenen Sinne verwendet wird.
1075) BVerfGE 79, S. 174, 198; Papier in Maunz/Dürig, Art. 14 Rdnr. 299.
1076) Wieland in Dreier, GG, Art. 14 Rdnr. 119; Fechner S. 240.
1077) Siehe BVerfGE 58, S. 137, 148.
1078) Fechner, S. 240.
1079) Leinemann, S. 59.
1080) BVerfGE 31, S. 229, 243; ebenso Kirchhof in FS Zeidler, S. 1660; Leinemann, S. 59.
1081) Fechner, S. 241.
1082) BVerfGE 70, S. 191, 201.
1083) BVerfGE a.a.O., Fn. 1082.

Interessen der Allgemeinheit sind also auch und gerade die Freiheitsrechte anderer. Die Pressefreiheit – hier der Suchdienste – ist demnach bei der Verhältnismäßigkeitsprüfung auch unter dem Gesichtspunkt der Sozialbindung des geistigen Eigentums zu berücksichtigen.

(3) Gleichheitsgebot

Neben den Grundsatz der Verhältnismäßigkeit tritt als Einschränkung der Befugnisse des Gesetzgebers zu Inhalts- und Schrankenbestimmungen des Art. 14 Abs. 1 S.1 GG das Gleichheitsgebot.[1084] Es gilt auch für Regelungen, die das geistige Eigentum betreffen.[1085] Das Gleichheitsgebot ist verletzt,

> „wenn eine Gruppe von Normadressaten im Vergleich zu anderen Normadressaten anders behandelt wird, obwohl zwischen beiden Gruppen keine Unterschiede von solcher Art und Gewicht bestehen, dass sie die ungleiche Behandlung rechtfertigen könnten“[1086].

Der rechtfertigende Grund einer Ungleichbehandlung muss in einem angemessenen Verhältnis zur Ungleichbehandlung stehen.[1087]

(4) Ausgleichspflichtige Inhaltsbestimmungen

Ausgleichspflichtige Inhaltsbestimmungen sind Inhalts- und Schrankenbestimmungen, die um der Verhältnismäßigkeit und des Gleichheitssatzes willen Ausgleichsansprüche vorsehen. Gleichheitssatz und Verhältnismäßigkeitsgrundsatz können als Konsequenz mit sich bringen,

> „dass inhalts- und schrankenbestimmende Gesetze nur dann verfassungsgemäß sind, wenn eigentumsrechtliche Beschränkungen durch gleichzeitige Gewährung von Ausgleichsansprüchen in ihren belastenden Wirkungen abgemildert werden.“[1088]

Der Gleichheitssatz ist neben dem Verhältnismäßigkeitsgrundsatz bzw. dem Übermaßverbot zu beachten.[1089] Zunächst ist zu prüfen, ob die Inanspruchnahme des Eigentümers an sich zulässig ist, danach, ob eine entschädigungslose Inanspruchnahme zum einen gegen den Verhältnismäßigkeitsgrundsatz, zum anderen gegen das Gleichheitsgebot verstößt.[1090] Diese Prüfungsabfolge praktiziert das Bundesverfassungsgericht in seiner *Pflichtexemplar-Entscheidung*[1091].

1084) BVerfGE 58, S. 137, 148 - *Pflichtexemplar - Entscheidung.*
1085) BVerfGE 49, S. 382, 395; ebenso BVerfGE 79, S. 174, 198.
1086) BVerfGE 55, S. 72, 88; 60, S. 123, 133 f; 74, S. 9, 24; Heun in Dreier, GG, Art. 3 Rdnr. 19 Fn. 102 m.w.N..
1087) BVerfGE 81, S. 208, 224; 82, S. 126, 146.
1088) Schulze-Osterloh, DVBl. 1991, S. 908; grundlegend dies., NJW 1981, S. 2541 ff..
1089) Schulze-Osterloh, NJW 1981, S. 2542, die das Gleichheitsgebot im Rahmen der Prüfung der Verhältnismäßigkeit im engeren Sinne berücksichtigen will.
1090) Schulze-Osterloh, NJW 1981, S. 2543.
1091) BVerfGE 58, S. 137 ff.

In der Literatur[1092] wird vertreten, dass eine ausgleichspflichtige Inhaltsbestimmung nur in besonderen Ausnahmefällen in Betracht gezogen werden kann. Nur wenn eine Inhalts- und Schrankenbestimmung aufgrund singulärer Umstände für den Betroffenen zu einer Härte führt, soll eine Ausgleichspflicht bestehen.

Eine solche Einschränkung des Anwendungsbereichs der ausgleichspflichtigen Inhaltsbestimmung verengt die Prüfung der Verfassungsmäßigkeit einer Inhalts- und Schrankenbestimmung auf das Gleichheitsgebot. Wenn nur für Einzelfälle die Ausgleichspflicht begründet werden kann, wird auf die Unterscheidung verschiedener Sachverhalte, die Belastung einzelner im Gegensatz zur Belastung einer Mehrzahl, abgestellt. Hingegen kann eine Ausgleichspflicht auch dann bestehen, wenn nicht nur eine extreme Härte im Einzelfall, sondern im Normalfall der Norm besteht, die Norm also zwar dem Gleichheitssatz genügt, aber unverhältnismäßig ist.

Eine Ausgleichspflicht ist deswegen immer dann zu bejahen, wenn die Freiheitsbeschränkung zwar zulässig wäre, aber im Hinblick auf die Vermögenseinbuße gegen das Übermaßverbot oder das Gleichheitsgebot verstoßen würde. Einer unverhältnismäßigen Belastung des Eigentümers durch entschädigungslose Inanspruchnahme wird insbesondere durch einen Vergütungsanspruch des Eigentümers Genüge getan; ein unentgeltlicher Verzicht auf einen vermögenswerten Wert würde sonst gegen das Eigentumsgrundrecht verstoßen.[1093]

bb) Urheberrecht in der Systematik des Art. 14 Abs. 1 S. 1 GG

(1) Urheberrechte als „geistiges Eigentum“

Durch die Eigentumsfreiheit wird der konkrete, vor allem durch Arbeit und Leistung erworbene Bestand an vermögenswerten Gütern erfasst.[1094] Werke i.S. des Urheberrechts sind ein solches Gut; sie stellen geistiges Eigentum dar. Insbesondere die Verwertungsrechte sind am Maßstab der Eigentumsgarantie des Art. 14 Abs. 1 S. 1 GG zu messen.[1095]

Geistiges Eigentum unterscheidet sich vom sonstigen Eigentum vor allem in der Hinsicht, dass es auf Verbreitung und Verwertung durch Dritte angelegt ist, da es erst durch die Entgegennahme durch einen anderen zu einem ökonomischen Wert wird.[1096] Die Inhalte des schöpferischen Werkes sollen einem möglichst großen Personenkreis zugänglich gemacht werden.[1097] Dieses

---

1092) Wieland in Dreier, GG, Art. 14 Rdnr. 126.
1093) Siehe hierzu den Tenor zur *Pflichtexemplar-Entscheidung*, BVerfGE 58, S. 137.
1094) Kirchhof in FS Zeidler, S. 1641.
1095) BVerfGE 49, S. 382, 392.
1096) Kirchhof in FS Zeidler, S. 1639.
1097) Leinemann, S. 58 f.

Ziel wird im Internet mit Leichtigkeit erreicht, da von jedem Platz der Erde beliebig im Internet – zumeist im WWW – enthaltene Werke abgerufen werden können. Gleichzeitig wird deutlich, dass der Urheber besonderer Schutzmechanismen und einer spezifischen Festlegung der aus der Eigentumsfreiheit fließenden Rechte bedarf. Schon allein die Möglichkeit der Kopie und der technischen Abrufbarkeit von Werken durch einzelne Nutzer bedeutet einen vergleichbar tiefen Einschnitt in der Entwicklung des Urheberrechts wie es die Entstehung der Buchdruckkunst war.[1098] Im Internet ist außerdem durch die Möglichkeit der Kopie von Inhalten ohne Qualitätsverlust die Gefahr größer, dass dem Urheber eines Werkes dessen ökonomischer Wert entgeht.

(2) Die Verwertungsrechte und das Recht auf Einräumung von Nutzungsrechten als Inhalts- und Schrankenbestimmung

Der grundgesetzlich geschützte Kern des Urheberrechts besteht aus der grundsätzlichen Zuordnung des vermögenswerten Ergebnisses der schöpferischen Leistung an den Urheber im Wege privatrechtlicher Normierung und seiner Freiheit, in eigener Verantwortung darüber verfügen zu können.[1099] Diesem Kern des Urheberrechts entspricht als Ausfluss der Eigentumsgarantie das Ausschließlichkeitsrecht des § 15 UrhG.[1100] An dieses Ausschließlichkeitsrecht, die Verwertung des geistigen Eigentums durch den Urheber, knüpft dann auch der Ausgleich zu Interessen der Allgemeinheit an, indem die Verwertungsrechte durch die Nutzungsrechte der Allgemeinheit beschränkt werden.[1101]

Die Verfügungsfreiheit des Urhebers spiegelt sich außerdem in der Möglichkeit des Urhebers, anderen Nutzungsrechte einzuräumen (§ 31 Abs. 1 UrhG). Auch damit wird der Umfang der Eigentumsposition „Urheberrecht" bestimmt.

(3) Die Schrankenbestimmungen des Urheberrechts als Inhalts- und Schrankenbestimmung des Eigentums

Die Schranken des Urheberrechts gemäß §§ 45 ff. UrhG dienen dazu, den Interessen der Allgemeinheit gerecht zu werden. Um Verwechslungen zwischen dem verfassungsrechtlichen und urheberrechtlichen Schrankenbegriff auszuschließen, werden im Folgenden die Schranken des Urheberrechts als urheberrechtliche Schranken bezeichnet.

Die urheberrechtlichen Schranken stellen keine reine Schrankenbestimmung im verfassungsrechtlichen Sinne dar. Sie beschränken insbesondere nicht eine Eigentumsposition „Verwertungsrecht". Sie sind vielmehr, wie auch die Festlegung der Verwertungsrechte, zugleich Inhalts- und Schranken-

---

1098) Siehe Kirchhof in FS Zeidler, S. 1647.
1099) BVerfGE 31, S. 229, 240 f..
1100) BVerfGE 31, S. 229, 241.
1101) Vgl. Fechner, S. 241.

bestimmung, indem sie den Umfang eines Urheberrechts definieren.[1102] Die Verwertungsrechte im Urheberrecht bestehen von vornherein nur in den durch die urheberrechtlichen Schranken gezogenen Grenzen.[1103] Die urheberrechtlichen Schranken sind also von einem verfassungsrechtlichen Standpunkt betrachtet nicht Schranken des urheberrechtlichen Eigentumsbegriffs, sondern Teil des urheberrechtlichen Eigentumsbegriffs.

(4) Vergütungspflichten als ausgleichspflichtige Inhaltsbestimmung

Wird mit einer Inhalts- und Schrankenbestimmung die Nutzung des Urheberrechts eingeschränkt, kann diese Einschränkung unentgeltlich oder gegen Vergütung erfolgen. Inwieweit eine Einschränkung der Nutzung zulässig ist und ob sie unentgeltlich zulässig ist, bestimmt sich nach Abwägung der Interessen des Urhebers und dem Interesse der Allgemeinheit. Der Anspruch des Urhebers auf eine angemessene Nutzung seiner schöpferischen Leistung aus Art. 14 Abs. 1 GG muss in einen gerechten Ausgleich und ein ausgewogenes Verhältnis mit den Interessen der Allgemeinheit gebracht werden.[1104]

Für den Urheber fällt der grundgesetzlich geschützte Kern des Urheberrechts in die Waagschale. Der Kern des Urheberrechts besteht zum einen aus der Freiheit, in eigener Verantwortung über das schöpferische Ergebnis verfügen zu können. Zum anderen besteht dieser Kern aus der grundsätzlichen Zuordnung des vermögenswerten Ergebnisses der schöpferischen Leistung an den Urheber im Wege privatrechtlicher Normierung.

In der *Schulbuchentscheidung* stellte das Bundesverfassungsgericht zunächst die Unterscheidung des UrhG von Urheberpersönlichkeitsrecht und Verwertungsrechten im Sinne des Urheberrechts dar.[1105] Der Ausschluss dieser Verwertungsrechte – dort insbesondere des Vervielfältigungs- und Verbreitungsrechts – ist im Interesse der Allgemeinheit zulässig.[1106] Grund dafür ist der besondere soziale Bezug des Urheberrechts. Hingegen ist ein Ausschluss der Verwertungsrechte ohne einen Vergütungsanspruch nur durch ein gesteigertes öffentliches Interesse zulässig.[1107] Denn wird keine Vergütung gewährt, wird das Recht des Urhebers, über sein Werk durch Einräumung von Nutzungsrechten zu verfügen, soweit geschmälert, dass die Zuordnung des vermögenswerten Ergebnisses der geistigen Tätigkeit ebenfalls aufgehoben wird. Da das vermögenswerte Ergebnis zudem der geistigen und persönlichen Leistung des

---

1102) Vgl. BVerfGE 49, S. 382, 393 zu § 52 Abs. 1 UrhG.
1103) Vgl. BVerfGE 49, S. 382, 393 zum Verwertungsrecht der öffentlichen Wiedergabe.
1104) BVerfGE 49, S. 382, 394.
1105) Siehe BVerfGE 31, S. 229, 240.
1106) BVerfGE 31, S. 229, 242.
1107) BVerfGE 31, S. 229, 243.

Urhebers entspringt, kann der Ausschluss des Vergütungsrechts nicht durch jede Gemeinwohlerwägung aufgehoben werden.[1108]

Scheinbar im Widerspruch steht dazu die Formulierung der *Gefangenenentscheidung* des Bundesverfassungsgerichts:

> „Für das Urheberrecht ist dabei zu differenzieren. Eingriffe in das Verfügungsrecht sind eher mit Gemeinwohlgründen zu rechtfertigen als eine Beschränkung des Verwertungsrechts. Diese kann wegen der Intensität des Eingriffs nur durch ein gesteigertes öffentliches Interesse gerechtfertigt werden“[1109].

Hatte das Bundesverfassungsgericht in der *Schulbuchentscheidung* eine Beschränkung des Verwertungsrechts aus Allgemeinwohlgründen für zulässig gehalten und nur den Ausschluss des Vergütungsrechts vor dem Hintergrund eines gesteigerten öffentlichen Interesses für zulässig gehalten, so scheint dem der Wortlaut der *Gefangenenentscheidung* zu widersprechen. Eine Analyse der *Gefangenenentscheidung* zeigt jedoch, dass der Widerspruch nur auf der Terminologie beruht. Die *Gefangenenentscheidung* versteht unter der Verfügung die Rechte, die das urheberrechtliche Verwertungsrecht gewährt. Unter Verwertungsrecht versteht das Bundesverfassungsgericht in der *Gefangenenentscheidung* die Zuordnung des vermögenswerten Ergebnisses.[1110] Diese fehlende Zuordnung des vermögenswerten Ergebnisses war jedoch bei der *Schulbuchentscheidung* im Hinblick auf den Ausschluss von Vergütungsansprüchen berücksichtigt worden.[1111] Das macht deutlich, dass bei einem Ausschluss einzelner urheberrechtlicher Verwertungsrechte beide Entscheidungen Allgemeinwohlerwägungen berücksichtigen, bei einem Ausschluss der Vergütungsansprüche jedoch ein gesteigertes öffentliches Interesse in die Abwägung mit einbezogen werden muss, da es sonst an einer hinreichenden Zuordnung des vermögenswerten Ergebnisses fehlen könnte.

Die besondere Bedeutung der Zuordnung des vermögenswerten Ergebnisses zum Urheber liegt darin, dass es ihm finanziell eine eigenverantwortliche Lebensgestaltung ermöglichen soll.[1112] Diese Möglichkeit darf ihm nur in besonderen Ausnahmefällen – bei einem gesteigerten öffentlichen Interesse – genommen werden.

Die Vorgehensweise des Bundesverfassungsgerichts macht außerdem deutlich, dass der Freiheitsbereich des Art. 14 Abs. 1 GG einen Freiheitsschutz an sich – hier die urheberrechtlichen Verwertungsrechte – gewährt und außerdem die Zuordnung des Vermögenswertes der Freiheitsbetätigung gewährleistet.[1113] Entsprechend teilt sich die Prüfung der Zulässigkeit der

---

1108) BVerfGE 31, S. 229, 243.
1109) BVerfGE 79, S. 29, 41.
1110) Siehe insbesondere BVerfGE 79, S. 29, 44.
1111) Siehe BVerfGE 31, S. 229, 243.
1112) Vgl. BVerfGE 79, S. 29, 40; BVerfGE 46, S. 325, 334; 50, S. 290, 362.
1113) Siehe Schulze-Osterloh, NJW 1981, S. 2543.

urheberrechtlichen Inhalts- und Schrankenbestimmungen auf. In einem ersten Schritt stellt sich die Frage, ob die Inhalts- und Schrankenbestimmung des geistigen Eigentums eine im Rahmen des Art. 14 Abs. 1 S. 2 GG zulässige Freiheitsbeeinträchtigung darstellt; als zweiter Schritt ist zu fragen, ob auch

> „eine mit der Freiheitsbeeinträchtigung verbundene Wertbeeinträchtigung des Eigentums mit den vom Gesetzgeber zu beachtenden Grundsätzen des Übermaßverbots und des Gleichheitssatzes vereinbar ist."[1114]

Ist die Wertbeeinträchtigung nicht mit den Grundsätzen des Übermaßverbotes bzw. Verhältnismäßigkeitsgrundsatzes und des Gleichheitssatzes vereinbar, besteht eine Ausgleichspflicht. Zulässig ist dann nur eine ausgleichspflichtige Schranken- und Inhaltsbestimmung. Im Urheberrecht sind Beispiele für solche ausgleichspflichtigen Inhalts- und Schrankenbestimmungen die gesetzlichen Lizenzen. Als Beispiel ist hier § 46 UrhG zu nennen, der die Vervielfältigung und Verbreitung von bestimmten Werken für Kirchen-, Schul-, oder Unterrichtsgebrauch gemäß § 46 Abs. 1 UrhG erlaubt, aber mit einem Vergütungsanspruch nach § 46 Abs. 4 UrhG kombiniert.

Zur Klarstellung sei an dieser Stelle darauf hingewiesen, dass hinsichtlich des Begriffs der Verwertungsrechte in der vorliegenden Arbeit der Terminologie der *Schulbuchentscheidung* bzw. des Urheberrechts gefolgt wird. Als Verwertungsrecht sind die in § 15 UrhG genannten Rechte anzusehen, also das Recht, das Werk in körperlicher Form zu verwerten (§ 15 Abs. 1 UrhG) und es in unkörperlicher Form öffentlich wiederzugeben (§ 15 Abs. 2 UrhG).

3. Pressefreiheit der Suchdienste und Urheberrecht

a) Verwertungsrechte

Werden die Einschränkungen der Tätigkeit von Suchmaschinen durch das Urheberrecht an der Pressefreiheit gemäß Art. 5 Abs. 1 S. 2 GG gemessen, stellen sie sich für die Primärsuchmaschinen als unverhältnismäßig dar. Mit der Tätigkeit von Suchmaschinen, auch im Vergleich zu Verzeichnissen, sind Vorteile verbunden, die einen besonderen Einfluss auf den Prozess der Meinungsbildung haben. Denn da die Datenbank und die Trefferliste automatisch erstellt werden, sind Suchmaschinen in der Lage, in kurzer Zeit eine wesentlich größere Auswahl und Menge von Webseiten als Verzeichnisse nachzuweisen. Damit wird den Nutzern mit größtmöglicher Aktualität der Zugang zu einer Vielzahl von Informationen auf einer riesigen Menge von Webseiten im WWW eröffnet. Ihrer besonderen Rolle im Prozess der Meinungsbildung werden die nach Art. 5 Abs. 1 S. 2 GG geschützten Suchmaschinen nur gerecht, wenn die automatische Auswahl aufrechterhalten werden kann.

Die Beschränkungen, die durch die Haftungsbestimmung des § 97 UrhG Suchdiensten und vor allem Suchmaschinen auferlegt werden, dienen dazu, die

---

1114) Schulze-Osterloh, NJW 1981, S. 2543.

Verwertungsrechte der Urheber zu sichern, damit die Zuordnung des vermögenswerten Ergebnisses der schöpferischen Leistung den Urhebern erhalten bleibt. Dieses Ziel kann jedoch auch erreicht werden, ohne die Tätigkeit der Suchmaschinen in gegebenem Ausmaß einschränken zu müssen. Die Pressefreiheit der Suchmaschinen wird durch das UrhG unverhältnismäßig beschränkt.

Die Beschränkungen sind nicht erforderlich, um die Interessen der Urheber zu wahren. Wenn ein Urheber oder ein anderer, der Nutzungsrechte innehat, eine Webseite einrichtet, macht er den Inhalt und die darin enthaltenen Werke, Werkteile oder sonstige nach dem UrhG geschützten Erzeugnisse Dritten zugänglich. Die Tätigkeit der Suchdienste unterstützt diese Zielsetzung. Schon bei herkömmlichen Nachweisen durch Bibliographien, Handbücher oder Nachschlagewerke wurde davon ausgegangen, dass die Interessen der Urheber gefördert werden, da diese Informationen zu einem größeren Absatz ihrer Werke und geschützten Erzeugnisse führen.[1115] Gleiches gilt auch für den Nachweis durch Suchmaschinen. Wer im WWW seine Werke zugänglich macht, verspricht sich dadurch in der Regel einen geldwerten Vorteil. Häufig liegt dieser Vorteil in Werbeeinnahmen, die an möglichst hohe Besucherzahlen anknüpfen. Viele der Presseunternehmen, die auch auf Papier ihr Produkt herausgeben, finanzieren ihre elektronische Ausgabe über Werbeeinnahmen. Selbst wenn eine solche Drittfinanzierung nicht angestrebt wird, kann z.B. die Aufnahme einer Fotografie auf einer Webseite dazu dienen, einen Originalabzug über das Internet zu vertreiben. Je mehr Nutzer die Webseite mit der betreffenden Fotografie finden, umso höher sind die Absatzmöglichkeiten. Es gibt deshalb sogar Erwägungen, wie Inhaber von Webseiten eine Aufnahme ihrer Webseite in die Trefferliste von den Betreibern der Suchdienste fordern können.[1116]

Im Vergleich zur vorgenannten Förderung des Vermögenswertes der durch die Suchmaschinen genutzten Werke, Werkteile und durch das UrhG geschützten Erzeugnisse ist die Beeinträchtigung der Verwertungsrechte des Urhebers gering. Suchdienste ermöglichen regelmäßig dem Nutzer, das Werk im WWW zu finden. Suchmaschinen vervielfältigen hierfür jedoch über den für den Hyperlink erforderlichen URL hinaus Inhalte von Webseiten in ihre Datenbank. Im Unterschied zu traditionellen Nachweisen zeigen die Suchmaschinen Inhalte, die Werkteile oder Werke enthalten können, innerhalb der Abstracts der Trefferliste an; selbst dann ist aber der Zugriff auf das Werk selbst in Sekundenschnelle per Aktivierung des Hyperlinks möglich. Wenn ein Nutzer an dem Werk oder Werkteil interessiert ist, wird er in aller Regel auf die Webseite des Urhebers zugreifen und sich nicht auf die Kenntnisnahme des Abstracts in der Trefferliste beschränken. Dies gilt allerdings nur dann, wenn die Inhalte des

---

1115) Siehe Katzenberger, GRUR 1973, S. 630; vgl. Mehrings, GRUR 1983, S. 281.
1116) Siehe Hoeren, MMR 1999, S. 649 ff.

Abstracts hinter denen der Webseite zurückbleiben. Insofern ersetzt auch die Vervielfältigung im Abstract nicht den Zugriff auf die Webseite. Würde der Inhalt der gesamten Webseite erscheinen, wäre der Zugriff allerdings obsolet.[1117] Dies entspricht jedoch im Regelfall nicht der heutigen Praxis der Suchmaschinen. Dem Urheber entgeht bei der heutigen Praxis der meisten Webseiten nur der Vermögenswert für die Vervielfältigung des Werkes oder Werkteiles in die Datenbank der Suchmaschine und im Einzelfall in die Trefferliste. Diese Einbuße fällt aber regelmäßig angesichts der Kompensation durch einen höheren Absatz, der durch den Nachweis für potentielle Nutzer der Originalwebseite herbeigeführt wird, nicht ins Gewicht.

Selbst wenn im Einzelfall die Beschränkungen durch das Urheberrecht erforderlich sein sollten, sind sie angesichts der besonderen Bedeutung der Pressefreiheit nicht verhältnismäßig im engeren Sinne. Sie sind also für Suchmaschinen nicht zumutbar. Der Eingriff in die Urheberrechte ist gering, wenn die Trefferliste nicht den Besuch auf der Originalseite ersetzt. Die Ersetzbarkeit der Webseite kann z.B. durch die Kürze des Abstracts ausgeschlossen werden. Auch absichtliche qualitative Verschlechterungen einer Vervielfältigung wie bei den „thumbnail"-Versionen von Fotografien führen dazu, dass ein Zugriff auf das Original nicht durch den Abstract ersetzt wird. Wird also die Ersetzung der Originalwerke ausgeschlossen, bleibt es bei einer Zuordnung des vermögenswerten Ergebnisses zu den Webseiteninhabern, selbst wenn im Abstract Werke oder Werkteile durch Vervielfältigung genutzt werden. Der Eingriff in den vermögensrechtlichen Bereich wird damit bei einem so verstandenen Kriterium der Ersetzbarkeit auf die Vervielfältigung von Inhalten in die Datenbank der Suchdienste sowie von kleinen Teilen in den Abstract reduziert.

Die Pressefreiheit wie auch die Rundfunk- und Filmfreiheit gewährleisten eine freie individuelle und öffentliche Meinungsbildung und sind deshalb schlechthin konstituierend für die freiheitlich demokratische Grundordnung.[1118] Die Suchdienste haben gerade wegen ihrer Mittlerfunktion, mit der sie dem Nutzer den Zugang zu anderen Webseiten und dort enthaltenen Meinungen und meinungsbildenden Inhalten eröffnen, eine hohe gesellschaftliche Bedeutung.[1119] Aufgrund der anarchischen Struktur des Internets ermöglichen sie dem Nutzer, diese Webseiten aufzufinden. Durch die Funktionsweise der Hyperlinks kann der Nutzer blitzschnell auf die Originalwebseiten gelangen. Hinzu kommt ihr inhaltsbezogener Schutz durch die Pressefreiheit. Die Inhalte unterstützen zum

---

1117) Insofern sind so genannte Archivfunktionen, bei denen eine nicht mehr erhältliche Webseite dem Nutzer vollständig angezeigt wird, bedenklich. Denn diese ersetzen den Besuch bzw. den Kauf außerhalb des WWW.

1118) BVerfGE 35, S. 202, 221; grundlegend BVerfGE 7, S. 198, 208 - *Lüth* zur Meinungsfreiheit; BVerfGE 52, S. 283, 296 zur Presse; BVerfGE 77, S. 65, 74 zum Rundfunk.

1119) Siehe Schulz/Held/Kops, S. 628.

einem die Mittlerfunktion, indem der Nutzer eine bessere Auswahl treffen kann, haben aber auch eigene Aussagekraft. Selbst wenn in den Abstracts nur Inhalte enthalten sind, die Anzeigen entsprechen, kann durch die Zusammenschau wie beim Anzeigenteil[1120] auf die kulturelle, wirtschaftliche und politische Situation geschlossen werden. Enthalten die Abstracts Inhalte, die Kurzmeldungen entsprechen, hat auch der einzelne Abstract meinungsbildenden Inhalt.

Vor diesem Hintergrund erlangt auch die Sozialbindung nach Art. 14 Abs. 2 GG als Leitlinie für die Verhältnismäßigkeitsprüfung besondere Bedeutung. Denn durch die Publikation des geistigen Eigentums tritt dieses bestimmungsgemäß in den öffentlichen Raum.[1121] Es prägt die geistige und kulturelle Auseinandersetzung seiner Zeit.[1122] Die Suchmaschinen fördern diese Auseinandersetzung, indem sie die Webseiten und darin enthaltenen Werke und andere durch das UrhG geschützten Erzeugnisse einem breiten Publikum zugänglich machen. Da mit dem Einrichten der Webseite der Urheber mit dem Werk in den öffentlichen Raum des WWW getreten ist, ist das Interesse der Allgemeinheit, dieses Werk auch finden zu können, begründet und schränkt die Rechte des Urhebers nicht unverhältnismäßig ein.

Auch Vergütungsansprüche sind den Urhebern nicht zu gewähren. Die Tätigkeit der Suchdienste als eine Grundlage der freien öffentlichen und individuellen Meinungsbildung liegt im gesteigerten öffentlichen Interesse, die Eingriffe in die Rechte der Urheber sind geringfügig. Eine solche Abwägung findet sich auch in der Rechtsprechung des Bundesverfassungsgerichts wieder. Dieses führte bei einem Widerstreit von Kunstfreiheit und Eigentumsgarantie aus:

> „Steht ... ein geringfügiger Eingriff in die Urheberrechte ohne die Gefahr merklicher wirtschaftlicher Nachteile (z.B. Absatzrückgänge) der künstlerischen Entfaltungsfreiheit gegenüber, so haben die Verwertungsinteressen für eine künstlerische Auseinandersetzung zurückzutreten."[1123]

Da kein Verstoß gegen das Übermaßverbot oder den Gleichheitssatz vorliegt, ist auch unter diesen Gesichtspunkten kein Vergütungsanspruch zu bejahen.

Um zu verhindern, dass in einzelnen Fällen trotz fehlender Ersetzbarkeit das vermögenswerte Ergebnis geschmälert wird, ist an die Möglichkeit eines Beseitigungsanspruchs zu denken. In diesen Fällen könnten individuelle Härten verhindert werden, wenn der Webseiteninhaber nach der Generierung der Datenbank und der Trefferliste einer Aufnahme seiner Webseite widersprechen kann. Da dann auf der einen Seite die Beeinträchtigung vom Webseiteninhaber aufgehoben werden kann, auf der anderen Seite die Funktionsweise der Such-

---

1120) Siehe BVerfGE 21, S. 229, 279.
1121) Leinemann, S. 59.
1122) BVerfGE 31, S. 229, 243; ebenso Kirchhof in FS Zeidler, S. 1660; Leinemann, S. 59.
1123) BVerfGE GRUR 2001, S. 150, 151.

maschinen nicht in Frage gestellt wird, ist auch hier von der Verhältnismäßigkeit auszugehen, soweit dem Webseitenbetreiber als Urheber eines Werkes ein Widerspruchsrecht eingeräumt wird.

Die bestehende Rechtslage schränkt die Tätigkeit der Suchmaschinen unverhältnismäßig ein. Die Interessen der Urheber werden nicht in einen gerechten Ausgleich mit den Interessen der Betreiber von Suchmaschinen gebracht.

b) Namensnennungsrecht

Werden Werkteile oder Erzeugnisse wie digitalisierte Fotografien, die als Werke oder Leistungsrechte Schutz erfahren, in den Abstract übernommen, fehlt es regelmäßig an einer Nennung des Urhebers. Das Namensnennungsrecht gemäß § 13 UrhG wird dadurch berührt. Dieses Recht beruht in erster Linie auf Art. 2 Abs. 1 i.V.m. Art. 1 Abs. 1 GG. Nach § 63 Abs. 2 UrhG kann die Verkehrssitte Einfluss auf das Namensnennungsrecht haben, soweit die öffentliche Wiedergabe eines Werkes gemäß den urheberrechtlichen Schranken zulässig ist. Die Verkehrssitte im WWW ist durch die Hyperlinks beeinflusst. Selbst wenn der Urheber nicht genannt wird, ist es dem Nutzer ohne weiteres möglich, durch Aktivieren des Hyperlinks auf die Originalwebseite mit der Namensnennung zu gelangen. Diese Verkehrssitte spricht also gegen das Erfordernis einer Namensnennung. Für die Funktion der Suchmaschinen ist aber nicht nur eine Beschränkung des Namensnennungsrechts bei der öffentlichen Wiedergabe erforderlich, sondern auch bei der Vervielfältigung von Werken oder Werkteilen in die Abstracts.

Wenn die Trefferliste den Besuch auf der Originalwebseite nicht ersetzt, wiegt der Eingriff in das Namensnennungsrecht nicht so schwer wie in dem Fall, in dem die Vervielfältigung als Ersatz des Werkes bzw. der Originalwebseite wirkt. Für die Suchsoftware ist es unmöglich, aus der Textinformation zu erkennen, wer als Urheber des Werkes genannt wird. Für Suchmaschinen würde deswegen der Eingriff in die Pressefreiheit besonders schwer wiegen, weil dieser den Einsatz von Suchsoftware an sich in Frage stellt. Wird die Pressefreiheit der Suchdienste mit dem allgemeinen Persönlichkeitsrecht abgewogen, wiegt auch eine Beschränkung des allgemeinen Persönlichkeitsrechts nicht genauso schwer wie die mögliche Einschränkung der Tätigkeit von Suchmaschinen, die durch die Pressefreiheit geschützt werden. Schließlich kann auch bei Verzeichnissen eine solche Beschränkung des Namensnennungsrechts denkbar sein, da die Interessen des Urhebers durch den Zugriff des Nutzers auf die Originalwebseite gewahrt werden können.[1124]

1124) Soweit durch die fehlende Namensnennung mittelbar die Eigentumsgarantie betroffen ist, kann auf die Ausführungen zu den Verwertungsrechten verwiesen werden.

c) Vorschlag für eine Schranke für Suchdienste

Um die Verhältnismäßigkeit zu wahren, wird eine neue Schranke vorgeschlagen, die sich am Kriterium der Werkersetzung orientieren muss. Denn wird der Zugriff auf die Webseiten und den darin enthaltenen Werken nicht ersetzt, so werden die Eigentumsrechte der Urheber nicht unverhältnismäßig beschnitten. Für die Beurteilung, ob ein Abstract werkersetzenden Charakter hat, sind die besonderen Gegebenheiten des WWW maßgeblich, die die Suchdienste bei ihrer Tätigkeit nutzen. Der Nutzer hat die Möglichkeit, durch einen Mausklick von der Trefferliste auf die Original-webseite zu gelangen. Regelmäßig wird er diesen Klick auch tun, wenn er Interesse an dem Werk hat. Er würde nur davon Abstand nehmen, wenn er das Werk bereits in gleicher Weise in der Trefferliste wahrnehmen kann. Eine solche Ersetzungsfunktion wird z.B. durch die Kürze des Abstracts oder dadurch verhindert, dass die Qualität eines Werks bei Nutzungshandlungen deutlich verschlechtert wird, wie dies bei der Vervielfältigung von Fotografien mit den so genannten „thumbnail“-Versionen der Fall ist.

So kann bei der Übernahme von Texten in den Abstract im Einzelfall ein Werkteil oder ein Werk (wie z.B. ein kurzes Gedicht) auftauchen. Dennoch wird der Nutzer regelmäßig das vollständige Werk bzw. die Einbindung in die Originalwebseite wahrnehmen wollen. Die Kürze des Auszugs garantiert damit den Zugriff des Nutzers auf die Originalwebseite.

Bei digitalisierten Fotografien sind diese grundsätzlich vollständig sichtbar. Hier können technische Barrieren die Ersetzbarkeit verhindern. Es war z.B. bei AltaVista zunächst möglich, durch Anklicken der Fotografie im Abstract die digitalisierte Fotografie – nicht auf Daumennagelgröße verkleinert – herunterzuladen, ohne die aufgelistete Webseite, die das Foto enthält, anzuklicken. Diese Möglichkeit wurde später ausgeschlossen.[1125] Zudem wird bei der Vervielfältigung der Fotografie die Auflösung verschlechtert, so dass die verkleinerte Version nicht nur quantitativ, sondern auch qualitativ hinter der Originalversion zurückbleibt.[1126] Werden alle Möglichkeiten ausgeschlossen, die Werke von der Trefferliste aus herunterzuladen, fehlt es an der Ersetzung des Werkes durch den Abstract in der Trefferliste.

Die Schranke sollte auf die Verbreitung von Informationen durch Such-dienste abgestimmt werden, allerdings keinen Freibrief für jede beliebige Nutzung von Werken und durch das Urheberrecht geschützte geistige Eigentum darstellen. Sind Zugangsschranken vorhanden, ist also die Webseite nicht allgemein zugänglich, dann kann auch nicht die Pressefreiheit den Zugang

---

1125) Siehe den Search Engine Report, 4.11.1998, http://www.searchenginewatch.com/sereport/9811-photofinder.html/, abgerufen am 12.10.1999, S.2.

1126) Siehe *Kelly v. Arriba Soft Corp.*, 280 F.3d 934, 938 (9th cir.2002).

erzwingen. Die Erlaubnis der Übernahme von Textelementen muss sich allerdings über Inhalte zu aktuellen Tagesfragen, wie in den §§ 48 bis 50 UrhG geregelt, hinaus erstrecken. Denn die Software von Suchmaschinen kann nicht zwischen aktuellen und nicht aktuellen Inhalten unterscheiden. Zudem ist die Mittlerfunktion auch über aktuelle Fragen hinaus für die Meinungsbildung wichtig.

Der Vorschlag für eine neue Schranke lautet nach allem wie folgt:

> (1) Zulässig ist die Vervielfältigung der Inhalte einer Webseite in eine Datenbank, wenn diese Inhalte nicht in vollem Umfang Dritten zugänglich gemacht werden und die Teile nach Umfang und Beschaffenheit allein der Informationsvermittlung zur Orientierung im WWW dienen. Der Umfang und die Beschaffenheit der Dritten zugänglich gemachten Teile dürfen nicht dazu führen, dass der Zugriff auf die einzelnen Webseiten ersetzt wird.
>
> (2) Der Urheber kann der Vervielfältigung der Inhalte in die Datenbank widersprechen. Der Diensteanbieter ist dann verpflichtet, die Inhalte nicht in seine Datenbank aufzunehmen bzw. ist zur umgehenden Sperrung und Löschung des Werks bzw. des Werkteils verpflichtet.

d) Rechte der Datenbankhersteller

Im Hinblick auf die Eingriffe in die Rechte des Datenbankherstellers nach § 87b UrhG kann allerdings nicht auf die Verhältnismäßigkeit im Rahmen des deutschen Verfassungsrechts abgestellt werden. § 87b UrhG beruht auf der Datenbankrichtlinie, die auch die Schranken abschließend regelt. Die Richtlinie ist deshalb vorrangig. Für die wenigen Fälle, in denen Suchmaschinen durch die Vervielfältigung von Inhalten aus Webseiten in Rechte der Datenbankhersteller eingreifen, müssen Suchmaschinen diese Urheberrechtsverletzung in Kauf nehmen. Würde man allerdings den Gedanken der Werkersetzung auf die Primärsuchdienste anwenden, wäre auch dieser Zugriff zulässig. Der Zugriff von Meta-Suchmaschinen auf Suchdienste wäre unter diesem Gesichtpunkt hingegen nicht zulässig. Denn der Zugriff und die Vervielfältigung der Inhalte aus der Trefferliste ersetzen den Besuch des Nutzers auf deren Webseiten. Das vermögenswerte Ergebnis vorheriger Investition geht dabei verloren.

4. Ergebnis

Eine urheberrechtliche Schranke, die die Pressefreiheit von Suchdiensten gewährleistet, ist geboten und würde auch die Interessen und Rechte der Urheber nicht unzulässig beschneiden. Eine Analogie zu den bestehenden urheberrechtlichen Schranken ist nicht möglich. Die Schranke muss deswegen ausdrücklich geregelt werden.

Im Hinblick auf die Beschränkungen der Urheberrechtsrichtlinie ist allerdings eine Neuregelung auf europarechtlicher Basis nötig.[1127] Die Möglichkeit einer solchen Regelung wird im folgenden Abschnitt erörtert. Eine mögliche Regelung könnte im Rahmen einer in Art. 21 der E-Commerce-Richtlinie angedeuteten Regelung der Verantwortlichkeit getroffen werden.

VI. Ausblick: Die Urheberrechtsrichtlinie, ihre Umsetzung ins deutsche Recht und Suchdienste

1. Die Urheberrechtsrichtlinie

a) Mittelbare Haftung

Zur mittelbaren Haftung werden in der Urheberrechtsrichtlinie bis auf Art. 8 Abs. 3 Urheberrechtsrichtlinie keine Aussagen getroffen. Art. 8 Abs. 3 Urheberrechtsrichtlinie verpflichtet die Mitgliedstaaten, die Inanspruchnahme der Vermittler zu sichern, auch wenn sie selbst keine Urheberrechtsverletzung begangen haben, z.B. weil ihre Tätigkeit gemäß Art. 5 Abs. 1 Urheberrechtsrichtlinie nicht als Eingriff in das Vervielfältigungsrecht zu bewerten ist.[1128] Erwägungsgrund 59 sieht vor, dass die Bedingungen und Modalitäten für gerichtliche Anordnungen von den Mitgliedstaaten festzulegen sind. Darüber hinaus sind der Urheberrechtsrichtlinie keine weiteren Vorgaben für die mittelbare Haftung zu entnehmen, so dass die Ausgestaltung der mittelbaren Haftung weiter bei den Mitgliedstaaten verankert ist. Die mittelbare Haftung kann deshalb nach den bisherigen Grundsätzen eingeschränkt werden.[1129]

Für Suchdienste bedeutet dies, dass sie nur bei Verletzung ihrer eingeschränkten Prüfungspflichten gemäß § 97 UrhG auf Unterlassung und Schadensersatz haften; hinzutritt ein Beseitigungsanspruch bei gerichtlicher Feststellung der Urheberrechtsverletzung.[1130]

b) Unmittelbare Haftung

aa) Einführung

Ob die Tätigkeit der Suchdienste unter der Berücksichtigung der Urheberrechtsrichtlinie möglich ist, kann nur aus den in Art. 5 Urheberrechtsrichtlinie festgelegten Schranken gefolgert werden. Die Vervielfältigungshandlungen – die Vervielfältigung von Werken in die Datenbank und in die Trefferliste – sowie die unbenannte öffentliche Wiedergabe – das Bereithalten der Werke und Werkteile für die Abstracts der Trefferliste – sind unter die in Art. 2 und Art. 3

1127) Siehe unten S. 292 f.
1128) Siehe Reinbothe, GRUR Int. 2001, S. 743; Dreier, ZUM 2002, S. 41.
1129) Vgl. Spindler zur Einschränkung der Störerhaftung der Vermittler, GRUR 2002, S. 120; Dreier, ZUM 2002, S. 41.
1130) Siehe oben S. 263 f.

Urheberrechtsrichtlinie genannten Verwertungshandlungen zu subsumieren. Eine Vervielfältigung wird weit verstanden und erfasst jede unmittelbare, mittelbare, vorübergehende oder dauerhafte Vervielfältigung auf jede Art und Weise und in jeder Form.

Auch die unbenannte Wiedergabe von Werken und Werkteilen ist eine durch die Urheberrechtsrichtlinie geschützte Verwertungshandlung, und zwar die öffentliche Zugänglichmachung von Werken gemäß Art. 3 Abs.1 Urheberrechtsrichtlinie. In Art. 3 Abs. 1 Urheberrechtsrichtlinie ist auch die öffentliche Wiedergabe geregelt. Die Grenzen zur öffentlichen Zugänglichmachung sind fließend.[1131] Erwägungsgrund Nr. 25 spricht jedoch dafür, das Bereithalten von Inhalten durch Suchdienste der öffentlichen Zugänglichmachung zuzuordnen. Nach diesem Erwägungsgrund zeichnet sich das Zugänglichmachen dadurch aus, dass den Nutzern die Werke im Rahmen interaktiver Übertragungen auf Abruf von Orten und Zeiten ihrer Wahl zugänglich sind. Der Begriff der Öffentlichkeit wird damit gegenüber § 15 Abs. 3 UrhG erweitert.[1132] Durch das Bereithalten der Trefferlisten und der anderen Inhalte machen Suchdienste Werke im Sinne des Art. 3 Abs. 1 Urheberrechtsrichtlinie zugänglich.

Schranken dieser Verwertungsrechte finden sich in Art. 5 Urheberrechtsrichtlinie. Die Systematik der Schranken ist dadurch gekennzeichnet, dass nur Art. 5 Abs. 1 Urheberrechtsrichtlinie eine zwingende Schranke vorsieht, die übrigen Schranken des Art. 5 Abs. 1 Urheberrechtsrichtlinie jedoch fakultativ sind. Die Mitgliedstaaten können also entscheiden, ob sie letztere in nationales Recht umsetzen. Allerdings sind die Schranken abschließend geregelt,[1133] so dass die Mitgliedstaaten lediglich die Entscheidungsfreiheit haben, ob sie die in Art. 5 Abs. 2 bis 4 Urheberrechtsrichtlinie genannten Schranken umsetzen, nicht aber neue Schranken festlegen können. Es kommt deshalb für Suchdienste darauf an, ob eine der Schranken die Ausübung ihrer Tätigkeit gewährleistet.

Die Schranken des § 5 Abs. 1 und 2 Urheberrechtsrichtlinie beziehen sich auf Vervielfältigungshandlungen, in Verbindung mit Abs. 4 auch auf das Verbreitungsrecht. Die Schranken des § 5 Abs. 3 Urheberrechtsrichtlinie betreffen sowohl das Vervielfältigungsrecht nach Art. 2 Urheberrechtsrichtlinie als auch die Wiedergabe und Zugänglichmachung nach Art. 3 Urheberrechtsrichtlinie, in Verbindung mit Abs. 4 auch das Verbreitungsrecht. Als Schranke für Suchdienste kommen Art. 5 Abs.1, Abs. 2 lit. b), c), Abs. 3 lit. c), d), o) Urheberrechtsrichtlinie in Betracht.

bb) Art. 5 Abs. 1 Urheberrechtsrichtlinie

Nach Art. 5 Abs. 1 Urheberrechtsrichtlinie fallen solche Vervielfältigungshandlungen nicht unter das Vervielfältigungsrecht nach Art. 2

1131) Siehe Spindler, GRUR 2002, S. 108.
1132) Siehe oben S. 239.
1133) Siehe Erwägungsgrund Nr. 32 Urheberrechtsrichtlinie.

Urheberrechtsrichtlinie, die flüchtig oder begleitend sind und einen integralen und wesentlichen Teil eines technischen Verfahrens darstellen. Alleiniger Zweck darf nur sein, entweder ein Werk oder einen sonstigen Schutzgegenstand zu übertragen oder eine rechtmäßige Nutzung zu ermöglichen. Der Vervielfältigung darf keine eigenständige wirtschaftliche Bedeutung zukommen. Wie Erwägungsgrund Nr. 33 Urheberrechtsrichtlinie feststellt, fallen darunter auch das Browsen und Caching, also das kurzfristige Speichern im Arbeitsspeicher oder Bildschirmspeicher eines Nutzers beim Surfen im WWW sowie das Anfertigen von Kopien durch den Access-Provider, um die Übertragung von Informationen zu beschleunigen. Ob der Vervielfältigung eine eigenständige wirtschaftliche Bedeutung zukommt, ist anhand des (kurzen) Zeitraums der Vervielfältigung zu bemessen,[1134] da Qualitätsverluste bei digitalen Vervielfältigungen regelmäßig nicht entstehen, die Werthaltigkeit sich also nicht vom Original unterscheidet. Würde an diese Werthaltigkeit angeknüpft, stünde dies außer Verhältnis zu der tatsächlichen Nutzung im Rahmen kurzfristiger Vervielfältigungen.[1135]

Auf die Nutzungshandlungen von Suchmaschinen kann diese Schranke aus zwei Gründen keine Anwendung finden. Suchmaschinen vervielfältigen Inhalte von Webseiten und damit Werke und Werkteile in ihre Datenbank und vervielfältigen Teile davon in die Trefferliste. Dabei handelt es sich zum einen nicht um flüchtige oder begleitende Vervielfältigungshandlungen, die einen integralen oder wesentlichen Teil eines technischen Verfahrens darstellen, zum anderen kommt der Vervielfältigung eine eigenständige Bedeutung zu.

Die Inhalte aus den Webseiten werden in den Datenbanken so lange gespeichert, bis sie nach erneuter Suche in bestimmten Intervallen durch die Suchsoftware aktualisiert werden. Es kann sich je nach Intervall um eine kürzere oder längere Dauer der Festlegung der Inhalte in der Datenbank handeln. Diese Dauer ist jedoch beliebig vom Betreiber der Suchmaschine festzulegen. Die Dauer der Festlegung ist damit unabhängig von dem technischen Verfahren der Speicherung der Inhalte in der Datenbank und nachfolgenden Anzeige der Trefferliste am Bildschirm. Ein integraler und wesentlicher Bestandteil dieses Verfahrens ist die Flüchtigkeit der Speicherung deshalb nicht. Häufig sind die Intervalle so groß (ein Tag, mehrere Wochen oder Monate), dass schon der Zeitraum an sich gegen die Annahme der Flüchtigkeit spricht.

Der Vervielfältigung in die Datenbank kommt eine eigenständige wirtschaftliche Bedeutung zu. Die Vervielfältigung im Rahmen des Caching durch den Access-Provider verbessert dessen Dienst, indem die Übertragung von Inhalten an den Nutzer beschleunigt wird. Auch wenn für Access-Provider diese Möglichkeit nicht gegeben wäre, würden Nutzer auf ihre Dienste zurückgreifen,

---

1134) Spindler, GRUR 2002, S. 111.
1135) Spindler, GRUR 2002, S. 111.

so dass dem Caching keine eigene wirtschaftliche Bedeutung zukommt. Bei Suchmaschinen beruht ihre Funktionsweise aber gerade auf der Vervielfältigung von Inhalten in die Datenbank und der dadurch dem Nutzer eröffneten Suchfunktion durch Anzeige von Auszügen auf der Trefferliste. Die Vervielfältigung ist Kern der Dienstleistung und notwendig, damit Nutzer den Dienst in Anspruch nehmen können. Sie macht deshalb die Dienstleistung aus. Hierfür wird ein Entgelt entrichtet bzw. die Finanzierung über Werbetreibende erlangt, so dass der Vervielfältigung eine eigenständige wirtschaftliche Bedeutung zukommt.

cc) Art. 5 Abs. 2 b) Urheberrechtsrichtlinie

In Art. 5 Abs. 2 b) Urheberrechtsrichtlinie werden die Rechte für solche Vervielfältigungshandlungen beschränkt, die durch eine natürliche Person zum privaten Gebrauch und nicht für kommerzielle Zwecke angefertigt werden. Diese Schranke ist für Suchdienste nicht einschlägig, da es sich in der Regel bei den Betreibern um juristische Personen handelt, auf jeden Fall aber kommerzielle Zwecke verfolgt werden.

dd) Art. 5 Abs. 2 c) Urheberrechtsrichtlinie

Art. 5 Abs. 2 c) Urheberrechtsrichtlinie beschränkt das Vervielfältigungsrecht für öffentlich zugängliche Bibliotheken, Bildungseinrichtungen, Museen oder von Archiven. Die Vervielfältigung dieser Einrichtungen darf ebenfalls nicht wirtschaftlichen oder kommerziellen Zwecken dienen, weshalb eine Anwendung auf Suchdienste bereits aus diesem Grunde ausgeschlossen ist.

ee) Art. 5 Abs. 3 c) Urheberrechtsrichtlinie

Art. 5 Abs. 3 c) Urheberrechtsrichtlinie rechtfertigt Eingriffe in das Vervielfältigungsrecht, das Recht der öffentlichen Wiedergabe oder Zugänglichmachung, soweit auf veröffentlichte Artikel zurückgegriffen wird, die Tagesfragen wirtschaftlicher, politischer oder religiöser Natur zum Gegenstand haben. Die Einschränkung der Rechte des Urhebers greift jedoch schon dann nicht, wenn ein Vorbehalt der Rechte angezeigt wurde. Diese Schranke ist deshalb ebenso wenig wie § 49 UrhG geeignet, die Tätigkeit der Suchmaschinen zu gewährleisten. Denn nur in einzelnen Fällen und eher zufällig greifen die Suchmaschinen auf Artikel zurück, die wirtschaftliche, politische und religiöse Tagesfragen zum Gegenstand haben.[1136] Zudem kann die Suchsoftware einen Artikel zu Tagesfragen nicht von sonstigen Artikeln unterscheiden, geschweige denn den Inhalt so bewerten, dass Artikel mit anderem Inhalt unberücksichtigt bleiben könnten. Selbst wenn der Gegenstand der Suche auf solche Artikel reduziert wäre, stellt die Möglichkeit des Vorbehalts nach Art. 5 Abs. 3 lit. c)

1136) Siehe bereits die Ausführungen zu § 49 UrhG, oben S. 252 f.

Urheberrechtsrichtlinie eine weitere Hürde dar. Denn auch dieser Vorbehalt müsste von der Suchsoftware erkannt werden. Der Zugriff von Suchmaschinen per Software wird durch diese Anforderungen unpraktikabel gemacht.

Außerdem werden durch Art. 5 Abs. 3 c) Urheberrechtsrichtlinie die Nutzungshandlungen von Werken ermöglicht, die in Verbindung mit der Berichterstattung über Tagesereignisse stehen. Die Webseiten und die dort enthaltenen Werke stehen nicht in Verbindung mit der Berichterstattung über ein Tagesereignis, sondern sind das „Ereignis" selbst, über welches berichtet wird. Dieselbe Problematik ist bei § 50 UrhG gegeben, und es wird auch für diese Bestimmung nicht als ausreichend angesehen, dass das Werk selbst Gegenstand der Berichterstattung ist.[1137] Sinn und Zweck des Art. 5 Abs. 3 c) Urheberrechtsrichtlinie, der eine Berichterstattung über Tagesereignisse nicht an zufällig vorhandenen Werken scheitern lassen will, sprechen gegen die Anwendung dieser Schranke auf die Nutzungshandlungen von Suchdiensten.

ff) Art. 5 Abs. 3 d) Urheberrechtsrichtlinie

Art. 5 Abs. 3 d) Urheberrechtsrichtlinie sieht vor, dass Zitate zu Zwecken wie Kritik oder Rezension möglich sind. Die Tätigkeit der Suchmaschinen dient zwar der geistigen Auseinandersetzung, indem sie den Nutzern ermöglichen, sich anhand der Webseiten eine Meinung zu bilden, die durch die Suchmaschinen vermittelt werden. Auch die übernommenen Abstracts dienen diesem Zweck. Suchmaschinen setzen sich aber nicht selbst mit den Inhalten auf Webseiten auseinander, was aber gerade Kritik und Rezension charakterisiert. Auch diese Schranke kann deshalb nach ihrer Zielsetzung keine Anwendung auf die Tätigkeit von Suchmaschinen finden.

gg) Art. 5 Abs. 3 o) Urheberrechtsrichtlinie

Nach Art. 5 Abs. 3 o) Urheberrechtsrichtlinie können für die analoge Nutzung die bereits in den Mitgliedstaaten bestehenden Schranken die Rechte der Urheber einschränken. Das Spielfeld der Suchmaschinen ist jedoch gerade der digitale Bereich, so dass ein Verweis auf die bereits bestehenden Schranken nicht greift.

2. Der Regierungsentwurf

a) Allgemeines

Der Regierungsentwurf der Bundesregierung[1138] verfolgt das Ziel, die Urheberrechtsrichtlinie umzusetzen. Die Verwertungsrechte des Urhebers

---

1137) Siehe oben S. 254.

1138) Siehe Pressemitteilung vom 02.08.2002, http://WWW.bmj.de/ger/themen/internet_und_recht/10000598/inhalt.html?sid=de, abgerufen am 05.08.2002 werden ergänzt. Der weite Begriff der Vervielfältigung, wie er Art. 2 Urheberrechtsrichtlinie zugrunde liegt, wird in § 16 Abs. 1 des Entwurfs übernommen. Ausdrücklich benannt wird das Recht der öffentlichen Zugänglichmachung in einem neuen § 19 a. Die Vervielfältigungen und die öffentliche Wiedergabe von Werken durch Suchmaschinen sind auch nach diesen Änderungen als Eingriff in die Rechte des Urhebers zu bewerten.

In § 44a des Entwurfs wird die zwingende Schranke des Art. 5 Abs. 1 Urheberrechtsrichtlinie umgesetzt. Im Übrigen werden vor allem die bestehenden Schranken angepasst und nur wenige der fakultativen Schranken des Art. 5 Abs. 2 und 3 Urheberrechtsrichtlinie umgesetzt.[1139] Auch von einer Neuregelung der Pressespiegel, die nach Art. 5 Abs. 3 c) Urheberrechtsrichtlinie möglich war, sieht der Entwurf ab.[1140]

b) Mittelbare Haftung

Zur mittelbaren Haftung finden sich im Regierungsentwurf keine Regelungen. Dies stimmt mit der Urheberrechtsrichtlinie überein, die in Art. 8 Abs. 3 Urheberrechtsrichtlinie zwar verlangt, dass sichergestellt werden muss, dass gerichtliche Anordnungen gegenüber den Vermittlern erlangt werden können, die Ausgestaltung aber nach Erwägungsgrund Nr. 59 den Mitgliedstaaten überlassen ist. Auch nach Verabschiedung des Gesetzesentwurfs kann die mittelbare Haftung von Suchdiensten eingeschränkt werden, insbesondere nach den Grundsätzen, die in der Entscheidung *Möbelklassiker*[1141] entwickelt wurden.[1142]

c) Unmittelbare Haftung

Schon die Schranken der Urheberrechtsrichtlinie dienen nicht dazu, die Tätigkeit der Suchmaschinen zu gewährleisten. Die Anpassung der Schranken durch den Regierungsentwurf dient dieser Umsetzung. Auch unter diese neugefassten Schranken sind die Nutzungshandlungen der Suchdienste nicht zu subsumieren.

§ 44a Regierungsentwurf stimmt wörtlich mit Art. 5 Abs. 1 Urheberrechtsrichtlinie überein. Da diese Bestimmung im Lichte der zugrundeliegenden Urheberrechtsrichtlinie auszulegen ist, sprechen die oben angeführten Argumente[1143] gegen eine Anwendung auf die Suchmaschinen. Auch § 53 Abs. 1 Regierungsentwurf findet wie bereits Art. 5 Abs. 2 b) Urheberrechtsrichtlinie keine Anwendung.[1144]

1139) Regierungsentwurf, Fn. 1138, S. 34.
1140) Siehe Regierungsentwurf, Fn. 1138, S. 33.
1141) BGH GRUR 1999, S. 418 ff – *Möbelklassiker*.
1142) Siehe oben S. 262 ff.
1143) Siehe oben S. 286 f
1144) Siehe oben S. 288.

Bei der Berichterstattung über Tagesereignisse ist es nach § 50 Regierungsentwurf zulässig, Werke zu nutzen, die im Verlauf dieser Ereignisse wahrnehmbar werden. Bei der Berichterstattung über die im Netz erhältlichen Webseiten durch Suchdienste handelt es sich nicht um Tagesereignisse. Zudem werden die Werke nicht im Rahmen einer Berichterstattung über ein Ereignis genutzt, sondern allenfalls über die Berichterstattung über das auf einer Webseite enthaltene Werk selbst. Dies entspricht jedoch nicht dem Regelungszweck des § 50 Regierungsentwurf zugrundeliegenden Art. 5 Abs. 3 c) Urheberrechtsrichtlinie.

3. Vorrang des Gemeinschaftsrechts

Die Schranken, die in der Urheberrechtsrichtlinie und im Regierungsentwurf vorgesehen sind, sind nicht geeignet, die Tätigkeit von Suchmaschinen zu gewährleisten. Nach der hier vertretenen Ansicht gebietet es die Pressefreiheit gemäß Art. 5 Abs. 2 GG, in deren Schutzbereich auch die Suchmaschinen fallen, eine neue Schranke zu verankern.[1145]

Es kommt deshalb darauf an, ob die vorgeschlagene Schranke für Suchmaschinen auch auf europäischer Ebene möglich und sogar geboten wäre. Der Verstoß der Urheberrechtsrichtlinie gegen das deutsche Verfassungsrecht, hier die Pressefreiheit, ist angesichts des Vorrangs des Gemeinschaftsrechts unerheblich. Dieser Vorrang entspricht ständiger Rechtsprechung des Europäischen Gerichtshofs.[1146] Das Bundesverfassungsgericht hat sich dieser Ansicht nach und nach angenähert und kommt zu gleichen Ergebnissen.[1147] Die Möglichkeit zur verfassungsrechtlichen Überprüfung des Sekundärrechts der Europäischen Gemeinschaft ist nach der Rechtsprechung des Bundesverfassungsgerichts nur für den „hypothetischen Fall“[1148] möglich, „dass der jeweils als unabdingbar gebotene Grundrechtsschutz generell nicht gewährleistet ist.“[1149] Hiervon ist jedoch nicht auszugehen, so dass die Verankerung der vorgeschlagenen Schranke spätestens mit Ablauf der Umsetzungsfrist der Urheberrechtsrichtlinie am 22.12.2002 nicht mehr möglich ist.[1150]

Eine neue Schranke kann auch nicht mit Blick auf den Spielraum bei der Umsetzung der Urheberrechtsrichtlinie eingeführt werden. Wenn dem deutschen

---

1145) Siehe oben S. 278 ff.

1146) Siehe nur Rs. 6/64, Slg. 1964, S. 1251, Tz. 8,12 – *Costa/Enel*; Rs. 11/70, Slg. 1970, S. 1125, Tz. 3 – *Internationale Handelsgesellschaft*.

1147) BVerfGE 37, S. 271, 277 f. – *Solange I*; BVerfGE 73, S. 339, 366 ff. – *Solange II*; BVerfG NJW 1993, S. 3047, 3049 – *Maastricht*.

1148) Hirsch, NJW 2000, S. 1818.

1149) BVerfG NJW 2000, S. 3124, 3125 – *Bananenmarktordnung*; BVerfG NJW 1993, S. 3047, 3049 – *Maastricht*; BVerfG NJW 2000, S. 2015.

1150) Zur Vorwirkung der Richtlinie während der Umsetzungsfrist siehe Ehricke, ZIP 2001, S. 1314.

Gesetzgeber ein Spielraum bei der Umsetzung einer Richtlinie eröffnet wird, unterliegt die Umsetzung dieses eingeräumten Spielraums in vollem Umfang der verfassungsrechtlichen Überprüfung.[1151] Für diesen Fall kann auch die Pressefreiheit nach Art. 5 Abs. 1 S. 2 GG Anwendung finden. Der Spielraum, der dem deutschen Gesetzgeber durch die Urheberrechtsrichtlinie eingeräumt wird, erstreckt sich jedoch nicht auf die Festlegung weiterer Schranken. Nur die Umsetzung der in Art. 5 Abs. 2 und 3 Urheberrechtsrichtlinie genannten Schranken ist fakultativ. Darüber hinaus wurde den Mitgliedstaaten aber kein Spielraum eingeräumt, die möglichen Schranken sind gemäß Erwägungsgrund Nr. 32 Urheberrechtsrichtlinie abschließend geregelt.

Gleiches gilt für die vorgeschlagene Schranke, soweit sie dazu führt, die Rechte der Datenbankhersteller einzuschränken. Denn auch die Datenbankrichtlinie eröffnet keinen Spielraum, der eine neue Schranke ermöglichen würde. Wegen des Vorrangs auch dieser Richtlinie vor dem deutschen Verfassungsrecht würde die vorgeschlagene Schranke gegen Gemeinschaftsrecht verstoßen und wäre demzufolge nicht anzuwenden.

4. Möglichkeit einer neuen Schranke

a) Einführung

Die Untersuchung, ob die Urheberrechtsrichtlinie und die Datenbankrichtlinie ihrerseits gegen das europäische Grundrecht der Pressefreiheit verstoßen, würde den Rahmen dieser Arbeit sprengen.

Im Folgenden soll deshalb lediglich die Frage beantwortet werden, ob die Festlegung der vorgeschlagenen Schranke durch den Europäischen Gesetzgeber möglich ist. Hierfür sind in erster Linie die internationalen Abkommen zu berücksichtigen, die nach Art. 300 Abs. 7 EGV für die Organe der Gemeinschaft und für die Mitgliedstaaten verbindlich sind. Es soll auch ein Überblick darüber gegeben werden, wie ein möglicher Schutz der Suchdienste durch die Pressefreiheit auf europäischer Ebene abgeleitet werden kann. Vor dem Hintergrund dieses Schutzes könnte sich die Urheberrechtsrichtlinie als unverhältnismäßige Einschränkung der Tätigkeit von Suchdiensten darstellen.

b) Internationale Verträge

Für die Möglichkeit der Einführung neuer Schrankenregelungen sind vor allem drei internationale Abkommen zu konsultieren, die Revidierte Berner Übereinkunft (RBÜ), das TRIPS-Abkommen (Trade-Related Aspects of Intellectual Property Rights) und die für die neuen Medien besonders relevanten Abkommen, der WIPO-Urheberrechtsvertrag der World Intellectual Property Organisation, auch WCT- Vertrag (World Copyright Treaty) genannt sowie der

---

1151) BVerfG NJW 1990, S. 974 – *Tabaketikettierungsrichtlinie.*

WIPO-Vertrag über Darbietungen und Tonträger, auch WPPT-Vertrag (World Performance and Phonograms Treaty) genannt.

Art. 10 Abs. 1 des WIPO-Urheberrechtsvertrages lautet wie folgt:

> „Die Vertragsparteien können in ihren Rechtsvorschriften in bezug auf die den Urhebern von Werken der Literatur und Kunst nach diesem Vertrag gewährten Rechte Beschränkungen oder Ausnahmen in bestimmten Sonderfällen vorsehen, die weder die normale Verwertung der Werke beeinträchtigen, noch die berechtigten Interessen der Urheber unzumutbar verletzten."

Wie schon Art. 9 Abs. 2 RBÜ handelt es sich um eine 3-Stufen-Vorschrift, nach der Nutzungen erstens nur in gewissen Sonderfällen, zweitens nur unter der Voraussetzung zu gestatten sind, dass eine solche Nutzung die normale Auswertung des Werkes beeinträchtigt und drittens die berechtigten Interessen des Urhebers nicht unzumutbar beeinträchtigt werden. Wie bereits oben ausgeführt beeinträchtigt die Tätigkeit von Suchmaschinen die Interessen der Urheber nicht unzumutbar, da deren Interessen in aller Regel durch die Tätigkeit der Suchdienste gefördert werden.[1152] Kommt es im Einzelfall zu einer Verletzung der Interessen, ist diese aufgrund der Pflicht zur Beseitigung des Hyperlinks und der zugrundeliegenden Vervielfältigung in der Datenbank auch nicht unzumutbar.[1153] Die normale Verwertung der Werke auf den Webseiten wird durch die Nutzungshandlung der Suchmaschinen nicht beeinträchtigt, etwa dadurch, dass zu häufig oder zu lange auf die Webseite zugegriffen würde und der Server der Webseite überlastet würde. Es erscheint deshalb nach dem Wortlaut dieser Bestimmung möglich, als einen Sonderfall eine Schranke für Suchmaschinen einzuführen. Auch die Vorschrift des Art. 13 TRIPS, die sich auf Ausnahmeregelungen bezieht, stellt darauf ab, ob die Nutzung die normale Auswertung des Werkes beeinträchtigt und ob die berechtigten Interessen des Rechtsinhabers unzumutbar verletzt werden. Im internationalen Kontext ist eine neue Schranke für Suchmaschinen, wenn sie eng und bestimmt gefasst wird, nicht von vornherein unzulässig.

c) Europäische Pressefreiheit

Ein Grundrechtsschutz der Suchdienste durch die Pressefreiheit auf europäischer Ebene scheint möglich. Dieser könnte dazu führen, dass durch den Europäischen Gerichtshof die Nichtigkeit der Urheberrechtsrichtlinie ausgesprochen wird (Art. 230, 231, 234 b) EGV), wenn der Schutz der Presse sich nicht ausreichend in der Richtlinie niedergeschlagen hat. Denn Richtlinien sind als Sekundärrecht an den höherrangigen europäischen Grundrechten zu messen.[1154] Der Grundrechtsschutz ist durch die Rechtsprechung des EuGH geprägt und ist nunmehr ausdrücklich in Art. 6 Abs. 2 EUV verankert. Danach werden die

---

1152) Siehe oben S. 278 ff.
1153) Siehe oben S. 278 ff.
1154) Siehe Cremer in Callies/Ruffert, EGV, Art. 230 Rdnr. 78.

Grundrechte geachtet, wie sie in der am 4.11.1950 in Rom unterzeichneten Europäischen Konvention zum Schutze der Menschenrechte und Grundfreiheiten (EMRK) gewährleistet sind und wie sie sich aus den gemeinsamen Verfassungsüberlieferungen der Mitgliedstaaten als allgemeine Grundsätze des Gemeinschaftsrechts ergeben (Art. 6 Abs. 2 EUV). Nach Art. 46 lit. d) EUV fällt Art. 6 Abs. 2 EUV ausdrücklich in die Jurisdiktion des Europäischen Gerichtshofs.

Ob ein Grundrecht auf europäischer Ebene besteht, ist also anhand der EMRK, einer vergleichenden Betrachtung der Verfassungstraditionen der Mitgliedstaaten und auch anhand der Grundrechtscharta[1155] zu ermitteln.[1156] Die Grundrechtscharta ist Ausdruck einmütig geteilter Werte, die von den Mitgliedstaaten auf höchster Ebene angesiedelt werden.[1157] Die gemeinsame Verfassungsüberlieferung kann deshalb auch anhand dieser Werte ermittelt werden.[1158]

Obwohl Art. 10 Abs. 1 EMRK die Pressefreiheit nicht ausdrücklich nennt, ist es anerkannt, dass diese Bestimmung auch die Pressefreiheit umfasst.[1159] Nach einer Ansicht zum Presse-Grosso erstreckt sich der Schutz durch Art. 10 Abs. 1 EMRK nicht nur auf den Schutz als Abwehrrecht, sondern er dient auch objektivrechtlich der Existenz einer freien pluralistischen Presse.[1160] Nach dieser Ansicht ist durch die EMRK der Presse-Grossist geschützt, solange seine Tätigkeit der Aufrechterhaltung eines pluralistischen Pressemarkts und der flächendeckenden Versorgung der Bürger mit Presseprodukten dient.[1161] Ist der Presse-Grosso durch die Pressefreiheit nach Art. 10 Abs. 1 EMRK geschützt, ist hieraus auch auf einen entsprechenden Schutz der Suchdienste zu schließen. Denn auch diese nehmen eine vergleichbare Mittlerrolle ein, indem sie den Zugang zu Meinungen auf den von ihnen berücksichtigten Webseiten faktisch ermöglichen. Gerade vor dem objektivrechtlichen Schutz einer freien pluralistischen Presse ist die Funktionsweise der Hyperlinks schützenswert. Stellen die Webseiten Rundfunk dar, tritt ein solcher Schutz, der ebenfalls von Art. 10 Abs. 1 EMRK umfasst ist, hinzu. Daneben tritt ein Schutz für die eigene Verbreitung von Meinungen in den Abstracts, der vorrangig der Pressefreiheit unterfällt.

1155) Abgedruckt in NJW 2000, Sonderbeilage, S. 7 ff.

1156) Siehe die Schlussanträge des Generalanwalts P.Léger vom 10.07.2001, EuGH Slg. 2001, S. I-9565, 9576 ff, 9585, Tz. 80 – *Rat/Hautala*; Hilf, NJW 2000, Sonderbeilage, S. 6.

1157) Siehe die Schlussanträge des Generalanwalts P.Léger vom 10.07.2001, EuGH Slg. 2001, S. I-9565, 9585, Tz. 80 – *Rat/Hautala*.

1158) Hilf, NJW 2000, Sonderbeilage, S. 6.

1159) Schulze-Fielitz in Dreier, GG, Art. 5 Abs. 1, 2, Rdnr. 16; Kloepfer, S. 64; Klein, AfP 1994, S. 9 ff.

1160) Kloepfer, S. 65.

1161) Kloepfer, S. 65 f.

Der Europäische Gerichtshof hat in Entscheidungen über Presse und Rundfunk für deren Schutz Art. 10 EMRK herangezogen.[1162] Dies spricht dafür, dass auch auf der Ebene des Gemeinschaftsrechts ein objektivrechtlicher Schutz für eine freie Presse und deren institutionell-organisatorische Voraussetzungen und Rahmenbedingungen gewährt wird. Dieser dürfte nicht nur den Presse-Grosso,[1163] sondern auch Suchdienste erfassen.

Im Rahmen dieser Untersuchung wurde nachgewiesen, dass im deutschen Recht ein verfassungsrechtlicher Schutz von Suchdiensten durch die Pressefreiheit besteht. Dieser Nachweis ist für die Beurteilung einer gemeinsamen Verfassungstradition der Mitgliedstaaten relevant. Gleichermaßen kommt es jedoch darauf an, ob in den übrigen Mitgliedstaaten ein solcher verfassungsrechtlicher Schutz gewährt wird. Diese Frage muss jedoch im Rahmen der vorliegenden Untersuchung unbeantwortet bleiben.

Weiterer Bestandteil bei der Ermittlung der gemeinschaftsrechtlichen Grundrechte ist, wie bereits ausgeführt, die Grundrechtscharta. Sie sieht vor, dass die Freiheit der Medien und ihre Pluralität geachtet werden (Art. 11 Abs. 2 Grundrechtscharta). Auf eine Differenzierung zwischen Presse, Rundfunk und Film kommt es nach dem Wortlaut nicht an, so dass Suchdienste als Medium der Massenkommunikation ohne weiteres unter den Schutz des Art. 11 Abs. 2 Grundrechtscharta fallen. Auch die Grundrechtscharta weist deshalb auf einen Schutz der Suchdienste durch das Gemeinschaftsrecht hin.

d) Geistiges Eigentum

Unterstellt man einen Schutz der Suchdienste durch die Pressefreiheit, darf eine neue Schranke jedoch nicht unverhältnismäßig in die Rechte der Urheber eingreifen. Das geistige Eigentum wird auch auf europäischer Ebene geschützt.[1164] Eingriffe in das geistige Eigentum müssen verhältnismäßig sein, d.h. geeignet, erforderlich und die auferlegten Belastungen müssen in angemessenem Verhältnis zu den angestrebten Zielen stehen.[1165] Wird jedoch die neue Schranke mit dem Kriterium der Werkersetzung eingeführt, dürfte, wie bereits bei der Verhältnismäßigkeitsprüfung im deutschen Recht dargestellt, die Einschränkung der Urheberrechte verhältnismäßig sein.[1166]

1162) Siehe EuGH Slg. 1991, S. I-4685, 4741, Tz. 31; Slg. 91, S. I-4069, 4097, Tz. 30 *Kommission/Niederlande*; Slg. 91, S. I-4007, 4043, Tz. 23 – *Collective Antennevoorziening Gouda*; Slg. 91 S. I-2925, 2963 f, Tz. 41 ff. - *ERT*; Slg. 1989, S. 4285, 4309, Tz. 16 – *Oyowe u. Traore/Kommission*; Slg. 1984, S. 19, 62, Tz. 33 f. – *Flämische Bücher.*

1163) So Kloepfer, S. 68 f.

1164) Kingreen in Callies/Ruffert, EUV, Art. 6 Rdnr. 100.

1165) Siehe Wegener in Callies/Ruffert, EGV, Art. 220 Rdnr. 31.

1166) Siehe oben S. 278 ff.

e) Ergebnis

Eine neue Schranke für Suchdienste auf europäischer Ebene ist möglich. Es spricht viel dafür, dass die Suchdienste auch auf europäischer Ebene dem Schutz der Pressefreiheit unterfallen würden. Eine Schranke, die durch das Kriterium der fehlenden Werkersetzung bzw. des weiter erforderlichen Zugriffs auf eine Datenbank sicherstellt, dass die Interessen der Urheber und Datenbankhersteller nicht unzumutbar verletzt werden, wäre im Hinblick auf die Pressefreiheit der Suchdienste verhältnismäßig. Die vorgeschlagene Schranke könnte entweder die Urheberrechtsrichtlinie abändern oder als eine Neuregelung für die Haftung von Suchdiensten gefasst werden, wie sie in Art. 21 Abs. 2 E-Commerce-Richtlinie bereits in Betracht gezogen wird.

I. Ergebnis und Thesen

1. Zu den Suchdiensten im Internet gehören Verzeichnisse, deren Trefferlisten durch eine Redaktion erstellt werden, und Suchmaschinen, die Webseiten mit Hilfe von Suchsoftware nachweisen. Der Abstract zu einer Webseite in der Trefferliste gibt dem Nutzer Aufschluss darüber, ob eine Webseite für ihn von Interesse ist. Interessiert den Nutzer eine Webseite, kann er diese über den in der Trefferliste enthaltenen Hyperlink aufrufen. Suchdienste nehmen eine herausragende Rolle im WWW wahr, indem sie dem Nutzer auf diese Art und Weise faktisch den Zugang zu einer Vielzahl von Webseiten eröffnen. Daneben informieren sie aber auch durch die Zusammenstellung von Abstracts über die im WWW zu einem Suchbegriff erhältlichen Webseiten. Darüber hinaus enthalten die Webseiten einiger Suchdienste eigene redaktionelle Beiträge, die Zeitungsartikeln entsprechen. Ein Großteil der Suchdienste wird nicht durch Nutzer, sondern über Werbung finanziert. Neben diesen Finanzierungszweck der Werbung tritt der Informationsgehalt der Werbung, der ebenfalls durch die Suchdienste vermittelt wird.

2. Suchdienste sind ein neues Medium der Massenkommunikation. Der Abruf der Webseite eines Suchdienstes, insbesondere auch der Trefferlisten durch den Nutzer zu bestimmten Suchbegriffen, ist nicht geeignet, den massenmedialen Charakter auszuschließen. Denn das Angebot von Suchdiensten richtet sich an eine unbestimmte Vielzahl von Nutzern, und eine unbestimmte Vielzahl von Nutzern kann das Angebot wahrnehmen. Der Nutzer kann zudem das einer Anfrage zugrundeliegende Informationsangebot nicht beeinflussen, da allein der Suchdienst entscheidet, welche Webseiten und in welchem Umfang er Webseiten nachweist. Selbst bei personalisierten Suchdiensten, die Trefferlisten auf die Person des Nutzers abstimmen, ist das der Trefferliste zugrundeliegende Angebot unbeeinflusst von der jeweiligen Anfrage, so dass auch diese Suchdienste ein Medium der Massenkommunikation darstellen.

3. Um zu bestimmen, welcher der in Art. 5 Abs. 1 S. 2 GG gewährten Freiheiten ein Massenmedium zuzuordnen ist, kommt es nicht allein auf die Verbreitungstechnologie – Druck oder fernmeldetechnische Anlagen – an. Entscheidend ist vielmehr eine funktionale Betrachtungsweise. Danach sind die entscheidenden Charakteristika eines Mediums nach seiner Rolle im Prozess der Meinungsbildung zu bestimmen. Maßgeblich sind die typischen Inhalte und Ausdrucksformen, die am Kommunikationsprozess Beteiligten und die typischen Rezeptionsbedingungen sowie die Herstellungs- und Verbreitungsmodalitäten. Auch Hilfstätigkeiten sind an dieser Rolle im Prozess der Meinungsbildung zu messen.

4. Die Tätigkeit von Suchdiensten unterteilt sich in eine inhaltsferne Vermittlungstätigkeit und eine inhaltsbezogene Tätigkeit. Inhaltsfern ist die

Vermittlung von Webseiten durch die Trefferliste und den darin enthaltenen Hyperlinks. Mit Hilfe dieser Hyperlinks gelangt der Nutzer auf die unterschiedlichsten Webseiten. Deren verfassungsrechtlicher Schutz je nach Beschaffenheit der Webseiten durch eine der Kommunikationsfreiheiten des Art. 5 Abs. 1 GG erstreckt sich auch auf den Schutz der Suchdienste. Ihre Vermittlungstätigkeit ist für die Verbreitung dieser Webseiten ebenso erforderlich wie die des Presse-Grossisten für die Presse.

Die inhaltsbezogene Tätigkeit von Suchdiensten, dazu zählen das Erstellen der Trefferliste mit den Abstracts, das Bereitstellen von elektronischen Werbeflächen und zum Teil das Erstellen von redaktionelle Beiträgen, wird hingegen allein durch die Pressefreiheit des Art. 5 Abs. 1 S. 2 GG geschützt. Die Webseiten von Suchdiensten haben alle wesentlichen Charakteristika der Presse. Es fehlt ihnen an der dem Rundfunk typischen Suggestivwirkung, die Rezeptionsweise von Schrift auf dem Bildschirm entspricht der Rezeption von Schrift auf Papier und der Nutzer ist wie bei traditioneller Presse nicht gezwungen, linear Informationen abzurufen.

Der inhaltsbezogene Schutz durch die Pressefreiheit nach Art. 5 Abs. 1 S. 2 GG und der inhaltsferne Schutz der Mittlerrolle durch den kommunikationsrechtlichen Schutz der Webseiten – entweder ebenfalls durch die Pressefreiheit oder durch die Rundfunkfreiheit nach Art. 5 Abs. 1 S. 2 GG – ergänzen sich. Da aber die inhaltbezogene Tätigkeit der Suchdienste allein durch die Pressefreiheit geschützt wird und die Mittlerrolle auch durch die Pressefreiheit geschützt sein kann, befasst sich die Untersuchung der Haftung von Suchdiensten vorrangig mit dem Schutz der Suchdienste durch die Pressefreiheit.

5. Für die Beurteilung der Haftung von Suchdiensten ist der objektiv-rechtliche Gehalt der Pressefreiheit von besonderer Bedeutung. Die Grundrechte als Abwehrrechte beeinflussen die Rechtsbeziehungen des Bürgers zur öffentlichen Gewalt; die Pressefreiheit ist für die wettbewerbsrechtliche und urheberrechtliche Haftung aber gerade deshalb von Bedeutung, da Gesetzgeber, Gerichte und andere Rechtsanwender bei der Setzung, Auslegung und Anwendung der einfachen Gesetze an den objektiv-rechtlichen Gehalts der Grundrechte gebunden sind.

6. Die Pressefreiheit schützt die Tätigkeit der Presse von der Beschaffung der Information bis zur Verbreitung der Nachricht und Meinung. Zum Beschaffen der Information gehören das Sichten von Inhalten auf den Webseiten und die Übernahme von Inhalten in die Datenbank. Zur Verbreitung zählen die Zusammenstellung und das Bereithalten der Trefferliste durch den Nutzer. Die Bildschirmanzeige, die dem Nutzer dient, sich zu informieren, steht hingegen unter dem Schutz der Informationsfreiheit des Nutzers. Der Schutz der Pressefreiheit ist unabhängig von der Qualität der vermittelten Inhalte; auch reine

Anzeigenblätter werden durch die Pressefreiheit nach Art. 5 Abs. 1 S. 2 GG geschützt.

7. Die Haftung der traditionellen Presse im Wettbewerbsrecht ist bei verfassungskonformer Auslegung der Haftungsbestimmungen, insbesondere des UWG, zu beschränken. Wenn ein Verstoß gegen Prüfungspflichten die Haftung eines Presseunternehmens begründet, kann dies zu einer Einschränkung der Prüfungspflichten führen. Würde durch uneingeschränkte Prüfungspflichten die Ausübung der Tätigkeit des Presseunternehmens in Frage gestellt, würde die Pressefreiheit unverhältnismäßig eingeschränkt. Bei Anzeigen führt dies dazu, dass die Prüfungspflichten der Presseunternehmen auf grobe, unschwer zu erkennende Verstöße beschränkt sind. Im redaktionellen Teil hängt der Umfang der Prüfungspflichten von Funktion und Aufgabenstellung des Presseprodukts und des redaktionellen Teils ab. Im Regelfall ist eine umfassende Prüfung geboten, im Einzelfall kann die Prüfungspflicht ebenfalls auf grobe, unschwer zu erkennende Verstöße beschränkt sein.

Im Urheberrecht kann eine verfassungskonforme Auslegung die Haftung nach § 97 UrhG nur für den Bereich der mittelbaren Haftung, also für den Fall, dass das Presseunternehmen ein durch das UrhG geschütztes Erzeugnis nicht selbst nutzt, beschränken. Auch für diesen Fall sind die Prüfungspflichten der traditionellen Presse auf grobe, unschwer zu erkennende Verstöße beschränkt. Im Bereich der unmittelbaren Haftung ist die Haftung der Presse nur dann beschränkt, wenn eine der urheberrechtlichen Schranken Anwendung findet.

8. Der Haftungsrahmen der Suchdienste wird von der E-Commerce-Richtlinie und dem TDG n.F., mit dem die E-Commerce-Richtlinie in deutsches Recht umgesetzt wird, bestimmt. Allerdings finden die haftungsprivilegierenden Bestimmungen der E-Commerce-Richtlinie (Art. 12 bis 14) und des TDG n.F. (§§ 9 bis 11) keine Anwendung auf Suchdienste.

Für die Haftung im Urheberrecht ist außerdem die Urheberrechtsrichtlinie relevant, die die Nutzungshandlungen im digitalen Bereich näher bestimmt und weitere urheberrechtliche Schranken festlegt.

9. Die wettbewerbsrechtliche Haftung von Suchdiensten kann vor dem Hintergrund der Pressefreiheit durch verfassungskonforme Auslegung der einschlägigen Bestimmungen beschränkt werden. Soweit es um die Inhalte Dritter geht, sind Prüfungspflichten der Suchmaschinen ausgeschlossen. Verzeichnissen ist die Pflicht auferlegt, die Inhalte auf grobe und unschwer zu erkennende Verstöße zu prüfen. Bei den Werbeformen, die Anzeigen entsprechen, sind die Prüfungspflichten bei Suchmaschinen und bei Verzeichnissen ebenfalls zu beschränken. Wie beim Anzeigengeschäft der traditionellen Presse ist nur eine Prüfung auf grobe und unschwer zu erkennende Verstöße erforderlich. Diesen Grundsätzen entsprechend ist auch die Haftung für Markenrechtsverstöße zu beschränken, die durch Meta-Tags auf den zitierten Webseiten oder durch Keywordadvertising verursacht werden.

10. Die urheberrechtliche Haftung kann nicht allein durch verfassungskonforme Auslegung beschränkt werden. Nur bei der mittelbaren Haftung, also für den Fall, dass Suchdienste nicht selbst eine Nutzungshandlung vornehmen, kann die Haftung eingeschränkt werden. Die Suchmaschinen sind danach zu keiner Prüfung der Inhalte Dritter verpflichtet; Verzeichnisse müssen die Inhalte auf grobe und unschwer zu erkennende Urheberrechtsverstöße prüfen.

Die unmittelbare Haftung der Suchdienste für eigene Nutzungshandlungen schränkt insbesondere die Tätigkeit der Suchmaschinen unverhältnismäßig ein. Die Nutzungshandlungen der Suchmaschinen werden nicht durch die urheberrechtlichen Schranken gerechtfertigt. Der verfassungsrechtliche Schutz der Urheber und der presserechtliche Schutz der Suchmaschinen könnten jedoch in Ausgleich gebracht werden, indem für Suchmaschinen die Nutzung von Erzeugnissen, die durch das Urheberrecht geschützt werden, für zulässig erklärt würde, soweit die Nutzung durch den Suchdienst den Zugriff der Nutzer auf die Originalwebseite nicht ersetzt. Hierfür wäre eine neue urheberrechtliche Schranke erforderlich.

11. Eine solche neue Schranke stünde zwar in Einklang mit den Bewertungen der Pressefreiheit nach Art. 5 Abs. 1 S. 2 GG. Sie würde jedoch nach Ablauf der Umsetzungsfrist gegen die Urheberrechtsrichtlinie verstoßen. Aufgrund des Vorrangs des Gemeinschaftsrechts wäre sie nicht anwendbar. Die internationalen Verpflichtungen der Gemeinschaft in den WIPO-Verträgen sowie der europäische Grundrechtsschutz lassen es jedoch möglich erscheinen, eine solche Schranke in die europäische Rechtsordnung einzubinden. Anlass dafür könnte eine mögliche Anpassung der E-Commerce-Richtlinie geben. Art. 21 Abs. 2 E-Commerce-Richtlinie zieht ausdrücklich eine Neuregelung der Haftungsbestimmungen für Suchdienste in Betracht.

LITERATURVERZEICHNIS

Ahrens, Hans-Jürgen — „Kostenloser“ Vertrieb meinungsbildender Tagespresse - Zum Prognosedilemma des Wettbewerbsrichters, WRP 1999, S. 123 ff.

ders. — Beteiligung der Presse an Wettbewerbsverstößen durch Presseäußerungen, S.11 ff in Festschrift für Fritz Traub zum 65. Geburtstag, 1994 *(zitiert: Ahrens in FS Traub)*

Alternativkommentar — Reihe Alternativkommentar, Kommentar zum Grundgesetz für die Bundesrepublik Deutschland in zwei Bänden, Herausgeber Rudolf Wassermann, Band 1, Art. 1-37, 2. Auflage,1989 *(zitiert: Bearbeiter in AK)*

Althammer, Werner / Ströbele, Paul / Klaka, Rainer — Markengesetz, 6. Auflage 2000 *(zitiert: Bearbeiter in Althammer/Ströbele/Klaka)*

Baumbach, Adolf/ Hefermehl, Wolfgang — Wettbewerbsrecht, 22. Auflage, 2001

Baur, Fritz — Der Beseitigungsanspruch nach § 1004, - Zugleich ein Beitrag zum Problem der Rechtswidrigkeit auf dem Gebiet des Güterschutzes - ACP 160 (1961), S. 465 ff.

Bechtold, Stefan — Der Schutz des Anbieter von Information - Urheberrecht und Gewerblicher Rechtsschutz im Internet, ZUM 1997, S. 427 ff.

Becker, Jürgen (Hrsg.) — Rechtsprobleme internationaler Datennetze, 1996 *(zitiert: Bearbeiter in Becker, Rechtsprobleme internationaler Datennetze)*

ders./Thomas Dreier (Hrsg.) — Urheberrecht und digitale Technologie, Schriftenreihe des Archivs für Urheber-, Film-, Funk-, und Theaterrecht (UFITA), Bd. 121, 1994 *(zitiert: Bearbeiter in*

Becker/Dreier)

Becker, Sönke — Anmerkung zu KG "Schöner Wetten" (Az. 5 U 124/01), MMR 2002, S.120 f.

Benda, Ernst/ Maihofer, Werner/ Vogel, Hans-Jochen (Hrsg.) — Handbuch des Verfassungsrecht der Bundesrepublik Deutschland, Teil 1, 2. Auflage, 1995 *(zitiert: Bearbeiter in Hdb. des VerfR.)*

Benn, Wolfgang/ Gringer, Ingo — Zugriff auf Datenbanken über das World Wide Web, Informatik-Spektrum 1998, S. 1 ff.

Bettinger, Torsten/ Freytag, Stefan — Privatrechtliche Verantwortlichkeit für Links - Zugleich Anmerkung zum Urteil des LG Hamburg vom 1.5.1998, CR 1998, S. 545 ff.

Bleisteiner, Stephan — Rechtliche Verantwortlichkeit im Internet, 1999

Bonner Kommentar zum Grundgesetz — Herausgeber Rudolf Dolzer/ Klaus Vogel/ Karin Graßhof, Stand Juni 2002, 100. Ergänzungs-lieferung *(zitiert: Bearbeiter in Bonner Kommentar)*

Bullinger, Martin — Der Rundfunkbegriff in der Differenzierung kommunikativer Dienste, AfP 1996, S. 1 ff.

ders. — Ordnung oder Freiheit für Multimediadienste, JZ 1996, S. 385 ff.

Calliess, Christian/ Ruffert, Matthias(Hrsg.) — Kommentar zu EU-Vertrag und EG-Vertrag, 1999 *(zitiert: Bearbeiter in Calliess/Ruffert, EUV/EGV)*

Cremer, Hans-Joachim — Die Reform der Deutschen Welle und die Rundfunkfreiheit, ZUM 1995, S. 674 ff.

Determann, Lothar — Kommunikationsfreiheit im Internet, 1999

Dreier, Horst (Hrsg.) — Grundgesetz Kommentar, Band I Artikel 1-19, 1996 *(zitiert: Bearbeiter in Dreier, GG)*

Dreier, Thomas Die Umsetzung der Urheberrechtsrichtlinie 2001/29/EG in deutsches Recht, ZUM 2002, 28 ff.

Ehricke, Ulrich Vorwirkungen von EU-Richtlinien auf nationale Gesetzgebungsverfahren, ZIP 2001, S. 1311 ff.

Eichler, Alexander/ Helmers, Sabine/ Schneider, Thorsten Link(s)-Recht(s) - Technische Grundlagen und Haftungsfragen bei Hyperlinks, BB-Beilage 18/1997, S. 23 ff.

Emmerich, Volker Unlauterer Wettbewerb, 6. Auflage, 2002

Engel-Flechsig, Stefan/ Maennel, Frithjof A./ Tettenborn, Alexander Neue gesetzliche Rahmenbedingungen für Multimedia - Die Regelungen des IukDG und des MDStV, 1998

Erdmann, Willi Schutz von Werbeslogans, GRUR 1996, S. 550 ff.

Ernst, Stefan Rechtsprobleme im Internet: urheber-, wettbewerbs- und markenrechtliche Sicht, K&R 1998, S. 536 ff.

ders. Rechtliche Fragen bei der Verwendung von Hyperlinks im Internet, NJW-CoR 1997, 224 ff.

Ernstthaler, Jürgen/ Bosch, Wolfgang/ Völker, Stefan Handbuch Urheberrecht und Internetrecht, 2002 *(zitiert: Bearbeiter in Hdb. Urheberrecht und Internetrecht)*

Fechner, Frank Geistiges Eigentum und Verfassung, 1999

Federrath, Hannes Zur Kontrollierbarkeit des Internets, ZUM 1999, S. 177 ff.

Fezer, Karl-Heinz Markenrecht, 3. Auflage 2001 *(zitiert: Fezer, Markenrecht)*

Fischer, Florian Zur Zulässigkeit des Vertriebs traditioneller und elektronisierter Pressespiegel durch kommerzielle Anbieter, ZUM 1995, S. 117 ff.

Flechsig, Norbert P. — Grundlagen des Europäischen Urheberrechts - Die Richtlinie zur Harmonisierung des Urheberrechtsschutzes in Europa und die Anforderungen an ihre Umsetzung in deutsches Recht, ZUM 2002, S. 1 ff.

ders. — Haftung von Online-Diensteanbietern im Internet, AfP 1996, S. 333 ff.

ders. — Rechtmäßige private Vervielfältigung und gesetzliche Nutzungsgrenzen, GRUR 1993, S. 532 ff.

Flechsig, Norbert P./ Fischer, Martin — Speicherung von Printmedien in betriebseigene Datenbankarchive und die Grenze ihrer betrieblichen Nutzung, ZUM 1996, S. 833 ff.

Freytag, Stefan — Haftung im Netz, Verantwortlichkeit für Urheber-, Marken- und Wettbewerbsrechtsverletzungen nach § 5 TDG und § 5 MDStV, 1999

Fromm, Friedrich Karl/ Nordemann, Wilhelm — Urheberrecht, 9. Auflage 1998 *(zitiert: Bearbeiter in Fromm/Nordemann)*

Fünfgeld, Hermann/Mast, Claudia (Hrsg.) — Massenkommunikation, 1997 *(zitiert: Bearbeiter in Fünfgeld/Mast)*

Frhr.v.Gamm, Otto-Friedrich — Urheber- und urhebervertragsrechtliche Probleme des „digitalen Fernsehens", ZUM 1994, S. 591 ff.

ders. — Wettbewerbs- und Wettbewerbsverfahrensrecht, Band 1 Wettbewerbsrecht, 5. Auflage 1987 *(zitiert: v. Gamm, Wettbewerbsrecht)*

ders. — Urheberrechtsgesetz, 1968 *(zitiert: v. Gamm, Urheberrechtsgesetz)*

Gersdorf, Hubertus — Der verfassungsrechtliche Rundfunkbegriff im Lichte der Digitalisierung der Telekommunikation, 1995 *(zitiert: Gersdorf, Der verfassungsrechtliche Rundfunk-*

begriff)

v. Gierke, Cornelie Grenzen der wettbewerbsrechtlichen Störerhaftung, WRP 1997, S. 892 ff.

Glockshuber, Christine Die Passivlegitimation im deutschen Recht des unlauteren Wettbewerbs, 1997

Gloy, Wolfgang (Hrsg.) Handbuch des Wettbewerbsrecht, 2. Auflage, 1997 *(zitiert: Bearbeiter in Gloy)*

Groß, Rolf Zur Gesetzgebungszuständigkeit für das Pressewesen, AfP 1997, S. 503 ff.

Gummig, Christian Rechtsfragen bei der Werbung im Internet, ZUM 1996, S. 573 ff.

Hackemann, Martin Information und Dokumentation aus urheberrechtlicher Sicht - Einige Anmerkungen zur gegenwärtigen und künftigen Rechtslage, GRUR 1982, S. 262 ff.

Haedicke, Maximilian Die Haftung für mittelbare Urheber- und Wettbewerbsrechtsverletzungen - Zugleich eine Besprechung von BGH v. 15.10.1998 -Möbelklassiker -, GRUR 1999, S. 397 ff.

Härting, Niko Gesetzesentwurf zur Umsetzung der E-Commerce-Richtlinie, CR 2001, S. 271 ff.

Handbuch des Staatsrechts Herausgeber Josef Isensee, Paul Kirchhof, Band VI, 1989 *(zitiert: Bearbeiter in HdbStR)*

Haselhofer, Gerald Einführung in das Database Marketing, 1996

Henning-Bodewig, Frauke Die Tarnung von Werbung, GRUR Int. 1991, S. 858 ff.

dies. Product Placement im Kino, ZUM 1988, S. 263 ff.

dies. Das „Presseprivileg" in § 13 Abs. 2 Nr. 1 UWG, GRUR 1985, S. 258 ff.

dies. Die wettbewerbsrechtliche Haftung von Massenmedien, GRUR 1981, S. 867 ff.

Hilf, Meinhard Die Charta der Grundrechte der Europäischen Union, Beilage NJW 2000, Sonderbeilage, S. 5 f.

Hirsch, Günter Der EuGH im Spannungsverhältnis zwischen Gemeinschaftsrecht und nationalem Recht, NJW 2000, S. 1817 ff.

Hoeren, Thomas Grundzüge des Internetrechts, 2. Auflage 2002 *(zitiert: Hoeren, Grundzüge des Internetrechts)*

ders. Rechtliche Zulässigkeit von Meta-Suchmaschinen, Urheber- und wettbewerbsrechtliche Vorgaben, MMR 2001, Beilage 8, S. 2 ff.

ders. Suchmaschinen, Navigationssysteme und das Wettbewerbsrecht, MMR 1999, S. 649 ff.

ders. Cybermanners und Wettbewerbsrecht - Einige Überlegungen zum Lauterkeitsrecht im Internet, WRP 1997, S. 993 ff.

Hoeren, Thomas / Sieber, Ulrich (Hrsg.) Handbuch Multimedia-Recht, Stand: 3. Ergänzungslieferung, Dezember 2001 *(zitiert: Bearbeiter in Hoeren/Sieber)*

Hoffmann-Riem, Wolfgang/ Vesting, Thomas Ende der Massenkommunikation? Zum Strukturwandel der technischen Medien, Media Perspektiven, Heft 8/1994, S. 382 ff.

Holznagel, Bernd/ Holznagel, Ina Zukunft der Haftungsregeln für Internet-Provider, K&R 1999, S. 103 ff.

Ikas, Klaus Zum ständigen Gratisvertrieb von Presse-erzeugnissen, insbesondere

Stadtmagazinen, WRP 1997, S. 392 ff.

Irlbeck, Thomas — Computer-Lexikon, 3. Auflage 1998

Jarass, Hans D. — Rundfunkbegriffe im Zeitalter des Internet, AfP 1998, S. 133 ff.

ders. — Online-Dienste und Funktionsbereich des Zweiten Deutschen Fernsehens, ZDF Schriftenreihe, Heft 53, 1997 *(zitiert: Jarass, ZDF Schriftenreihe)*

ders. — Die Freiheit der Massenmedien, 1978

ders./Pieroth, Bodo — Grundgesetz Kommentar, 6. Auflage 2002 *(zitiert: Bearbeiter in Jarass/Pieroth, GG)*

Katzenberger, Paul — Elektronische Printmedien und Urheberrecht: urheberrechtliche und urhebervertragsrechtliche Fragen der elektronischen Nutzung von Zeitungen und Zeitschriften, 1996 (zitiert: Katzenberger, Elektronische Printmedien)

ders. — Urheberrecht und Dokumentation, Abstracts - Fotokopien - elektronische Datenbanken, GRUR 1973, S. 629 ff.

Kindler, Peter — Leistungsschutz für Datenbanken ohne Werkcharakter - Eine Zwischenbilanz, K&R 2000, S. 265 ff.

Kirchhof, Paul — Der verfassungsrechtliche Gehalt des geistigen Eigentums, Festschrift für Wolfgang Zeidler, Hrsg. Walther Fürst, Roman Herzog, Dieter C. Umbach, Band 2, 1987, S. 1639 ff. *(zitiert: Kirchhof in FS Zeidler)*

Kleinke, Yvonne — Pressedatenbanken und Urheberrecht - Zur urheberrechtlichen Bewertung der Nutzung von Zeitungsartikeln in Pressedatenbanken -, 1999

Kloepfer, Michael Presse-Grosso unter dem Schutz von Verfassungsrecht und Europarecht, 2000

ders./ Kutzschbach, Georg Presse-Grosso zwischen Kartell- und Verfassungsrecht, AfP 1999, S. 1 ff.

Koch, Alexander Zur Einordnung von Internet-Suchmaschinen nach dem EGG, K&R 2002, S. 120 ff.

Koch, Frank A. Neue Rechtsprobleme der Internet-Nutzung, NJW-CoR 1998, S. 45 ff.

ders. Zivilrechtliche Anbieterhaftung für Inhalte in Kommunikationsnetzen CR 1997, S. 193 ff.

ders. Rechte an Webseiten, NJW-CoR 1997, S. 258

ders. Grundlagen des Urheberrechtsschutz im Internet und in Online-Diensten, GRUR 1997, S. 417 ff.

Köhler, Helmut Wettbewerbs- und verfassungsrechtliche Fragen der Verteilung unentgeltlicher Zeitungen, WRP 1998, S. 455 ff.

ders. Die Beteiligung an fremden Wettbewerbsverstößen, WRP 1997, S. 897 ff.

Köhler, Helmut/ Piper, Henning Gesetz gegen den unlauteren Wettbewerb, 3. Auflage, 2002

Köhler, Markus/ Arndt, Hans-Wolfgang Recht im Internet, 3. Auflage 2001

König, Eberhard Die Teletexte, 1980

Kotthoff, Jost Fremde Kennzeichen in Metatags: Marken- und Wettbewerbsrecht, K&R 1999, S. 157 ff.

ders. Zum Schutz von Datenbanken beim Einsatz von CD-Roms in Netzwerken,

	GRUR 1997, S. 597 ff.
Kreile, Johannes/ Wallner, Christoph	Schutz der Urheberpersönlichkeitsrechte im Multimediazeitalter, ZUM 1997, S. 625 ff.
Kröger, Detlef	Enge Auslegung von Schranken-bestimmungen - wie lange noch? - Zugang zu Informationen in digitalen Netzwerken, MMR 2002, S. 18 ff.
ders./ Gimmy, Marc A.	Handbuch zum Internetrecht, 2000 *(zitiert: Bearbeiter in Kröger/Gimmy)*
Kunig, Philip	Die Pressefreiheit, Jura 1995, S. 589 ff.
Kur, Annette	Metatags - pauschale Verurteilung oder differenzierende Betrachtung?, CR 2000, S. 448 ff.
Lachmann, Jens-Peter	Werbung über Bildschirmtext, WRP 1983, S. 591 ff.
v. Lackum, Jens	Verantwortlichkeit der Betreiber von Suchmaschinen, MMR 1999, S. 697 ff.
Ladeur, Karl-Heinz	„Duale Rundfunkordnung" und Werbung in Programmen der öffentlich-rechtlichen Rundfunkanstalten, ZUM 1987, S. 491 ff.
Larenz, Karl/ Canaris, Claus-Wilhelm	Lehrbuch des Schuldrechts, Zweiter Band, Besonderer Teil, 2.Halbband, 13. Auflage, 1994
Leinemann, Felix	Die Sozialbindung des „Geistigen Eigentums", 1998, Schriftenreihe des Archivs für Urheber-, Film-, Funk- und Theaterrecht (UFITA) Band 162
Leistner, Matthias/ Bettinger, Torsten	Creating Cyberspace - Immaterialgüter-rechtlicher und wettbewerbsrechtlicher Schutz des Web-Designers, Beilage CR 1999, S. 1 ff.
Lehmann, Michael	Unvereinbarkeit des § 5 Teledienstgesetz

	mit Völkerrecht und Europarecht, CR 1998, S. 232 ff.
ders. (Hrsg.)	Internet- und Multimediarecht (Cyberlaw), 1997, *(zitiert: Bearbeiter in Lehmann, Cyberlaw)*
Leistner, Matthias	Der Schutz von Telefonverzeichnissen und das neue Datenbankherstellerrecht, MMR 1999, S. 636 ff.
Lerche, Peter	Aktuelle Grundlagen der Informationsfreiheit, Jura 1995, 561 ff.
Leßmann, Andreas	Datenbanken-Zugang zu urheberrechtlich geschütztem Material in der Informationsgesellschaft, 1999
Libertus, Michael	Kommunikationsrechtliche Einordnung neuer nicht-linearer digitaler Dienste, ZUM 2000, S. 555 ff.
ders.	Randnutzung im öffentlich-rechtlichen Rundfunk- Rechtliche Aspekte und Erscheinungsformen, AfP 1992, S. 229 ff.
Lindacher, Walter F.	Zur wettbewerbsrechtlichen Unterlassungshaftung der Presse im Anzeigengeschäft, WRP 1987, S. 585 ff.
Löffler, Martin	Presserecht, fortgeführt von Karl Egbert Wenzel, Klaus Sedelmeier, 4. Auflage, 1997 (zitiert: Bearbeiter in Löffler, Presserecht)
ders. (Hrsg.)	Das Grundrecht auf Informationsfreiheit als Schranke des Urheberrechts, NJW 1980, S. 201 ff.
ders./Ricker, Reinhart	Handbuch des Presserechts, 4. Auflage 2000
Loewenheim, Ulrich	Urheberrechtliche Probleme bei Multimediaanwendungen, GRUR 1996,

S. 830 ff.

ders. Die urheber- und wettbewerbsrechtliche Beurteilung der Herstellung und Verbreitung kommerzieller elektronischer Pressespiegel, GRUR 1996, S. 636 ff.

ders. Urheberrechtliche Grenzen der Verwendung geschützter Dokumente in Datenbanken, 1994 *(zitiert: Loewenheim, Urheberrechtliche Grenzen)*

ders./Koch, Frank A. (Hrsg.) Praxis des Online-Rechts, 2001 *(zitiert: Bearbeiter in Loewenheim/Koch)*

Maaßen, Wolfgang Urheberrechtliche Probleme der elektronischen Bildverarbeitung, ZUM 1992, S. 338 ff.

Maletzke, Gerhard Psychologie der Massenkommunikation, 1963

v. Mangoldt, Herrmann/ Klein, Friedrich/ Starck, Christian Herausgeber Christian Starck, Das Bonner Grundgesetz, Band 1: Präambel, Artikel 1-19, 4. Auflage 1999, Band 2: Art.20-78, 4. Auflage 2000 *(zitiert: Bearbeiter in v.Mangoldt, Klein, Starck)*

Mann, Roger Sale of Keywords: Trademark Violation, Unfair Competition or Proper E-Advertising?, E.I.P.R. 2000, S. 378 ff.

ders. „Kostenloser“ Vertrieb von Presse - eine Gefährdung der Pressefreiheit?, WRP 1999, S. 740 ff.

Masermann, Ute/ Vossen, Gottfried Suchmaschinen und Anfragen im World Wide Web, Informatik Spektrum 1998, S. 9 ff.

Marwitz, Petra Haftung für Hyperlinks, K&R 1998, S. 369 ff.

Maunz, Theodor /Dürig, Günter Grundgesetz Kommentar, Stand 39. Ergänzungs-lieferung Juli 2001,

Herausgeber Matthias Herdegen, Roman Herzog, Hans H. Klein, Peter Lerche, Hans-Jürgen Papier, Albrecht Randzelhofer, E. Schmidt-Assmann, Rupert Scholz *(zitiert: Bearbeiter in Maunz/Dürig, GG)*

Mecklenburg, Wilhelm Internetfreiheit, ZUM 1997, S. 525 ff.

Mehrings, Josef Information und Dokumentation (IuD) - Ein Stiefkind der Urheberrechtsnovelle?, GRUR 1983, S. 275 ff.

Menke, Burkhart Die Verwendung fremder Kennzeichen in Meta-Tags: Ein Fall für das Kennzeichen - und/oder das Wettbewerbsrecht?, WRP 1999, S. 982 ff.

Michael, Gerhard K&R-Kommentar zu LG Berlin (Az.: 15 O 22/01), K&R 2001, S. 172 f.

Michel, Eva-Maria Rundfunk und Internet, ZUM 1998, S. 350 ff.

Möhring/Nicolini Urheberrechtsgesetz, Kommentar, Herausgeber Käte Nicolini, Hartwig Ahlberg, 2. Auflage 2000 *(zitiert: Bearbeiter in Möhring/Nicolini)*

v. Münch, Ingo(Begr.)/Kunig, Philip(Hrsg.) Grundgesetz-Kommentar, Band 1(Präambel bis Art. 19), 5. Auflage 2000, Band 3 (Art. 70 bis Art. 146). 3. Auflage 1996 (*zitiert: Bearbeiter in v. Münch/Kunig, GG)*

Nickels, Sven Neues Bundesrecht für den E-Commerce, CR 2002, S. 302 ff.

Nippe, Wolfgang Urheber und Datenbank, Schutz des Urhebers bei der Verwendung seiner Werke in elektronischen Datenbanken, 2000

Palandt, Otto (Begr.) Bürgerliches Gesetzbuch, 61. Auflage 2002

(zitiert: Bearbeiter in Palandt)

Pankoke, Stefan L. — Von der Presse- zur Providerhaftung - Eine Rechtspolitische und rechtsvergleichende Untersuchung zur Inhaltsverantwortlichkeit im Netz, 2000

Paschke, Marian — Medienrecht, 2. Auflage 2001

Pichler, Rufus — Haftung des Host Providers für Persönlichkeitsverletzungen vor und nach dem TDG, MMR 1998, S. 79 ff.

Pieper, Antje Karin/Wiechmann, Peter — Der Rundfunkbegriff, ZUM 1995, S. 82 ff.

Piper, Henning — Zur wettbewerbsrechtlichen Beurteilung von Werbeanzeigen und redaktionellen Beiträgen werbenden Inhalts insbesondere in der Rechtsprechung des Bundesgerichtshofs, S. 715 ff., in Festschrift für Ralf Vieregge zum 70. Geburtstag, 1995 *(zitiert: Piper in FS Vieregge)*

ders. — Der Schutz der bekannten Marken, GRUR 1996, S. 429 ff.

Plaß, Gunda — Hyperlinks im Spannungsfeld von Urheber-, Wettbewerbs- und Haftungsrecht WRP 2000, S. 599 ff.

Ramsauer, Ulrich — Über den Unterschied von Inhaltsbestimmung und Schrankenbestimmung des Eigentums, DVBl. 1980, S. 534 ff.

Raczinski, Bernd/ Rademacher, Ulrich — Urheberrechtliche Probleme beim Aufbau und Betrieb einer juristischen Datenbank, GRUR 1989, S. 342 ff.

Rehbinder, Manfred/ Schmaus, Stefan — Rechtsfragen beim E-Book-Verlagsvertrag, ZUM 2002, S. 167 ff.

Reinbothe, Jörg — Die EG-Richtlinie zum Urheberrecht in der Informationsgesellschaft, GRUR Int. 2001, S. 733 ff.

Rosenoer, Jonathan — Cyber Law: the law of the Internet, 1997

Rossen, Helge — Freie Meinungsbildung durch den Rundfunk: Die Rundfunkfreiheit im Gewährleistungsgefüge des Art. 5 Abs. 1 GG, 1988

Roßnagel, Alexande (Hrsg.) — Recht der Multimedia-Dienste, Stand: 2. Ergänzungslieferung, 1. November 2000 *(zitiert: Bearbeiter in Roßnagel)*

Sachs, Michael (Hrsg.) — Grundgesetz Kommentar, 2. Auflage 1999 *(zitiert: Bearbeiter in Sachs, GG)*

Schaefer, Martin/ Rasch, Clemens/ Braun, Thorsten — Zur Verantwortlichkeit von Online-Diensten und Zugangsvermittlern für fremde urheberrechtsverletzende Inhalte, ZUM 1998, S. 451 ff.

Schmid, Wolfgang — Zur wettbewerbsrechtlichen Beurteilung der unentgeltlichen Verteilung anzeigenfinanzierter Zeitungen, WRP 2000, S. 991 ff.

Schmitt Glaeser, Walter — Anzeigenblatt und Pressefreiheit, NJW 1971, S. 2012 ff.

Schmutzer, Rupert — Erhellung oder Verblendung durch „interaktive" Medien? Überlegungen zu einem angemessenem Kommunikationsmodell, Fakten, Daten, Zitate 1995, Heft 1-2, S. 1 ff.

Schricker, Gerhard.(Hrsg.) — Urheberrecht, Kommentar, 2. Auflage 1999 *(zitiert: Bearbeiter in Schricker, Urheberrecht)*

ders. (Hrsg.) — Urheberrecht auf dem Weg zur Informationsgesellschaft, 1997 *(zitiert: Bearbeiter in Schricker, Informationsgesellschaft)*

ders.(Hrsg.) — Urheberrecht, Kommentar, 1. Auflage, 1987 *(zitiert: Bearbeiter in Schricker,*

Urheberrecht, 1. Auflage)

Schröder, Meinhard Zur Wirkkraft der Grundrechte mit grenzüberschreitenden Elementen, in Festschrift für Schlochauer, Herausgeber Ingo v. Münch, S. 137 ff. (zitiert: Schröder in FS Schlochauer)

v. Schultz, Detlef (Hrsg.) Kommentar zum Markenrecht, 2002 *(zitiert: Bearbeiter in v. Schultz, MarkenG)*

Schulz, Wolfgang Jenseits der „Meinungsrelevanz" - Verfassungsrechtliche Überlegungen zu Ausgestaltung und Gesetzgebungskompetenzen bei neuen Kommunikationsformen, ZUM 1996, S. 487 ff.

ders./ Held, Thorsten/ Kops, Manfred Perspektiven der Gewährleistung freier öffentlicher Kommunikation, ZUM 2001, S. 621 ff.

Schulze, Gernot Zum Verschulden im Urheberrecht beim Abdruck von Werbeanzeigen - Eine Anmerkung zum Urteil des OLG München vom 29.4.1993 -, GRUR 1994, S. 702 ff.

Schulze-Osterloh, Lerke Entschädigungspflichtige Inhalts- und Schrankenbestimmung des Eigentums und Enteignung, Tendenzen der neueren Rechtsprechung des Bundesverfassungsgerichts, NJW 1981, S. 2537 ff.

dies. (Osterloh, Lerke) Eigentumsschutz, Sozialbindung und Enteignung bei der Nutzung von Boden und Umwelt, DVBl. 1991, S. 906 ff.

Schwarz, Matthias (Hrsg.) Recht im Internet, Stand August 2002, 24. Ergänzungslieferung *(zitiert: Bearbeiter in Schwarz)*

Seltzer, Richard/ Ray, Deborah S./ Ray, Eric J. The AltaVista Search Revolution, 1997

Sieber, Ulrich Verantwortlichkeit im Internet, Technische Kontrollmöglichkeiten und multimediarechtliche Regelungen, 1999

ders. Strafrechtliche Verantwortlichkeit für den Datenverkehr in internationalen Computernetzen(1), JZ 1996, S. 429 ff.

Spindler, Gerald Das Gesetz zum elektronischen Geschäftsverkehr – Verantwortlichkeit der Diensteanbieter und Herkunftslandprinzip, NJW 2002, S. 921 ff.

ders. Europäisches Urheberrecht in der Informationsgesellschaft, GRUR 2002, S. 105 ff.

ders. Der Entwurf zur Umsetzung der E-Commerce-Richtlinie, ZRP 2001, S. 203 ff.

ders. E-Commerce in Europa, Die E-Commerce-Richtlinie in ihrer endgültigen Fassung, MMR-Beilage 7/2000 S. 4 ff.

ders. Verantwortlichkeit von Diensteanbietern nach dem Vorschlag einer E-Commerce-Richtlinie, MMR 1999, S. 199 ff.

ders. Haftungsrechtliche Grundprobleme der neuen Medien, NJW 1997, S. 3193 ff.

Starck, Joachim Markenmäßiger Gebrauch - Besondere Voraussetzung für die Annahme einer Markenverletzung? -, GRUR 1996, S. 688 ff.

Strömer, Tobias H. Online-Recht, 2. Auflage 1999

Stross, Charles The Web Architect`s Handbook, 1996

Teplitzky, Otto Wettbewerbsrechtliche Ansprüche, 8. Auflage, 2002

ders. Zur Frage der wettbewerbsrechtlichen Zulässigkeit des (ständigen) Gratisvertriebs

	einer ausschließlich durch Anzeigen finanzierten Zeitung, GRUR 1999, S. 108 ff.
Ulmer, Eugen	Das Veröffentlichungsrecht des Urhebers in Festschrift für Heinrich Hubmann zum 70. Geburtstag, Herausgeber Hans Forkel und Alfons Kraft, 1985 , S. 435 ff. *(zitiert: Ulmer in FS Hubmann)*
ders.	Urheber- und Verlagsrecht, 3. Auflage, 1980
ders.	Elektronische Datenbanken und Urheberrecht, 1971 *(zitiert: Ulmer, Elektronische Datenbanken)*
Varadinek, Brigitta	Trefferlisten von Suchmaschinen im Internet als Werbeplatz für Wettbewerber - Zugleich ein Beitrag zum Erfordernis des kennzeichenmäßigen Gebrauchs nach neuem Markenrecht - , GRUR 2000, S. 279 ff.
Vassilaki, Irini E.	Strafrechtliche Verantwortlichkeit der Diensteanbieter nach dem TDG“, MMR 1998, S. 630 ff.
Viefhues, Martin	Internet und Kennzeichenrecht: Meta-Tags, MMR 1999, S. 336 ff.
Vinck, Kai	Anmerkung zu BGH LM § 2 Nr. 42, Blatt 7 ff.
Waldenberger, Arthur	Teledienste, Mediendienste und die „Verantwortlichkeit“ ihrer Anbieter, MMR 1998, S. 124 ff.
ders.	Electronic Commerce: der Richtlinienvorschlag der EG-Kommission, EuZW 1999, S. 296 ff.

altavista

Abbildung 1

Suche   Erweiterte Suche   Bilder   MP3/Audio   Video   Web-Verzeichnis   Search Center

Günter Grass   alle Sprachen   Suchen

Suchen in: ◉ Deutschland ○ Weltweit

Web-Verzeichnis: Schausteller im Bereich Essen und Trinken   Getränkelexika   Günter Grass
Steuerberater in Hessen   Rat und Hilfe Sex und Beziehung   Taxiunternehmen in Sachsen-Anhalt

AltaVista-Ergebnisse für "Günter Grass"   **17385 Seiten gefunden**

Günter Grass
Günter Grass ... Vollk Eine Ausstellung von Radio Bremen, der Casa di Goethe, Rom, und der Günther-**Grass**-Stiftung Bremen Stadtwaage Langenstr. 13 28195 Bremen 8. Januar – 17. Februar Di. – Do. und ...
http://www.guenter-grass.de/
Mehr Seiten von dieser Website

Günter Grass - Nobelpreis für Literatur 1999
Leitseite Gnter **Grass** - Nobelpreis fr Literatur 1999 --> Biografie Bibliografie Aktuelle Pressedokumentation Weitere Links: Nobelvorlesung von Gnter **Grass** am 7.12.1999 (Deutsch, English, Svenska) Der ...
http://www.goethe.de/z/30/grass/deindex.htm
Mehr Seiten von dieser Website

Günter Grass "Die Blechtrommel" versus John Irving "A Prayer for Owen Meany"
John Irving verwendet in A Prayer for Owen Meany (1991) viele Themen und Motive aus ... is God John Irving Fanseite John Irving Zitate Gnter **Grass** "Die Blechtrommel" versus John Irving "A Prayer for ...
http://www.wasserburg-inn.de/herbert-huber/HHL89.htm
Mehr Seiten von dieser Website

Grass Günter Deutscher Lastenausgleich.
Grass Günter Deutscher Lastenausgleich.
http://www.computer-internet-buecher.de/...342361921X.html
Mehr Seiten von dieser Website

> **Grass Günter** Schreiben nach Auschwitz.
> **Grass Günter** Schreiben nach Auschwitz.
> http://www.computer-internet-buecher.de/...3423619252.html
> Mehr Seiten von dieser Website

Inter Nationes - Kulturereignisse - **Günter Grass**, Literaturnobelpreis 1999
Gnter **Grass** Nobelpreis fr Literatur 1999 Foto dpa Lebenslauf Gnter **Grass** Portrait / Zeichnungen Linkempfehlungen / Fotos Video KuBus 28 Lebenslauf 1927 Geboren am 16. Oktober in Danzig eine Schwester, ...
http://www.inter-nationes.de/d/pub/kultu...se/grass-f.html
Mehr Seiten von dieser Website

Günter Grass Cosmopolis
Günter Grass. Zur Verleihung des Nobelpreises für Literatur. ... Gesamtarchiv Boris Jelzin - Gorbatschow - Ukraine - Geschichte Russlands **Günter** Grass - Arthur Schnitzler - Stanley Kubrick - Weegee ...
http://www.cosmopolis.ch/cosmo8/Grass.htm
Mehr Seiten von dieser Website

Radio Bremen Homepage

YAHOO! Deutschland

Yahoo! - Web-Site vorschl

Abbildung 2

Suche: günter [Los!]

Suchergebnisse

Ergebnisse für **Günter Grass**

Günter Grass [Suchen] · Hilfe

Suchergebnisse | Kategorien (1) | Web-Sites (18) | Web-weite Suche

Diese Suche speichern

Yahoo! Services

Andere Yahoo! Services nach **Günter Grass** durchsuchen: Schlagzeilen - Yahoo.com (engl.)

Kategorien

Zeige 1 - 1 von 1

Kategorien zum Thema **Günter Grass**

Grass, Günter (1927)
Kunst und Kultur > Literatur > Autoren > **Grass, Günter** (1927)

Web-Sites

Zeige 1 - 10 von 18

Web-Sites zum Thema **Günter Grass**

Sponsoren-Links

Bezahlte Suchergebnisse

Grass, Günter (1927) (Alle Web-Sites anzeigen)
Kunst und Kultur > Literatur > Autoren > **Grass, Günter** (1927)

- **Grass, Günter** [DHM]
  Kurzbiographie.
  http://www.dhm.de/lemo/html/biografien/**Grass**Guenter/
- **Grass, Günter** [steidl.de]
  Web-Site des Steidl-Verlags zum Autor; mit einem Interview sowie Terminen und Lesungen.
  http://www.steidl.de/**grass**/
- **Günter-Grass**-Stiftung Bremen
  Audiovisuelles Archiv und rezeptionsgeschichtliche Forschungsstelle. Das Zentrum sammelt und dokumentiert alle erreichbaren Ton- und Filmaufnahmen von, mit und über den Literatur-Nobelpreisträger.
  http://www.guenter-**grass**.de/
- **Grass, Günter** [Horizonte.com]
  Kurzbiographie.
  http://www.horizonte.com/language/**grass**.html
- **Grass, Günter** [goethe.de]
  über Autor und Werk.
  http://www.goethe.de/fr/bor/wende/d_g01.htm
- **Grass, Günter**
  über Leben, Werk und Ansichten des Schriftstellers.
  http://www.al.lu/deutsch/**grass**.html
- **Grass, Günter** [Fiedler, Christian]
  über Leben und Werk.
  http://www.whv.shuttle.de/whv/kaethekollwitz/deutsch/versuch.htm
- **Grass, Günter** [zum.de]
  Biographie und Werkübersicht.
  http://www.zum.de/Faecher/D/Saar/gym/**grass**bi2.htm

altavista

Suche Erweiterte Suche Bilder MP3/Audio Video Web-Verzeichnis Search Center

Joschka Fischer alle Sprachen Suchen

Suchen in: Deutschland Weltweit

Web-Verzeichnis: MdB der Fraktion Bündnis 90/Die Grünen Bundesminister
Karten und Pläne von Städten und Ländern Mitglieder des Deutschen Bundestages Bundestages E-H Medizin Politi

Relevante Ergebnisse:

Anbieter von joschka fischer bei Wer liefert was?

AltaVista-Ergebnisse für "Joschka Fischer" 22592 Seiten gefunden

Joschka Fischer
Bündnis 90/Die Grünen Bundestagsfraktion. Bündnis 90/Die Grünen Bundespartei. Auswärtiges Amt. Berliner Büro: T: 030 / 227 - 7 90 69 T: 030 / 227 - 7 90 85 F: 030 / 227 - 7 66 62 eMail:...
http://www.joschka.de/
Mehr Seiten von dieser Website

Kl inseriere dem M for-Perf

BM Joschka Fischer
AA-Homepage : Auswärtiges Amt : Die Leitung : BM Joschka Fischer : Übersicht. Joschka Fischer Der Bundesaußenminister. Bundesaußenminister Joschka Fischer reist in den Nahen und Mittleren...
http://www.auswaertiges-amt.de/www/de/aa...cher/index_html
Mehr Seiten von dieser Website

BM Joschka Fischer
Homepage : The Federal Foreign Office : Leadership : BM Joschka Fischer : Overview. Joschka Fischer The Federal Foreign Minister. Calendar. Here you can find all the appointments for the week....
http://www.auswaertiges-amt.de/www/en/aa...cher/index_html
Mehr Seiten von dieser Website

Joschka Fischer Cosmopolis
Joschka Fischer. Eine ungewöhnliche Karriere in der Kritik. Biographien von Sybille Krause-Burger, Michael Schwelien, Christian Schmidt.
http://www.cosmopolis.ch/cosmo22/fischer.htm
Mehr Seiten von dieser Website

Biographie: Joschka Fischer, geb. 1948
geb. 1948. Joschka Fischer. Politiker. 1948. 12. April: Joseph (Joschka) Martin Fischer wird in Gerabronn/Baden-Württemberg als drittes Kind eines Metzgers geboren. Die Eltern mußten als Ungar...
http://www.dhm.de/lemo/html/biografien/F...chka/index.html
Mehr Seiten von dieser Website

Fotos Standpunkte Videos aus der Politik Download Nationalhymnen
Fotos, Videos, Nationalhymnen, Audioclips, Real Media Files, politische Dokumente aus der ... Webpolitik Impressum World News Videos Attack on World Trade Center in New York Quickmail Wir wollen uns ...
http://www.webpolitik.de/
Mehr Seiten von dieser Website

Joschka Fischer Nie wieder Krieg Nie wieder Auschwitz
Nie wieder Krieg! Und: Nie wieder Auschwitz! Das eine heißt, dass Deutschland nie wieder andere Völker überfallen und unterdrücken darf.
http://www.webpolitik.de/europa/fisa.htm
Mehr Seiten von dieser Website

Rhein-Mein Wappenrolle

http://de.altavista.com/q?pg=q&q=Joschka+Fischer&kl=XX&what=de&search.x=36... 23/05/2002

& Eine Tondatei (wav 401 KB) zur Wappenrolle können Sie hier abladen | Bundesaußenminister Joschka Fischer erhält Wappenbrief der. Auf Antrag von Bundesaußenminister Joschka Fischer wurde...
http://www.schloss-alsbach.org/rolle1.htm
Mehr Seiten von dieser Website

Joschka Fischer - Mein langer Lauf zu mir selbst (Buchtipp/Rezension/lesen)
Leseprobe. Leseprobe. Ich war damals der einzige und erste grüne Umweltminister auf diesem Planeten. Die Grünen waren die Anti-Atom-Partei schlechthin, und in den Augen von Öffentlichkeit und...
http://home.t-online.de/home/bookinist/text/@fimein_.htm
Mehr Seiten von dieser Website

Joschka Fischer - Mein Langer Lauf zu mir selbst
Joschka Fischer berichtet darüber, wie er es geschafft hat, innerhalb eines Jahres fast 40 Kilo abzunehmen und Deutschlands bekanntester Marathon-Mann zu werden.
http://www.vit-gesund.de/buecher/html/joschka_fischer.html
Mehr Seiten von dieser Website

Verbessern Sie Ihre Suchergebnisse: Fügen Sie Ihrem AltaVista-Eintrag Logos, Icons und Links hinzu.

Empfohlene Links:

Joschka Fischer - Angebote zum Thema Joschka Fischer finden Sie hier! Täglich über 1,5 Mio. Angebote! Startpreise ab € 1,- eBay, der weltweite Online-Marktplatz. Kaufen und verkaufen!

Bücher, CDs, Videos, DVDs und vieles mehr zu dem Thema Joschka Fischer jetzt bei bol.de!

Weitere Angebote:

Shopping: Produktsuche • Romantische Literatur bis 70% günstiger

Finanzen: 4% Zinsen, frei Tanken • Ratenkredite

Reise: Reiseschnäppchen • Reisesuche

Immobilien: Wohnungen finden • Finanzierung

Technik: Downloads • Günstige Internetzugänge

Versicherungen: Krankenversicherungen • Versicherungsvergleich

Auktionen: Musik • Handys • DVDs • Digitalkameras

Ergebnisseiten: 1 2 3 4 5 6 7 8 9 10 Weiter >> Zurüc

Hilfe Über AltaVista Datenschutz-Richtlinien Nutzungsbedingungen Kontakt
AltaVista weltweit Business-Lösungen Fügen Sie AltaVista Ihre Web-Site hinzu. Werben Sie bei uns

13.0.0

Abbildung 3

http://de.altavista.com/q?pg=q&q=Joschka+Fischer&kl=XX&what=de&search.x=36... 23/05/2002

Abbildung 4

altavista
Suche
Erweiterte Suche
Bilder
MP3/Audio
Video
Web-Verzeichnis
Search Center
Suchen: brandenburger tor
Suchen
Anzeigen: Fotos Grafiken Schaltflächen/Banner Farbe Schwarzweiß
Quellen: Weltweit Partner-Sites: Alle
HP Jornada
IPaQ 3800
Hier klicken!
Palm M505
ebay
Web-Verzeichnis: Modelleisenbahnvereine in Berlin und Brandenburg Linux User Groups in Berlin und Brandenburg Regionale Jobbörsen für Berlin und Brandenburg Internetcafés in Brandenburg Maler und Lackierer aus Brandenburg Branchenportale für Maschinen und Zubehör
Suche "brandenburger tor" Ergebnisse
Web-Seiten: 2503 Seiten gefunden
amazon
Klicken Sie hier,
Sie mit
Pay-for-Perform
brandenburger_tor.gif
516x412 49 KB
Brandenburger_Tor_Small.GIF
209x132 20 KB
tor.jpg
384x289 25 KB
bg1997-1.jpg
341x230 14 KB
Tor.GIF
168x155 13 KB
04.jpg
600x211 33 KB

Abbildung 5: Die Provider im Augenmerk der der E-Commerce-Richtlinie

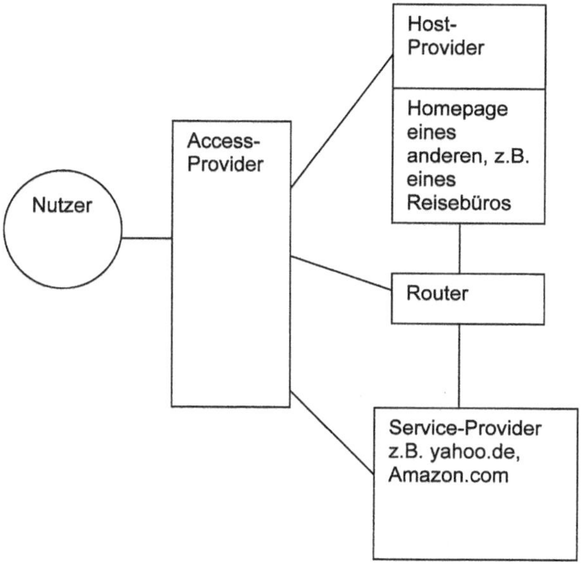

Kolibri 360 GmbH
Ferdinand-Jühlke-Straße 7
99095 Erfurt, Deutschland
produktsicherheit@kolibri360.de

Druck:
CPI Druckdienstleistungen GmbH
im Auftrag der
Kolibri 360 GmbH
Ferdinand-Jühlke-Str. 7
99095 Erfurt